Educomunicação

Coleção Educomunicação

- *Educomunicação: o conceito, o profissional, a aplicação; contribuições para a reforma do Ensino Médio*
  Ismar de Oliveira Soares
- *Educomunicação: construindo uma nova área de conhecimento*
  Maria Cristina Castilho Costa e Adilson Citelli
- *Educomunicação: imagens do professor na mídia*
  Adilson Citelli
- *Educomunicação: recepção midiática, aprendizagens e cidadania*
  Guillermo Orozco Gómez
- *Educomunicação: para além do 2.0*
  Roberto Aparici

Roberto Aparici (org.)

Educomunicação

Para além do 2.0

Dados Internacionais de Catalogação na Publicação (CIP)
(Câmara Brasileira do Livro, SP, Brasil)

Educomunicação : para além do 2.0 / Roberto Aparici (org.) ; [tradução Luciano Menezes Reis]. – São Paulo : Paulinas, 2014. – (Coleção educomunicação)

Título original: Educomunicación : más allá del 2.0
ISBN 978-85-356-3816-5

1. Aprendizagem 2. Cidadania 3. Comunicações digitais 4. Comunicação na educação 5. Mídias digitais 6. Tecnologia da informação I. Título. II. Série.

14-08219   CDD-371.1022

Índices para catálogo sistemático:
1. Comunicação na educação   371.1022
2. Educomunicação   371.1022

Título original da obra: *Educomunicación: más allá del 2.0*
© 2010 Editorial Gedisa S.A.

1ª edição – 2014

Direção-geral:
Bernadete Boff
Editora responsável:
Roseane do Socorro Gomes Barbosa
Tradução:
Luciano Menezes Reis
Copidesque:
Ana Cecilia Mari
Coordenação de revisão:
Marina Mendonça
Revisão:
Patrícia Hehs
Gerente de produção:
Felício Calegaro Neto
Diagramação:
Manuel Rebelato Miramontes

Nenhuma parte desta obra poderá ser reproduzida ou transmitida por qualquer forma e/ou quaisquer meios (eletrônico ou mecânico, incluindo fotocópia e gravação) ou arquivada em qualquer sistema ou banco de dados sem permissão escrita da Editora. Direitos reservados.

Paulinas
Rua Dona Inácia Uchoa, 62
04110-020 – São Paulo – SP (Brasil)
Tel.: (11) 2125-3500
http://www.paulinas.org.br – editora@paulinas.com.br
Telemarketing e SAC: 0800-7010081
© Pia Sociedade Filhas de São Paulo – São Paulo, 2014

Sumário

Introdução à edição brasileira 7
Ismar de Oliveira Soares

1. Introdução: a educomunicação para além do 2.0 29
Roberto Aparici

PIONEIROS

2. Construir nossa palavra de educadores 45
Daniel Prieto Castillo

3. Uma pedagogia da comunicação 59
Mario Kaplún

INTERDISCURSIVIDADE E TRANSDISCURSIVIDADE NA EDUCOMUNICAÇÃO

4. Um guia de comunicação/educação, pelas transversais
da cultura e da política 81
Jorge A. Huergo

5. A trama reticular da educação.
Uma perspectiva desde a comunicação 121
Delia Crovi Druetta

6. Caminhos da educomunicação: utopias, confrontações,
reconhecimentos 145
Ismar de Oliveira

7. Divulgar a educomunicação na universidade do século XXI 167
Agustín García Matilla

EDUCOMUNICAÇÃO DIGITAL

8. Criação multimídia e alfabetização na era digital 187
Alfonso Gutiérrez Martín

9. Educar em outros tempos. O valor da comunicação 203
María Teresa Quiroz Velasco

10. Cenários virtuais, cultura juvenil e educomunicação 2.0 221
José Antonio Gabelas Barroso

11. Interfaces para saber, interfaces para fazer.
As simulações digitais e as novas formas de conhecimento 239
Carlos A. Scolari

12. Educomunicação e cultura participativa 263
Joan Ferrés i Prats

13. Entre telas: novos papéis comunicativos e educativos
dos cidadãos 279
Guillermo Orozco Gómez

14. Cidadania e formação cidadã na sociedade da informação
Uma abordagem a partir da comunicação-educação 293
Carlos Eduardo Valderrama

15. Educomunicação e cultura digital 317
Roberto Aparici e Sara Osuna

Introdução à edição brasileira

A educomunicação na América Latina: apontamentos para uma história em construção

ISMAR DE OLIVEIRA SOARES*

> *A Pablo Ramos,*
> *coordenador do Projeto UNIAL –*
> *Universo Audiovisual del Niño Latinoamericano,*
> *falecido em 2013*
> *e autor da primeira pesquisa continental*
> *sobre educomunicação.*

O livro *Educomunicação, para além do 2.0*, resultado de um trabalho coletivo articulado por Roberto Aparici, professor da UNED – Universidade Nacional de Educação a Distância, de Madri, Espanha, tem o mérito de explicitar e tornar pública para as novas gerações de educomunicadores a perspectiva ibero-americana de entender o complexo mundo representado pelas relações entre comunicação/educação.

Além da introdução (com um capítulo homônimo ao título da obra, de autoria de Roberto Aparici), o livro conta com três unidades temáticas: "Pioneiros", que traz textos de Daniel Prieto Castillo e Mario Kaplún; "Interdiscursividade e transdiscursividade na educomunicação", com artigos de Jorge Huergo (Argentina), Delia Crovi Druetta (México), Ismar de Oliveira Soares (Brasil) e Agustín García Matilla (Espanha) e, finalmente, "Educomunicação digital", com contribuições de María Teresa Quiroz Velasco (Peru), Guillermo Orozco Gómez (México), Carlos Eduardo Valderrama (Colômbia) e Alfonso Gutiérrez Martín, José Antonio Cabelas Barroso, Carlos A. Scolari, Joan Ferrés i Prats, Roberto Aparici e Sara Osuna (Espanha).

---

* Coordenador da Licenciatura em Educomunicação da ECA/USP, coordenador do Núcleo de Comunicação e Educação – NCE-USP, pesquisador e docente do Programa de Pós-graduação em Ciências da Comunicação, da ECA/USP. Jornalista responsável pela Revista *Comunicação & Educação* do CCA-ECA/USP. Supervisor do curso a distância, em nível de especialização, "Mídias na educação" (MEC-UFPE-NCE-USP), para o Estado de São Paulo.

Certamente o capítulo mais importante do livro é o texto magistral de Aparici, que, ao contextualizar a emergência do conceito, descreve as inegáveis contribuições oferecidas aos seus fundamentos e às práticas da educomunicação por lideranças como Paulo Freire e Mario Kaplún, o primeiro com a teoria fundante da comunicação dialógica e o segundo com uma proposta pedagógica voltada para a construção de uma efetiva comunicação educativa. O título do capítulo de Carlos Valderrama, "Cidadania e formação cidadã na sociedade da informação: uma aproximação a partir da comunicação-educação", traduz a meta almejada pelo conjunto dos autores, originários de seis diferentes países do mundo ibero-americano.

A função do presente texto é agregar à introdução do original espanhol peculiaridades das condições históricas que, na visão ao autor, permitiram a legitimação e a consolidação do campo da educomunicação na América Latina e, especialmente, no Brasil. Trata-se de uma interpretação de fatos e ideias, lidos a partir da experiência de quem está envolvido com o tema desde os inícios dos anos de 1970. Vale, pois, como registro de uma memória.

1. Da formação da consciência crítica (1960) à educomunicação (1999/2013)

A história da educação para a comunicação, no Brasil e na América Latina, desde seus inícios, nos anos 1960, até o presente momento, pode ser relatada a partir dos projetos que se sucederam ao longo do tempo ou, ainda, pelas ideias que lhes deram sustentação.

1.1. Anos 1960: Plan DENI

Os primeiros programas vigentes no continente datam da década de 1960 e voltavam-se especialmente para a análise da produção cinematográfica, quer através dos cineclubes (espaços frequentados pela elite intelectual) quer, ainda, por colóquios e discussões promovidos especialmente pelas paróquias e escolas católicas.

Quanto aos cineclubes, ao menos no território brasileiro, converteram-se num espaço de debate político. Foi a grande oportunidade que o movimento estudantil (representado, então, tanto pela União Nacional dos Estudantes quanto pela Juventude Universitária Católica) encontrou para – a partir da discussão sobre a produção cinematográfica notadamente europeia – iniciar e avançar em suas reuniões de análise da conjuntura sociopolítica brasileira, consolidadando suas alianças e articulações.

Já quanto à popularização do trabalho educativo com o cinema, é importante lembrar seu surgimento, na cidade de Quito, no ano de 1968, numa iniciativa do pedagogo Luis Campos Martínez, do Plan DENI (Plan de Niño). A proposta direcionava-se a exibir e analisar produções cinematográficas com crianças, iniciando-as na compreensão da linguagem audiovisual, chegando a levar os alunos a produzirem narrativas audiovisuais, abrindo possibilidades para que expressassem sua visão de mundo. O Plano previa a preparação de professores para trabalhar com o cinema em sala de aula. A partir de 1969, a OCIC – Organização Católica Internacional de Cinema assumiu o Plan Deni e, ao longo das três décadas seguintes, o multiplicou em quase todos os países latino--americanos. O projeto, atualmente, segue atuante no Uruguai, Brasil, Paraguai e República Dominicana. No Brasil, o programa denominou--se CINEDUC, estabelecendo-se no Rio de Janeiro, com atuação até o presente momento.[1]

1.2. Anos 1970: a "leitura crítica da televisão"

Na América Latina, a denominada "leitura crítica dos meios" difundiu-se como caminho para a formação da consciência crítica das audiências diante do que, na época, se denominava "invasão cultural" dos produtos do Hemisfério Norte. A categoria teórica de análise era essencialmente a ideologia (NEOTTI, 1980), herança da filosofia marxista.

Concomitantemente, assistia-se, na época, a uma dura reação dos pensadores latino-americanos à crescente influência dos meios de comunicação, especialmente da televisão. Parte deles voltava-se para o estudo das estruturas econômicas e políticas que davam suporte a toda forma de comunicação, enquanto outros passaram a vincular-se à teoria sociológica da dependência cultural (AGUIRRE e BISBAL, 1981: 15-22).

Foi neste contexto que se proliferaram, pelo continente, projetos de "educação para a televisão", de "formação da consciência crítica" ou, ainda, de "leitura crítica da comunicação". Tais programas desenvolveram-se fundamentalmente à margem dos sistemas educativos formais, com presença nos bairros, nos subúrbios e nas comunidades

---

[1] RAMOS, Pablo. *Tres décadas de Educomunicación en América Latina: los caminos del plan DENI* (Quito, 2001).

camponesas, sob os auspícios de instituições voltadas para a educação e a cultura popular.[2]

1.3. Ainda nos anos de 1970: comunicação para o desenvolvimento

Teve início, igualmente nesse período, o movimento latino-americano em torno ao planejamento participativo, o que representava uma proposta de revisão, na prática social, das teorias de desenvolvimento, com a contribuição de agentes culturais com o perfil de um Juan Diaz Bordenave (Paraguai), Paulo Freire (Brasil), Mario Kaplún (Uruguai), Daniel Prieto (Argentina), Eduardo Contreras (Equador), entre outros.[3] No campo dos estudos e da formação de especialistas, uma das instituições com maior legado à renovação do pensamento latino-americano foi o Ciespal – Centro Internacional de Estudios Superiores de Comunicación para América Latina, com sede em Quito, Equador.[4]

É importante recordar que as práticas de comunicação popular inerentes a uma visão de planejamento participativo levaram ao redimensionamento dos procedimentos investigativos, mesmo em nível acadêmico, consolidados, nas décadas subsequentes, na literatura sobre metodologia da "pesquisa participante" (BRANDÃO, 1984, e THIOLLENT, 1997).

A força do pensamento latino-americano no campo da comunicação para o desenvolvimento, com ênfase no planejamento participativo, exerceu profunda incidência na construção do conceito da educomunicação, como gestão de processos comunicativos, como veremos na sequência.

---

[2] José Manuel Morán lembra alguns dos principais programas vigentes, na época, no continente: o *Programa Televisão e Recepção Ativa* do Ceneca – Centro de Indagación y Expresión Cultural y Artística, no Chile; o *Programa Família e Televisão*, do ILPEC – Instituto Latinoamericano de Pedagogía de la Comunicación, coordenado por Francisco Gutiérrez, na Costa Rica; o *Projeto LCC – Leitura Crítica da Comunicação* da CBC – União Cristã Brasileira de Comunicação Social, no Brasil. Na Venezuela, a "leitura crítica" era desenvolvida pelo *Programa de Educação Popular do CESAP* – Centro al Servicio de la Acción Popular, o mesmo ocorrendo no México, através do IMDEC – Instituto Mexicano para el Desarrollo Comunitario de Guadalajara. Disponível em: <http://www.eca.usp.br/moran/lectura.htm#ceneca>.

[3] Merecem destaque os livros de Bordenave e Carvalho (*Comunicação e planejamento*, 1979) e de Daniel Prieto Castillo (*Radio Nederland Training Centre en América Latina: Memoria pedagógica de tres décadas*, 2008).

[4] É o que se pode verificar em publicações como o livro de Eduardo Contreras B., *Evaluación de Proyectos de Comunicación* (1985).

1.4. Década de 1980: a comunicação como resistência cultural

Foi justamente no âmbito do debate sobre o desenvolvimento que teve início a ação articuladora da UNESCO, no continente, na tentativa de aproximar comunicação e educação, na esfera das políticas públicas.

Para tanto, a organização promoveu um encontro no México, em dezembro de 1979, reunindo os ministros da educação e do planejamento dos países da América Latina e do Caribe, com o objetivo de examinar os problemas fundamentais da educação no contexto do desenvolvimento geral da região, criando o que foi denominado de Projeto Principal de Educação na América Latina e Caribe. Em decorrência, em abril de 1981, a UNESCO reuniu ministros da educação, em Quito, para especificar as ações nas áreas do uso dos meios de comunicação nas escolas, bem como no da educação crítica perante as mensagens massivas (GUTIERREZ, 1984). A partir desta deliberação, a organização ampliou sua presença no continente, apoiando, entre outras ações, os Seminários Latino-americanos de Educação para a Televisão, realizados, respectivamente, em Santiago, Chile (1985), Curitiba, Brasil (1986) e Buenos Aires, Argentina (1988), com uma síntese, em 1990, em Las Vertientes, Chile (MIRANDA, 1992).

Descobriu-se, então, que os educadores para os meios do continente sintonizados com o Projeto Principal haviam paulatinamente abandonado tanto as teorias manipulatórias com origem na Escola de Frankfurt como o paradigma althuseriano da ideologia como condutora das ações dos grupos humanos. Não lhes servia nem o cientificismo sistêmico nem muito menos o moralismo religioso. Buscavam, na verdade, a formulação de uma síntese que desse apoio coerente a uma efetiva luta pela democratização das políticas de comunicação no continente, tendo como base a proposta de implantação de uma nova ordem mundial da informação e da comunicação (sob a sigla NOMIC). Caminho estratégico foi, enfim, a ponte construída entre os referenciais sobre o planejamento da ação participativa em projetos para o desenvolvimento (BORDENAVE e CARVALHO, 1979), de um lado, e as práticas de negociação de sentidos reconhecidas pela teoria das medicações culturais (MARTÍN-BARBERO e CANCLINI), de outro. O fato afastou, definitivamente, um grupo significativo de ativistas latino-americanos – vinculados ao movimento social e a grupos de pesquisa universitários – das visões tradicionais, centradas no fenômeno midiático, inerentes aos conceitos da *media education* europeia e da *media literacy* norte-americana, colocando-os no caminho de busca por um novo sentido de se fazer educação para a comunicação.

Este foi, por exemplo, o sentido do Projeto de Leitura Crítica da Comunicação da UCBC,[5] no Brasil, que dos anos 1980 aos anos 1990 ofereceu um serviço de formação às lideranças do movimento popular e a docentes interessados na análise da presença da cultura midiática na sociedade. A essência da metodologia consistia em permitir a pessoas e grupos que descobrissem a natureza de suas relações com a mídia, a partir de seu lugar social e de seus próprios interesses (perspectiva dialética, em oposição a uma perspectiva cognitivista), ao que se somava o convite para que se apoderassem das linguagens e dos processos de produção.[6]

O texto conclusivo do referido Encontro de Las Vertientes traz o sinal das mudanças: o título do relatório já não falava mais em "educação para a televisão" ou para outra mídia em particular, mas em "educação para comunicação", esta entendida como fenômeno essencialmente humano e político.

1.5. Década de 1990: a influência dos estudos culturais

Os quatro encontros promovidos na América Latina, sob os auspícios da UNESCO, denotaram, em cada uma de suas versões, uma influência marcante dos Estudos Culturais Ingleses. Reforçava-se, junto a numerosos grupos, o sentido de "prática social" de suas ações, situadas na esfera cultural e não, exclusivamente, na esfera didática. Não eram os meios que importavam, mas os processos comunicativos enquanto produção da cultura. O que os encontros relevaram de suas

---

[5] O LCC foi promovido pela UCBC – União Cristã Brasileira de Comunicação, organização ecumênica que se notabilizou pela promoção anual dos Congressos Brasileiros de Comunicação Social e pelo poder de mobilização junto ao movimento popular, a partir dos meados da década de 1970. Adotando uma perspectiva dialética de análise da mídia, chegou a organizar uma média de 60 encontros de formação ao ano, em todo o país, ao longo dos anos 1980. Ver Gomes (1995).

[6] No mesmo diapasão trabalhou o SEPAC – Serviço à Pastoral da Comunicação, das Paulinas Editora, o qual, fundado em 1980, contribui – e o vem fazendo até os dias presentes – especialmente para renovar o pensamento das lideranças da Igreja Católica nesta área. De um esforço conjunto entre a UCBC e o SEPAC originou-se, na década de 1980, uma coleção de livros destinados aos educadores voltados à leitura crítica da comunicação. Sobre as tendências da educação para a comunicação, no Brasil, nos anos de 1980, ver: GOMES, Pedro Gilberto; SOARES, Ismar de Oliveira. *Da formação do senso crítico à educação para a comunicação* (1988).

práticas permitiu constatar a presença de uma orientação difusa que refletia os estudos de Raymond Williams e Stuart Hall. De Williams, os educadores para os meios haviam aprendido que a cultura é um processo sócio-histórico que cria e assimila sentidos (WILLIANS, 1965: 41-43). Já de Stuart Hall, que a audiência define-se – simultaneamente – como receptora e fonte da mensagem (HALL, 1980: 128-138). Em outras palavras, a influência europeia, revisada na América Latina, por Jesus Martín-Barbero,[7] descolava o objeto da análise de muitos dos projetos da "educação para a mídia" para uma "educação para os processos de mediações".

A difusão dos estudos culturais, pela academia,[8] acabou por facilitar a superação da bipolaridade (emissor x receptor) estabelecida pela corrente funcionalista, fortalecendo a perspectiva dialética que reconhece o papel ativo do consumidor de mídias enquanto um construtor de sentidos. Foi possível, desta forma, passar de uma teoria fundada no tecnicismo, centrada nos meios, para uma reflexão articuladora das práticas de comunicação, entendidas como fluxos culturais, focada no espaço das crenças, costumes, sonhos, medos – o que, enfim, configura a cultura do cotidiano.

---

[7] Para Martín Barbero, as mediações são esse lugar de onde é possível compreender a interação entre o espaço da produção e da recepção: o que se produz na televisão não corresponde unicamente a requerimentos do sistema industrial e a estratagemas comerciais, mas também a exigências que vêm da trama cultural e dos modos de ver (MARTÍN-BARBERO apud LOPES, 2000: 93-112). Em entrevista para a *Revista Brasileira de Comunicação* (jan./jun. 2000), Barbero esclarece o que vinha entendendo por processos de mediação cultural: "O que eu comecei a chamar de mediações eram aqueles espaços, aquelas formas de comunicação que estavam entre a pessoa que ouvia o rádio e o que era dito no rádio. Não havia exclusivamente um indivíduo ilhado sobre o qual se incidia o impacto dos meios, o que era a visão norte-americana. (...) Mediação significa que entre estímulo e resposta há um espesso espaço de crenças, costumes, sonhos, medos, tudo o que configura a cultura cotidiana. (...) Então, tentar medir a importância dos meios em si mesmos, sem levar em conta toda essa bagagem de mundo, da vida da gente, é estar falsificando a vida para que caiba no modelo dos estudos dos meios" (MARTÍN-BARBERO, 2000b: 151-163).

[8] Os estudos culturais foram aplicados ao campo da *media education* por autores britânicos como Len Masterman (*Teaching the media*, 1985) e David Buckingham (*Watching media learning*, 1990). Como resultado, obteve-se um programa pedagógico centrado no aluno, tendo como base os estudos da recepção e da representação sociais, voltados à investigação e à produção cultural por parte dos estudantes (modelo construtivista), evitando-se, por outro lado, as práticas de imposição de valores, própria do modelo defensivo norte-americano. Na América Latina, merecem destaque a contribuição de Jesús-Martín Barbero, já referida, e Guillermo Orozco. No Brasil, devem ser lembradas as pesquisas de Maria Immacolata Vassalo Lopes e Mauro Wilton de Sousa. Ver a referência bibliográfica no final do artigo.

1.6. Virada do milênio: eventos internacionais unem o Hemisfério Norte e a América Latina

Na América Latina, a passagem entre os anos 1990 e 2000 foi fértil em estudos sobre a interface comunicação/educação. Simultaneamente, em diferentes pontos do continente, destacados especialistas debruçaram-se sobre o sentido da relação comunicação/educação.[9] Registrou-se, por outro lado, uma abertura internacionalista, com a realização de dois eventos com características muito especiais. Na Europa, Roberto Aparici, em colaboração com os educadores do Programa "Pé de Imaxe" da Galícia, Espanha, convocou, para uma sequência de eventos, a partir de 1995, em La Coruña, pesquisadores e coordenadores de projetos de fala latina (espanhol, francês e português) e especialistas de fala anglo-saxônica (inglês).

Buscava-se uma aproximação entre estes dois universos de pensamento (com suas peculiaridades), em prol de uma causa maior: fortalecer a *media education* em todo o mundo, garantindo espaço para que o Hemisfério Sul pudesse informar seus colegas do Norte (e vice-versa) sobre seus propósitos na área. O êxito da iniciativa motivou a América Latina a trazer o debate para o seu território. Foi o que ocorreu com o I Congresso Internacional sobre Comunicação e Educação (maio de 1998), uma iniciativa do Núcleo de Comunicação e Educação da Universidade de São Paulo (coordenado por Ismar Soares), associado ao World Council for Media Education (com sede em Madri, coordenado por Roberto Aparici), tendo como tema: "Multimedia and Education in a Globalized World". Um total de 1.500 pessoas tomou parte, sendo 170 provenientes de 30 países, representando os cinco continentes.[10]

---

[9] A título de exemplo, Jesús Martín-Barbero publicava o artigo "Heredando el futuro. Pensar la educación desde la comunicación" (*Nómadas*, Colombia, 1997), além do livro *La Educación desde la Comunicación* (Buenos Aires, 2002). Na Argentina, Jorge Huergo divulgava suas pesquisas através do livro *Comunicación/Educación. Ámbitos, prácticas y perspectivas* (2001). No Brasil, José Luiz Braga e Regina Calazans publicavam a pesquisa *Comunicação e educação: questões delicadas na interface* (2001), enquanto Ismar de Oliveira Soares difundia o resultado da pesquisa do NCE, "Comunicação/educação: a emergência de um novo campo e o perfil de seus profissionais" (*Contato*, Brasília, 1999).

[10] Compareceram ao evento intelectuais como: Robert Ferguson (Inglaterra), Barry Ducan e Carolyn Wilson (Canadá), Guilhermo Orozco (México), Geneviève Jaquinot (França), Kathleen Tyner (USA), Mario Kaplún (Uruguai), Gabriela Bergomas (Argentina), Robyn Quin (Austrália), Costas Criticos (África do Sul), José Luis Olivari Reyes (Chile), Pablo Ramos (Cuba), Martin Alfonso Gutiérrez, Roberto Aparici, Carmen Mayugo e Sara Renè (Espanha).

1.7. O Congresso de São Paulo (1998)

O I Congresso Internacional sobre Comunicação e Educação foi objeto de dois estudos acadêmicos: em 2002, Valéria Bari analisou, em sua dissertação de mestrado (ECA/USP), um conjunto representativo de *papers* produzidos para o evento. Na sequência, em 2004, o pesquisador hindu Joseph Sagayaraj Devadoss registrou, em sua tese doutoral, defendida junto à UPS – Università Pontificia Salesiana, de Roma, que o evento de São Paulo foi um dos cinco congressos mais importantes ocorridos em todo o mundo sobre o tema da *media education*, na década de 1990.[11]

Segundo Devadoss, também presente ao evento, os debates ocorridos permitiram que a *media education* deixasse de ser vista como um problema meramente educativo para transformar-se num problema de natureza cultural. Literalmente, afirma o autor, no texto publicado em 2006:

> Likewise, it equally addressed Media /Educacion not merely as an educative issue, but as a cultural problem, and make know the anknown Latin American experiences related to Media Education (Educommunication concept and Educommunicator profile), and promoted a dilogue bewtween the researchers of Media Education and the classroom teachers of Media Education (DEVADOSS, 2006: 30-31).

Entre suas conclusões consta que a circulação de novas ideias na área tinha como centros propulsores tanto a Europa quanto a América Latina. Entre as novas perspectivas circulantes, destaca-se a proposta de Buckingham, no sentido de se abandonar o enfoque protecionista em relação às crianças, valorizando uma prática de Media Education que viesse acompanhada de experiências práticas. Outro ponto de vista circulante foi o de Roberto Ferguson, para quem a *media education*

---

[11] Segundo Joseph Sagayaraj Devadoss, dos cinco eventos internacionais que ofereceram maior contribuição para o estudo da relação comunicação/educação no mundo, entre 1990 e 2000, três foram promovidos na Europa, com a colaboração direta da UNESCO: o *Congresso de Toulouse*, de julho de 1990, com o tema "New Directions in Media Education"; o *Congresso de La Coruña*, Espanha, sobre "Pedagogics of Representation", em julho de 1995, e o *Congresso de Paris*, em abril de 1997, sob o título "The Young People and the Media Tomorrow". Os dois outros ocorreram fora da Europa, respectivamente, no Brasil – o *I Congresso Internacional sobre Comunicação e Educação* (1998), sobre "Multimedia and Education in a Globalized World" – e no Canadá – o *Congresso de Toronto* (2000), sobre "Children, Youth and the Media beyond the Millennium" (DEVADOSS, Joseph Sagayaraj. *Media Education, Key Concepts, Perspectives, Difficulties and Main Paradigms*. Chennai, India, Arubu Publications, 2006).

deveria estar focada numa metodologia que favorecesse a construção coletiva e solidária de conhecimentos a serviço da análise crítica da mídia. De Ismar Soares, identificou-se a proposta de que a *media education* tivesse seu centro de preocupações centrado no processo comunicativo e não, exclusivamenrte, na análise dos meios de informação em si mesmos (DEVADOSS, 2006: 33).

2. O conceito

Os caminhos alternativos percorridos pelos ativistas da educação/comunicação no continente e o diálogo facilitado pelos encontros internacionais entre eles e seus parceiros do Hemisfério Norte, especialmente da Europa e dos Estados Unidos, no final dos anos de 1990, permitiu o necessário amadurecimento para que novos degraus fossem escalados. A opção pela educomunicação correspondeu a este instante de criatividade continental.

O neologismo "educomunicação" é, por natureza, polissêmico. Carrega os sentidos a ele atribuídos, ao longo das últimas décadas, pelos diferentes grupos que militam no campo. Para alguns, é, simplesmente, sinônimo de educação diante dos meios, enquanto, para outros, designa a prática mais moderna da educação midiática. A partir de 1999, contudo, contamos com um terceiro sentido: o conceito designa um campo de intervenção social na interface entre a comunicação e a educação.

Esta terceira opção foi confirmada pela pesquisa que o Núcleo de Comunicação e Educação da USP desenvolveu junto a especialistas latino-americanos, em 12 países do continente, entre 1997 e 1999,[12] momento em que identificou um espaço de produção de sentidos decorrente do reconhecimento da essencialidade do direito à comunicação em todos os espaços da vida social, incluindo o educacional e o próprio espaço comunicacional. Um direito à palavra, reclamado por Paulo Freire em seus escritos, que passava a ser assumido como meta de esforços sistemáticos de organismos da sociedade civil, em sua luta pela democratização das formas de expressão, no continente.

Por representar um campo em construção, o termo "educomunicação" ainda não tem condições de ser descrito por definições sumárias e definitivas. Na tentativa, contudo, de dialogar com as novas gerações,

---

[12] SOARES, Ismar de Oliveira. Comunicação/educação, a emergência de um novo campo e o perfil de seus profissionais (*Contato*, 1999: 5-75).

o NCE passou a trabalhar com descrições operacionais aproximativas, afirmando que o conceito nomeia o conjunto das ações inerentes ao planejamento, implementação e avaliação de processos, programas e produtos destinados a: (1) promover e fortalecer *"ecossistemas comunicativos"*, qualificados como abertos e participativos, garantidos por uma gestão democrática dos processos de comunicação nos diferentes ambientes de relacionamento humano (envolvendo, no caso, em igualdade de condições, a comunidade como um todo, seja ela educativa ou comunicativa); (2) *ampliar o potencial comunicativo e as condições de expressividade dos indivíduos e grupos humanos*, mediante práticas culturais e artísticas, assim como através do uso dos recursos disponibilizados pela era da informação, tendo como meta prioritária o reconhecimento do protagonismo infantojuvenil, e (3) favorecer referenciais e metodologias que permitam às comunidades humanas relacionarem-se, enquanto *sujeitos sociais*, com o *sistema midiático* (SOARES, 1999 e 2011).

Nessa perspectiva, o conceito de educomunicação pressupõe a autonomia epistemológica de sua ação, uma vez que busca sua sustentação não exatamente nos parâmetros da educação (de suas filosofias ou didáticas), ou mesmo da comunicação (de suas teorias e práticas), mas na interface entre ambas (o mundo que se revela no encontro dos dois campos tradicionais). Inicialmente, a prática educomunicativa foi reconhecida como de interesse social pelas organizações não governamentais,[13] e somente *a posteriori* chegou ao sistema formal de ensino, com projetos como o Educom.rádio, para 11 mil professores e alunos da rede pública de educação da cidade de São Paulo.[14]

---

[13] Em 2004, a Unicef concluiu pesquisa, coordenada por Fernando Rossetti e Alexandre Sayad, sobre o trabalho educomunicativo das organizações não governamentais, no Brasil, com o título: "Educação, Comunicação & Participação". Disponível em: <http://www.unicef.org/brazil/pt/midia_escola.pdf>. Acesso em: fev. 2012. As ONGs pesquisadas uniram-se na Rede CEP: <www.redecep.org.br>.

[14] Em 2001, a Prefeitura de São Paulo convidou o NCE a levar a prática educomunicativa a 455 de suas escolas de Ensino Fundamental. Inicialmente, o Educom.rádio foi considerado uma ação alternativa de assistência social, destinada a reduzir a violência nos estabelecimentos de ensino, mas, no final do programa de formação, em 2004, com a promulgação de uma lei municipal especialmente voltada à prática do conceito (Lei n.13.941, de 12/2004), a educomunicação foi integrada ao âmbito do currículo, onde permanece até a presente data. Acesso ao texto da lei: <http://www.cca.eca.usp.br/politicas_publicas/sao_paulo/lei_educom>.

3. A formação

Ao longo de todo o século XX, coube aos próprios grupos envolvidos com a relação comunicação/educação preparar os especialistas de que necessitavam em seus programas para garantir seu desenvolvimento e sua sobrevivência. Em outras palavras, o sistema universitário desconhecia a *media education*, tratando-a como conteúdo supérfluo nos currículos de formação de professores. Isso, apesar da insistência da UNESCO em pregar a relevância do tratamento deste conteúdo em todos os níveis da educação. O fato levou a organização a editar, em pleno século XXI, um manual para a formação de professores[15] na suposição de que, diante de tanta insistência, as autoridades e os gestores finalmente mudarão sua atitude de resistência perante o mundo da mídia.

Quando o conceito da educomunicação foi ressemantizado e suas práticas passaram a dar sinais de acerto, assim que adotadas nas políticas públicas, o mundo universitário passou a dar algum sinal de interesse. Existem dois cursos de graduação na área, no Brasil: uma licenciatura, pela USP, em São Paulo (aprovada em 2009 e instaurada em 2011), e um bacharelado, na Universidade Federal de Campina Grande, na Paraíba (aprovado e instaurado no mesmo ano de 2010). A Pontifícia Universidade Católica do Rio de Janeiro abriu em 2014 um bacharelado em mídia e educação. A opção da USP pela licenciatura tem o propósito de garantir ao formado acesso ao ambiente escolar. Multiplicam-se, contudo, cursos de especialização e de cultura e extensão, por todo o país.

4. A educomunicação chega ao Programa Aliança das Civilizações, da UNESCO

Em nível internacional, no espaço europeu, o conceito chega no contexto de uma busca por novas formas de se promover a educação para os meios. É o que se constata com a realização de debate promovido pelo Programa Aliança das Civilizações, da UNESCO, envolvendo, de um lado, Roberto Aparici, da UNED (Madri, Espanha), e, de outro, Jordi Torrent, coordenador do projeto The Alliance of Civilizations, da ONU (Nova York, USA).[16] Ao longo do diálogo acadêmico, o conceito é

---

[15] UNESCO. *Alfabetização mediática e informacional – Currículo para a formação de professores*, 2013. Acesso à versão original em inglês: <http://unesdoc.unesco.org/images/0022/002204/220418por.pdf>.

[16] Ver sobre o tema: <http://www.aocmedialiteracy.org/index.php?option=com_content&task=view&id=87&Itemid=31>.

definido como uma prática específica, com origem na América Latina,[17] diferenciando-se das vivências que ocorrem em outras partes do mundo, a partir do tradicional conceito de *media literacy*. Dada a complexidade do conceito, os especialistas veem, contudo, dificuldade em seu entendimento e difusão em larga escala fora do espaço latino-americano.

5. Pesquisas: Itália e Inglaterra

O banco de teses da CAPES – órgão do governo federal que dá suporte a investigações acadêmicas, no Brasil – informa que, entre o ano de 2000 e 2012, um total de 97 dissertações e teses doutorais foram defendidas nos centros de pós-graduação do Brasil, tendo como objeto a teoria e a prática educomunicativas, mantendo, entre os referenciais, o trabalho dos pesquisadores do Departamento e de Comunicações e Artes da ECA/USP.[18] Notícias que chegam dos vizinhos latino-americanos dão conta de trabalhos acadêmicos defendidos em países como a Argentina, o Uruguai, o Paraguai, o Peru, a Colômbia, o Equador e a Venezuela. Nos últimos anos, estudos e pesquisas semelhantes, que registram a perspectiva defendida pelo NCE/USP, passaram a ser desenvolvidos também na Europa, especialmente na Itália e na Inglaterra. A título de exemplo, relacionamos alguns autores e títulos.

Como já relatado, em 2004, o indu *Joseph Sagayaraj Devadoss* inclui o I Congresso Internacional sobre Comunicação e Educação (Brasil, 1998) entre os cinco de maior relevância na década de 1990. Sua

---

[17] No debate, Roberto Aparici define o conceito a partir da perspectiva latino-americana, fazendo referência à contribuição do pesquisador britânico Robert Ferguson: "Educommunication is an area of knowledge that is linked to the freedom to know, understand and express oneself in multiple ways. Just as literacy was a priority of reading and writing, and still is in many regions of the planet, in the last few years the information and communication technologies have been defining new rights to which all sectors of the population must have access to. Together with the topic of human rights related to educommunication, we must mention the need for a formation based on critical solidarity. In this sense, Robert Ferguson said that 'Critical solidarity is a means by which we recognize the social dimensions of our thought. It is also a means through which we develop our analytical skills and relative autonomies'. I share Ferguson's view when he states that 'the future of educommunication has to follow the path of critical solidarity or it will end up in one of many blind alleys'. For the concept of critical solidarity to become feasible, Ferguson says, we need to work on the development of a relevant and realizable pedagogy".

[18] PINHEIRO, Rose. *Educomunicação nos centros de pesquisa do país* (USP, 2013). Em outro estudo de 2011, também na USP, Cláudio Messias constata que, na primeira década do século, o tema educomunicação se fez presente, através de *papers*, em todos os eventos nacionais de comunicação ou de educação, no Brasil (MESSIAS, Claudio. *Duas décadas de educomunicação*, 2011).

pesquisa apresentada junto à Universidade Pontifícia Salesiana, de Roma, teve como título: "'Media Education' as Addressed by the International Congresses for Communication Within the Period 1990-2000: Key Concepts, Perspectives, Difficulties and Main Pardigms" (UPS, Roma, 2004). Em 2008, a *Congregação das Salesianas* editou, em italiano, um livro (traduzido para quatro línguas: inglês, francês, espanhol e português) apresentando as razões pelas quais optou pelo conceito da educomunicação em suas obras educacionais espalhadas pelos cinco continentes. A obra tinha como título: *Educomunicazione Picolli Passi Nella Nuova Cultura*. Dois anos depois, a *Rede Salesiana de Escolas da América Latina* publicou o livro: *Educomunicação: desafio à família salesiana*, com edições em espanhol e português.

Em 2010, *Isabella Bruni*, estudante da Università La Sapienza, de Roma, publicou o livro *L'Educomunicazione brasiliana sulle onde della radio*, tendo tomando como referência a pesquisa realizada junto ao Projeto Educom.Rádio, da rede pública de educação do município de São Paulo. Também em 2010, *Daniela Moreira* defendeu dissertação junto ao Department of Media and Communications, da London School of Economics, com o título: "Educommunication: addressing school challenges in Brazil through media education".

Em 2012, o pesquisador *Ricardo Canavezzi Castellini da Silva* defendeu, junto ao Institute of Education da University of London, um trabalho com o título: "Bringing education and communication together in order to transform the school: the educommunication experience in Brazil and some thoughts on media and cultural studies". Ainda em 2012, coube a *Claudio Arévalos Coronel* defender a tese doutoral intitulada "Análisis de la interrelación Educación y Comunicación en vista a una propuesta de Educomunicación para el ambiente escolar salesiano latinoamericano".

Em 2013, foi a vez de *Maria Célia Giudicissi Rehder* defender sua dissertação, intitulada "An Educommunication-based approach for the rights of the child: Responding to the challenge of implementing article 12 of the CRC in Guinea-Bissau". O trabalho foi apresentado ao European Master's Degreee in Human Rights and Democratisation, mantido pela ONU junto à Università degli Studi de Padova, Itália.

Finalmente, em 2014, foi concluída a pesquisa de doutorado da britânica *Beth Titchiner*, da Univesity of London, dedicada ao Programa nas Ondas do Rádio, de São Paulo, centrando-se nos temas das "identidades", "poderes" e "saberes" relacionados às experiências educomunicativas.

6. Áreas de conhecimento e de prática midiática que colaboram com a educomunicação

Enquanto campo multidiscipliar e transdiscursivo, a Educomunicação necessita contar com a contribuição de áreas de pesquisa e de exercícios práticos próprios de outros campos do saber.

Do campo da educação, importa à educomunicação os conhecimentos produzidos a partir da área da sociologia da educação,[19] que trabalha fundamentalmente com as teorias da aprendizagem social. Saber como os educadores mensuram o impacto da mídia sobre os usuários, especialmente as crianças e adolescentes, pode ajudar no diálogo que o educomunicador mantém com os gestores da educação, educadores e os próprios estudantes.

Ainda da educação convém ressaltar a própria legislação, especialmente os parâmetros curriculares, nos pontos que dizem respeito ao tema das linguagens e do protoganismo infantojuvenil, no contexto do plano político-pedagógico.

Da comunicação, importam à educomunicação a criatividade e o potencial inovador trazido para a produção cultural pelas tecnologias da informação. Nisso insistia Mario Kaplún, quando pensava na formação do "professor educomunicador".

Outra contribuição do campo da comunicação são as pesquisas sobre recepção, especialmente aquelas desenvolvidas sob a ótica dos estudos culturais. Entender o sujeito receptor é essencial para projetos que pretendem ver tais sujeitos assumindo o protagonismo de uma ação educomunicadora.

7. Midiaeducação, comunicação/educação e educomunicação

Cresce, no Brasil, a disposição para uma mútua colaboração entre os defensores do conceito de mídia e educação (midiaeducação), herdeiros de uma tradição europeia de *media education*, e os praticantes do conceito da educomunicação (alguns preferem usar simplesmente a expressão "comunicação/educação"), herdeiros de uma tradição latino-americana

---

[19] No Brasil, são reconhecidas as contribuições acadêmicas e de mídia-educadores como Belloni, Fantin, Setton, Marques de Melo e Tosta. Ver referências bibliográficas, ao final do artigo.

de luta político-ideológica que coloca sua centralidade na defesa do direito à expressão e à comunicação.

Cada conceito carrega seus referenciais e metodologias, mas os atendidos – os alunos – são indistintamente beneficiados. O grande diferencial está na meta de cada prática: uma trabalha para que a criança e o adolescente sejam capazes de produzir conhecimentos a respeito de suas relações com a mídia e de usufruir de seu potencial inovador, dominando processos produtivos; já a outra tem como meta transformar a comunidade educativa num ecossistema comunicativo aberto, dialógico e participativo. Quanto à produção comunicativa, no caso da educomunicação, o que mais importa é aquela que a própria criança e os adolescentes produzem, colaborativamente. De suas autoavaliações surgem os indicadores para o julgamento da mídia de terceiros, de seu poder manipulador, de suas contradições ou seu potencial educativo.

A centralidade da ação, de um lado, na relação com a mídia e, de outro, na relação com o processo comunicativo mais abrangente não tem impedido o diálogo entre os promotores das diferentes formas de abordagem do tema da comunicação/educação. É o que ficou comprovado no 5º Encontro Brasileiro de Educomunicação (São Paulo, 2013), que contou com mesas e painéis assumidos por defensores das diferentes correntes de pensamento e ação. É o que o próprio livro *Educomunicação, para além do 2.0* revela em seus diferentes capítulos.

Referências bibliográficas

AGUIRRE, Jesús María; BISBAL, Marcelo. *La ideololgía como mensaje*. Caracas, Monte Avila Editores, 1981.

ALVES, Patrícia Horta. *Educomunicação: a experiência do Núcleo de Comunicação e Educação*. (Dissertação de Mestrado). São Paulo, ECA/USP, 2002.

BACCEGA, Maria Aparecida. Comunicação/Educação e a construção de nova variável histórica. In: CITELLI, Adilson; COSTA, Maria Cristina. *Educomunicação, construindo uma nova área de conhecimento*. São Paulo, Paulinas, 2011, pp. 31-42.

_____. Heredando el futuro. Pensar la educación desde la comunicación. *Nomadas*, Bogotá, DIVC (5), pp. 10-22, set. 1996 - fev. 1997.

_____. *La Educación desde la Comunicación*. Editorial Norma, 2002.

BELLONI, M. L. *O que é mídia-educação*. Campinas, Autores Associados, 2000.

BORDENAVE, Juan Diaz; CARVALHO, Horácio Martins. *Comunicação e Planejamento*. Rio de Janeiro, Paz e Terra, 1979.

BRAGA, José Luiz; CALAZANS, Regina. *Comunicação e educação: questões delicadas na interface*. São Paulo, Hacker Editores, 2001.

BRANDÃO, Carlos Rodrigues. *Repensando a pesquisa participante*. São Paulo, Brasiliense, 1984.

BRUNI, Isabella. *L'Educomunizazione brasiliana sulle onde della radio. Analisi di Caso*. Roma, Università La Sapienza, 2010.

BUCKINGHAM, David. *Watching media learning. Making sense of media education*. London, Falmer, 1990.

CANCLINI, Néstor. *Consumidores e cidadãos*. Rio de Janeiro, Ed. Da UFRY, 1995.

CITELLI, Adilson; COSTA, Maria Cristina. *Educomunicação: construindo uma nova área de conhecimento*. São Paulo, Paulinas, 2011.

CONTRERAS, Eduardo B. *Evaluación de Proyectos de Comunicación*. Quito, Ciespal, 1985.

DEVADOSS, Joseph Sagayaraj. *Media Education, Key Concepts, Perspectives, Difficulties and Main Paradigms*. Chennai, India, Arubu Publications, 2006.

FANTIN, Monica. *Mídia-educação: conceitos, experiências e diálogos Brasil Itália*. Florianópolis, Cidade Futura, 2006.

FREIRE, Paulo. *Comunicação ou extensão?* Rio de Janeiro, Paz e Terra, 1997.

_____. *Educação como prática da liberdade*. Rio de Janeiro, Paz e Terra, 1967.

GOMES, Pedro Gilberto; SOARES, Ismar de Oliveira. *Da formação do senso crítico à educação para a comunicação*. São Paulo, Loyola, 1988.

GUTIERREZ, Francisco. *Educación y Comunicación em el Proyecto Principal*. Santiago do Chile, UNESCO, 1984.

_____. *Linguagem total*. São Paulo, Summus, 1971.

HALL, Stuart. Encoding and decoding in television discourse. In: CENTRE FOR CONTEMPORARY CULTURAL STUDIES (Ed.). *Culture, Media, Language: working papers in Cultural Studies: 1972-1979*. London, Hutchinson, 1980, pp. 128-138.

HUERGO, Jorge. *Comunicación/Educación. Ámbitos, prácticas y perspectivas*. La Plata, Ed. de Periodismo y Comunicación/Ed. Renovada, 2001.

IFMA – INSTITUTO FIGLIE DE MARIA AUSILIATRICE. *Educomunicazione Picolli Passi Nella Nuova Cultura*. Roma, 2008.

JACQUINOT, Geneviève. O que é um educomunicador? O papel da comunicação na formação dos professores. In: I INTERNATIONAL CONGRESS ON COMMUNICATIONA AND EDUCATION. Disponível em: <http://www.eca.usp.br/nucleos/nce>. Acesso em: fev. 2012.

KAPLÚN, Gabriel. Comunicación, educación y movimientos sociales: paradojas técnico-políticas. In: BOLAÑO et alii (Org.). In: KAPLÚN, Gabriel.

Comunicación, educación y movimientos sociales en América Latina. Brasília, Casa das Musas, 2009, pp. 41-57.

KAPLÚN, Mario. *El Comunicador Popular.* Buenos Aires, Humanitas, 1986.

_____. Processos educativos e canais de comunicação. *Comunicação & Educação,* São Paulo, CCA-ECA-USP/Moderna, n. 14, pp. 68-75, jan./abr.1999.

LOPES, Maria Immacolata Vassalo de. Pesquisas de recepção e educação para os meios. In: CITELLI, Adilson; COSTA, Maria Cristina. *Educomunicação: construindo uma nova área de conhecimento.* São Paulo, Paulinas, 2011, pp. 43-52.

MARQUES DE MELO, José et alii. *Educomídia, alavanca da cidadania, o legado utópico de Mario Kaplún.* SBC, UNESCO/Editora da UMESP, 2006.

_____; TOSTA, S. P. (Org.). *Mídia & Educação,* Belo Horizonte, Autêntica, 2008.

MARTÍN-BARBERO, Jesús. Retos culturales de la educación a la comunicación. In: MARTÍN-BARBERO, Jesús. *Comunicación, Educación y Cultura. Relaciones, aproximaciones y nuevos retos.* Bogotá, Cátedra UNESCO de Comunicación Social/Facultad de Comunicación y Lenguaje/Pontificia Universidad Javeriana, 1999.

_____. *La Educación desde la Comunicación.* Buenos Aires, Grupo Editorial Norma, 2002a.

_____. Comunicação e mediações culturais. *Revista Brasileira de Comunicação,* São Paulo, v. XXIII, n. 1, pp. 151-163, jan./jun. 2000b.

MASTERMAN, Len. *Teaching the media.* London, Kindle Edition, 1985.

MATA, Maria Cristina. De la cultura masiva a la cultura mediática. *Diálogos de la Comunicación,* FELAFACS, Lima, n. 56, pp. 80-91, out. 1999.

_____. Comunicación, ciudadanía y poder: pistas para pensar su articulación. *Diálogos de la comunicación,* n. 64, pp. 65-76, 2001. Disponível em: <http://www.comminit.com/en/node/149879/348>. Acesso em: fev. 2012.

MEC. *Mídia e educação, perspectivas para a qualidade da informação,* Brasília, 2000.

MESSIAS, Claudio. *Duas décadas de educomunicação. Da crítica ao espetáculo.* (Dissertação de Mestrado). São Paulo, USP, 2011.

MIRANDA, Martín (Ed.). *Educación para la Comunicación: Manual Latinoamericano,* Santiago, UNICEF/CENECA, 1992.

MORAN, J. M. *Leitura dos meios de comunicação.* São Paulo, Pancast, 1993.

NEOTTI, Clarêncio (Coord.). *Comunicação e ideologia.* São Paulo, UCBC-Loyola, 1980.

OROZCO, Guilhermo. Comunicação, educação e novas tecnologias: tríade do século XXI. *Comunicação & Educação,* São Paulo, CCA-ECA-USP/Moderna, n. 23, pp. 57-69, jan./abr. 2002.

PINHEIRO, Rose. *Educomunicação nos centros de pesquisa do país: um mapeamento das teses e dissertações disponíveis no banco da Capes.* (Tese de Doutorado). São Paulo, USP, 2013.

PRIETO, Daniel C. *Diagnóstico de Comuinicación*, Quito, Ciespal, 1985.

_____. (ed.). *Radio Nederland Traing Centre en América Latina, Memoria Pedagógica de Tres Décadas.* San José, RNTC, 2008.

_____. *Educar con sentido. Apuntes sobre el Aprendizaje.* Mendonza, EDIUNC, 1993.

RAMOS, Pablo. *Tres décadas de Educomunicación en América Latina: los caminos del plan DENI.* Quito, OCLACC – Organización Católica Latinoamericna y Caribeña de Comunicación, 2001.

ROSSETTI, Fernando. *Educação, comunicação & participação*, UNICEF/Educarte, 2004. Disponível em: <http://www.unicef.org/brazil/pt/midia_escola.pdf>. Acesso em: fev. 2012.

RSE – Rede Salesiana de Escolas (Org.). *Educomunicação: desafio à família salesiana.* São Paulo, 2010.

SAYAD, Alexandre (Org.). *Educomunicar: Comunicação, educação e participação no desenvolvimento de uma educação pública de qualidade.* São Paulo, 2008. Disponível em: <http://www.redecep.org.br/publicacoes/REDECEP_online_s.pdf>. Acesso em: fev. 2012.

SAYAD, Alexandre Le Voci. *Idade mídia: a comunicação reinventada na escola* São Paulo, Editora Aleph, 2012.

SETTON, Maria da Graça. *Mídia e Educação.* São Paulo, Editora Contexto, 2010.

SILVA FILHO, Genésio Zeferino. *Educomunicação e sua metodologia: um estudo a partir de ONGs no Brasil.* (Tese de Doutorado). São Paulo, ECA/USP, 2004.

SOARES, Ana Carolina Altieri. *Educomunicação e cidadania na América Latina, a interface comunicação/educação a partir das práticas sociais no continente: um estudo de caso das políticas públicas na Argentina e no Brasil.* (Dissertação de Mestrado). São Paulo, PROLAM/USP, 2012.

SOARES, Ismar de Oliveira. *Para uma leitura crítica dos jornais.* São Paulo, Paulinas, 1984.

_____. *Para uma leitura crítica da publicidade.* Paulinas, São Paulo, 1988.

_____. *Sociedade da informação ou da comunicação?* São Paulo: Cidade Nova, 1996.

_____. Gestión de la Comunicación en el Espacio Educativo (o los desafíos de la Era de la Información para el Sistema Educativo). In: GUTIERREZ,

Alfonso M. (Coord.). *Formación del Profesorado en la Sociedad de la Información.* Universidad de Valladolid, Segovia, 1998, pp. 33-46.

_____. Comunicação/educação: a emergência de um novo campo e o perfil de seus profissionais. *Contato, Revista Brasileira de Comunicação, Arte e Educação,* Brasília, Ano 1, n. 2, pp. 5-75, jan./mar. 1999.

_____. Against violence: sensorial experiences involving light and sight. Media Education and Educational Technology from a Latin American point of view. In: FEILITZEN, Cecilia; CARLSON, Ulla. *Children and media: image, education, participation.* UNESCO/Göteborg University, 1999a, pp. 229-242.

_____. Educommunication: an emerging new field. *Telemedium,* Madison, v. 46, n. 1, p. 5, Spring, 2000a.

_____. La Comunicación/Educación como nuevo campo de conocimiento. In: VALDERRAMA, Carlos Eduardo. *Comunicación-Educación, Coordinadas, Abordajes y Travesías.* Bogotá, Universidad Central, 2000b, pp. 27-47.

_____. Educomunicação: um campo de mediações. Revista *Comunicação & Educação,* São Paulo, Ano VII, pp. 12-24, set./dez. 2000.

_____. Educomunicación: comunicación y tecnologías de la información en la reforma se la enseñanza americana. *Diálogos de FELAFACS,* Lima, Peru, n. 59-60, pp. 137-152, octubre 2000c.

_____. Educommunication, an emerging new Field. *Telemedium. The Journal of Media Literacy,* Medison (WI), 2001, p. 46.

_____. Educomunicazione. In: SOARES, Ismar de Oliveira. *La Comunicazione: Il Dizionario di Scienze e Tecniche.* Roma, Elledici, Rai, Eri, 2002, pp. 418-421.

_____. Educommunication: concept and aim. In: SOARES, Ismar de Oliveira. *Media Challenges Amidst Cultural And Religious Pluralism.* Genebra, Ucip, v. 1, 2005, pp. 113-116.

_____. Educom.rádio, na trilha de Mario Kaplún. In: MARQUES DE MELO, José et alii. *Educomidia: alavanca da cidadania.* SBC, UMESP, 2006, pp. 167-188.

_____. El derecho a la pantalla: de la educación a los medios a la educomunicación en Brasil. *Comunicar,* Huelva, España, 31, XVI, pp. 77-82, 2008.

_____. Caminhos da gestão comunicativa como prática da educomunicação. In: BACCEGA, M. Ap.; COSTA, M. Cristina. *Gestão da comunicação: epistemologia e pesquisa teórica.* São Paulo, Paulinas, 2009a, pp. 161-188.

_____. Planejamento de projetos de gestão comunicativa. In: COSTA, M. Cristina. *Gestão da comunicação: projetos de intervenção.* São Paulo, Paulinas, 2009b, pp. 27-54.

_____. *Educomunicação, o conceito, o profissional, a aplicação*. São Paulo, Paulinas, 2011.

SOUSA, M. W. *Sujeito, o lado oculto do receptor*. São Paulo, Brasiliense, 1995.

THIOLLENT, Michel. *Pesquisa-ação nas organizações*. São Paulo, Atlas, 1997.

VERI, Valeria Aparecida. *Por uma epistemologia do campo da Educomunicação: a inter-relação Comunicação e Educação pesquisada nos textos geradores do I Congresso Internacional sobre Comunicação e Educação*. (Dissertação de Mestrado). São Paulo, ECA/USP, 2002.

VALDERRAMA, Carlos Eduardo. *Comunicación-Educación, Coordinadas, Abordajes y Travesías*. Bogotá, Universidad Central, 2000.

WILLIANS, Raymond. *The Long Revolution*. London, Chatto & Windis, 1965.

1

Introdução:
a educomunicação para além do 2.0

ROBERTO APARICI*

As primeiras experiências

A educomunicação implica a inter-relação de dois campos de estudo: a educação e a comunicação. É também conhecida como recepção crítica da mídia, pedagogia da comunicação, educação para a televisão, pedagogia da imagem, didática dos meios audiovisuais, educação para a comunicação, educação midiática etc.

Há vinte anos, especialistas latino-americanos reunidos em Santiago do Chile, convocados por UNICEF/UNESCO e pela organização independente CENECA (Centro de Indagación y Expresión Cultural y Artística), acordaram que a

> educomunicação inclui, sem reduzir-se, o conhecimento das múltiplas linguagens e meios através dos quais se realiza a comunicação pessoal, grupal e social. Abrange também a formação do senso crítico, inteligente, diante dos processos comunicativos e de suas mensagens, para descobrir os valores culturais próprios e a verdade (CENECA/UNICEF/UNESCO, 1992).

Este movimento educomunicativo, baseado nos princípios da pedagogia crítica de Paulo Freire, é oriundo da América Latina e logo se estendeu à Espanha.

Em outros países, e sem terem contatos entre si, se articularam também diferentes movimentos com o objetivo de introduzir, no ensino primário e secundário, a análise, o estudo e as práticas dos meios de comunicação. Em 1984, este campo de estudo se institucionalizou mundialmente, através da UNESCO, com a publicação, em Paris, de *A educação em matéria de comunicação*, organizada por Morsy. Len

---

* Roberto Aparici é professor da Universidade Nacional de Educação a Distância (UNED), na Espanha.

Masterman (1993) situa os primeiros antecedentes no Reino Unido, em 1933, com a publicação do livro de Leavis e Thompson, *Cultura e meio ambiente*. Esta obra tinha uma mensagem apocalíptica sobre a ameaça que representava a mídia para a civilização e propunha que os professores de idiomas seriam os encarregados de manter "incólumes os baluartes culturais em um mundo em transformação".

A partir da segunda metade do século XX, de maneira quase simultânea e sem conexão alguma entre si, começou a desenvolver-se em diferentes contextos este novo campo de estudo, nos Estados Unidos com o nome *media literacy*, no Reino Unido, *media education*, e na Finlândia, educação liberal popular audiovisual.

A partir da década de 1970, foram criadas organizações não governamentais dedicadas especificamente ao estudo da mídia, de suas linguagens, e à produção, reflexão e crítica na educação formal e informal. A década de 1980 e os primeiros anos da década seguinte constituem um período caracterizado pela organização, formação, difusão e expansão das diferentes práticas deste campo de estudo, que vão dar lugar ao nascimento de movimentos e ações inicialmente locais, em seguida regionais e, por último, internacionais. A origem destes movimentos e intercâmbios estava intimamente ligada à área idiomática (o mundo anglo-saxão, o mundo ibero-americano, o mundo nórdico) e cultural dos participantes.

Assim como no mundo anglo-saxão se vincularam especialistas do Reino Unido, Canadá, Austrália ou Estados Unidos, o mesmo ocorreu no contexto ibero-americano, em que se desenvolveram propostas de comunicação e cultura popular, a partir dos princípios pedagógicos de Paulo Freire.

Cada um destes grupos linguísticos estabeleceu propostas e respondeu às necessidades culturais e sociais de seus respectivos contextos. Por exemplo, na América Latina, através do Ciespal (Centro Internacional de Estudos Superiores de Comunicação para a América Latina), no Equador, do ILCE (Instituto Latino-americano de Comunicação Educativa), no México, do CENECA, no Chile, do ILPEC, na Costa Rica, do Plano DENI, no Uruguai, do Centro Guarura, na Venezuela, do SEPAC e Cineduc, no Brasil, do La Crujía, na Argentina.

Na Espanha, trabalhou-se a educomunicação através do Drac Magic, na Catalunha, do SOAP de Madri e, a partir da década de 1980, na UNED (Universidade Nacional de Educação a Distância).

Nos Estados Unidos, estes aspectos foram desenvolvidos através do National Telemedia Council, do Strategies for Media Literacy e do Center for Media Literacy; no Canadá, a Association For Media Literacy; British Film Institute e Instituto de Educação da Universidade de Londres, no Reino Unido; a Fundação Finlandesa para a Promoção da Tecnologia (TES) e a Liga Mannerheim, na Finlândia; o Clemi, na França etc.[1]

Comprovamos que, nos últimos anos, se impôs – através da indústria do conhecimento – uma forma determinada de entender e estudar a educomunicação. A partir da globalização da economia e das tecnologias da informação e da comunicação (final da década de 1980 e início da década posterior), os modelos anglo-saxões se padronizaram e expandiram, tornando-se o pensamento hegemônico para abordar este campo de estudo, a ponto de, embora a obra pedagógica de Paulo Freire seja muito conhecida no mundo anglo-saxão, se desconhecerem os trabalhos de educomunicadores pioneiros como Daniel Prieto Castillo, Mario Kaplún ou Francisco Gutiérrez. Neste livro, incluímos um texto de Daniel Prieto Castillo que nos interroga sobre o que significa ser educador e, de Mario Kaplún, recuperamos o texto "Pedagogia da comunicação", que publicamos em 1987, na revista *Voces y Culturas*.

O desenvolvimento e ocaso da educomunicação, entre a década de 1970 e o final da década de 1990, é inversamente proporcional à expansão das novas tecnologias e ao desenvolvimento de paradigmas economicistas que se transferiram ao mundo da educação. Os audiovisuais, o estudo da televisão, os gibis, a imprensa, o vídeo foram sendo substituídos por cursos de informática, e os modelos de formação que começaram a ser praticados oscilavam, na maioria dos casos, entre o tecnicismo e a tecnocracia, com o uso dos computadores nas escolas. Nesse sentido, é importante destacar as palavras de Roszack (2005):

> Existe uma distinção importantíssima entre o que as máquinas fazem, quando processam informação, e o que faz a mente quando pensa. Em um momento em que os computadores invadem as escolas, é preciso que tanto professores como estudantes tenham muito presente essa distinção. No entanto, por causa da mística, dessa espécie de culto que rodeia o computador, a linha divisória entre a mente e a máquina está sendo atenuada. Portanto, a razão e a imaginação, faculdades que a escola deve exaltar e fortalecer, correm o perigo de serem diluídas com imitações mecânicas de grau inferior.

---
[1] Algumas das organizações citadas para cada um dos países deixaram de funcionar ou se fundiram com outras instituições.

No final da década de 1990 e início do século XXI, nos encontramos com um cenário e tecnologias incomuns, que vão ser agentes de mudança em escala mundial: a virtualidade e o desenvolvimento irreprimível das tecnologias digitais da comunicação.

Os cenários virtuais e as tecnologias da comunicação, no contexto educacional, começam a serem usados principalmente em *e-learning*, a partir de modelos fordistas baseados em paradigmas eficientistas.

Contudo, este cenário e estas tecnologias constituem – para crianças e jovens – um universo rico em experiências comunicativas fora da vida escolar. Este novo cenário e as tecnologias da comunicação são elementos que configuram o objeto de estudo, pesquisa e produção da educomunicação em âmbitos analógicos e digitais, e sua filosofia impregna qualquer tipo de tecnologia, seja ela a web 1.0, 2.0, 2.1, 3.0 etc.

Estas tecnologias digitais permitem o desenvolvimento de aspectos nunca abordados até agora na educomunicação, como a interatividade, a imersão, a participação ou a convergência.

Estes aspectos são aprofundados por diferentes autores na terceira parte deste livro: María Teresa Quiroz Velasco analisa o papel da educação nestes tempos de cultura digital, José Antonio Gabelas se ocupa da cultura juvenil nos cenários virtuais, e Carlos Scolari analisa o papel das simulações digitais nas novas formas de conhecimento.

Princípios pedagógicos da educomunicação

A educomunicação nos apresenta uma filosofia e uma prática da educação e da comunicação, baseadas no diálogo e na participação, que não exigem somente tecnologias, como também uma mudança de atitudes e de concepções. Muitos de seus princípios são oriundos da comunicação dialógica que Paulo Freire (1973) aprofundou:

> Ser dialógico é não invadir, é não manipular, é não *sloganizar*. Ser dialógico é empenhar-se na transformação constante da realidade. Esta é a razão pela qual, sendo o diálogo o conteúdo da forma de ser própria à existência humana, está excluído de toda relação na qual alguns homens sejam transformados em "seres para outro" por homens que são falsos seres para si mesmos.

É importante destacar que Freire entendia o diálogo como um elemento crucial para problematizar o conhecimento. Não era um diálogo complacente, um diálogo para o nada, e sim uma modalidade que indagava os saberes mútuos e questionava o conhecimento preestabelecido.

O diálogo não é mera conversação nem conversa inconsistente, o diálogo é uma metodologia e uma filosofia.

> O que se pretende, com o diálogo, em qualquer hipótese (seja em torno de um conhecimento científico e técnico, seja de um conhecimento "experiencial"), é a problematização do próprio conhecimento, em sua indiscutível relação com a realidade concreta, na qual se gera e sobre a qual incide, para melhor compreendê-la, explicá-la, transformá-la (Freire, 1973, p. 57).

Uma releitura da obra de Freire, na atualidade, pode nos dar pistas para restabelecer as relações entre os interagentes da educação e da comunicação no contexto digital. Nessa superação de funções que as tecnologias digitais permitem realizar, em que todos podemos ser interagentes, é preciso recuperar e desenvolver, conjuntamente, uma perspectiva crítica. A partir da web 2.0, os participantes do ciberespaço podem estabelecer uma relação entre iguais que estão em interação constante. Contudo, estas práticas na rede também podem ser realizadas em contextos reais. A tecnologia digital pôs em evidência práticas enunciadas há quarenta anos, que podem ser desenvolvidas nas escolas ou nos meios de comunicação convencionais. Não se trata de uma questão tecnológica, mas de uma dimensão metodológica, pedagógica e ideológica:

> O diálogo e a problematização não adormecem ninguém. Conscientizam. Na dialogicidade, na problematização, educador-educando vão ambos desenvolvendo uma postura crítica, da qual resulta a percepção de que este conjunto de saber se encontra na interação. Saber que reflete o mundo e os homens, no mundo e com ele, explicando o mundo, mas, sobretudo, tendo de justificar-se na sua transformação (Freire, 1973, p. 62).

Ao analisar o tipo ou modelo de relação dos interagentes, Freire especificava que nos modelos baseados na transmissão não havia comunicação. Esta relação se dá ainda hoje na maioria das escolas e é a prática que continuam exercendo os meios convencionais de comunicação. Em todo ato comunicativo, seja face a face ou mediado por uma tecnologia, tem que ser produzido um ato de encontro e de reciprocidade entre todos os que participam desse canto comunicativo. Freire diz (1973):

> Se o sujeito "A" não pode ter no objeto o termo de seu pensamento, uma vez que este é a mediação entre ele e o sujeito "B", em comunicação, não pode, igualmente, transformar o sujeito "B" em incidência depositária do conteúdo do objeto sobre o qual pensa. Se assim fosse – e quando assim é –, não haveria nem há comunicação. Simplesmente, um sujeito estaria (ou está) transforman-

do o outro em paciente de seus comunicados. A comunicação, pelo contrário, implica uma reciprocidade que não pode ser rompida. Por isso, não é possível compreender o pensamento fora de sua dupla função: cognoscitiva e comunicativa (Freire, 1973, p. 75).

Para Freire, no processo de comunicação não há uma divisão entre emissores e receptores. Todos são sujeitos ativos no ato comunicativo. Por isso: "Comunicar é comunicar-se em torno do significado significante. Desta forma, na comunicação, não há sujeitos passivos. Os sujeitos, cointencionados ao objeto de seu pensar, se comunicam seu conteúdo" (Freire, 1973, p. 75).

A educomunicação estabelece, há mais de trinta anos, questões que ganharam uma renovada atualidade nos últimos anos, a partir do desenvolvimento da web 2.0 que ampliou os conceitos de comunicação democrática, participação e colaboração.

O modelo de ensino-aprendizagem que Paulo Freire criticava (1969) estava centralizado em uma concepção bancária da educação, isto é, em um modelo transmissor que impunha um determinado relacionamento entre docentes e alunos.

O educador	O educando
• é sempre quem educa	• é sempre quem é educado
• é quem fala	• é quem escuta
• prescreve, tipifica, dita as regras	• obedece, segue a prescrição
• escolhe o conteúdo dos programas	• recebe-o como se fosse um depósito
• é sempre quem sabe	• é quem não sabe
• é o sujeito do processo	• é o objeto do processo

Fonte: M. Kaplún. *Uma pedagogia da comunicação*, 1998.

Kaplún descreve estas questões como duas dimensões rígidas, em que se estabelecem funções específicas ainda hoje reproduzidas.

Este método, dizia Kaplún, está baseado na relação entre o docente e o livro didático, que é a principal fonte de informação nas salas de aula. Não se dá importância ao diálogo e à participação, "valoriza-se muito o dado e muito pouco o conceito, a boa retenção dos conteúdos (isto é, sua memorização) é premiada, e a reprodução pouco fiel é castigada. A elaboração pessoal do educando é, também, reprimida como erro". E acrescenta: "A experiência de vida dos educandos é desvalorizada" (Kaplún, 1998).

Esta relação entre docentes e alunos, segundo Kaplún, também existe no campo dos meios de comunicação, em que um centro emissor se dirige a milhares ou milhões de receptores. Ele propôs que seria possível construir outro tipo de relação entre e com os agentes da comunicação e da educação.

Não obstante, na hora da formação baseada em um modelo dialógico, as universidades põem em prática as interações grupais ou o papel das mediações no processo educacional. Nesse sentido, Prieto Castillo (2000) escreve:

> O velho discurso universitário carece de mediações pedagógicas, está centralizado em uma palavra despersonalizada, obstinada em transmitir ciência; fecha oportunidades de expressão, entende pouco ou nada de meios audiovisuais, e frequentemente entende ainda menos de interação grupal. Como formar comunicadores a partir de semelhantes matrizes?

E tem mais, os recursos educativos nas salas de aula costumam ser gutenberguianos. O próprio Prieto Castillo (2000) afirma: "Em muitos centros educativos se pretende ensinar comunicação submetendo os estudantes a essa ilusão de aprendizagem consistente em escutar e tomar notas".

É importante destacar que, desde o ensino primário até a universidade, há um predomínio deste tipo de práticas, e – nesse sentido – García Canclini (2007) assinala:

> Seria melhor perguntar-se a quem não serve ser internauta: aos que fazem políticas culturais gutenberguianas, às bibliotecas que não incorporam computadores, aos que desejam usá-los, mas que pouco se servem deles, porque se sentem estrangeiros diante dos nativos digitais, ou preferem o prazer de escrever à mão. Àqueles que, às vezes, desejariam desconectar-se e não podem.

Devemos levar em conta que muitas das experiências educativas e comunicativas que recorrem às tecnologias digitais não deixam de ser gutenberguianas por usarem a web, já que continuam repetindo os mesmos modelos analógicos do século passado. No caso da imprensa, por exemplo, os jornais costumam replicar seus conteúdos tradicionais na rede, reproduzindo a lógica do papel. Isso acontece também com os ensaios, artigos ou na maioria dos sites. A linguagem da internet ainda está por ser criada, construída e desenvolvida. Ainda se continua muito preso à era Gutenberg. Nesse sentido, Rosental C. Alves[2] diz:

> A linguagem da internet está por ser descoberta; ou está por juntar tudo o que se descobriu. Contudo, não são os jornalistas os que descobrirão a linguagem da internet, são os usuários. No sistema *midiacêntrico* do passado, os descobrimentos eram feitos pela mídia, que criava produtos e os provava para ver se funcionavam ou não. Agora é a rede que tem o poder da inovação. As empresas de comunicação estão seguindo o povo, e não ao revés. O que se cria nas redes sociais, a produção dos amadores e os blogs determinam o que está por vir. A principal diferença entre o Google e os meios convencionais é que o Google trabalha a partir da perspectiva do usuário; e as empresas de meios trabalham desde a perspectiva dos produtos. Desenham produtos e vão até o usuário para perguntar: "Como posso melhorar meu produto?", em vez de ir ver diretamente o que o usuário está fazendo, como reage, o que produz e o que consome.

No processo educativo e comunicativo, Kaplún propôs o lançamento de modelos autogestores baseados na participação ativa em todos os níveis e campos, e dizia:

> Como se vê, tem de ser assim, participativo, não só por conta de coerência com a nova sociedade democrática que procura construir, como também em razão de eficácia: porque somente participando, envolvendo-se, pesquisando, estabelecendo perguntas e procurando respostas, questionando e questionando-se, chega-se realmente ao conhecimento (Kaplún, 1998).

Neste contexto, Servaes e Patchanee Malikhao afirmavam:

> A forma mais desenvolvida de participação é a autogestão. Este princípio implica o direito de participação no planejamento e na produção dos conteúdos da mídia. No entanto, nem todos desejam ou devem ser envolvidos em sua implementação prática. É mais importante que a participação seja possível no nível da tomada de decisões quanto aos temas que serão tratados nas mensagens e quanto à seleção de procedimentos. Um dos obstáculos fundamentais contra a decisão de adotar a estratégia participativa consiste em que ela significa uma ameaça para as hierarquias existentes. No entanto, a participação não implica que especialistas do desenvolvimento, planejadores e dirigentes institucionais já não tenham nenhuma função. Somente significa que os pontos de vista dos grupos locais do público são levados em conta antes que os recursos dos pro-

---

[2] Entrevista a Rosental C. Alves: Los medios deben aparcar su arrogancia. *El País*, 5 jun. 2010. Disponível em: <http://www.elpais.com/articulo/reportajes/medios/deben/aparcar/arrogancia/elpepusocdmg/20100905elpdmgrep_5/Tes>.

jetos de desenvolvimento sejam designados e distribuídos e que as sugestões de mudanças políticas sejam levadas em conta.

Estas questões, que foram objeto de debates no século passado, continuam ainda vigentes na primeira década deste segundo milênio, em que as tecnologias digitais tornaram visíveis as práticas comunicativas e pedagógicas dos meios de comunicação e das instituições educativas.

A educomunicação nos apresenta uma filosofia e uma prática da educação e da comunicação baseadas no diálogo e na participação, que não exigem somente tecnologias, mas também uma mudança de atitudes e de concepções pedagógicas e comunicativas.

Na terceira parte desta obra, três artigos se ocupam do tema da participação no contexto digital. Por um lado, Joan Ferrés se ocupa da cultura da participação, Guillermo Orozco, dos novos papéis educativos e comunicativos, e Carlos Valderrama aborda aspectos da cidadania na sociedade da informação.

Relações entre a comunicação e a educação

As relações entre a comunicação e a educação podem ser abordadas desde diferentes concepções. Ismar de Oliveira (1999), citado por Schaun (2002: 88), propõe três perspectivas sobre esta inter-relação:

a. Perspectiva da autonomia irreconciliável entre os dois campos – funcionalista, provoca o isolamento entre os cursos e programas das Faculdades de Educação e de Comunicação Social.

b. Perspectiva da aliança estratégica entre os dois campos através de suas interfaces – principalmente o uso das novas tecnologias no ensino presencial ou a distância ou a produção educativa por parte dos meios massivos.

c. Perspectiva da emergência de um novo campo – interdiscursivo e interdisciplinar – para o surgimento de um novo profissional, cujo perfil está sendo construído na prática da ação comunicativa em espaços educativos.

Estas questões vinculadas às inter-relações de ambos os campos de estudo são desenvolvidas extensamente na segunda parte desta obra, através dos artigos de Ismar de Oliveira, Jorge Huergo, Delia Crovi e Agustín García Matilla.

Para além de qualquer tecnologia digital

Os princípios pedagógicos e comunicativos da educomunicação – baseados na participação, na autogestão e na comunicação dialógica – têm sobrevivido às mudanças tecnológicas que experimentamos nos últimos anos. As tecnologias digitais podem servir para oferecer mais do mesmo, isto é, repetir o uso de velhas concepções pedagógicas envolvidas em um verniz de modernidade digital. Nesse contexto, Kaplún (1992) diz:

> Um pertinaz equívoco se obstina em enturvar as relações entre educação e comunicação. Um ensino costuma autodenominar-se moderno quando exibe aparelhos e recursos audiovisuais; e mais moderno ainda, se é feito a distância, através de meios. Todavia, quando se examina a pedagogia que subjaz no interior de seus produtos, ressurgem, sob a vistosa e colorida maquiagem, as rugas do velho e glorioso modelo vertical. As mensagens são quase sempre expositivas e fechadas sobre si mesmas, sem resquícios para a reflexão crítica nem a participação de um educando concebido como um receptor passivo que é convidado a sentar-se, observar em silêncio e aprender o que eles conduzem. Acreditando "usar e aproveitar" os meios, o que esta tecnologia educativa tem feito, na realidade, é submeter-se à lógica deles: adotar acriticamente sua modalidade unidirecional, sem procurar alternativas. Assim, o que aparentou ser um avanço, uma modernização do ensino – associado às novas tecnologias eletrônicas –, traduziu-se, avaliando em termos pedagógicos, em um estancamento e, até mesmo, em um retrocesso.

Com novas ou velhas tecnologias é imprescindível perguntar-se sobre novas formas de ensinar e de aprender. As mudanças metodológicas, à procura de novos modelos pedagógicos, e as práticas interativas baseadas no diálogo são questões que estão além do uso de uma tecnologia ou outra. Nesse sentido, Prieto Castillo (2000) afirma: "A comunicação na educação vai muito além do uso dos meios no ensino. Interessa-nos a comunicação no trabalho do educador, no trabalho do estudante e nos meios e materiais utilizados".

Como nas origens da educomunicação, é preciso falar de outro modelo de comunicação que supere os limites instaurados pelos paradigmas funcionalistas. As predições que foram feitas nas origens mencionadas agora podem ser realidade e cada pessoa pode ser e agir como um meio de comunicação, através de blogs, wikis, vídeos no YouTube. Isto é, cada indivíduo pode ser, em termos comunicativos, um *emerec* ou um *prosumer*. Kaplún (1992) já antecipou estas questões há vinte anos:

Não poderia, certamente, apelar-se ao clássico esquema transmissor "emissor/mensagem/receptor"; nem mesmo acrescentando a este esquema uma via de retorno – *feedback* ou retroalimentação – disposta como um mecanismo de controle e regulação do sistema. Em consonância com uma educação que quer ser tal – e, portanto, é formativa e não meramente informativa, suscitadora de criticismo e criatividade –, o modelo de comunicação deveria ser participativo, "dialógico" e multidirecional; conceber o educando – segundo um feliz neologismo denominado por Cloutier – como um *emerec*, isto é, como um sujeito comunicante, dotado de potencialidades para atuar alternadamente como emissor e receptor de outros *emerecs* possuidores de iguais possibilidades; proporcionando, portanto, não só recepcionar, como também autogerar e emitir suas próprias mensagens.

Como já indicamos em outras publicações, é imprescindível que a educomunicação redefina novos paradigmas e não continue repetindo-se. Se há algo que caracteriza este campo de estudo nos últimos anos, é sua falta de originalidade na proposta de temas à altura das questões midiáticas e tecnológicas que estão sendo colocadas por outros setores. Este campo de estudo, atualmente, está em uma situação que definiríamos como de *stand-by* (parada, detida).

Comprovamos que se costuma trasladar esquemas e modelos de análise de espaços analógicos a cenários digitais. A aplicação dos princípios da cultura digital à educomunicação implica a inclusão de paradigmas, conceitos e metodologias que se caracterizam a partir da teoria do caos, dos hipertextos e hipermídia, do princípio de incerteza, da interatividade, da imersão que envolve todo o processo educativo. Isto significa que, de aqui em diante, será preciso pensar em outras alfabetizações, já que a atual respondia ao modelo da sociedade industrial. A sociedade da informação exige o desenvolvimento de outras concepções sobre uma "alfabetização" que não se limite à leitura/escrita, mas que considere todas as formas e linguagens da comunicação. Na terceira parte, o artigo de Alfonso Gutiérrez Martín aborda aspectos sobre a alfabetização digital e a criação multimídia. O artigo de Sara Osuna e Roberto Aparici pesquisa sobre a educomunicação digital e seus principais componentes.

No final do século passado, a geração dos jovens era chamada de Net ou geração conectada, geração da web. O nome era um sinal de adesão ao ciberespaço, à revolução numérica que caracterizava estes tempos e com o nascimento e desenvolvimento de cibercafés.

Pouco depois, a partir de Prensky, foram denominados de nativos digitais, geração 2.0, e eram associados aos videogames, aos estudantes que procuram informação e relacionamentos na internet, aos que passam mais tempo diante da tela de um computador que diante de livros.

Nestes momentos, através do computador ou da telefonia, é possível ter acesso a programas de televisão, rádio, jornais, videogames... e isto está apenas começando. Estamos no início de uma modalidade comunicativa e tecnológica que vai além do 2.0.

Fisher (2001) se pergunta se existe uma cultura internet, e responde:

> No sentido amplo dos antropólogos, em que tudo faz parte da cultura, seus usos sociais que se generalizam e sua onipresença midiática lhe dão um lugar importante como instrumento de difusão e como objeto cultural. Contudo, a internet gera obras originais, musicais, artísticas, literárias e cinematográficas que – sem ela – não existiriam? A internet incita os criadores a criar? A internet é a base de novas pesquisas estéticas, novas escritas, novas estruturas e valores linguísticos, artísticos, dramáticos e musicais? Novas concepções do espaço-tempo? Novos modos de participação interativa de públicos? Novos públicos? A resposta é sim para todas estas perguntas.

Educomunicação digital emancipadora

Os programas de estudo de educação midiática se caracterizam, em linhas gerais, por abordagens que provêm do contexto social, político, econômico e pedagógico da década passada ou, até mesmo, da década de 1990. Ainda se mantêm os paradigmas baseados em estudar cada um dos meios de comunicação em função de suas representações, da tecnologia que se põe em jogo, da linguagem que utiliza, dos produtores desses meios, dos textos que produz e do público.

Contudo, junto com essas abordagens, existe uma tendência cada vez mais acentuada em pesquisar aspectos relacionados com os usuários e as produções das tecnologias digitais, a telefonia móvel e os videogames. Em síntese, o objeto de estudo, pesquisa e produção da cultura digital neste momento acontece, principalmente, fora da sala de aula. As formas atuais da cultura popular estão ligadas ao ciberespaço, à imersão, à participação, com o uso dos mais variados dispositivos.

As narrações e estratégias que os videogames oferecem, a mudança de identidades, a convergência de meios ou a participação são tratadas de maneira independente, a ponto de Jenkins (2008) falar que esta época se caracteriza pela necessidade de adquirir competências na cultura da participação ou na cultura da convergência dos meios.

Nestes momentos convulsionados para a educação, é preciso fazer uma revisão e uma reconstrução dos princípios, metodologias, tecnologias, formação docente etc. Keller (2008), na obra de McLaren e Kincheloe, propõe que

> os desenvolvimentos tecnológicos do momento atual possibilitam a revisão e reconstrução radical da educação e da sociedade que Dewey defendeu na era progressista e que – nas décadas de 1960 e 1970 – Ivan Illich, Paulo Freire e outros defensores e defensoras de uma reforma educacional e social radical procuraram.

A construção coletiva do conhecimento – através da Wikipedia, por exemplo – implica consequências importantes que podem mudar completamente, com o tempo, o modo com que vemos alguns assuntos como a educação, a alfabetização e a erudição. Para Keller (2008):

> A mudança epistemológica, com a proliferação de wikipedias, terá efeitos dramáticos para a educação e a aprendizagem. Os wikis comunitários e as wikipedias maiores e abertas estão construindo, neste mesmo instante, as esferas públicas do futuro.

Além do desenvolvimento das wikipedias, as questões ligadas à organização e participação – que envolvem outras formas de fazer sociedade e fazer política – merecem uma atenção especial. Neste contexto, García Canclini (2007) afirma:

> As redes virtuais modificam as maneiras de ver e de ler, as formas de reunir-se, de falar e escrever, de amar e saber que somos amados (a distância), ou talvez imaginá-lo. Outras formas de ser sociedade e de fazer política emergem nas "mobilizações relâmpago" ou *flash mobs* (Rheingold). Convocadas por e-mail ou por telefonia móvel, as reivindicações ignoradas por organismos internacionais, governos e partidos políticos conseguem coordenação e eloquência mesmo estando fora da mídia.

A propósito desta obra

Este livro reúne quinze especialistas que abordam temáticas vinculadas à relação entre educação e comunicação. Não é uma obra fechada e desejamos que seja o início de contribuições, discussões e debates sobre a educomunicação no contexto da cultura digital para além do 2.0. Ainda estamos em uma fase de transição para a qual convergem as culturas analógicas e digitais; este processo está apenas começando.

Bibliografia

FISHER, H. *La brecha digital*. Buenos Aires, Unitref, 2001.

FLECHA, R. Aprendizaje dialógico en la sociedad de la información. Disponível em: <http:/www.nodo50.org/igualdadydiversidad/cmrp_ga5.htm>.

FREIRE, P. *¿Extensión o comunicación?. La concientización en el medio rural*. Buenos Aries, Siglo XXI, 1973.

GARGÍA CANCLINI, N. *Lectores, espectadores e internautas*. Barcelona, Ed. Gedisa, 2007.

IANNI, O. *Teorías de la globalización*. México, Siglo XXI, 1996.

JENKINS, H. *Convergence Culture*. Paidós, Barcelona, 2008.

KAPLÚN, M. *A la educación por la comunicación. La práctica de la comunicación educativa*. Santiago de Chile, UNESCO-OREALC, 1992.

____ Una pedagogía de la comunicación. Madrid, Ediciones de la Torre, 1998.

LEÓN, O. Para uma agenda social em comunicação. In: MORAES, D. *Por uma outra comunicação*. São Paulo, Papirus, 2003.

MC LAREN, P., KINCHELOE, J. *Pedagogia crítica*: De qué hablamos, dónde estamos. Barcelona, Graó, 2008.

MORSY, Z. *La educación en materia de comunicación*. Paris, UNESCO, 1984.

PRENSKY, M. Disponível em: <http://www.marcprensky.com>.

PRIETO CASTILLO, D. *Comunicación, universidad y desarrollo*. Buenos Aires, Plangesco, 2000.

ROSZAK, T. *El culto a la información*. Barcelona, Gedisa, 2005.

SCHAUN, A. *Educomunicação*. Rio de Janeiro, Mauad, 2002.

SERVAES, J.; MALIKHAO, P. Comunicación participativa: ¿el nuevo paradigma? Disponível em: <http:///www.compoliticas.org/redes/pdef/redes4/4. pdf>.

VV.AA. *Educación para la comunicación*. Santiago de Chile, CENECA-UNICEF--UNESCO, 1992.

Pioneiros

2

Construir nossa palavra de educadores[1]

Daniel Prieto Castillo[*]

Prezados colegas, permitam que me apresente. Sou um educador que nasceu em Mendonza, Argentina, e que tem mais de quarenta anos de trabalho com as relações informais, não formais e formais, a partir da comunicação social.

Não é todos os dias que uma pessoa pode se autodenominar "educador", com a liberdade com que o estou fazendo agora, com vocês. Como me apresento sempre assim, quando o faço vem imediatamente a pergunta: "O que você ensina?". Se respondo: "filosofia", "comunicação", "educação a distância", meu interlocutor diz "ah!". Esta resposta me fez entrar na categoria de alguém reconhecido, legítimo; passei de uma espécie de não ser ao ser.

Todavia, já faz alguns anos que não agrego nada. À pergunta mencionada, respondo com as mesmas palavras: "Como educador, me dedico a promover e acompanhar aprendizados, a colaborar na construção de pontes entre o que alguém sabe e o que pode chegar a saber, a escutar, a conversar [...]". Nada disso atinge meu interlocutor: "Sim, sim, mas o que você ensina?". Esforço-me em dar respostas, nenhuma me legitima diante de seus olhos e, finalmente, meu interlocutor vai embora convencido de que não sou ninguém.

Colegas, estou aqui com vocês para dialogar sobre as tramas de legitimação no âmbito educacional e para compartilhar meu convencimento de que as tecnologias digitais estão permitindo uma transformação radical nas velhas maneiras de legitimar e de legitimar-nos.

Detenho-me nessa palavra. No meu país, já em plena década de 1940, na certidão de nascimento de alguém concebido fora do

---

[1] Este texto corresponde à videoconferência oferecida no Encontro de Educadores Colombianos sobre Redes de Aprendizagem (Bogotá, Colômbia), organizado pelo Ministério de Educação e Maloka.

[*] Daniel Prieto Castillo é professor da Universidade de Cuyo, na Argentina.

matrimônio, figurava a seguinte expressão: "Hijo ilegítimo de...". O primeiro governo peronista promulgou uma lei para mudar semelhante marca para toda a vida e, a partir de então, esta expressão medonha desapareceu de um documento deste tipo. Ser "ilegítimo" era ser menos, em sentido social, que alguém "legítimo". Não percamos de vista esses termos: "ser menos".

Quando estudei magistério, a prática educativa era legitimada pela filosofia. Depois, a partir dos anos 1960, quando cursei o professorado, nos legitimávamos pela velha tecnologia educativa (no seio da qual, não devemos esquecer, vivemos a primeira revolução tecnológica em nosso campo)... Cada reforma educacional era sustentada por alguma forma de legitimação que quase sempre significava uma deslegitimação de tudo o que fazíamos e éramos.

Algo está mal quando uma pessoa procura uma maneira de demonstrar aos outros seu lugar no mundo.

"Ser menos"

Contudo, o problema é muito mais complexo. Porque falo como se todos os educadores tivessem vivido essa situação, desde o jardim de infância até a universidade. "Todos" significa uma generalização impossível de sustentar. Esse jogo entre "ser menos" e "ser mais" está presente nos distintos níveis do sistema e no interior de cada um deles. Se você exerce a profissão de docente universitário, tem uma categoria social superior a alguém do ensino secundário e muito mais ainda com relação a um colega do ensino fundamental.

As leis adjudicam à educação superior a responsabilidade de impulsionar a ciência e a cultura, de criar conhecimentos, pesquisar... No meu país o texto diz assim:

> Artigo 3. A Educação Superior tem por finalidade proporcionar formação científica, profissional, humanística e técnica no mais alto nível, contribuir para a preservação da cultura nacional, promover a geração e o desenvolvimento do conhecimento em todas suas formas [...].

Por outro lado, a Lei Nacional de Educação, dedicada sobretudo ao ensino secundário e primário, nos 23 incisos do capítulo 11, fins e objetivos, utiliza verbos como assegurar, garantir e, sobretudo, proporcionar (uma formação cidadã, conhecimentos e valores, formação corporal, motora e esportiva...).

Uma educação, então, para gerar conhecimentos, ciência, cultura, e outra para proporcionar, fazer chegar, promover... Dois grandes blocos: um com maior reconhecimento social que o outro.

Contudo, apesar de termos feito uma aproximação da lente, ainda ficamos no espaço das generalizações. Porque esse "ser mais" da universidade está carregado de diferenças em seu interior. Dentro do "ser mais" existem regiões muito marcadas por um "ser menos".

No final de década de 1980, em uma experiência nas universidades Rafael Landívar e São Carlos (Guatemala), com Francisco Gutiérrez Pérez, propusemos o conceito de "texto paralelo", que definimos inicialmente como "um acompanhamento e um registro da aprendizagem pelo próprio aprendiz". A palavra forte, em tal expressão, era, e é, "texto". Para cursar as pós-graduações que oferecíamos (em docência universitária e em pesquisa), cada participante devia escrever um texto completo, produto do que foi estudado e vivido em determinado curso.

A origem da proposta foi a seguinte: se em uma universidade há, por exemplo, 5 mil professores e, entre eles, uns 600 que escrevem, publicam e que tomam parte em ambientes intelectuais nacionais e internacionais, há ao redor de 4.400 que vivem quase nas sombras, deslegitimados, reduzidos a porta-vozes do que outros dizem e pesquisam.

Nossa aposta pelo texto paralelo significava, e significa, uma tentativa por romper a relação "ser mais" e "ser menos" dentro da docência. E, para isso, propúnhamos um caminho para abrir alternativas à voz dessa maioria silenciosa, em muitos casos silenciada, sujeita a todo um leque de formas de poder direcionado a impedir sua produção intelectual.

Continuamos fiéis a esse recurso; na pós-graduação que dirijo, em Mendonza (especialização em Docência Universitária), temos 1.300 titulados nos últimos treze anos, tendo cada um deles produzido quatro textos paralelos sobre o ensino na universidade, a aprendizagem na universidade, a educação superior e a pedagogia universitária. Após quatro textos elaborados em um período de aproximadamente 18 meses, termina a inibição discursiva, os alunos aprendem que são capazes de comunicar sua palavra e de promover e acompanhar aprendizagens a partir dela.

Os educadores intelectuais

Por que a escrita como direito e dever de um educador universitário? Em primeiro lugar porque através dela se constrói um intelectual. E porque não é o mesmo falar em nome de outros, em qualquer disciplina, que fazer isso também a partir da própria palavra.

Então, vamos sair agora dos espaços universitários e ir ao resto do sistema. Abandonamos os apelos a pesquisar, gerar conhecimentos, criar cultura, para passar ao mundo da oferta, por assim dizê-lo: proporcionar uma formação cidadã, promover o aprendizado de saberes científicos, desenvolver capacidades...

Certamente, no caso de meu país, a lei nacional propõe algum matiz ao que estou mencionando; no artigo 73, inciso c, referindo-se à formação docente, se diz:

> Incentivar a pesquisa e a inovação educacional vinculadas às tarefas de ensino, à experimentação e sistematização de propostas que contribuam para a reflexão sobre a prática e a renovação das experiências escolares.

Já é alguma coisa, mas ainda estamos longe de tudo o que se expressa com relação à educação superior: nada de criar cultura, fazer ciência, desenvolver conhecimentos... Essa diferença tem consequências enormes para o tema que nos ocupa: a estrutura do sistema não permite aos educadores uma produção válida para exercer o direito a sua construção como intelectuais, e muito menos ainda para enriquecer sua prática com os estudantes.

A partir desta deslegitimação, o sistema pede gente capaz de levar a palavra de outros a crianças e a jovens e, para tal, exige uma formação científica, ética, cidadã, artística... Não discutimos o valor de tudo isso, a questão é quem fala e de onde fala. Se, no espaço universitário, a diferença entre aqueles que exprimem sua própria voz e os que passam pela sala de aula sem expressá-la é enorme, no resto do sistema as distâncias tendem ao infinito.

Volto ao que acabo de dizer: a questão é quem fala e de onde fala.

Ao redor de 1790, na Caracas de então, Simón Rodríguez afirmava que, como não havia textos para ensinar e raros educadores, os que exerciam essa prática deviam possuir um caderno diário de anotações que poderia ser utilizado depois pelos que se iniciavam na profissão. Alguém tomava a palavra, falava a partir de sua prática e oferecia sua voz a outros. Era a educação legitimada a partir de dentro, a partir das práticas cotidianas na escola.

A deslegitimação interiorizada

Quando me formei como educador para escolas primárias, a fonte de legitimação de nossa prática era a filosofia. Estava em voga, então, a ideologia do apostolado: você tem um dever sagrado no seio da sociedade, deve desvelar-se para que os demais cresçam, para que cheguem a ser, não importa se tiver de trabalhar em condições miseráveis, mal pago; sua missão na vida é levar a luz a essas crianças e a esses jovens.

Poucos anos mais tarde, no magistério, me ensinaram que eu era instrumento de um sistema eficaz, um tecnólogo, alguém capaz de lidar com insumos e produtos, um ser preparado para encontrar os estímulos adequados para provocar aprendizados, um "engenheiro da conduta", como se dizia no terreno da educação para o meio rural.

Todavia, os argumentos anteriores seguiam presentes: "Sua missão é criar pessoas preparadas, capazes de se moverem neste mundo desenvolvido para o qual vamos inexoravelmente; prepare-se para isso, seja eficaz com sua palavra, use os meios que lhe oferecemos para atingir melhor essa meta...".

Durante décadas nos convidaram a respeitar os estudantes, a apreciar suas diferenças, a ajudá-los a crescer, entusiasmá-los, acompanhá-los, apoiá-los na construção de sua autoestima, tratá-los de maneira digna...

Trocando em miúdos: o sentido do ato educativo, o sentido de nossas vidas, era (e em boa medida continua sendo), para as palavras de ordem do sistema, o estudante, somente o estudante.

Mas... e nós? E nossa construção como pessoas e intelectuais? E nossa voz? E a criação de uma obra própria, nascida do mundo dos conhecimentos e da prática cotidiana? E nossa autoestima, e nossa dignidade?

Não podemos aceitar que nos convidem a desvelar-nos, nem também que – por conta da estrutura do sistema – nos neguem nossa qualidade de intelectuais dedicados à educação. Um intelectual que se preze não só recorre a outras vozes para fazer pedagogia, mas também desenvolve a sua, produz uma obra e a propõe para promover e acompanhar aprendizagens. Um intelectual que só repete o que os outros disseram não cumpre seu papel de educador, porque menospreza sua palavra, apesar de tê-la, apesar de suas experiências, de sua prática, de sua história pessoal, do que viveu no dia a dia com seus alunos e colegas.

Ele deslegitima a própria palavra, a própria experiência, a própria prática, a própria história, a própria vida...

E há um fato que, infelizmente, ainda acontece em muitos de nossos espaços: a deslegitimação praticada pela própria pessoa com si mesma. Visto que não fez parte das elites que escrevem e pesquisam, posto que a estrutura do sistema exige que fale pela boca de outros, posto que não há lugar para minha palavra, visto que tendo a não ser nada no sentido social do termo..., nem meu trabalho nem meu ser valem grande coisa. A deslegitimação se interioriza e escurece nosso ser e nossa atividade.

Crítica da crítica

Nos últimos anos, foram publicadas bibliotecas inteiras para criticar uma educação baseada somente em quem ensina, com a consequente passividade dos alunos, com a sujeição dos estudantes a uma palavra propagada em sentido unidirecional, sem possibilidade de diálogo, de réplica e de expressão. As palavras de ordem têm sido: devolvamos a voz aos jovens e às crianças, chega de *mestrecentrismo*, de emissão privilegiada na sala de aula, de monopólio da comunicação...

Contudo, de que educadores se fala? Não teremos que lutar também, e fundamentalmente, para devolver a voz a eles? Será que esta palavra imposta não é – por sua vez – produto de outra imposição, mais terrível, a qual os força a negarem-se como intelectuais para servirem somente de veículo do que outros propõem como ciência e conhecimento?

Nessa perspectiva, a crítica deixa de fora o marco no qual se produz esta cadeia de deslinguamentos: a estrutura do sistema educativo, baseada em uma pedagogia da transmissão que não tem absolutamente como eixo o educador, mas que o transforma também em uma engrenagem da negação do desenvolvimento da própria voz.

A crítica assim colocada exclui, uma vez mais, a situação do educador em seu contexto, suas condições trabalhistas, a tradição do discurso escolar, as cadeias de poder que estão longe de serem rompidas, o medo das velhas estruturas com relação a uma palavra livre de ataduras, nutrida do que se sente, vive e pensa.

Este tipo de perspectiva se concentra nos limites da sala de aula e, em todo caso, nos da escola, mas estamos diante de algo muito mais complexo, que atravessa espaços e seres há mais de dois séculos no terreno da educação e há muito mais tempo em outras esferas da vida social.

O medo da liberdade

Por isso não representa casualidade alguma a desconfiança com as tecnologias digitais, propagada na década de 1990 e que ainda se mantém em muitos espaços educativos. Trago, para referir-me a isto, um material escrito por Manuel Castells, intelectual espanhol que vem abrindo caminhos nos últimos anos com respeito ao significado dessas tecnologias.[2] Após uma pesquisa de seis anos, realizada por universidades de 22 países, o autor nos permite conhecer a seguinte conclusão: "A internet não isola nem aliena, e sim incrementa a sociabilidade e a atividade das pessoas em todas as dimensões da vida".

E acrescenta:

> [...] os usuários mais ativos e frequentes da internet, quando comparados com os não usuários, são pessoas mais sociáveis, têm mais amigos, mais intensidade de relações familiares, mais iniciativa profissional, menos tendência à depressão e ao isolamento, mais autonomia pessoal, mais riqueza comunicativa e mais participação cidadã e sociopolítica.

E então, por que esses mitos, por que tanta prevenção, por que tanta demora em muitos contextos em apropriar-se desses recursos para a vida e para educar e educar-se?

Com base nas pesquisas, Castells nos diz:

> [...] estamos diante de alguma coisa mais profunda: a rejeição dos mais adultos, das elites de poder e das instituições e organizações da velha sociedade às tecnologias, culturas e modos de relacionamento da sociedade que nasce e que já vive plenamente nos jovens. A internet é, antes de mais nada, instrumento de liberdade e espaço de comunicação autônoma, tal como demonstra a pesquisa. E como o poder, desde sempre, tem se fundamentado no controle da comunicação e da informação, a ideia de perder esse controle é simplesmente insuportável.

Diz-me o que fizeste...

Acontece que as atuais tecnologias saíram dos antigos moldes, tornaram-se imprevisíveis, coisa que não aconteceu com a primeira revolução no seio da educação. Refiro-me às tecnologias analógicas.

---

[2] Seu livro, *La era de la información*, constitui uma contribuição fundamental para a compreensão de nosso tempo.

Junto com o desenvolvimentismo pregado na década de 1970, chegaram a nossos espaços inovações, como os circuitos fechados de televisão, os projetores de *slides*, os sistemas audiovisuais, os retroprojetores... Eram os tempos da tecnologia educativa, da eficácia, que batia em nossas portas para nos exigir modernização. Nesse período, houve anos em que o terceiro mundo gastou mais com esses recursos do que os países centrais. O milagre tecnológico nos propunha terminar com a aula expositiva, era possível que os estudantes vivenciassem mundos diferentes, se podia apelar à imagem e ao som para ilustrar conhecimentos...

Em pouco tempo, "espalharam-se as ilusões perdidas", como diz a letra de um tango. Uma revolução tecnológica sem uma revolução pedagógica que lhe dê sentido não chega muito longe.

As tecnologias analógicas foram colonizadas pelo sistema e logo se transformaram em recursos para acentuar a palavra do professor e, através dela, da estrutura do sistema. Não faltaram algumas vozes que alertaram sobre esse caminho e propuseram rupturas que muitos anos mais tarde seriam reavaliadas. Refiro-me à proposta de Francisco Gutiérrez Pérez, em seu livro *El lenguaje total, una pedagogia de los medios de comunicación*, publicado no final dos anos 1960: colocar esses instrumentos nas mãos dos alunos para que desenvolvessem sua própria expressão.

A mesma colonização foi vivida nos anos 1990, com a chegada dos computadores. Abordei este tema no livro que escrevi com meu colega holandês, Peter van de Pol.[3] O primeiro uso nas salas de aula replicou, em geral, o trabalho anterior, baseado na comunicação de materiais sem mediação pedagógica, em avaliações centralizadas na resposta esperada, em consumo – e não na criação – de informação.

Na época, utilizávamos a frase com a qual iniciei esta seção: "Diz-me o que fizeste com as anteriores tecnologias e te direi o que farás com as novas".

Permitam-me afirmar aqui, com toda a prudência do caso, que muitas das apresentações que vemos em Power Point estão vinculadas a essa colonização; existem tendências a pretender que a produção intelectual a que faço referência equivalha a um bom pacote de *slides*.

Já estamos na segunda década deste milênio, em pleno desenvolvimento de alternativas que nos permitem superar velhos condicionamentos

---

[3] PRIETO CASTILLO, Daniel; VAN DE POL, Peter. *E-learning, comunicación y educación. El diálogo continúa en el ciberespacio.* Bogotá, RNTC, 2006.

e estruturas. Trata-se do espaço aberto para a comunicação e a expressão pelos desenvolvimentos centralizados nas tecnologias móveis, na web 2.0. Já é hora de, em nossa exposição, dialogar sobre essas possibilidades.

E no entanto...

Mas é preciso nos deter em uma fonte que não é sempre valorizada como merece. Trata-se de uma tecnologia analógica que abriu caminhos para a expressão de educadores, e não só deles, também para a dos estudantes e da população em geral.

O melhor antecedente para as tecnologias digitais, assim como as que conhecemos e utilizamos atualmente, não é absolutamente o que inundou as salas de aula nos anos 1960. O melhor antecedente é a rádio popular e educativa da América Latina.

Retomo um texto apresentado em Honduras:

> Mas a descoberta da interatividade e da interação soa tardia se se pensa em tudo que foi feito na América Latina para superar essas formas de unidirecionalidade e de poder. A concepção dialógica da educação, as contribuições e a participação da comunicação e da educação popular vêm se sustentando de maneira ininterrupta em nossas terras desde a década de 1960.
> E não somente pelo apelo ao trabalho educativo nas relações face a face. A procura da participação se estendeu na década de 1970 à comunicação alternativa com todo tipo de materiais e experiências dirigidos a obter formas participativas de relacionamento. O que foi realizado pela rádio na América Latina no terreno educativo tem constituído, e constitui, um trabalho incansável no âmbito da educação e da construção do conhecimento. Penso nos trinta anos de vigência da ALER, organização que – além do trabalho radiofônico – dedicou esforços à pesquisa e à capacitação. Penso no Instituto Costarricense de Educación Radiofónica, no Instituto Guatemalteco de Educación Radiofónica, no Instituto Hondureño de Educación Radiofónica; penso nos projetos de educação a distância, na Rádio Sutatenza, da Colômbia, em todos os esforços de alfabetização por rádio.
> E tem mais, o apelo ao respeito pela diversidade cultural foi atendido por décadas por emissoras bolivianas, guatemaltecas, dominicanas, através de programas em quíchua, crioulo e toda a riqueza dos idiomas maias.
> Quero indicar com estas referências que a dimensão da cultura pedagógica da América Latina não é nada desprezável, tanto pelas propostas inovadoras como pela experiência acumulada pelos próprios educadores em seu trabalho cotidiano.
> Cultura pedagógica existente nos sistemas não formais e formais. Em nossa variada realidade social, não é possível passar por cima de tanta experiência, de tanto esforço de promoção e acompanhamento do aprendizado realizado

muitas vezes em condições precárias, no marco da retirada do Estado de suas funções fundamentais.

Há um tesouro de experiências e de saberes que o sistema educacional guarda em cada país. Porque se "ninguém está totalmente equivocado", é preciso então reconhecer o valor do que foi desenvolvido por gerações de educadores. Frequentemente, quando vêm as propostas de mudanças através de reformas, existe uma tendência a considerar que nada do que foi feito antes serve, que uma nova teoria e uma nova maneira de trabalhar os conhecimentos vêm inaugurar os tempos a partir de zero.

Não chegamos, de nenhuma maneira, com as mãos vazias a esta sociedade do conhecimento. Não é bom estabelecer o avanço tecnológico passando por cima de nossa cultura, de nossos saberes e do que foi acumulado por gerações de comunicadores e de educadores.[4]

Nesse texto, resgato os aportes de todos os educadores de nossos países. No entanto, não podemos deixar de reconhecer que o apelo a abrir caminhos a nossas vozes, a revalorizar práticas pedagógicas e experiências, veio da educação não formal, encarnada no vasto movimento de educação e comunicação popular das décadas de 1960 e 1970. Foi nele que surgiu a demanda de abrir espaços à palavra dos aprendizes, de recuperar as expressões das comunidades, de impulsionar entrevistas e histórias de vida, de recuperar saberes conservados por gerações de seres humanos.

Hora da síntese

Façamos uma parada no caminho para reunir nossos argumentos centrais. Partimos da falta de legitimação social que sofre a profissão de educador, com relação ao jogo do "ser menos" e do "ser mais". Vimos a diferença que se estabelece entre a educação superior, secundária e primária. Revisamos nossa experiência em torno ao conceito e à prática do texto paralelo. Contemplamos o que significa o reconhecimento de um educador como um intelectual com direito a produzir obra e os caminhos que podem levar à interiorização da deslegitimação. Condenamos a crítica que centraliza tudo na figura do educador, como dono da palavra, quando ele também é vítima de uma cadeia de deslinguamentos. Apresentamos a questão de fundo em tudo isso: a perda do poder de decidir pela comunicação, levando em conta as propostas de Castells.

---

[4] PRIETO CASTILLO, Daniel. La comunicación y la educación en el horizonte de la sociedad del conocimiento. Reunião da UNESCO sobre Sociedade da Informação e da Comunicação, Tegucigalpa, Honduras, 30 de outubro de 2002.

Revisamos o que aconteceu com a colonização das tecnologias analógicas pelo velho discurso da sala de aula e o que significou essa colonização com as primeiras tentativas de integrar o computador no ensino, na década de 1990. Por fim, retomamos o importante papel da rádio e da educação e comunicação popular, o tesouro de experiências em educação não formal e formal gerado em nossos países, com a conclusão de que não chegamos ao mundo digital com as mãos vazias.

O que tem sido feito na Colômbia – e de maneira muito incipiente em meu país – com os Bancos de Experiências Significativas, em todos os níveis do sistema, parte dessa última constatação. Elas estiveram sempre em todos os rincões da América Latina, elas constituem a espessura pedagógica que tem sustentado a educação em nossos países. As vozes que invocamos nesta exposição estão aí, nas práticas, na cotidianidade dos relacionamentos, na intimidade da sala de aula e na vivência dos respectivos contextos.

As tecnologias digitais permitem uma ruptura com o velho discurso dominante, tornaram-se imprevisíveis no melhor sentido do termo, ninguém sabe onde aflora uma rede, nem onde se orienta. Como bem expressa nosso querido amigo colombiano, Carlos Eduardo Cortés:

> Em sua evolução atual, denominada web 2.0, a internet é um fenômeno tecnossocial de redes baseadas em ferramentas de software para novas abordagens multitudinárias e participativas de trabalho em equipe, cujas plataformas constituem novas formas de ativismo cidadão e de criação coletiva baseada em alianças voluntárias.[5]

As redes de aprendizagem põem em jogo todos esses elementos: participação, colaboração, ativismo cidadão, criação coletiva e alianças voluntárias.

Depois de décadas de deslegitimação, educadores vão recuperando, desenvolvendo, propondo sua palavra, em um processo que nenhuma velha estrutura poderá deter. E, com ele, aflora um aspecto humano, talvez o mais humano, que havia sido excluído nos duros caminhos da legitimação.

---

[5] CORTÉS, Carlos Eduardo. ¿Cuando comenzamos a hablar de banda ancha comunitaria? Nuevos desafíos en política pública de radiodifusión. Conferência apresentada no Seminário Internacional "Radio local: políticas y legislación", La Paz, Bolívia, 21 de novembro de 2008.

O renascimento das subjetividades

Jorge Luis Borges disse uma vez: "A triste leitura universitária". Nessa linha, falamos também da "triste escrita universitária". O velho discurso obrigou a uma forma de comunicação esvaziada de subjetividade. Um texto digno deste nome, nesses ambientes, deveria caracterizar-se por sua despersonalização, nada de incluir a primeira pessoa, nada de histórias cotidianas, nada de adjetivações... Revisem os manuais de redação de teses, para dar um exemplo bastante difundido no âmbito de nossa região.

Quando começamos a trabalhar com o recurso do texto paralelo, insistíamos com Francisco Gutiérrez sobre a necessidade de que o material fosse escrito em chave comunicacional. Dizíamos a nossos colegas que seguiam as pós-graduações que, desde seu material, falassem com alguém, incluíssem experiências, um fragmento de um poema, uma referência a alguma pessoa... No princípio foi muito difícil. Os primeiros docentes pouco se animavam nessa direção, porque se tratava de se expressar como um universitário, e isso significava escrever como se a pessoa não estivesse ali, não fizesse parte do âmbito escrito.

Fomos nos aprofundando nessa direção, através de solicitações de práticas de aprendizado como a seguinte: "Você poderia recordar a experiência mais bonita que teve quando era estudante? Poderia lembrar a mais dolorosa?". Pouco a pouco, no contexto de uma pós-graduação em docência universitária, afloravam recordações, o discurso se atrevia a utilizar a primeira pessoa, brotava a narração. Pudemos construir, com o tempo, um tipo de texto paralelo "objetivo-subjetivo", se me permitem a expressão. "Objetivo", no sentido de que se dava conta – mediante esse recurso – de questões teóricas, metodológicas etc. "Subjetivo", porque nossos colegas falariam de si mesmos, de sua vida e de suas práticas educativas.

Estávamos longe, naqueles anos do final da década de 1980, de sonhar com espaços como o blog, de imaginar textos em equipe através de wikis, de contar com o universo administrado pelo Moodle. Estávamos longe de imaginar que a rede se abriria, como em uma primavera, ao reverdecimento das subjetividades, porque é isso o que vivemos na atualidade: vozes que não somente falam dos temas importantes para a educação, mas que falam de si mesmas, de suas existências e relacionamentos, de seus contextos e de suas culturas.

E é aqui que a rede se torna maravilhosamente imprevisível. Este tempo nosso, atravessado pelo universo virtual, abriu uma infinita trama de caminhos para recuperar vozes, sentimentos e experiências dos que fazem, diariamente, a educação em nossos países. As velhas legitimações, ainda presentes, irão cedendo terreno, varridas pelo que significa aquela expressão de um memorável livro dos anos 1980: um só mundo, vozes múltiplas.

Nossa palavra

Retomo o título deste artigo: "Construir nossa palavra de educadores".

Durante demasiado tempo, nos fizeram crer que a educação consiste em um jogo de distanciamento, como se o saber se dissesse sozinho, através de nossos lábios. Durante demasiado tempo, nos fizeram acreditar que havia palavras mais dignas que outras, como se a legitimidade de uma voz viesse do lugar que se conseguiu ocupar na estrutura. Durante demasiado tempo, nos colocaram paradigmas despersonalizados de expressão, como se os conceitos fluíssem por sua conta. Durante demasiado tempo, nos negaram as emoções no dizer, os contextos do dizer, a beleza do dizer. Durante demasiado tempo, nos foram deslinguando: silenciando, empobrecendo nossa expressão, despoetizando-a, tirando-lhe vida. Durante demasiado tempo, nos impuseram modelos inalcançáveis, diante dos quais nossa experiência aparecia como uma balbuciação incompreensível. Durante demasiado tempo, nos assinalaram um lugar no sistema condenado a não criar cultura e conhecimentos, a não aventurar ideias e palavras. Durante demasiado tempo, nos forçaram a nos subestimar, a incorporar – no profundo de nosso ser – deslegitimações devastadoras.

As tecnologias digitais nos abrem uma fantástica alternativa para escapar desse caminho estreito. Mas ninguém salta, como por magia, por cima de sua sombra, sobretudo se ela foi vítima de tanto peso. Construir nossa palavra de educadores significa um trabalho pessoal, grupal e institucional complexo, que – em não poucos casos – se parece com começar a falar de novo.

Contudo, aqui estamos. Vocês com suas experiências, nós com as nossas e tantos outros educadores com as suas em outros lugares do mundo. Os recursos digitais se oferecem para este renascimento do discurso educativo e das subjetividades. A vontade existe. As experiências existem. A espessura pedagógica de nossos países sempre existiu. As redes capazes de recolher tudo isso nascem e se estendem com uma maravilhosa imprevisibilidade. Nunca, como hoje, tivemos tantas possibilidades de abrir um profundo sulco na velha estrutura educacional. Se nossas vozes se construírem, crescerem e se sustentarem, poderemos confiar que se construirão, crescerão e se sustentarão as vozes de nossos estudantes.

3

Uma pedagogia da comunicação[1]

Mario Kaplún[*]

Algumas vezes, em oficinas de comunicação destinadas a educadores, começo o diálogo escrevendo na lousa dois termos nucleares: "educação e comunicação", e convidando os participantes a expressarem a relação entre ambos, da forma como eles a percebem e a vivenciam. Geralmente, afloram dois tipos de respostas. Uma, que poderia ser denominada "tecnológica" ou "modernizante": típica dos que, ao vincularem comunicação com educação, imediatamente pensam em aparelhos, equipamentos, meios.

– Estamos na era da eletrônica. A educação precisa ser atualizada, adotar as novas tecnologias, valer-se dos modernos meios de comunicação: a rádio, a televisão, o vídeo, inclusive, talvez, os computadores...

– Introduzir o vídeo na sala de aula...

– Considerar os recursos de uma educação a distância...

Não discordo de cara com estes enfoques, pois têm coisas válidas e que devem ser consideradas. Contudo, o leitor não concorda que, ao identificarem comunicação somente com meios e instrumentos, são redutivos e empobrecedores?

Por outro lado, qual seria a contribuição substancial destes enfoques para o específico campo educativo e pedagógico? Deixa a impressão de que se trata de reproduzir a velha atitude do professor onissapiente, instruindo o aluno ignorante, com a diferença de que, agora, dispõe de recursos modernos e atraentes.

A verdade é que, como exemplificam estas respostas, o diálogo entre a educação e a comunicação está longe de ser – até agora – fluido e frutífero. O mais frequente tem sido que a primeira (a educação)

---

[1] O texto "Una pedagogía de la comunicación", de Mario Kaplún, faz parte do monográfico da revista *Voces y Culturas*, dedicado à educação e comunicação, e coordenado por Roberto Aparici [*Voces y Culturas*, n. 11-12 (1987), pp. 69-88].

[*] Mario Kaplún é educomunicador e comunicador reconhecido em toda a Ibero-América por sua trajetória profissional.

entendesse a segunda (a comunicação) em termos subsidiários e meramente instrumentais, concebendo-a tão somente como veículo multiplicador e distribuidor dos conteúdos que ela predetermina. Desse modo, quando em um planejamento educativo se considera necessário valer-se de meios de comunicação ou produzir materiais educativos, recorre-se ao técnico em comunicação (e é preciso admitir que, lamentavelmente, os próprios profissionais da comunicação alimentaram o equívoco e aceitaram serem vistos como fornecedores de recursos técnicos e empacotadores de mensagens). Foi sendo petrificado, assim, o duplo e pertinaz mal-entendido: a comunicação equiparada ao uso de meios tecnológicos de transmissão e difusão e, ao mesmo tempo, visualizada como mero instrumento subsidiário, percepção que a mutila e a despoja do muito do que ela tem a contribuir aos processos de ensino/aprendizagem.

Como reação a este reducionismo, surge a outra linha de respostas, que eu denominaria homonímica:

- Educação e comunicação, uma mesma coisa.
- Educar é sempre comunicar.
- Toda educação é um processo de comunicação.

São bem-vindos estes assertos totalizadores, na medida em que contribuem para ampliar a perspectiva. Encerram uma verdade básica que toda comunicação educativa autêntica precisa assumir, mas – por outro lado – também uma armadilha. Quando um conceito se incha, até considerar-se como um total ("toda educação é comunicação", "tudo é comunicação", "tudo é cultura"...), corre o sério perigo de converter-se em nada; em algo tão abrangente e efêmero que se esvazie de conteúdo; e, certamente, de outra vez – extremos que se tocam – não contribuir para nada e deixar os dois vetores tão dissociados como no princípio. Porque se ambos se tornarem um só, se se confundirem em um, como discernir a identidade de uma proposta que, desde o específico da comunicação, quer contribuir para a procura de um novo modelo educacional?

Sem desconhecer, portanto, o que de verdade ela contém, essa homologação não parece operativa, não é fácil, a partir dela, construir a tão necessária ponte entre ambas as dimensões e descobrir em que a comunicação pode colaborar, de próprio e de específico, para os processos educativos, compreender porque estes processos precisam da comunicação e que tipo de enriquecimento poderia vir desta.

(E ainda menos operativo se torna esse estilo de resposta quando é personalizado: "todo educador é um comunicador". A objeção não se deve tanto pela idealização de um dever ser que presume que todo docente real, de carne e osso, possui uma competência comunicativa, mas sim, sobretudo, porque o entroniza como o único investido dessa faculdade. Se o educador for o comunicador, os educandos o que são? Meros receptores? Eles não são também comunicadores?)

Mas, enfim, o que devemos entender por comunicação educativa? Onde marcar o ponto de convergência entre as duas dimensões; como ambas podem se articular e interagir? Procuraremos aprofundar esta questão, mas a partir de uma prática: concentrando-nos em uma experiência concreta, singularmente reveladora.

Como acaso pode acontecer ao leitor, o autor deste livro havia conhecido e admirado, há muitos anos, as ideias pedagógicas de Freinet; contudo, quando recentemente fez sua releitura a partir da perspectiva da comunicação, pode-se dizer que voltou a descobrir o mestre da Provença, e sua figura se revelou como a do visionário precursor ou fundador dessa nova dimensão que hoje estamos chamando *comunicação educativa* (ou não seria melhor ainda *educação comunicativa*?). Regressemos sete décadas no tempo para reconstruir as procuras e os achados premonitórios do educador que quis ser lembrado, sobretudo, como o introdutor da imprensa na sala de aula: será como ir à gênese e assistir ao nascimento da comunicação educativa.

Um educador-comunicador da década de 1920

Ano de 1924. Sul da França. Em uma aldeia dos Alpes Marítimos, chamada Bar-sur-Loup, um jovem professor de escola, Célestin Freinet, enfrenta um problema que para ele apresenta três arestas, que não se saberia dizer qual a mais afiada.

Antes de tudo, está profundamente convencido de que é preciso mudar, desde a raiz, o sistema educacional a que seus alunos – e ele também – encontram-se submetidos. Esse ensino decorado, mecânico, repressivo, divorciado da vida, que deixa as crianças em uma atitude passiva e amorfa, só leva a fracassos.

Sua situação é ainda mais árdua porque nessa relegada escola de aldeia pobre há somente duas salas de aula e dois únicos professores para todos os graus escolares: assim, ele tem de ensinar simultaneamente aos alunos (mais de quarenta) de vários níveis. Como multiplicar-se e atender a todos ao mesmo tempo?

E, ainda por cima, havia uma terceira adversidade: sua saúde precária. Soldado na Primeira Guerra Mundial, foi ferido no pulmão. Suas dificuldades respiratórias e vocais não lhe permitiam dar aulas como os outros professores. Depois de meia hora de esforço, dando aula, tinha que sair correndo da sala porque lhe faltava a respiração e os acessos de tosse eram constantes. Assim, entristecido ele se perguntava: "O que se pode fazer numa sala de aula quando não é possível explicar as lições? Não se podem fazer exercícios de leitura todo o tempo ou pedir aos alunos que copiem orações ou escrevam números em um caderno, isso só serve para aborrecê-los mortalmente e fazer-lhes odiar a escola, nunca para educá-los".

Desse modo, Freinet sentia a necessidade imperiosa de encontrar novas soluções, válidas para suas limitações físicas e também para as crianças: era preciso encontrar algo para fazer, mas que fosse uma atividade produtiva para a educação; descobrir uma maneira inédita de trabalhar com elas para que não dependessem somente das tradicionais lições nem precisassem tanto da assistência permanente de um professor que se encontrava com muitas limitações.

Descobriu, então, os ideólogos da "escola ativa" e isso lhe trouxe esperança. Leu com entusiasmo os pedagogos desta nova corrente e vibrou com suas propostas renovadoras: ali deveria estar o embrião da resposta que esperava com tanta urgência. Veio a saber que haveria um encontro desses pedagogos em Genebra e gastou até o último centavo de seu salário modesto para assistir, mas voltou decepcionado: eles apresentaram uma gama de recursos muito brilhantes – como poderiam ser hoje o uso de equipamentos de vídeo e de computadores –, mas sofisticados e proibitivamente caros. Parecia que aqueles grandes mestres não estavam preocupados com o contexto social e econômico que seus métodos inovadores implicam; não parecem perceber também que essa "escola ativa" que pregam é só para ricos, para uns poucos privilegiados, e impossível de transferir para o ensino público. Terá que prosseguir sua procura sozinho, por outros caminhos. As soluções que precisava deviam ser acordes com a realidade por ele denominada "escola proletária" (hoje, diríamos "educação popular").

Continuou procurando incansavelmente uma solução. Até que, finalmente, ao folhear um catálogo de vendas por correio, a oferta de uma nova imprensa manual – simples, elementar, relativamente barata e manejável por crianças – levou-o a vislumbrar uma saída: introduzir um meio de comunicação na aula. Com suas magras economias, comprou a mini-imprensa, a instalou na sala de aula, colocando-a à disposição dos alunos.

Implementou, então, o "jornal escolar"; mas não entendido – como se costuma fazer hoje em dia – como mera "atividade complementar", "extracurricular", mas como o eixo central, como o motor do processo educativo. A aula se transformou, de maneira permanente, em sala de redação do jornal, além de oficina de composição e impressão.

O caderno escolar individual foi abolido. Tudo o que as crianças aprendiam, tudo o que pesquisavam, refletiam, sentiam e viviam, era levado às páginas do jornal escolar, completamente redigido, ilustrado, desenhado e impresso por eles.[2]

Obviamente, agora sim, todos os estudantes estavam ativos e ocupados: um redigindo, outros compondo ou imprimindo. No entanto, foi algo a mais que uma solução ao problema das atividades. Aquele meio de comunicação mudou toda a dinâmica de ensino/aprendizagem. Os pequenos jornalistas aprendiam realmente a redigir para expressar suas ideias, aprendiam a estudar e a pesquisar de verdade, porque agora tinham uma motivação e um estímulo para fazê-lo: esse conhecimento que produziam já não era para cumprir uma obrigação – o clássico "dever de casa" ou "exercício escolar" – nem para registrá-lo em um caderno individual (em que jazeria perdido ou morto e só seria lido pelo professor para corrigi-lo e "dar nota"), e sim para publicá-lo, comunicá--lo, compartilhá-lo: com os colegas, familiares e outros moradores da cidadezinha.

Assim, incentivadas, as crianças mergulhavam na realidade para procurar dados a fim de ampliar seus artigos jornalísticos e garantir veracidade, saíam, por própria iniciativa, para fazer entrevistas, enquetes, observações, medições, cálculos...

Havia uma exigência, e não era, por certo, da autoridade do professor nem da sanção da nota da qual esta emanava: as informações tinham de ser corretas e verificadas, posto que iam circular por toda a

---

[2] Para ser breve, estou condensando um pouco a história. Na realidade, a primeira aplicação da imprensa a esta experiência não foi exatamente a produção de um jornal. Em uma fase inicial, o que as crianças de Bar-sur-Loup escreviam, imprimiam e compartilhavam eram breves redações individuais sobre temas diversos, com as quais compunham o chamado "livro da vida". Depois, gradualmente, a produção evoluiu até tomar a forma de um jornal, sobretudo quando Freinet foi transferido a Saint-Paul, onde – sempre lidando com vários graus – trabalhou com estudantes mais maduros.

aldeia. Nisso estava, portanto, o coletivo de redação, formado por todos os colegas, para discutir os artigos e exigir claridade, exatidão e rigor.

Ao mesmo tempo, interessaram-se por ler a imprensa profissional e analisar as notícias. A coleção do jornal escolar foi se tornando a memória coletiva do grupo, registro de seu processo de descobrimento e de seus avanços na produção de conhecimento. De aquisição individual, o saber passou a transformar-se em construção coletiva, em produto social, de acordo com o método de Freinet.

Essa experiência pedagógica foi como um fermento e culminou quando outros professores da França, sabendo da inovação, pediram ao colega do sul que lhes enviasse exemplares de seu jornal para serem distribuídos aos seus alunos. "Jamais meus estudantes tinham manifestado tanto interesse em uma leitura... Bebiam as palavras, devoravam o jornal com avidez...", escreveu um professor da Bretanha. Estes docentes, então, resolveram seguir o caminho aberto por Freinet: pediram sua assessoria técnica, adquiriram também eles suas mini-imprensas e os jornais começaram a multiplicar-se em várias escolas públicas da França, todas elas pobres e relegadas.

Aconteceu algo de maior impacto ainda: criaram uma corrente de contatos, estabeleceu-se o intercâmbio de jornais escolares, uma rede de correspondentes, o diálogo a distância. Em resposta a seu envio, os alunos provençais de Saint-Paul receberam, por sua vez, as crônicas dos bretões de Trégunc. "Nesse dia, o entusiasmo é desbordante: temos de editar um número de nosso jornal para eles, informar-lhes bem, explicar-lhes como vivemos, o que comemos, como trabalhamos no campo, o que colhemos, o que fabricamos, que tipo de árvores existem, que tipo de animais, como nos divertimos, que festas e costumes temos." Quase sem que o professor Freinet intervisse, se organizaram, distribuíram tarefas, saíram às ruas para ampliar dados, entrevistar os granjeiros e os artesãos, consultar documentos no arquivo municipal, traçar mapas da aldeia e dos campos e montes circundantes, conversar com os avós para resgatar e reconstruir a história e as tradições do lugar...

Por sua vez, as redações que – em retribuição – recebem de seus correspondentes bretões, filhos de pescadores, ampliam seus próprios horizontes: as crianças montanhesas se familiarizam com o mar, com os barcos, as redes de pesca, os peixes e aves marinhas.

A caixa de ressonância

É importante reler as notas de Freinet daqueles dias. Nelas aflora a matriz de toda uma concepção de comunicação educativa, aliás, de educação comunicativa.

> A imprensa na escola tem um fundamento psicológico e pedagógico: a expressão e a vida dos alunos. Alguém pode argumentar que se poderia conseguir a mesma coisa com a expressão manuscrita individual. Mas não é assim. Escrever um jornal constitui uma operação muito diferente de encher um caderno escolar, porque não existe expressão sem interlocutores. E, como na escola tradicional a redação só está destinada à censura ou correção do professor, pelo fato de ser "um dever", não pode ser um meio de expressão [...].
> A criança deve escrever para ser lida – pelo professor, por seus colegas, por seus pais, por seus vizinhos – e para que o texto possa ser difundido através da imprensa e colocado assim ao alcance dos comunicantes que o leiam, desde os mais próximos aos mais distantes [...].
> A criança que comprova a utilidade de seu trabalho, que se pode entregar a uma atividade não só escolar como também social e humana, sente liberar-se em seu interior uma imperiosa necessidade de agir, procurar e criar [...]. Na medida em que escrevem e veem seus escritos publicados e lidos, vai aumentando a curiosidade e desejo de saber mais, de pesquisar mais, de conhecer mais [...]. Eles mesmos procuram, experimentam, discutem, refletem [...]. Os alunos assim revigorados e renovados têm um rendimento muito superior, tanto quantitativa como qualitativamente, ao exigido pelo velho sistema repressivo [...]. O jornal mudou totalmente o sentido e o alcance da pedagogia de minha aula porque dá ao aluno consciência de seu próprio valor e o transforma em ator, o vincula a seu meio social e amplia os horizontes de sua vida.[3]

Poucas vezes, enfim, houve estudantes que aprenderam tanto e, ao mesmo tempo, tão facilmente, com tanto interesse e entusiasmo. Sendo estes alunos de classes populares, filhos de camponeses e operários, tradicionalmente considerados pelo sistema como estudantes de segunda, superaram amplamente esses clássicos *handicaps* culturais, ao mesmo tempo que desenvolveram sua consciência social (este último resultado foi considerado tão "perigoso", que fez de Freinet um professor constantemente diminuído e perseguido, alvo predileto de sanções e tansferências.[4]

---

[3] As citações foram tiradas de Elise Freinet, *Nacimiento de una pedagogía popular*, Laia, Barcelona, 1975. (Elise foi a esposa de Freinet. Por ser também professora e trabalhar a seu lado, compartilhou de perto a procura pedagógica e as lutas de seu companheiro. Seu livro é, em grande medida, uma biografia dele.)

[4] A concepção pedagógica de Freinet tinha correlação com sua opção política. Frequentemente, em seus escritos aparecem expressões como educação proletária, uma educação para a classe trabalhadora e, inclusive, educação libertadora (termo raro na literatura pedagógica europeia

A chave estava nesse jornal, nesse meio de comunicação. Aqueles educandos tinham uma caixa de ressonância: "escreviam para serem lidos". E era essa rede de interlocutores, próximos ou distantes, o que os incentivava a criar, redigir, pesquisar, estudar, aprofundar seus conhecimentos, sem sentir tudo isso como um esforço ou obrigação, e sim vivendo-o com alegria, prazer e entusiasmo. Aprendiam através da comunicação.

Comunicação e apropriação do conhecimento

Procuremos, então, identificar os pontos de encontro entre a pedagogia de Freinet e os desafios que hoje enfrenta nossa prática educativa, revelando os aportes que esta pedagogia comunicacional pode nos proporcionar.

Gerenciar um novo ambiente educativo

Logo que tem início a gênese dessa experiência pedagógica, surge uma sugestiva analogia entre o problema enfrentado por aquele jovem educador e o que, neste final do século XX e princípios do século XXI, está sendo colocado pelo âmbito educacional: a necessidade de superar o esquema da aula frontal em que o educando é reduzido a um passivo receptor de conhecimentos (modelo bancário, na feliz metáfora de Freire).

No caso do professor de Bar-sur-Loup, ainda por cima havia o problema de sua delicada saúde e as dificuldades em atender uma turma de diferentes níveis escolares; mas provinha, sobretudo, e neste ponto está a conexão com nossas próprias demandas, da imperiosa exigência de encontrar alternativas válidas, em termos educacionais, ao papel tradicional do professor.

O que primeiro impressiona no exemplo de Freinet, e que constitui também uma de suas "mensagens" mais vigorosas para nós, é a forma de enfrentar o conflito. Não, com certeza, tratando de disfarçar e procurar

---

de seu tempo. Daí vem sua procura permanente de recursos de baixo custo que pudessem ser adquiridos por uma escola pobre, e os registros minuciosos de contabilidade rigorosa de seus experimentos com a imprensa. Diante da total falta de apoio das autoridades escolares e de sua impossibilidade pessoal de custear a compra de papel, as primeiras edições do livro da vida tiveram que ser impressas no verso de sobras de papeletas de votação cedidas pela prefeitura. Contudo, Freinet comemorava essas dificuldades que o obrigavam a procurar soluções econômicas, porque só assim – achava – poderia chegar a propostas educativas acessíveis para a escola popular.

paliativos para tornar mais tolerável sua situação, mas transformado-a em catalisadora de outra educação; não tentando maneiras sucedâneas de preencher o papel tradicional que o sistema lhe havia destinado, e sim transformando a dificuldade em desafio e construindo um novo cenário pedagógico que potencializasse as faculdades de seus educandos para a autoaprendizagem. O jovem docente não se perguntou como multiplicar--se, mas como criar na sala de aula outro polo educativo. É preciso dar razão a sua companheira Elise, quando sugere que aquelas penúrias iniciais de um professor enfermo foram, posteriormente, providenciais para a ciência pedagógica, na medida em que o empurraram a procurar soluções inéditas.

Maximizar os recursos para a autoaprendizagem

As crianças da escola de Freinet iam para a rua observar e pesquisar. A pedagogia freinetiana é claramente uma pedagogia da autoaprendizagem; mas não a partir do esquema individualista – como o da educação a distância tradicional, com estudantes confinados cada um em sua casa –, e sim inscrita em uma concepção substancialmente coletiva do processo educativo. Para aqueles estudantes, todo seu entorno ambiental e social se transformou em objeto e fonte de conhecimento.

Uma educação – seja ela presencial ou através da mídia – capaz de responder aos desafios formativos contemporâneos deverá ativar as potencialidades de autoaprendizagem e coaprendizagem que se encontram latentes em seus destinatários e estimular a gestão autônoma dos educandos em seu *aprender a aprender*, em seu próprio caminho para o conhecimento: a observação pessoal, a confrontação e o intercâmbio, o cotejo de alternativas, o raciocínio crítico, a elaboração criativa. Assim concebida, mais que de ensino a distância, seria apropriado falar de uma autoeducação orientada.

Não se pretende, com isso, a eliminação do educador, nem negar o imprescindível papel da informação no processo educativo. Não podemos imaginar um professor tão lúcido como Freinet negando-se a dar apoio, quando seus alunos precisavam dele para avançar em seu aprendizado; não só orientando, problematizando, estimulando a reflexão e a discussão – certamente sua principal função –, como também proporcionando as informações necessárias quando elas se situassem fora da experiência empírica dos educandos. O que se trata aqui não é, portanto, de uma educação sem professor, mas de deixar de vê-lo como o único eixo do processo educativo e colocar suas contribuições dentro de um contexto, mais amplo e mais dinâmico, de interações no qual ele possa ser cada vez menos necessário.

Gerar uma motivação

Para que esse processo de autoaprendizagem se desenvolva é essencial dotar o sistema de estímulo, de uma motivação.

Se observarmos os clássicos programas de ensino a distância que prevalecem até os nossos dias, a ausência dessa motivação aparece como uma de suas mais fortes carências. Pede-se ao estudante matriculado a enorme força de vontade que exige estudar sozinho, e tão somente se oferece em troca a prática do solilóquio: responder às perguntas e elaborar respostas que não serão lidas por ninguém (ou, no máximo, se o sistema for rico em infraestrutura e recursos humanos, elas serão vistas por um remoto e invisível supervisor e devolvidas muito tempo depois, acompanhadas de uma avaliação sucinta). Quase não é preciso se perguntar pelo valor motivador e estimulante dessas regras do jogo, semelhantes àquelas ditadas ao estudante, cujas redações, como bem observa Freinet, somente estão destinadas "à censura e correção do professor". (Todos não comprovamos a ansiedade com que as crianças insistem em mostrar seus cadernos escolares a qualquer visitante que chega a sua casa? O caderno é sua obra, mas não tem leitores nem respostas de retorno.)

O âmbito cultural e psicossocial dos alunos de Bar-sur-Loup e Saint-Paul-de-Vence parecia oferecer muito pouco ou nada de motivador.

Aqueles estudantes eram os que Bourdieu chamaria, mais tarde, de "os previsíveis" do sistema: os condenados ao fracasso, a serem eternamente repetidores. Eram os "burrinhos", os "inúteis incapazes de aprender", os que ficariam toda a vida carregando fardos..., os que só aprendiam à força de palmadas... Assim diziam os professores predecessores de Freinet, assim o ouviam de seus próprios pais. E, não muito depois, os encontramos pesquisando, aprendendo com entusiasmo, produzindo textos próprios. Haviam encontrado uma motivação.

Freinet gera esse estímulo introduzindo na sala de aula um meio de comunicação: o jornal escolar. Hoje, a partir do atual desenvolvimento tecnológico, o meio poderia ser outro. O substancial não reside no meio escolhido, e sim na função que ele desempenha: abrir aos educandos canais de comunicação, através dos quais socializar os produtos de seu aprendizado. Isto é, criar a caixa de ressonância que transforme o educando em comunicador e lhe permita descobrir e celebrar, ao comunicá-la, a projeção social de sua própria palavra.

Valorizar a autoexpressão dos educandos

A inserção de meios de comunicação no interior de um programa de autoeducação orientada põe à disposição dos educandos um veículo de expressão e, nessa prática de autoexpressão, podem afirmar-se, descobrir suas próprias potencialidades; nas palavras de Freinet, "adquirir consciência de seu próprio valor".

Em todas as experiências de educação popular, esta prática de expressão tem se revelado sempre como um motor do crescimento e da transformação dos estudantes. O participante, ao romper essa cultura dilatada do silêncio que lhe foi imposta, passa a "dizer sua palavra" e a construir sua própria mensagem, seja ela um texto escrito, uma canção, um desenho, uma peça de teatro, uma marionete, uma mensagem auditiva, um vídeo etc. Nesse ato de produção expressiva se encontra consigo mesmo, adquire (ou recupera) autoestima e dá um salto qualitativo em seu processo de formação.

Conhecer é comunicar

E tem mais, "a expressão não se dá sem interlocutores; o aluno deve escrever para ser lido". É fundamental que essa produção de significados seja difundida, socializada, compartilhada.

Aqui reside outra das chaves dessa proposta visionária, que, como bem seu criador fez constatar, não só responde a fundamentos psicológicos (a provisão de uma motivação, o estímulo à autoexpressão), como também, e ainda em maior medida, a uma "exigência pedagógica". Tratemos de identificá-la.

É um princípio já universalmente admitido pela ciência pedagógica: não é recebendo lições que o aluno chega à apropriação do conhecimento. Mais que repetindo o que os outros disseram, o ser humano aprende construindo, elaborando pessoalmente. Mesmo sem invocar as bases éticas do respeito à dignidade das pessoas, inclusive por uma razão unicamente de eficácia, a educação não pode ser reduzida a uma simples transmissão, recepção de informações. O processo de ensino-aprendizagem tem, inegavelmente, um componente de conteúdos que é importante transmitir, ensinar; mas, com certeza, precisa ser (em grande medida) descobrimento pessoal, recriação, reinvenção.

Este processo de construção e apropriação dificilmente se cumprirá como um monólogo, de modo solitário: supõe e exige o intercâmbio. Não basta um professor-locutor, seja ele presencial ou a distância, e estudantes ouvintes ou leitores: exige interlocutores.

Conhecer é comunicar: o enunciado pode soar aventuroso. Tendemos a segmentar ambos os momentos: um primeiro, em que adquirimos o conhecimento de algo, e o outro posterior em que – com o conhecimento já adquirido e se houver uma ocasião para isso – passamos a comunicá-lo. No entanto, a própria experiência deveria incentivar-nos e levar-nos a duvidar desta fragmentação; a reconhecer a relação entre conhecimento e comunicação como um processo mais interativo. Com efeito, se fizermos um balanço introspectivo das coisas que realmente aprendemos em nossa vida, comprovaremos que são majoritariamente aquelas que tivemos, ao mesmo tempo, a oportunidade e o compromisso de transmitir a outros. As restantes – essas que só lemos e escutamos – ficaram, salvo raras exceções, relegadas ao esquecimento. Chegará o momento em que se integrará na teoria da aprendizagem o fator comunicacional.

Em nossas distintas práticas latino-americanas, com o método de cassete-fórum,[5] com grupos das mais diversas características socioculturais, esta proposição tem sido muitas vezes comprovada. Cada grupo participante, ao gravar sua opinião para ser ouvida pelos outros grupos distantes, não só cresceu em segurança própria e em consciência de seu próprio valor, mas viu igualmente crescida sua capacidade de raciocínio, análise e síntese. Quando, após uma discussão coletiva livre e, em geral, dispersa, chegava o momento de o grupo gravar suas conclusões, acontecia uma visível mudança, um salto qualitativo: se concentrava, se organizava e organizava suas ideias e construía conhecimento. O que o estimulava e obrigava, simultaneamente, a esse esforço produtivo era a consciência de que aquela mensagem teria projeção social: ia ser escutado nos outros grupos. Deveria ser, portanto, claro, concreto, coerente, fundamentado, convincente. Sem essa instância de comunicação, o pensamento do grupo teria se encerrado nessa fase inicial, difusa e informe, de ideias soltas, não elaboradas e pouco consistentes.

---

[5] Para mais informação sobre o método de cassete-fórum, cf. M. Kaplún, *Comunicación entre grupos*, Humanitas, Buenos Aires, 1920.

Assim como resulta evidente que a comunicação de algo pressupõe o conhecimento do que se comunica, não é comum ver-se com a mesma claridade que o inverso também se dá: o pleno conhecimento desse algo só se dá quando existe a ocasião e a exigência de comunicá-lo. É nesse esforço de socialização que vai sendo aprofundado o conhecimento a ser comunicado e descoberto aspectos até então apenas vagamente intuídos da questão em estudo; no pré-diálogo imaginário com os destinatários vão aparecendo os contra-argumentos, os vazios, os pontos fracos e as contradições de algumas ideias e noções que até então pareciam ser coerentes e sólidas; e se vai chegando à formulação de um pensamento próprio ao qual dificilmente se chegaria sem interlocutores, presentes ou distantes.

Também nisso a experiência de Freinet resulta confirmatória: se esses alunos "procuram, experimentam, discutem, refletem", se "neles vai sendo despertado o desejo (e a necessidade) de saber mais... é porque sabem que vão ser lidos por outros; porque existem destinatários do outro lado da linha. Esse crescer no conhecimento se dá", assevera Freinet, "à medida que 'veem seus escritos publicados e lidos'".

Esta forte interação entre apropriação do conhecimento e processos de comunicação começa hoje a ser considerada pelas ciências da educação. Dois comunicadores-educadores latino-americanos chegaram a esta conclusão: "sem expressão não há educação". O sentido não é só um problema de compreensão, mas – sobretudo – de expressão. A capacidade expressiva significa um domínio do tema e da matéria discursiva e se manifesta através da claridade, coerência e segurança. Uma educação que não passa pela rica e constante expressão de seus interlocutores continua atolada aos velhos moldes da resposta esperada e dos objetivos sem sentido.[6]

Esta educação "atolada" é a que precisa, para renovar-se, da contribuição da comunicação. Embora conte com os mais modernos e sofisticados recursos tecnológicos, nosso sistema educativo permanece atrelado a um modelo hegemônico monologante. Que lugar ocupa a expressão do educando, por exemplo, nesses tristes testes de opção múltipla, em que a única "atividade expressiva" dada ao estudante é a de marcar um "x" ou preencher quadradinhos?

---

[6] GUTIÉRREZ PEREZ, F.; PRIETO CASTILLO, D. Las mediaciones pedagógicas. *Apuntes para una educación a distancia alternativa*. San José de Costa Rica, RNTC, 1991.

"Sem expressão não há educação." E Freinet nos convida a complementar: sem comunicação, sem um público interlocutor, a expressão não se dá. O educando precisa escrever para que outros leiam, falar para que outros o escutem. O domínio das habilidades comunicativas, a posse dos sinais, o desenvolvimento da capacidade de comunicar, se afirmam assim como prioridades do projeto pedagógico.

Por sua vez, três pedagogos alemães especialistas em educação de adultos reivindicam a autogeração de mensagens da parte dos educandos como um componente necessário da ação educativa. O dinamismo do indivíduo, argumentam, está diretamente relacionado com a consciência de ser produtivo. Uma instrução que simultaneamente não lhe permita produzir oprime e dificulta o desenvolvimento de suas capacidades. Foi determinado que o adulto assimila 20% da informação escutada, 30% do que foi observado, 50% do que foi ouvido e observado, 70% do que ele expressa e 90% do que ele mesmo elaborou.[7]

Podemos abrir mão da pretensão estatística destas quantificações, mas não ignorar o que existe de verdade e de proposta nesta progressão. Aprender e comunicar são componentes de um mesmo processo cognitivo, componentes simultâneos que se penetram e se necessitam reciprocamente. Se nossa ação educativa aspira a que os estudantes tenham uma real apropriação do conhecimento, teremos maior certeza de consegui-lo se soubermos oferecer-lhes e abrir-lhes instâncias de comunicação. Educar-se é envolver-se e participar de uma rede de múltiplas interações comunicativas.

Potenciar o grupo como célula básica de aprendizagem

Um passo inicial na direção assinalada é o de propiciar um primeiro âmbito de comunicação e de interação: o grupo. A comunicação educativa, também a realizada a distância, precisa ser – pelo menos – de dimensão grupal. Freinet partiu de um primeiro agrupamento: a aula, seus alunos de Bar-sur-Loup; e não teria podido colocar nem mesmo o alicerce básico na construção de sua pedagogia se tivesse se encontrado diante de indivíduos dispersos e isolados entre si.

---

[7] LANZEL, P.; ROTH, K.; NIGGEMAN, W. *Métodos de enseñanza en la educación de adultos.* Quito, Ciespal, 1983.

A modalidade de ensino a distância que tem predominado até o presente, baseada em estudantes solitários e isolados, gera, por sua carência de instâncias de participação e sua extrema pobreza em fluxos comunicantes, a situação pedagogicamente menos propícia para a recriação interiorizada do conhecimento. É significativo que, após repetidos fracassos desse método exclusivamente individual, até mesmo os sistemas clássicos de educação a distância foram obrigados a fazer uma revisão e a implementar pelo menos, como parte obrigatória de seus serviços, alguns encontros presenciais periódicos.

Contudo, não se trata somente de favorecer estes espaços grupais. Eles são uma condição necessária, mas não suficiente. É preciso definir que papel será destinado aos grupos, que grau de autogestão será oferecido e reconhecido. Penso, por exemplo, em um conhecido método espanhol de alfabetização e de educação básica por rádio, que inclui um encontro semanal dos alunos de cada bairro ou de cada localidade com um monitor. Mas essa breve reunião somente tem como objetivo a correção dos exercícios individuais e, no máximo, a possibilidade de que os matriculados peçam ao monitor esclarecimentos sobre aquelas explicações da aula radiofônica que não entenderam bem. É óbvio que, a rigor, tal método não poderia ser considerado grupal. O polo emissor e o protagonista absoluto do ato educativo continuam sendo o rádio-professor. Depois de tudo, a escola presencial tradicional também é, desde sempre, "grupal", e nem por isso deixa de ser vertical e unidirecional. O grupo é diferente de uma mera situação de proximidade física.

Uma educação grupal bem-entendida é aquela que aposta no grupo e em sua capacidade autogestora; que adere ao princípio holístico segundo o qual o grupo está na própria base da pedagogia de Freinet; e os frutos colhidos comprovam que ganhou a aposta. Um grupo de aprendizado é uma escola prática de cooperação e solidariedade.

O conhecimento é um produto social

Para essa pedagogia construída com base na comunicação, o saber deve ser concebido, segundo propõe Freinet, como um produto social. Está claro que, em última instância, todo saber é assim. Todavia, quando o fundador de *l'école moderne* lhe confere tal dimensão, está referindo-se, em primeiro lugar, ao fato de transformar esse saber em um produto que se coletiviza, que se põe em comum e se intercambia, ou seja, que se comunica. No caso, de um texto que possa ser difundido através da imprensa e colocado ao alcance dos comunicantes que o leiam, desde os mais próximos até os mais distantes.

Aquele jornal escolar foi gerando essa socialização em círculos cada vez mais amplos e distantes. No começo, são as crianças redatoras – o grupo matriz – que compartilham e intercambiam suas produções. Logo, o produto coletivo é levado por elas a suas casas e começa a ser lido por seus pais, irmãos e familiares. Depois de certo tempo, aquele meio de comunicação escolar ampliou sua esfera e começou a circular entre os moradores da vila, cujas contribuições de saberes também incorporou. Finalmente, seu circuito comunicativo se expandiu e entrou em contato com comunicantes remotos: passou a ser lido em escolas de outras regiões do país, que retribuiram enviando, por sua vez, seus próprios textos e estabelecendo um intercâmbio de saberes a distância.

Vemos abrir-se assim um confuso e ainda muito pouco transitado caminho para nossa educação comunicativa. Se – como se postulou nas páginas precedentes – uma pedagogia comunicativa deve partir da promoção de grupos de aprendizagem, agora o processo nos impulsiona a avançar. O grupo é, com certeza, a célula básica, o degrau inicial necessário para a construção de uma educação cooperativa e solidária; mas não sua última meta. Em um sistema grupal, cada uma dessas células, por mais dinâmica e autogerenciada que for em si mesma, permanece isolada, incomunicada, confinada em sua visão localista. O que aconteceu quando os estudantes montanheses de Saint-Paul entraram em comunicação com seus colegas pescadores de Trégunc ilustra a vasta medida em que cada grupo participante de um processo educativo recebe o incentivo de uma nova energia, aumenta sua visão, amplia seus conhecimentos, cresce em sua capacidade de expressão, quando o âmbito de seus interlocutores se dilata em número e distância.

É bom, então, que um sistema educativo seja grupal, mas é melhor ainda que seja intergrupal. Tão dinamizador quanto promover a formação de grupos é proporcionar canais para que esses grupos se intercomuniquem uns com os outros. Assim como – nessa perspectiva holística que adotamos – um grupo é muito mais que a soma de seus membros, também uma rede intergrupal é muito mais que a soma dos grupos que a integram; e algumas experiências latino-americanas orientadas nessa direção permitem vislumbrar a potencialidade que a atividade educativa poderia adquirir se apontasse não só para o âmbito grupal, como também para esta nova e mais ampla dimensão coletiva. Seria, por outro lado, nesta comunicação intergrupal a distância que a utilização dos meios de comunicação encontraria sua plena justificação e legitimação.

Além disso, a proposta de Freinet de encarar o saber como produto social remete não só ao ato de compartilhá-lo e comunicá-lo, mas também ao processo de construção desse saber e às fontes a partir das quais é construído. Como vimos, a aquisição de informações para a produção de seu jornal levou os alunos a dialogarem com seu meio e a descobrirem nele uma fonte de agentes educativos latentes. Conceber a aprendizagem como um fato social leva, portanto, a abrir o processo em ambos os extremos do circuito. No *input*, incorporando múltiplas fontes alimentadoras; no *output*, multiplicando os receptores-interlocutores.

O papel dos meios de comunicação na educação a partir do modelo dialógico

Até o presente, conforme foi mencionado, a educação tem atribuído à comunicação um papel quase sempre reduzido ao âmbito instrumental. Assim, por exemplo, a generalizada opinião de que o ensino a distância é o que mais se vincula com a comunicação, porque utiliza os meios, não é mais que uma consequência dessa visualização instrumentalista e redutora. Como pode ser inferido pela proposta pedagógica que aqui se tenta estabelecer, a função da comunicação em um processo educativo transcende o uso da mídia; e está longe de ser incorporada somente na introdução em forma unidirecional de "materiais educativos" impressos, de programas de rádio e televisão ou de vídeos e radiocassete. Com isso, não se pretende negar a utilidade desses recursos, mas sim reconhecer que, assim concebidos e utilizados, pouco contribuem para resolver o problema central aqui considerado, ou seja, o de promover e estimular autênticos processos formativos.

Um exemplo que bem ilustra esta concepção instrumental e unidirecional é o que segue: estudos documentados comprovam que, depois das lições impressas – presentes na totalidade dos programas –, o meio de comunicação mais utilizado pelos sistemas de ensino superior a distância é o radiocassete, que, por seu baixo custo e fácil manejo, é muito mais usado que o rádio, a televisão e o vídeo. No entanto, curiosamente, só é utilizado para enviar lições gravadas que o estudante deverá escutar, isto é, exclusivamente como meio de reprodução e difusão dos conteúdos já predeterminados pelo programador-emissor. Em nenhum desses serviços universitários a distância se pensou na outra função de todo radiocassete: a de gravar, com a possibilidade que isso comporta, de que os estudantes – individualmente ou em grupo – possam expressar-se e emitir suas próprias mensagens. Para esses sistemas, o gravador só tem uma tecla útil: a de *play*; a outra, a de *record*, não parece oferecer nenhum serviço para uma ação educativa.

Um pertinaz equívoco se obstina em anuviar as relações entre educação e comunicação. Um ensino costuma se autodenominar moderno quando utiliza aparelhos e recursos audiovisuais; e de mais moderno ainda se for feito a distância, através da mídia. No entanto, quando se examina a pedagogia que subjaz no interior de seus produtos, ressurgem, sob a vistosa e colorida maquiagem, as rugas do novo e glorioso modelo vertical. As mensagens são quase sempre expositivas e fechadas sobre si mesmas, sem resquícios para a reflexão crítica nem a participação de um educando concebido como um receptor passivo, ao qual se convida a sentar-se, observar em silêncio e aprender o que é transmitido. Acreditando "usar e aproveitar" a mídia, o que essa tecnologia educativa tem feito, na realidade, é submeter-se à lógica da mídia: adotar acriticamente sua modalidade unidirecional, sem procurar alternativas. Assim, o que aparentou ser um avanço, uma modernização do ensino – associada às novas tecnologias –, se traduziu, avaliando em termos pedagógicos, em um estancamento e até mesmo retrocesso. Certamente não era esse o sentido que Freinet dava ao adjetivo moderna, quando o adotou para caracterizar a corrente pedagógica que liderou.

Se invocamos aqui o mestre provençal como inspirador de uma nova educação comunicativa, não é só por ter sido o primeiro – ou, pelo menos, um dos primeiros – a introduzir um meio de comunicação no ensino (embora, por certo, sob essa etiqueta teria amplos títulos para o reconhecimento, já que não só implementou a imprensa na sala de aula, como também levou a ela todos os incipientes meios de seu tempo: o gramofone e o disco, o rádio, o projetor de cinema – de todos eles soube perceber seu valor como recurso educativo), e sim porque concebeu a educação como um processo de comunicação. Em sua proposta, o meio – o jornal escolar –, sendo o eixo central do aprendizado, estava situado ao mesmo tempo como o que realmente era: um meio, isto é, um veículo comunicante. Não era ele em si mesmo, portanto, o relevante: o meio pode variar, ser um ou outro. Dentro dos recursos de sua época, Freinet optou pela imprensa, hoje temos outros recursos a nosso alcance. Mas o realmente relevante era o processo educativo – individual, grupal e intergrupal – que o meio canalizava: essa rede de intercâmbio entre os jornais escolares, gerando uma corrente de interações, de fluxos comunicativos múltiplos e construindo o conhecimento como um produto social.

E é assim que "diz-me que comunicação praticas e te direi que educação propugnas". Se o que se enfatiza é inseminar conteúdos e/ou moldar comportamentos, o lógico é que se opte por uma comunicação-monólogo, de locutores a ouvintes; quando, ao contrário, se aspira a uma educação direcionada a formar sujeitos autônomos, críticos e criativos, e cidadãos que participem da comunicação-diálogo, entendida como intercâmbio e interação, como relação comunitária e solidária; uma comunicação, enfim, que em lugar de entronizar locutores potencie interlocutores.

Gerar emissores ativos contribui, ao mesmo tempo, para formar receptores críticos

Nesse caminho aberto por Freinet, existe adicionalmente outra pista fecunda que é importante ressaltar. Ao transformar seus alunos em jornalistas e, inclusive, em impressores, eles conheceram por dentro como lidar com um meio de comunicação. Este meio perdeu seu prestígio mítico e passou a ser um produto material, com cujas condições de produção se familiarizaram. Não é surpreendente, portanto, que aprendessem a ler a "outra" imprensa – a profissional – com senso crítico: já sabiam como um título pode impactar e predispor o leitor, como a maneira de apresentar uma determinada informação produz um determinado efeito de opinião etc., porque haviam experimentado isso.

Em nossa sociedade atual, muito mais que na sociedade que viu nascer a experiência primordial de Freinet, a mídia gravita poderosamente na formação de opiniões, valores e atitudes. Que educador não expressa sua preocupação para com a influência que eles exercem e não reclama ações orientadas à formação do senso crítico dos receptores?

Considerando esta situação, um ótimo recurso para gerar essa atitude crítica sobre a mídia consiste em fazer que os próprios educandos pratiquem e descubram por eles mesmos as operações manipuladoras habilitadas pelos meios de difusão. Para dar um exemplo elementar – que certamente muitos educomunicadores têm experimentado –, é utilizando a lentes de uma câmara de vídeo que os alunos conseguem perceber que uma imagem não é a representação fidedigna e supostamente objetiva da realidade, e sim uma fragmentação seletiva da mesma; ou descobrem como a escolha dos planos e dos ângulos de enquadramento pode determinar leituras muito diversas de um mesmo sinal e suscitar no espectador reações emocionais e julgamentos muito diferentes a respeito do fato ou do personagem apresentado. Estar atrás da câmera, enquadrar, gravar, editar, ensina como, através de um *close-up* aparentemente natural e casual, ou da filmagem realizada em determinado ângulo ou altura, se podem induzir determinados efeitos no público, conferir força de convicção a um personagem e eclipsar, ou inclusive desacreditar outro etc.

A partir dessa experiência, os educandos já não verão as representações televisivas desde a mesma perspectiva desprevenida e ingênua; deixarão de crer na presumível objetividade e neutralidade das imagens; o meio de comunicação, enfim, assim desmitificado, se despojará de sua fascinação. Os receptores se tornam mais autônomos à medida que eles mesmos exercem e praticam o ato emissor.

À guisa de recapitulação

Ao longo deste texto, procuramos explicar a contribuição da pedagogia inovadora de Freinet para a construção de uma comunicação educativa. Não se trata, obviamente, de transformar este conjunto de enunciados em uma receita metodológica mecânica, mas de impregnar-se de seu espírito e ver como ele pode ser plasmado em cada situação educativa concreta.

Se, ao término do itinerário, fosse preciso recapitular em duas premissas básicas os eixos principais que emergem dessa fecunda proposta, talvez pudessem ser formuladas do seguinte modo:

1. A apropriação do conhecimento pelos alunos se catalisa quando eles são instituídos e potencializados como emissores. Seu processo de aprendizagem é favorecido e incrementado pela realização de produtos comunicáveis e efetivamente comunicados.

2. Se educar for envolver em um processo de múltiplas interações, um sistema será mais educativo quanto mais rica for a trama de fluxos comunicacionais que souber abrir e pôr à disposição dos educandos.

Interdiscursividade e transdiscursividade na educomunicação

4

Um guia de comunicação/educação, pelas transversais da cultura e da política

Jorge A. Huergo*

Há dez anos nos assediava a tormenta depredadora do neoliberalismo. Nesse contexto, começamos com um grupo de colegas a refletir, a partir de uma pesquisa, sobre a entidade de um campo inovador, conflituoso e às vezes confuso, que chamamos comunicação/educação. Nosso tempo tentando nos encontrar para continuar com a discussão sobre o tema. O propósito deste texto não é só dar conta de certas continuidades na procura de ampliar o campo em um território mais extenso que as meras práticas e reflexões sobre os vínculos entre os meios de comunicação, as tecnologias e a educação. Também é propor algumas coordenadas para atravessar sua densidade e refletir sobre suas dimensões políticas e culturais, em uma sociedade complexa e conflituosa, marcada a fogo pelas cenas de crise orgânica.

1. Onde "comunicação/educação"?

Um campo se define, se vivifica e se enriquece pelos contextos que lhe dão origem e que o configuram e refiguram, mais que pelas razões ou desenvolvimentos imanentes de si mesmo, por mais rigorosamente fundamentados que pudessem ser. Vivemos uma nova fase na América Latina, com ambiguidades e incertezas, mas com ares sociopolíticos prometedores; e isso provoca necessariamente novas reflexões sobre nosso campo, que de fato é absolutamente diferente da evolução que teve na Europa, América do Norte ou na Austrália, por exemplo. Não nos anima tanto a novidade dos modelos surgidos em outros contextos, nem nos move a tentação de copiá-los, mas nos atrai a riqueza e o sentido de nossas próprias procuras (que muito excedem "minhas" procuras),

---

* Jorge A. Huergo é professor da Universidad de La Plata, na Argentina. O autor deseja agradecer os comentários e sugestões de suas colegas Paula Morabes e Lourdes Ferreyra.

localizadas, estratégicas, articuladas com razões políticas que sonham com a justiça e a igualdade social e a dignificação cultural de nossas comunidades.

Defrontamo-nos com um campo cheio de relações tensas, que agora pretendo seguir tensionando: abrir um parêntese para essas saídas pragmáticas, instrumentais ou mesmo "críticas", tão tranquilizadoras às vezes e tão viciadas de desmemória, para reconhecer essas cenas que provocam a dilatação do campo. Porque "comunicação-educação" alude à intencionalidade de recuperação de processos (até mesmo com o risco de perder certa delimitação de objetos disciplinares ou interdisciplinares), de reconhecimento dos contextos históricos, socioculturais e políticos (de onde surgem ou se originam os problemas e as produções teóricas), e de construção de algumas bases preliminares para provocar um espaço teórico transdisciplinar, movido mais por um campo problemático comum com relações tensas do que por perspectivas disciplinares separadas (Huergo, 1997).

A comunicação-educação foi reduzida, de maneira crescente, ao nível instrumental, de forma a separá-la dos processos culturais e políticos que lhe servem de contexto e a atravessam. Os nomes "pedagogia da comunicação" ou "da mídia", "comunicação educativa", "educação para os meios" ou "para a recepção", "mediações educativas", "educomunicação", parecem aludir mais à potencialidade imanente dos conceitos, com relação a como se "joga" na sociedade (ou em práticas institucionais ou de organizações), que à densidade e espessura de um campo que cresce ao ritmo da complexidade, da conflituosidade e de certa persistência da crise orgânica em nossas sociedades. Alguns deles, inclusive, parecem suturar prematuramente, em minha opinião, os termos de uma relação tensa e conflituosa. No entanto, esta sutura só pode ocorrer em um (ainda) reduzido número de experiências e práticas.

Que processos, em que contextos? Que práticas de comunicação-educação? O tempo pós-neoliberal é denominado por alguns autores como "modernidade tardia". Um tempo em que "estão sendo descompostos os parâmetros que estruturaram a experiência moderna do mundo, mas em que ainda não afloraram os princípios alternativos que possam organizar outra experiência" (Lewkowicz, 2004: 46). Tempo similar ao que Antonio Gramsci chamou de "crise orgânica", em que o velho morreu, mas o novo ainda não nasceu. Um contexto que se caracteriza, pelo menos, por três tipos de processos:

1. O de crise e deslegitimação das instituições modernas (entre elas, as instituições formadoras de sujeitos e as de representação política).

2. O de inadequação entre os imaginários de ascensão e mobilidade social e as condições materiais de vida, em grande medida produzido pelas sucessivas e diversas reformas políticas neoliberais; o que produz múltiplas pobrezas e cenas de exclusão e de expulsão social.

3. O de explosão de diversos modos de vincular-se e de atuar particulares, para além das estipulações dos "contratos sociais" globais (modos que irrompem descontroladamente nas situações e processos sociais vinculados com a comunicação-educação).

Este tempo de complexidade e conflituosidade com seus processos é o que atravessa e serve de primeira referência interpretativa à totalidade de espaços e de práticas de comunicação-educação. Entre eles, temos considerado três tipos de espaços: os institucionais educativos, os midiático-tecnológicos e os sociocomunitários (embora se trate, evidentemente, de uma distinção experimental e provisional). Os territórios hoje são confusos, opacos e desordenados, não tão transparentes como em outras épocas talvez o foram. Esta mesma situação, nos tempos de alteração dos princípios do traçado do mapa cultural, nos leva a situar--nos em uma topografia tentável, que nos pode dar a possibilidade de estabelecer uma topologia de comunicação-educação.

2. Os espaços institucionais educativos

Assistimos a um momento de crise das instituições formadoras de sujeitos, devido, em grande medida, à inadequação entre os imaginários de ascensão e mobilidade social com relação às condições materiais de vida. No entanto, também, devido à crise dos contratos globais e a emergência de múltiplos laços que colocam a comunidade no centro da situação (cf. Bauman, 2003a; 2005), inclusive sob as formas de novos tribalismos (cf. Maffesoli, 1990).

Existe certo nomadismo que hoje caracteriza a cultura escolar e as formas de comunicação e de formação subjetiva que nela são produzidas. O nômade é o homem que vai de uma tribo a outra, que não tem uma única identidade ideológica, sexual, profissional ou de classe, que não se deixa classificar dentro de papéis que antes eram definitivos, em instituições como o casamento (cf. Maffesoli, 2004). O nômade pode pertencer simultaneamente a numerosas tribos. Emergem nos espaços escolares, por exemplo, formas nômades de atenção e de memória, que costumam ser incompreendidas pelo aparato escolar. Essa tensão entre as filiações contratuais próprias do social e as relações proxêmicas que se inscrevem na lógica dionisíaca permite ver "que o neotribalismo se caracteriza por sua fluidez, pelas convocações pontuais e pela dispersão" (Maffesoli, 1990: 140).

Nesse contexto, vale a pena perguntar se atualmente os sujeitos educadores são nômades, ou se são na verdade vagabundos (cf. Maffesoli, 2004). Ou se são "jogadores" que aceitam um mundo de riscos e intuição, embora com algumas precauções, sempre que não signifiquem um controle absoluto. Ou se são "turistas" que estão em todos os lugares, mas não pertencem a lugar nenhum; em seu mundo, o estranho (como a cultura escolar) está domado e já não assusta. O turista, fugitivo do confinamento no lar, aceita os "pacotes" (neste caso, educativos), desde que contenham estimulação, complacência e diversão. Ou se os sujeitos educadores são "passeadores" que vivem a realidade como uma série incessante de episódios, isto é, fatos sem passado nem consequências, em que os encontros não têm incidências (cf. Bauman, 2003b: 54-63). Ou se são todas essas coisas ao mesmo tempo.

Bauman apresenta outra figura: a do peregrino, que hoje seria impossível pensar como metáfora. Para o peregrino, tanto o sentido como a identidade só podem existir como projetos, e o que habilita sua existência é a distância. Isto implica certo grau de insatisfação com o aqui e o agora, o que leva a considerar as formas em que hoje se dão (embora de maneiras fragmentadas e episódicas) a utopia e o futuro, eixos que animam certo movimento em direção a uma situação ou outra. Não é possível negar que, nas comunidades escolares, não haja "peregrinos"; ainda mais se considerarmos as expectativas dos setores populares no sentido que a escola tem para suas vidas. De certo modo, seria impensável a própria existência da escola, se não admitíssemos a experiência do peregrino, mesmo que o fizéssemos de maneira pessimista: como essa experiência do velho que está morrendo. Contudo, precisamente ali está a ambiguidade: onde está o velho, aparece a semente do novo, que ainda não nasceu, que também é refiguração da peregrinação.

Na instituição educativa, percebe-se uma luta entre os sentidos do tempo (pode até estar disfarçada) e um cenário de confrontação múltipla entre esses sentidos diversos do tempo com relação à distribuição e apropriação dos saberes. É notável como os docentes supõem e conjugam em suas estratégias o tempo "enganoso", próprio de sociedades organizadas de longa e lenta duração (que mascaram as crises e rupturas entre passado e presente), com o tempo "cíclico" que acentua a continuidade na tentativa de diminuir a contingência, e com sorte com um tempo "antecipatório", pleno de inovações. Entretanto, seus alunos interpõem um sentido do tempo frequentemente "errático", de incerteza e marcada contingência, e um tempo às vezes "explosivo", revolucionário e criativo (cf. Harvey, 1998). As distâncias entre ambos produzem mal-entendidos quanto à significação e ao valor dos saberes em função desses incomensuráveis sentidos do tempo.[1]

Uma das características mais significativas dos espaços institucionais educativos, através dos quais e nos quais é possível observar processos de comunicação-educação, é o *ritualismo*. Com a ideia de ritualismo nos referimos a essa forma que implica certas regularidades e rotinas, repetições e operabilidades nos intercâmbios e interações produzidos nas sociabilidades, o que permite visualizá-las e identificá-las, bem como expressar seus sentidos e significações (cf. Martín-Barbero, 1990). O ritual funciona como uma mimese prática do processo que se tenta expressar ou facilitar. Os imaginários se reforçam e se reconstroem permanentemente através do ritualismo, com a recriação incessante de formas, figuras e imagens próprias da sociabilidade e de seus atores, que somente são compreensíveis dentro de uma rede simbólica e que comportam certa naturalização das ações e relações dos atores em seus âmbitos de prática efetiva. Nela, o aspecto rotineiro, enquanto repetição do conhecido, exerce uma pressão no processo de significação.

No aparato escolar existem importantes dificuldades para compreender a cultura midiática, a oralidade secundária, as chamadas "culturas prefigurativas", as alfabetizações pós-modernas, a complexidade, a conflituosidade... Muitas vezes se opta por estratégias que, longe de tentar suturar o traumatismo produzido entre cultura escolar e cultura midiática, escamoteiam o conflito através da criação de um "pátio de objetos" (povoando a paisagem de aparelhos técnicos) ou da escolarização do novo *sensorium*. Isso tem como consequência direta a tecnificação das salas de aula e das escolas, além da redução dos meios de comunicação e das novas tecnologias à lógica e à dinâmica pedagógica da escolarização. Muitas das tentativas de submeter a "racionalidade tecnológica" à "racionalidade pedagógica", ou de incentivar processos

---

[1] Também caberia perguntar-se com qual sentido do tempo trabalham hoje a "pedagogia da comunicação" ou a "leitura crítica da mídia". Com qual expectativa de incidência e sobre quais alcances do planejamento educativo (inclusive, sobre quais convicções teleológicas) se trabalha, com relação à volatilidade em que se produz nossa experiência cotidiana.

de "leitura crítica da mídia", ou de uso "educativo" simples dos equipamentos técnicos, trabalham sobre a base do viés da articulação desses equipamentos com novas disposições subjetivas e perceptivas. Inclusive o "ensino da comunicação" (e alguns projetos de "educomunicação" ou de "pedagogia da comunicação") termina resolvendo-se seguindo o vetor intelectual, que "vê" objetos e decide coisas práticas e que representa a pressão por "ser alguém", cerceando o potencial do vetor emocional, que carrega o mundo de sinais e o preenche de "deuses" (cf. Kusch, 1975) e que representa a pressão do "mero estar".

Uma clara impossibilidade se estabelece cada vez que se tenta escolarizar a cultura midiática e cercá-la, esperando só aquiescência ali onde abunda vigor e plasticidade: prescinde-se, desse modo, do turbilhão do elemento afetivo – "o sensível não é somente um momento que poderíamos ou deveríamos superar, no âmbito de um saber que vai sendo depurado progressivamente. É preciso considerá-lo um elemento central no ato do conhecimento. Esse elemento permite, precisamente, estar em perfeita congruência com uma sensibilidade social difusa" (Maffesoli, 1997: 258). Emerge com força nos espaços institucionais educativos uma "razão sensível": uma maneira de aproximar-se do real em sua mais fluida complexidade; uma conjunção do material com o espiritual, e não uma oposição, destacando o papel do afetivo, das interações e do subjetivo; uma abertura ao imaginário, lúdico, onírico social; uma "razão" ainda mais rica que a razão, porque sabe integrar, de maneira homeopática, as características que nos constituem.

Isso se faz evidente diante do problema do conflito e da violência, e das espasmódicas e superficiais modalidades de "mediação escolar". A cultura escolar está demasiado ancorada em uma cultura do "social" que desconhece e desconfia da sociabilidade, como forma cotidiana de orientação ao outro e de interação singular ligada à experiência, frequentemente naturalizada, que se desenvolve para além ou apesar do "contrato social". As estratégias de trabalho com a complexidade e conflituosidade cultural-comunicacional não foram produzidas de modos muito diferentes. As contradições enfrentadas na vida em comum (ali onde se jogam os saberes cotidianos e certas epistemologias locais) ressaltam que cada vez que se enrijece o evento corrente, público ou privado, é a lógica cotidiana que é evitada, menos por desídia que por insuficiência em sua abordagem.

Muito disso tem sido encorajado através de diversos projetos que enfatizam as reformas curriculares. Com efeito, as reformas curriculares neoliberais propiciam uma espécie de nova ordem social nas escolas, atendendo a novas formas de articulação (impossível) entre as escolas e a sociedade (os saberes, o trabalho, o mundo tecnológico etc.). No entanto, fracassam devido ao fato de que a centralização nas engenharias curriculares não fez mais que trabalhar sobre, contra ou apesar das práticas escolares, as novas formas de sociabilidade e subjetividades.

As comunidades, sejam elas "explosivas", "de guarda-roupa" e "de carnaval" (Bauman, 2005),[2] revelam uma sociabilidade que não faz mais que sugerir a existência de uma sociedade fragmentada, em que "a sociedade" como representação imaginária que contém a totalidade das variedades e a cristalização da mutabilidade de toda qualquer "sociedade" (cf. Simmel, 1939) parece impossível. A sociabilidade revela um tipo de sociedade submetida ao sucesso, à situação, líquida, porosa, ambígua, em perpétuo estado de devir. O que tem a ver o aparato escolar moderno com esta sociabilidade, que somente permite suspeitar a "sociedade" como fantasia de uma ordem anterior? E, no entanto, a escola também é comunidade; mas uma comunidade depósito (transitório e ao mesmo tempo cotidiano, repetitivo), demasiado territorial (embora também liquidificada e porosa). Como em toda comunidade, a comunicação se faz patente, evidente demais. Como em outras comunidades pós-modernas (salvo as "explosivas",) já não há relação amigo/inimigo entre comunidades totalizadoras que articulam uma identidade; há cenas e relações conflituosas múltiplas em seu interior, sem nenhum inimigo externo que estruture a identidade comunitária.[3]

---

[2] Z. Bauman se refere às "comunidades explosivas" como aquelas que "precisam que a violência surja e que siga existindo. Precisam de inimigos para ameaçar com a extinção e inimigos para perseguir coletivamente, torturar e mutilar" (Bauman, 2005: 204). São comunidades "de guarda-roupa" porque "precisam de um espetáculo (que substituiu a "causa comum") que atraia o mesmo interesse latente de diferentes indivíduos, para reuni--los durante determinado tempo em que outros interesses são temporariamente deixados de lado ou silenciados". São de "carnaval", já que oferecem um respiro temporário do tormento da solitária luta cotidiana" (Bauman, 2005: 231).

[3] Há setenta anos, o pedagogo Saúl Taborda observava a extenuação da relação amigo--inimigo para compreender a comunidade politicamente, para além do Estado burguês. Pouco depois de ter começado seu ensaio *El fenómeno político*, Taborda avalia como propício o reaparecimento do infra-humano através de atitudes instintivas, desesperadas e violentas (cf. Taborda, 1936: 66). A seguir, cita F. Engels (em *A origem da família, da propriedade privada e do Estado*, obra de 1884) para resgatar a ideia segundo a qual o Estado é um reconhecimento das contradições e antagonismos irresolúveis e irreconciliáveis; um conflito original que se perpetua e que a comunidade não pode resolver (cf. Taborda, 1936: 67-68). Um reconhecimento que assume, e ao mesmo tempo esconde, esse antagonismo; que o minimiza e o esquiva através da fantasia da "sociedade".

Finalmente, é notável a preocupação crescente (devido a fatos concretos nas e contra as escolas) pela violência. Isso cria a necessidade de refletir mais profundamente sobre a violência como modalidade de comunicação. Frequentemente, ouvimos falar de "violência social" para aludir a esse clima que se vive hoje em nossas sociedades, acentuado primeiro pela passagem arrepiante das ditaduras e, depois, do neoliberalismo. No entanto, a própria ideia de "violência social" pode nos confundir. A violência social refere-se à violência *normalizadora* (que põe em seu lugar os corpos para que a ordem social restabeleça sua própria lei) ou à violência *alteradora* (que ocorre nos momentos em que muda a natureza do vínculo social). O que vemos atualmente é um período de violência *generalizada* (cf. Lewkowicz, 2004). Nela se percebe a espetaculosidade midiática em torno da "segurança", mas fundamentalmente se manifesta o esgotamento da figura do semelhante. "Uma demanda tão inespecífica como a segurança mostra quanto é indeterminada a ameaça, quanto qualquer um é o outro do qual procede a insegurança" (Lewkowicz, 2004: 67-68). Por isso, a violência generalizada é a contingência absoluta do choque, já não de todos contra todos, mas de *qualquer um contra qualquer um*.

A emergência da violência de qualquer um contra qualquer um, especialmente como trama da comunicação urbana, torna evidente outro problema na comunicação: o problema do medo. O medo do extermínio e o medo de deixar-se estar como constitutivos da comunicação. Medo de que a escola apague as identidades rueiras, por exemplo, ou de que a conflituosidade e a complexidade deixem em um segundo lugar a "autêntica" identidade docente. É possível sustentar que o medo e a violência são condições generalizadas de nossa experiência.

No meio dessas diversas problemáticas, precisamos assumir os múltiplos significados da escola atual:

• A escola como espaço em que se faz visível uma "cultura" composta de diversos rituais, rotinas, posições, gestos, metáforas, distribuição de espaços, circulação dentro deles, emblemas, símbolos, ritos de instrução, atritos, suportes mitológicos, práticas extradiscursivas, cerimônias, bandeiras, cânticos e hinos, categorias e prestígios, diplomas, certificados, marcas, apelações, manejos de ruídos e silêncios. Tudo isso relativamente articulado em uma configuração social que é significativa.

• A escola como microespaço social: nela se estabelecem, se obturam ou se possibilitam determinadas relações sociais (neste caso, educativas) e se situam e visibilizam as relações, as disputas, as desigualdades, as mobilidades ou as exclusões e discriminações próprias da vida social contextual. Por isso, também é uma "janela da sociedade" e um espaço em que a conflituosidade, o mal-estar e as expectativas sociais se introduzem pelas janelas.

• A escola como espaço de luta pelo sentido do mundo, da vida e da experiência subjetiva, em três dimensões. Uma, a da luta pelo significado da alfabetização (entendida como processo básico de ler e escrever). Outra, a do combate hermenêutico (a "sala de aula é uma arena simbólica em pé de guerra", McLaren, 1995: 260), enquanto existem interpretações da experiência e do mundo que combatem entre si e existem modos "desbordados" de interpretação, segundo a hermenêutica do "discurso da ordem". Finalmente, a outra é a dimensão de luta por impor determinado modo de subjetividade (como zona de articulação entre linguagem e experiência) sobre outras possíveis.

• A escola como microesfera pública, na qual se expressam os desencontros, os conflitos e as zonas de fratura discursiva. Uma microesfera pública em que se exerce a cidadania e a ação social e na qual irrompem controvérsias aparentemente não violentas, eufemizando os conflitos ou disputas pelo poder. Contudo, precisamente nessa conflituosidade discursiva, os sujeitos se formam como tais, num lugar em que a dispersão discursiva deveria ser privilegiada diante das pretensões monolíticas da escolarização e das formas de neodisciplinamento, assim como diante dos discursos pedagógicos normativos.

3. Os espaços midiático-tecnológicos

Nos espaços midiático-tecnológicos dois conceitos centrais adquirem relevância: o de cultura midiática e o de tecnicidade, para compreender as transformações culturais que são produzidas a respeito da comunicação-educação.

Segundo afirma Maria Cristina Mata, o conceito de *cultura midiática* se refere a um diferencial de poder: a capacidade modeladora do conjunto das práticas, os saberes e as representações sociais que a mídia possui atualmente e as novas tecnologias. Esta cultura indica o processo de transformação na produção de significados pela existência dessas tecnologias e meios de comunicação de massa. A cultura midiática, como transformadora de práticas, saberes e representações sociais, opera de dentro da cotidianidade, além das situações específicas de "recepção", "público-alvo", "consumidores" ou "usuários" dos sujeitos, estendendo-se a todas as formas da vida social.

A *tecnicidade* é um organizador perceptivo que representa essa dimensão em que as inovações técnicas se articulam à discursividade (cf. Martín-Barbero, 1990). Este conceito permite nos afastar de considerar a técnica como algo exterior ou como veículo, para entendê-la como articuladora dos processos de apropriação cultural. A técnica, então, não possui "efeitos" instrumentais e lineares, mas se articula na cultura cotidiana, de modo a produzir transformações no *sensorium* (como assinalava Walter Benjamin), isto é, nos modos de sentir e perceber e nas formas de produzir a experiência social.

Todavia, em particular, nos interessa assinalar os diferentes modos de compreender o âmbito comunicacional-educativo nos espaços midiático-tecnológicos. O comunicacional-educativo se produz como *forma ligada ao consumo cultural*. Os novos ramos das indústrias culturais de tipo multimídia alteram de maneira substancial o desenvolvimento das capacidades intelectuais e o acesso à informação por parte das crianças e jovens em idade escolar (cf. Hopenhayn e Ottone, 2000). Este novo ciclo expansivo e diversificado da indústria e do consumo cultural é importante porque aumenta o acesso à informação a segmentos menos incorporados à modernidade. No entanto, também é fundamental porque o receptor é, muitas vezes, consumidor e produtor ao mesmo tempo (ou, pelo menos, um consumidor ativo ou processador de informação); porque está obrigado a desenvolver habilidades intelectuais para poder lidar com os novos bens culturais e absorvê-los; e porque deve aprender a discernir e selecionar entre uma gama muito ampla de oferta formativa e informativa.

A cultura faz parte de um mercado – o mercado de mensagens, ou de intercâmbio simbólico – em que os produtos se tornam rapidamente obsoletos e passam de uma mão a outra e de uma cidade a outra ao compasso da inovação tecnológica e informativa. A informação se faz tão acessível, imediata, variada e detalhada, que em todos os pontos de saída se tem acesso à visão de conjunto. A cultura se abre em sua possibilidade de diálogo contínuo em todas as direções, descentralizando seus emissores e receptores. O impacto sobre a identidade é incerto, mas se pode pensar que ela se torna, para a maioria das pessoas, uma recreação permanente mediante reações dinâmicas com as outras tantas identidades que vemos em ação através da mídia, das redes informáticas e dos múltiplos referentes que vão e vêm pela cidade e pela aldeia global (Hopenhayn e Ottone, 2000).

O comunicacional-educativo acontece como *produção de modelos de interpretação*. Luciano Gallino fala de *modelos mentais*, que são mediados pela mídia. Os modelos mentais, embora sejam alimentados por elementos naturais da condição humana, são majoritariamente produtos da cultura; a contribuição pessoal do ator é normalmente mínima. O sujeito está imerso em um fluido de modelos mentais elaborados por gerações precedentes ou emergentes da interação de outros inumeráveis agentes sociais. Inclusive o corpo pode ser compreendido somente através dos modelos mentais propostos pela cultura (cf. Gallino, 1990: 47-48).[4] Dos distintos modelos mentais, Gallino tratará especialmente dos *esquemas interpretativos*, com especial interesse nos *esquemas de situações*, definidos por E. Goffman com o conceito de *frames*.[5]

A sociedade midiatizada tem introduzido mutações radicais na produção e circulação dos *frames*. Tem revolucionado sua ecologia. A maior parte dos *frames* que agora circulam na mente de cada agente social está sistematicamente construída e difundida por alguma tecnologia específica. Os *frames* atuais (como esquemas interpretativos mediados pela mídia), elaborados mediante refinadas técnicas de projeto e construção, têm como finalidade estabelecer uma ordem simbólica que reflete: (i) a ordem política e econômica mundial, e (ii) os interesses autotélicos da tecnologia midiática (cf. Gallino, 1990: 51).

O comunicacional-educativo se produz como *desencadeante de alfabetizações múltiplas*. Assim como a aprendizagem da leitura e da escrita (a alfabetização) permitiu na modernidade que o homem pudesse entrar no dinamismo social, econômico, científico e produtivo da nova sociedade, na atualidade se está produzindo um processo semelhante. A mídia e as novas tecnologias estariam provocando uma inovadora "alfabetização múltipla". Elas elaboram, põem em circulação e distribuem novas formas de conhecimento à maneira de uma *pedagogia perpétua*

---

[4] Os modelos mentais são representações que, cada vez, podem assumir a forma de imagens, proposições ou estruturas analógicas profundas (Gallino, 1990: 47).

[5] Os *frames* são definições de uma situação, construídos de acordo com princípios de organização que governam os acontecimentos – pelo menos os sociais – e nossa implicação subjetiva com eles. Os *frames* geralmente têm uma origem externa ao agente social; estão elaborados "transindividualmente" pela cultura – aliás, os primários emergem do inconsciente coletivo – para serem depois selecionados, quando forem necessários para usos individuais, pela estrutura social, isto é, pela posição que o agente ocupa dentro dela (Gallino, 1990: 50).

(como menciona Peter McLaren), que trabalha de maneira incessante e que não pode ser recortada, organizada e controlada pela escola. *Múltiplos e diferentes* modos de comunicação que, por sua vez, suscitam *múltiplas e diferentes* estruturações da percepção, e esta coevolução produz múltiplos e diferentes imaginários, crenças, expectativas e ações mais ou menos coletivos. O produto destes processos é o que poderíamos denominar *alfabetizações pós-modernas*. Embora o problema não seja somente do suporte ou do aparato técnico nem dos interesses econômicos que possam sustentar esses equipamentos. É certo que esse é um problema central; mas, além disso, há um problema que tem a ver com as modificações subjetivas e perceptivas e as transformações culturais que esses equipamentos tecnológicos produzem (cf. Huergo et al., 2006).

O comunicacional-educativo sucede como *modelação de subjetividades e identidades*. Na cultura midiática atual, emerge um processo de produção e modelação incessante de *modos de subjetividade*, questão que também impacta na formação subjetiva, através da instrumentalização do conhecimento, da separação entre conhecimento e libertação social e da valorização do conhecimento em termos de rendimento imediato no mercado. Os meios concentrados apresentam um modelo de conhecimento impregnado de "tecnologias morais": um conjunto de técnicas, imagens e práticas para produzir determinadas formas de valor, disciplina e conduta. Para alguns autores (como Peter McLaren), isso termina incentivando e produzindo verdadeiras "identidades de mercado" sobre a base do zoneamento e segmentação do espaço subjetivo, e também a partir dos dispositivos do marketing, que operam dividindo a sociedade em segmentos ou subgrupos (cada um caracterizado por atitudes, comportamentos e estilos de vida) e produzindo desejos forjados por demandas de mercado. O mercado assume o lugar vago da política: produz primeiro um sujeito, que logo é o objeto da interpelação diante da qual esse sujeito se reconhece.

O produto desse processo é o deslocamento de um sujeito e de algumas subjetividades ligadas à megainstituição estatal a um sujeito integrado às políticas de consumo. As subjetividades encaixam na visão corporativa que enfatiza o livre mercado e a lógica do consumo, que despreza o fortalecimento coletivo e a responsabilidade social em nome do realismo econômico, e cujo ideal é o consumidor feliz. O efeito mais imediato e visível é uma espécie de amnésia e de anorexia subjetiva. A formação de identidades de mercado e de subjetividades conformistas e consumistas se produz apesar da existência de produtos isolados, supostamente "críticos", na indústria cultural (o que, diga-se de passagem, torna evidente que a indústria cultural propõe conjuntos textuais e nunca mensagens isoladas). No entanto, a menos que possamos transcender a ideia de Marx e Weber sobre "coerção surda" do mercado, não podemos compreender os novos movimentos sociais nem o futuro político e cultural possível.

O comunicacional-educativo se produz como transformação das percepções. Entre outras transformações, as novas tecnologias, a televisão e a teleação descompõem certos sentidos do corpo. O corpo se encontra no umbral escorregadio entre a habitualidade, por um lado, e a virtualidade, por outro, onde o espaço adquire um "sentido de possibilidade", desarranjador do "sentido de realidade". Contudo, fundamentalmente, a metáfora do relógio digital proposta por Carles Feixa (2003) nos proporciona uma ideia sobre as percepções entre as gerações jovens. O autor se vale da evolução histórica do relógio como plataforma metafórica que permita interpretar os mecanismos utilizados em distintos lugares e momentos para medir o acesso à vida adulta. O relógio digital supõe uma concepção virtual ou relativa do tempo, emergente com a sociedade pós-industrial.

As culturas pré-figurativas – como as denomina Margaret Mead –, como no relógio digital, instauram uma visão virtual das relações geracionais que invertem as conexões entre as idades e colapsam os rígidos esquemas de separação biológica. Isso, por outro lado, contribui a pensar que "as formas mediante as quais cada sociedade conceitua as fronteiras e os passos entre as distintas idades são um indício para refletir sobre as transformações de suas formas de vida e valores básicos" (Feixa, 2003). Com o surgimento da tecnocultura, a medida do tempo se faz muito mais precisa e ubíqua (existe uma onipresença dos relógios), mas, ao mesmo tempo, mais relativa, descentralizada e ambivalente. Uma das características do tempo digital é que permite reprogramar constantemente o início, final, duração e ritmo de uma determinada atividade: cria-se um autêntico tempo "virtual" cuja "realidade" depende do âmbito em que se produz. Os videogames, por exemplo, geram uma espacialidade e temporalidade próprias, que condicionam a percepção social dos agentes. Segundo a terminologia de Mead, ns culturas pré-figurativas são os pais que começam a aprender dos filhos, que reconhecem um novo referente de autoridade, e deslocam as fases e condições biográficas que definem o ciclo vital, suprimindo a maior parte dos ritos de transição que dividem as gerações.

Por sua vez, o tempo se desnacionaliza e passa a ser cada vez mais global. As redes eletrônicas digitais, de alcance universal, contribuem para a sensação de que todos vivemos no mesmo tempo e de que tudo acontece em tempo real (como no *chat* ou nas teleconferências). Toda a tecnologia (preferentemente lúdica, como videogames, realidade virtual etc.) cria tempos simultâneos mas não contínuos, isto é, cria uma simultaneidade completamente artificial. Não existe nem o passado nem o futuro, unicamente o presente. Trata-se, definitivamente, de uma visão "virtual" da idade, que fomenta o "nomadismo social", um processo não unívoco de entrada e saída da juventude, o constante trânsito e intercâmbio dos papéis e status geracionais.

O comunicacional-educativo ocorre como *produção de um novo* "mundo comum". A mídia e as novas tecnologias de informação e comunicação têm produzido mudanças de tal magnitude que levam os mais otimistas, como Maffesoli, a considerar que a internet é "a comunicação dos santos" pós-moderna, em que o pós-modernismo é a sinergia entre o arcaico e o desenvolvimento tecnológico. Uma "comunhão dos santos" que, com a chamada "sociedade da informação" (ou melhor, "do conhecimento"), produz a sensação de um novo "mundo comum". No entanto, o crescimento dessa macroesfera pública se encontra com dificuldades para trabalhar a compreensão na "sociedade do conhecimento"; um dificuldade própria das indústrias culturais midiáticas que se estende às novas de tipo multimídia.

O que acontece com a compreensão do mundo e da vida? A compreensão, dizia Martin Heidegger, abre ao homem um campo de possibilidades para viver. Quanto mais se cresce na compreensão do mundo que nos rodeia e da própria vida, maiores podem ser os alcances de nossa liberdade. A compreensão, nesse sentido, é um pouco similar à leitura (e à escuta, segundo Gadamer). Como nela, compreendemos a partir de coisas e fatos que já compreendemos no transcurso da existência; e também o fazemos a partir de certos modelos culturais que nos permitem entender a vida e o mundo (cf. Huergo, 2005a). A mídia, no entanto, não parece alentar novos modos de compreensão nem proporcionar elementos para ressignificar os "velhos".

O comunicacional-educativo acontece, finalmente, como *produção específica de estratégias educativas*. Nas estratégias especificamente educativas dos meios concentrados se observa, em geral, uma lamentável recorrência ao "estatuto" do educativo, que tem como consequência a escolarização de toda produção supostamente "educativa", em que se reproduzem as características próprias da lógica escritural, da racionalização argumental, da(s) disciplina(s), do educando ouvinte, enfim, do que Freire chamou de "educação bancária".

Cabem aqui umas poucas reflexões sobre o espaço mediático-tecnológico comunitário, popular, alternativo (embora possa ser considerado como espaço sociocomunitário). Uma das questões mais notáveis dos meios comunitários é certa continuidade de uma concepção do comunicacional-educativo como uma questão ligada à emissão de mensagens "conscientizadoras", sem chegar a perceber nem o caráter iluminista desta ideia, nem o potencial de trabalhar as interpelações midiáticas como conjuntos textuais (e não como produção de mensagens, embora eles fossem "próprios").

Por outro lado, nesse tipo de mídia cabe uma interrogação: O que significa hoje "o popular" nos meios comunitários? Isso, levando em conta a descompostura das teorias bipolares e meramente classistas da sociedade, bem como a emergência e reconhecimento das diferenças e antagonismos socioculturais. Em todo caso, ao menos para nós, os meios comunitários e populares precisam aprofundar suas ações de pesquisa e reconhecimento de públicos, consumos e recepção. Também questionar sinceramente a persistente interpelação ao "pobre", como uma categoria totalizadora, mas que, além disso, pode conter uma matriz de reconhecimentos que subestime as potencialidades dos setores populares como agentes protagonistas de sua própria libertação e da construção de poder popular.

4. Os espaços sociocomunitários

Incluímos aqui uma multiplicidade de espaços e experiências como as que são produzidas nas organizações populares, nos movimentos sociais, nos agrupamentos juvenis, seja em sua forma "tribalizada", seja em suas versões culturais mais organizadas, nos meios comunitários (enquanto "comunitários"), nas nucleações que se definem em torno às diferenças de gênero, sexuais, religiosas, étnicas, geracionais, laborais etc., nas organizações que surgem pela experiência de desproteção social, inclusive as que emergem na vivência espontânea e cotidiana da cidade. Muitos desses espaços se relacionam com as "reformas" neoliberais (desmantelamento do "Estado garantidor" e desregulamentação do mercado, hiperdesocupação, aparecimento de restaurantes populares, de movimento de trabalhadores desocupados, de "escolas" populares etc.) e com o crescimento inusitado do sociocultural diante do espaço deixado pela crise das instituições formadoras de sujeitos. Enfim, os espaços sociocomunitários crescem diante da crise dos contratos sociais globais e da experiência de "corpo social".

Este processo produziu também um afastamento automático das ONGs que cresceram no período neoliberal para um espaço em que ficaram visíveis aquelas que somente perseguiam interesses mercantilistas, distinguindo-as das que trabalhavam em torno a "valores" próprios do comunitário, como a solidariedade, a colaboração, talvez a transformação social etc. Por fim, esse período e esses cenários se caracterizaram pela emergência da *comunidade* (Bauman, 2003a; 2005) e da *sociabilidade* (cf. Maffesoli, 2004).

A modernidade criou os conceitos de "contrato social", de "corpo social", em que o "social" era algo profundamente racional. O contrato é o *summum* dessa racionalidade. O objetivo das instituições foi macroscópico, absolutamente racional, organizado. A sociabilidade, ao invés, costuma exceder a ordem da razão institucional, e se apresenta como trama formada pelos sujeitos e atores não só em sua luta por perfurar a ordem e redesenhá-la, como também em suas negociações cotidianas com o poder e as instituições. É o lugar onde emergem os movimentos que removem e recompõem o que se define como "contrato social" ou "corpo social", e de emergência das identidades dos distintos agentes. Isto é, está construída e regida mais por uma lógica de laços sociais que pela ordem racional dos contratos globais. Agora, aparentemente assistimos a um retorno das tribos que foram marginalizadas. Estamos diante de uma organização da sociedade em tribos. O que antes era marginal se tornou central.[6] Chegou o momento de aceitar a hipótese, segundo a qual o indivíduo moderno (invenção da modernidade caracterizada pelo "ser alguém" e pela "salvação individual") chegou a um ponto de saturação? (cf. Maffesoli, 1990). Na tribo, eu não existo por mim mesmo; é o outro quem me cria: o social dá lugar à sociabilidade.

Na época tribal que vivemos, o relacional prevalece sobre o racional, o afetivo sobre o cognitivo, o grupo sobre o indivíduo, o imaginário

---

[6] Diz Michel Maffesoli: "Pode tratar-se de tribos sexuais. Há uma multiplicidade de tribos sexuais que se mostram e se afirmam: bissexuais, homossexuais, heterossexuais, etc. Também pode tratar-se de tribos musicais (tecno, góticos, metal), artísticas, esportivas, culturais, religiosas. (...) Trata-se, na realidade, de um processo transversal. Ali onde o homem moderno havia instalado um corpo social absolutamente homogêneo – a República, única e indivisível –, encontramo-nos hoje com uma espécie de fragmentação".

sobre a avaliação, o local sobre o global. Contudo, a tribo não deve ser pensada como um lugar de comunicação harmoniosa, mas como um espaço de "harmonia conflituosa", com seu aspecto selvagem, emocional, contagioso, ritual, precário e cambiante; possui uma espécie de tolerância infinita, mas – ao mesmo tempo e como contraparte – pode gerar uma intolerância raivosa. As identificações são adjacentes e acontecem à margem, mas no centro da cena. A formação subjetiva se localiza principalmente nos múltiplos e diversos espaços comunicacionais comunitários.

Não obstante, que sentidos tem a *comunidade*? À primeira vista, "comunidade" neste momento significa uma ordem de laços microssociais que são produzidos ao redor da colaboração, da solidariedade, da construção comum, da simples sobrevivência ou da proteção. No entanto, resulta notável a proliferação de discursos sobre a "comunidade" que põem ênfase na periculosidade, violência, degradação das culturas rueiras infantis e juvenis, como formas que caracterizam o comunitário.

Emergem aqui certas disputas sobre o sentido da "comunidade", em seu interior e para as mesmas organizações comunitárias. Por um lado, sentidos que ligam o comunitário com a cultura comunal e, por outro, sentidos que o ligam à cultura rueira. De maneira que se faz possível uma distinção conceitual entre o "rueiro" e o "comunal". Tais denominações designam dois tipos de vínculos sociais, que se evidenciam como relativamente contrários, na medida em que o imaginário hegemônico os localiza na formação social. Embora ambos se articulem com resíduos culturais não modernos, por "rueiro" se entende certa emergência do bárbaro, do desordenado, anômalo, construído como objeto de "pânico moral" (como, por exemplo, as bandas juvenis); enquanto "comunal" designa modos comunitários de agrupar-se e de se apresentar em público, da parte de setores prejudicados ou invisibilizados pelos modos neoliberais do contrato social (como, por exemplo, os desocupados). De qualquer maneira, ambos são objetos de diferentes modos de repressão.

No entanto, há um sentido da "comunidade" relacionado com novos modos da politicidade. Quando Bauman (2003: 46) apresenta a metáfora do peregrino, algo que ele considera liquefeito em nossa época, diz que o peregrino (cuja existência está marcada pela insatisfação com o "aqui e agora") adquire seu sentido junto com o mundo, e cada um através do outro: o peregrino dá sentido ao mundo e o mundo dá sentido à sua peregrinação. Toda peregrinação, como experiência gerada pela distância com o desejado, é uma antecipação da transformação do mundo. A crise orgânica tornou palpável, em múltiplos movimentos sociais e organizações populares, o fato de que muitas "velhas" formas que estão morrendo se refiguram em "novos" impulsos do que ainda não nasceu.

Por outro lado, em nossas práticas de comunicação-educação em espaços sociocomunitários, observamos três questões a respeito do problema do poder e da hegemonia. Uma questão é a que se refere à importância dada à comunicação-educação na construção de poder popular. Frequentemente, isso revela um tipo de "otimismo" pedagógico-comunicacional, no qual parece que as ações particulares de comunicação-educação popular e libertadora levam à libertação de toda a sociedade. A segunda questão é o sentido atribuído ao "político" nas organizações e movimentos sociais. Parece que, em geral, "o político" tem a ver com a construção de poder popular, mas, segundo duas alternativas diferentes. Para alguns, construir poder popular é ficar de fora de uma série de organizações e instituições que conformam o Estado (já que isto está ligado à ideia de corrupção), então, para eles, construir poder popular é construir um contrapoder. Para outros (e talvez simplificando as coisas), construir poder popular é debater, lutar, brigar, construir o espaço público, inclusive através, ou fundamentalmente, da concepção e do desenvolvimento das políticas de Estado; ou seja, que "o político" alude à que a construção de "outro país" a partir dos pobres tem dois sentidos: os pobres têm de estar isolados do Estado ou os pobres têm de disputar a hegemonia do Estado. A partir desses dois sentidos, as estratégias são desenhadas e as ações de comunicação-educação são desenvolvidas.

Aqui aparece uma terceira questão, que é a relação de comunicação-educação com a hegemonia. Em geral, temos observado que as organizações populares possuem uma autoimagem e uma autopercepção de "pureza" com relação à "impureza" do poder. A formação discursiva hegemônica divide em dois campos a sociedade, enquanto referente empírico e localiza do outro lado de uma fronteira imaginária os "marginalizados", os pobres. Frequentemente, a interpelação ao sujeito "pobre", somada à desconfiança moral sobre o poder "impuro", faz com que as organizações aceitem e assumam o lugar de marginalidade. Com isso, por um lado, fazem o jogo da hegemonia, aceitando o lugar a elas destinado e, por outro, trabalham a favor de sua própria dominação. De maneira que as estratégias de comunicação-educação assumem o sentido de meras ações autorreferenciais e contribuem para reforçar a automarginalização de algumas organizações populares.

É notável uma determinada oscilação conceitual sobre o sentido ou o horizonte político (ou geopolítico estratégico) da comunicação e da educação. Por um lado, continua tendo força a crítica à ideia de "comunicação-educação para a dominação", ligada à modernização, às inovações tecnológicas, a certas mobilizações psicológicas caracterizadas como "manipulação", "domesticação", "invasão" ou "imposição", ressignificada a partir dos processos de globalização. Por outro lado, opõe-se a essa ideia a "comunicação-educação para a libertação", essa que se realiza com os oprimidos, como um aspecto da luta política, ligada a processos de conscientização, reforçando uma percepção de bipolaridade sociopolítica.

No entanto, também é significativa a preocupação, em organizações e meios comunitários e populares, pelo vínculo entre comunicação-educação com os novos sentidos da esfera política na cultura. Isso emerge em reflexões inovadoras e em desenvolvimentos sobre as perspectivas de gênero e de identidade sexuais, sobre a refiguração das culturas camponesas e aborígines e do mundo rural em geral (devido aos processos de globalização), sobre as relações entre organização, prática e subjetividade, sobre os limites da conscientização e o reconhecimento de um diálogo cultural que media o diálogo político. Mas visto principalmente em certas pesquisas de novos sentidos do "popular" na cultura e nas estratégias políticas (e isto incide no crescimento do interesse por desenvolver, desde uma perspectiva político-cultural, as estratégias de comunicação-educação popular). Em particular, é chamativo o movimento e certa reflexividade produzida nos espaços juvenis, sejam eles organizados ou não. Em especial, a percepção às cegas de novas formas do educativo, do político e da militância (libertada de seus ecos militares baseados na disciplina) nos espaços comunicacionais juvenis, ligados à produção midiática e à criação artística não elitista (cf. Morawicki, 2006).

4.1. *Excursus: os expulsos, um novo desafio para a comunicação-educação*

Gostaria de advertir sobre algumas chaves para pensar a comunicação-educação em situações de expulsão social. Frequentemente, a presumível multiculturalidade aceita no discurso costuma estar ligada à desigualdade e à exclusão social e cidadã, que no momento atual se radicaliza sob a figura da expulsão.[7] A materialidade da expulsão (ou dessa situação que faz com que o clandestino não seja o que está nem dentro nem fora) se manifesta nos novos campos de extermínio europeus (cf. Agamben, 2002), sejam eles fisicamente delimitados (com arame farpado, barreiras, grades), mas também nos "campos" latino-americanos, disseminados e existentes em todos os espaços sociais. O que em um lado do Atlântico é delimitação (pseudoinvisível materialmente e difusa do ponto de vista jurídico), do outro é extralimitação (indeterminação, incerteza e hipervisibilidade ao mesmo tempo).

"A expulsão é um tipo de realidade na qual um termo não fica incluído nem sequer nas margens de uma sociedade." Os excluídos atuais nem sequer são removidos para as margens; "se o modo de exclusão da loucura era a reclusão, o modo de exclusão dos não consumidores é a expulsão" (Lewkowicz, 2004: 79-80). Se dos lugares de reclusão (localizados institucionalmente) não se pode sair, os expulsos da rede social (disseminados nos interstícios da sociedade) não podem entrar. Se a reclusão supõe um dispositivo de reabilitação e custódia, a expulsão prescinde desses sistemas, de modo que os expulsos estão entre nós, mas, de qualquer maneira, fora de nosso mundo. Ninguém parece interpelar esses sujeitos, mas somente sua comunidade "nua" (cf. Agamben, 1999).

Se os sujeitos já foram expulsos, não são, para dizê-lo de alguma maneira, existentes no território do Estado, do ponto de vista jurídico. Como nos centros de exceção que Agamben analisa, parece que sua existência física tivesse sido separada de seu estatuto jurídico. Se o "campo" é o lugar em que, enquanto espaço de exceção, não residem sujeitos jurídicos, e sim meras existências, nesse caso estamos na presença de um "campo" em que as pessoas permanecem ali como "vidas nuas ", privadas de todo estatuto jurídico (cf. Agamben, 1999; 2002). Diferentemente do que acontece nos centros de exceção, esta situação dos expulsos, porém retidos, se desparrama na totalidade de nossas sociedades. Elas ou eles são vida nua diante do poder soberano. Só no conflito, na ruptura desse confinamento, reside a possibilidade de que esses sujeitos têm de voltar a falar. A subjetividade expulsa, em definitivo, não é sequer subjetividade instituída, e sim nudez, uma lacuna na formação subjetiva relativa a um

---

[7] Na Europa, na figura dos "centros de permanência temporária"; mas na América Latina, nas cenas de expulsão que atravessam toda a sociedade. O clandestino europeu, que pode terminar habitando o "espaço de exceção" (ver Agamben, 2002), não tem muitas semelhanças com o clandestino latino-americano.

"nós social", uma sobrecarga de significados inscritos em seus corpos sem possibilidade de falar.

O ditador Videla, na Argentina, utilizou uma frase terrível para designar os desaparecidos: "Nem vivos nem mortos; estão desaparecidos". Esse arquétipo se prolonga e reproduz hoje nos expulsos. Uns e outros, despojados de visibilidade (apesar da espetaculosidade midiática) e despojados de cidadania (de propriedade e de liberdade); ambos, objetos de pânico moral. Em ambos o soberano se vangloria de seu poder biopolítico diante da vida nua. No entanto, os corpos falam; e, ao falar, evidenciam a fissura do capitalismo na periferia, impossível de suturar. E suas formas de falar podem ser pensadas como "pontos de entrada" à rede social: as escolas públicas ou as experiências de "escolas populares", assim como os movimentos sociais e as organizações populares, são esses umbrais pelos quais os expulsos falam de uma entrada na rede, com a condição de que imaginemos outra rede social e outras modalidades de sua articulação.

A outra cara da expulsão é a exclusividade. Desse lado da fronteira imaginária (dando uma dimensão física ou material ao limite), aparece o fenômeno da "comunidade privada", no sentido de privada da comunidade. Paradoxo formador de subjetividades... Bairros fechados, *countries*, terras de acesso proibido para a comunidade; "comunidade privada" no sentido de privação do comunal (cf. Lewkowicz, 2004). Imaginária ou fisicamente, o que estrutura a comunidade é uma exacerbação subjetiva do conflito; o que a estrutura é o medo: medo de "deixar-se estar" (de atraso, de perda do progresso, de despojamento de um "pátio de objetos"), de um lado; medo do "extermínio" (forma definitiva da expulsão), do outro. A periculosidade do outro faz com que o outro seja construído como anômalo. E faz com que a sociabilidade se mova em sentidos inversos: enquanto cresce no interior da comunidade, perde-se na vida comunal (até o ponto de não querer saber nada com/do outro). É na medula deste duplo sentido inverso, deste discurso de uma nova ordem (um discurso que já não pensa, e sim que se defende; já não toma ativamente um elemento real, mas desestima esse real a favor de sua própria consistência interna), que se produz a formação subjetiva.

De maneira concomitante, o efeito de abandono e de expulsão do pensamento próprio e a persistente adesão ao pensamento central como alicerce da análise social faz com que o que é hipervisível frequentemente seja invisibilizado em certas "ciências sociais" academicistas latino--americanas; uma vez mais, o pensamento próprio também é expulso do "pensamento", retido sem poder falar. Desse modo, muitas das estratégias de comunicação-educação também reformulam outras tantas estratégias centrais, reduzindo ou evitando a espessura das margens sociocomunitárias e a dilatação do campo da comunicação-educação para as zonas de expulsão.

5. As práticas de comunicação-educação

O termo "prática" se refere tanto a um processo como à acumulação conseguida no que, mais que um resultado, é uma assimilação ou apropriação. Também designa um uso contínuo e durável; nesse sentido, está relacionado com o habitual e o acostumado, assim como também com o tradicional. Quando Pierre Bourdieu aborda o problema da prática, afirma, em princípio, que ela é produzida pelo *habitus* (cf. Bourdieu, 1991). O *habitus*, para Bourdieu, mais que com a intervenção racional ou a ação, tem relação com a interiorização da exterioridade. As estruturas internalizadas, por sua vez, agem como princípios geradores e organizadores de práticas e também de representações.

As práticas, além disso, carregam uma história incorporada e naturalizada: nesse sentido, esquecida como tal e atualizada na prática. Nos sujeitos, então, há uma espécie de "investimento" prático que está condicionado pela ordem cultural (objetiva) e que cria disposições subjetivas. É preciso ressaltar que Bourdieu utiliza o termo *investissement*, isto é: "investimento/imersão" no jogo (*enjeu*) prático: o sujeito está investindo, no sentido econômico, e ao mesmo tempo está imerso nele, no sentido psicanalítico. As práticas estão investidas, e isso se põe de manifesto, por assim dizê-lo, no complexo de dimensões composto por *ethos*, *hexis* e *eidos* (Bourdieu, 1990: 154). A história comum está marcada por lutas e contradições e, assim, se encarna no corpo de maneira durável (*habitus*), criando disposições permanentes que são princípios da prática e estão governadas por um controle historicamente interiorizado e por determinados valores (*ethos*). Isso se manifesta tanto no mais concreto, do ponto de vista corporal – o gesto, a postura, a inteireza, o "levar o corpo" (hexis) –, como nos modelos de interpretação e compreensão da experiência e da vida (*eidos*).

Além disso, os sujeitos das práticas desenvolvem um "saber" ou uma certa consciência prática sobre as condições de sua ação e da vida, que não podem expressar discursivamente; diz Bourdieu que o sujeito, no âmbito do corpo, acredita no que joga. Isso lhe permite desenvolver seus afazeres cotidianos de rotina, e essa rotina implica a sustentação de uma sensação de "segurança ontológica", isto é, uma certeza e confiança sobre seu ser, seu fazer e seu mundo, que são para ele tais como parecem ser (cf. Giddens, 1995).

As práticas de comunicação-educação, como práticas culturais, costumam ser insistentes e frequentemente representam a obstinação do que foi sedimentado, que age como uma lógica resistente às transformações. Embora essa resistência, "afirmativa" do que é, também opere como resistência "negativa" diante do assédio de certas inovações ou seduções da dominação, como verdadeiras "manhas dos oprimidos". Em princípio, queremos situar, analisar e intervir nessas práticas "lendo-as" desde uma óptica *espacial e temporária*.

Por outra parte, as práticas de comunicação-educação "especializadas" adquirem sentido em um horizonte político. No entanto, estão fortemente condicionadas e mediadas. Seria possível afirmar que as práticas, com certeza, se constituem na zona de mediação entre uma *institucionalização*, uma *gramaticalidade* cultural e a *subjetividade* do agente dessas práticas. Sem compreender as articulações entre essas três dimensões localizadas em um espaço-tempo, dificilmente poderemos desenvolver práticas de comunicação-educação com sentidos políticos transformadores (sejam elas de intervenção ou de pesquisa), mas é possível que acentuemos o divórcio entre teoria e prática ou entre o horizonte político e os mundos culturais em que o primeiro pretende incidir. Considerar e recuperar a espessura comunicacional-educativa da prática significa compreender que é na mediação entre essas dimensões que sentidos e significados são produzidos, e que é nessa mesma mediação que se formam sujeitos e subjetividades. É a mediação, então, que articula a comunicação com a educação, e vice-versa. É precisamente nessas práticas que se decide a hegemonia.

5.1. *Espaço-tempo de comunicação-educação*

Utilizar a proposta de Hägerstrand (referida por Harvey, 1998: 236-237), apesar de suas limitações, em uma aproximação aos espaços e tempos institucionais, organizacionais e cotidianos, pode nos proporcionar informação sobre as experiências biográficas dos agentes da comunicação-educação. Reconhecer os "caminhos" de vida em um espaço-tempo (com suas rotinas e migrações), os "atritos de distância" (e o preço do tempo para superá-las), as "restrições de conjunção" (como necessidade de coincidência entre caminhos individuais para concretizar uma "transação" social), no esquema geográfico de "estações" disponíveis (lugares onde se produzem certas atividades), determinando os "domínios" (as interações sociais que prevalecem), pode nos trazer diversas informações sobre a cotidianidade e o sentido das práticas de comunicação-educação.

No entanto, nessa proposta existem algumas lacunas. Uma delas é a ausência de consideração do "espaço do corpo", em que se exercem distintos tipos de forças, onde são aplicados os dispositivos disciplinares e normalizadores, onde se inscrevem os significados; mas também onde as resistências se fazem palpáveis e consistentes. Outra lacuna é a falta de compreensão mais ampla das articulações espaciais e temporárias dos sentidos e das formações sociais.

Não nos podemos deter demasiado neste ponto, contudo, em princípio, precisamos observar que existem distintos sentidos do espaço. A compreensão das três dimensões descritas por H. Lefebvre em seu clássico estudo *La production de l'espace* (Lefebvre, 1991) enriquece nossa análise. Ele distingue entre as práticas materiais espaciais, as representações do espaço e os espaços de representação, que aludem, respectivamente, ao que foi experimentado, percebido e imaginado. Para conseguir uma maior claridade e possibilitar certa sistematicidade na aproximação ao campo, há alguns anos distinguimos três aspectos diferentes (redefinindo a leitura de Lefebvre) a partir dos quais é possível considerar o espaço (seja ele institucional educativo, mediático-tecnológico ou sociocomunitário), que nos servem para descrever e analisar práticas e estratégias de comunicação-educação:[8]

1. O espaço *desenhado* (o prescritivo): referimo-nos ao desenho arquitetônico, ou às prescrições e regulações espaciais, à distribuição nele estabelecida ou instituída, às disposições espaciais e aos equipamentos que as configuram, à regionalização estabelecida, aos eixos, distâncias e domínios espaciais, aos caminhos e estações prescritas etc.

2. O espaço *percorrido* (o experimentado): referência a regiões, lugares ou cidades percorridas pelos agentes e nas quais estabelecem diferentes tipos de relações, para além dos desenhos ou prescrições em torno do espaço; compreende os diversos usos do espaço com distintos interesses, o que frequentemente não coincide com a finalidade do desenho dos espaços.

---

[8] Não insistimos muito no imaginário (o espaço de representação).

3. O espaço *representado* (o percebido e o significado): aludimos aos significados que os atores que percorrem um espaço lhe atribuem, a suas regiões, além dos possíveis significados e sentidos que são atribuídos a esses espaços pelos agentes que nem mesmo o percorrem (isto é, os sentidos sociais e os significados de quem não circula ou se nega a circular por eles).

Resulta fundamental observar e analisar aqui as proximidades e distâncias, os encontros e desencontros, as continuidades e rupturas entre os três aspectos dos espaços considerados. No entanto, precisamos compreender que na comunicação-educação o espaço não pode ser um "receptáculo vazio", e sim algo mutuamente configurado pelo(s) corpo(s) no tempo (cf. Waldenfels, 2005), que condiciona(m) cada marcação temporária: o aqui, os eixos espaciais (acima-abaixo, esquerda-direita), a proximidade e a distância, o dentro e o fora, a completitude e o vazio etc. Os membros do corpo agem frequentemente como "guardiões do passado" que, no *aqui* atual, se orientam graças a um *aqui* habitual.

Por outro lado, G. Gurvitch propõe relacionar os sentidos do tempo com formações sociais específicas (cf. Harvey, 1998: 247-250). Sua tipologia nos permite reconhecer a simultânea multiplicidade de tempos que condicionam as práticas e estratégias de comunicação-educação. Entre eles: o tempo (residual) *enganoso* (da sociedade organizada de longa duração), o tempo *errático* (de incerteza e marcada contingência, em que prevalece o presente), o tempo *cíclico* (como tentativa de diminuir a contingência e acentuar a continuidade), o tempo *antecipatório* (da inovação, descontinuidade e contingência da mudança), o tempo *explosivo* (do fermento revolucionário e criador) etc.

A existência espacial contém uma densidade temporária (cf. Waldenfels, 2005). Aquelas dimensões espaciais e esses sentidos do tempo superpostos constituem um ponto de apoio do processo de produção de sentidos e significados, ao qual chamamos "comunicação", e que, de certo modo, são a matriz de formação de sujeitos e subjetividades, que denominamos "educação".

5.2. A *institucionalização*

À primeira vista, a *institucionalização* é uma dimensão dos fenômenos humanos que compreende aspectos que dão conta do poder de regulação social (comunitário, grupal, organizacional) sobre o comportamento individual (Fernández, 1994). A institucionalização é uma construção da experiência social que se concretiza sob as formas de políticas, leis, normas, pautas (explícitas ou implícitas) e outras formas de regulação dos comportamentos sociais, como os sistemas de expectativas mútuas, a pressão de uniformidade etc. Estas formas culturais e psicossociais operam sobre os sujeitos (os sujeitam) como molduras cujos limites diferenciam o permitido do proibido e dentro das quais – prévia renúncia à parte de sua liberdade – lidam com o grau de autonomia que sua posição social ou organizacional lhes tem designado.[9]

As instituições não são somente, cada vez (como afirmava René Loureau), formas sociais visíveis, desde o momento em que estão dotadas de uma organização jurídica e ou material, como, por exemplo, uma empresa, uma escola, um hospital, o sistema industrial, o sistema escolar, o sistema hospitalar de um país. Elas são e se fabricam a partir da invisibilidade de uma urdidura simbólica, de um magma de significação imaginária que autoriza sua visualização. A institucionalização é *a forma* que a reprodução e a produção das relações sociais adotam em um momento dado, e é *o lugar* em que se articulam as formas que adotam as determinações das relações sociais. Contudo, mais que isso (seguindo Castoriadis, 1993), a institucionalização alude a uma rede simbólica socialmente sancionada, que atua como "lei" e "regra".

A institucionalização, como uma linguagem, ordena e dá sentido e significação ao fluxo de experiências, expectativas e sensações singulares. Como dimensão simbólica, ela consiste em ligar ou reunir determinados símbolos (ou significantes) com determinados significados (representações, ordens, incitações a fazer ou a não fazer) e em fazê-los valer como tais. Isto é, onde há *ápeiron* se impõe *peras* (o indeterminado é racionalizado pela determinação). Para fazê-lo, opera sobre a base de uma *lógica identitária* que funda um "nós" e exclui "outros". Ela fabrica a instituição como possibilidade de colecionar em um tudo, em um conjunto (que é unidade idêntica em si mesma) que contém,

---

[9] Se tivesse que me referir ao peso da institucionalização, sempre recordo esse texto pioneiro (e estimulante) de Mario Kaplún, que percorreu muitos rincões da América Latina, onde comparava os modelos de comunicação com os modelos de educação (Kaplún, 1996). Normalmente se produz uma adesão imediata, por exemplo, entre os docentes, ao terceiro modelo: o que está centralizado nos processos e na interação entre as pessoas e sua realidade. No entanto, os esforços de construção do "educomunicativo" nesse sentido frequentemente fracassam porque dependem da mera vontade, sem estimar suficientemente os condicionamentos institucionais para seu desenvolvimento nem a influência dos próprios *habitus* docentes.

retém as diferenças, de maneira que ficam logicamente eliminadas ou indiferenciadas.[10]

Em seu tempo de crise, experimentamos um generalizado mal-estar nas instituições. O tempo da modernidade em nossas sociedades supunha a confiança no Estado-nação, essa "megainstituição cujo organograma interno é o conjunto de todas as instituições". No entanto, hoje assistimos ao esgotamento do dispositivo institucional; "cada instituição é um mundo à parte" e se autoconsidera "produtora exaustiva dos sujeitos de que necessita na situação em que deles necessita" (Lewkowicz, 2004: 43-46). Cada instituição tem o aspecto de um "pequeno mundo isolado", em certos sentidos se comporta como se fosse uma instituição total e autoengendra identidades imaginárias que se sustentam só no interior desse pequeno mundo isolado.

5.3. A gramaticalidade

Por sua parte, a *gramaticalidade*[11] cultural se refere ao conjunto de tradições e regularidades sedimentadas ao longo do tempo, transmitidas de geração em geração por diversos agentes; aos modos de fazer e de pensar aprendidos através da experiência organizada; às regras do jogo e supostos compartilhados que não se põem em questão e que possibilitam levar a cabo a ação específica da organização ou instituição, produzindo uma leitura e ressignificação do novo; como também às formas de resistência e de estratagema, mais as táticas e as "manhas" que burlam certos dispositivos e regulações, e que se refiguram ao longo do tempo e da experiência acumulada. Com o conceito de "gramática institucional" se propõe proporcionar um marco explicativo e de análise para entender como se aplicam e adaptam as mudanças; como e por que determinadas propostas ou interpelações são introduzidas mais ou menos rapidamente na vida organizacional ou institucional; como outras são rejeitadas, modificadas ou distorcidas, a partir desses modos de fazer e pensar sedimentados com o passar do tempo; como pode ser gerada a mudança e como esta última, finalmente, é uma combinação de continuidades e rupturas.

---

[10] Esta lógica *identitária* é soberana sobre duas instituições básicas: o *legein* (componente da linguagem e da representação social) e o *teukhein* (componente da ação social) (cf. Castoriadis, 1993: 22).

[11] O conceito está derivado da ideia de "gramática escolar", noção estabelecida pelos norte--americanos David Tyack e Larry Cuban (Tyack e Cuban, 2001).

Uma das características da gramaticalidade é a produção de "paradigmas raízes" (cf. McLaren, 1995: 149). Os "paradigmas raízes" servem como roteiros culturais que existem (porque têm sido apropriados) nos docentes e nos estudantes, que por sua vez guiam a cognição e orientam as experiências aceitáveis. Mas o conceito pode ser estendido a outros espaços para compreender processos que modelam as novas experiências e os novos conhecimentos. Entender a gramaticalidade dessa forma nos aproxima do campo e dos alcances da "crença" nas práticas. A "crença" (no sentido de Bourdieu) resulta ser o crivo através do qual se ressignificam (desde o posicionamento dos autores) determinadas inovações. Por exemplo, a "crença" pedagógica (ou melhor, escolar) costuma recorrer a uma ordem anterior diante das mudanças comunicacionais ou tecnológicas; enquanto a "crença" midiática (ou suscitada pela pertença a uma cultura midiática) é um fator principal de resolução pragmática (não sempre feliz) dos novos problemas nos espaços educativos.

No entanto, a gramaticalidade, como uma espécie de roteiro cultural, é assediada pelo surgimento de múltiplos discursos ou "culturas" que nada têm a ver com esse roteiro ou com esses "paradigmas raízes" próprios de uma organização e que frequentemente desafiam a segurança das crenças institucionais ou organizativas, tornando-os mais caóticos, confusos e relativos.

5.4. *A subjetividade*

Para além de outras concepções, a ideia de subjetividade que preferimos é a que se refere à articulação entre experiência e linguagem (cf. McLaren, 1998). As experiências são aqueles acontecimentos e condutas que existem nas formações sociais não isoladamente, mas como pontos na trama de uma cultura. No entanto, a experiência é constituída pela linguagem, através da qual a nomeamos e da qual a tornamos possível ou a obturamos. A linguagem, ao mesmo tempo em que permite interpretar e atuar nossa experiência, é constitutiva da subjetividade. A linguagem não é algo abstrato, separado da subjetividade, mas é na linguagem que nos subjetivamos, por assim dizê-lo.

Expressando de outro modo, a subjetividade é o processo de mediação entre o "eu" que lê e escreve e o "eu" que é lido e escrito (em que o eu depende sempre de um nós, de uma pertença identitária). A leitura e escrita que o "eu" realiza ou que se realiza sobre o "eu" se produz na linguagem, que sempre está situada nas relações (ideológicas) entre o conhecimento e o poder. A cultura dominante tem legitimado e aceitado certos discursos e desacreditado e marginalizado outros. Desde essa linguagem, somos lidos e escritos, somos interpretados; desde ali são emolduradas e legitimadas algumas leituras e escrituras da experiência, da vida e do mundo, e são marginalizadas ou desacreditadas outras. Mas é também na linguagem que tornamos possíveis outras formas, críticas, resistentes, transformadoras, relativamente autônomas, de ler e escrever a experiência, a vida e o mundo; onde possibilitamos que o "eu" lido e escrito possa ler e escrever. E as possibilidades de ampliação da autonomia nas experiências, da tranformação da vida e do mundo, radicam não tanto na produção de "linguagens" isoladas da linguagem (como se isso fosse possível), e sim na produção de espaços e cenas de comunicação-educação que possibilitem outro tipo de experiências e outras formas de serem nomeadas.

Todavia, desde onde somos "lidos e escritos" atualmente? Onde e em que linguagem se produz o processo de formação de nossas subjetividades? Como compreender o surgimento de subjetividades dispersas, incertas, fugitivas, contingentes? E o que acontece com a experiência? A experiência está destruída em nossas sociedades (como afirma Giorgio Agamben) ou é uma das notas centrais da vida humana atual (como afirma Michel Maffesoli)?

Segundo Agamben, sabemos que para efetuar a destruição da experiência não se necessita, em absoluto, de uma catástrofe: para isso, basta perfeitamente com a pacífica existência cotidiana em uma grande cidade. "O homem moderno volta à noite a sua casa extenuado por uma miscelânea de acontecimentos – divertidos ou tediosos, insólitos ou comuns, terríveis ou prazerosos –, sem que nenhum deles se tenha convertido em experiência" (Agamben, 2001). A poética moderna, de Baudelaire em diante (até, dizemos nós, as narrações audiovisuais), não se fundamenta em uma nova experiência, mas sim em uma carência de experiência sem precedentes.

Contudo, para Maffesoli, a experiência se multiplica porque está ligada à alteridade na sociabilidade, essa orientação ao outro das comunidades ou das tribos atuais. É experiência do outro, de sua vivência através da minha própria vivência. "A experiência do outro funda a comunidade mesmo quando ela for conflituosa" (Maffesoli, 1990: 134). A experiência se apresenta como núcleo deste mundo comum vivido (comunidade, tribo). Experiência estética, sensível, do particular, que funda não só o conhecimento do mundo e dos outros, como também a ética pós-moderna. Experiência que aproxima do "sentir comum" e que reduz a polissemia da vida social e a abstração "do social" (cf. Maffesoli, 1990).

Irrompe um novo tipo de experiência do espaço-tempo, que simultaneamente é um conglomerado disperso de múltiplas experiências do espaço e do tempo. Certamente, uma experiência angustiante que é possível compreender como o encontro entre o desenvolvimento inusitado e acelerado da tecnologia global e o ser humano, cujos sedimentos e seguranças ainda são "modernos" (característica que, precisamente, lhe fez criar essa tecnologia que agora o assedia e o angustia). A experiência se produz em meio ao desconforto originado pelo choque entre práticas residuais e uma cultura incessante da novidade e da obsolescência instantânea.

Por acaso, a própria ideia de "educação" (como processo de formação de subjetividades) tem de explodir, assim como explodiu o educativo nos cenários socioculturais; assim como faz tempo explodiu a ideia de "comunicação". É em meio a essa explosão que temos de indagar de que modos hoje se produz o jogo (na linguagem e na experiência) entre a *subjetividade instituída* resultante das práticas discursivas dominantes e a *subjetivação* como aqueles processos, geralmente coletivos, pelos quais se vai além das restrições e dos conformismos da subjetividade instituída.

6. Os processos (e as estratégias) da comunicação-educação

Por que a educação possui uma dimensão comunicativa, ao mesmo tempo que a comunicação tem um caráter educativo? É possível, no contexto em que vivemos, propor uma noção do processo comunicacional-educativo suficientemente aberta como para nos aproximarmos e compreendermos estes processos complexos e conflituosos nesse contexto do século XXI? Sempre às apalpadelas, já faz alguns anos que em nossas práticas, reflexões, pesquisas e no ensino estamos propondo um conceito comunicacional-educativo que talvez nos possa dar uma resposta. Um conceito que permite observar ou pesquisar os processos da comunicação-educação que se produzem nas práticas socioculturais, como os desencadeados por diversas formas de intervenção ou ação intencional. Desse modo, optamos por nos basear na noção proposta pela pedagoga mexicana Rosa Nidia Buenfil Burgos, que se inscreve na linha de análise política do discurso e no conceito de "ideologia" de Louis Althusser. Ela afirma que "o que diz respeito especificamente a um processo educativo consiste em que, a partir de uma prática de interpelação, o agente se constitua como um sujeito de educação ativo, incorporando dessa interpelação algum novo conteúdo valorativo, comportamental, conceitual etc., que modifique sua prática cotidiana em termos de uma transformação ou de uma reafirmação mais fundamentada. Isto é, que a partir dos modelos de identificação propostos desde algum discurso específico (religioso, familiar, escolar, de comunicação de massas), o sujeito se reconheça neste modelo, se sinta referido ou aceite o convite a ser isso que a ele está sendo proposto" (Buenfil Burgos, 1993: 18-19). Para nós, esta é uma noção comunicacional do educativo, ao mesmo tempo que uma noção educativa do comunicacional. Por que é uma noção comunicacional-educativa? Porque, como menciona Michel Pêcheux, é na figura da interpelação que se vincula o problema da constituição do significado com o da constituição do sujeito (cf. Pêcheux, 2003). Trocando em miúdos: a evidência do significado torna evidente o sujeito.

Falamos de um processo que nasce de uma *interpelação*, um chamado aos indivíduos como sujeitos. As interpelações não jogam da maneira como o fazem no campo estritamente político. A prática política não reconhece os interesses aos quais logo representa, mas constrói na interpelação os interesses e os sujeitos que diz representar. Se transferíssemos literalmente isso ao campo comunicacional-educativo, estaríamos diante de modalidades de doutrinação, de manipulação. Quando falamos de "interpelação" em comunicação-educação, referimo-nos a outro ponto de partida: o que Paulo Freire chamou de "o reconhecimento do universo vocabular" dos sujeitos a quem fazemos esse chamado. Necessariamente, nosso ponto de partida (metodológico e político) é o *reconhecimento do mundo cultural*, considerando que a cultura não é só um conjunto de estratégias para viver, mas também um campo de luta pelo significado da experiência, da vida e do mundo. A cultura também não é uma propriedade de alguns (que devem "conscientizar" os outros) nem é algo puro, localizado no passado, que devemos conservar e recuperar. Apesar dos esforços neste último sentido, as culturas se configuram de maneira multitemporânea e segundo contextos geopolíticos diferenciados. As culturas mudam em longos processos que frequentemente são conflituosos.

O *reconhecimento do mundo cultural* não fala somente do conhecimento do mesmo: obter informações diversas sobre as culturas com as quais trabalhamos e sobre os modos em que se dão os processos comunicacionais-educativos nestas culturas. Informações como, por exemplo, as práticas socioculturais, as dimensões espaciais e temporárias, a institucionalização, a gramaticalidade, as subjetividades; mas também os cruzamentos, na vida cotidiana, da grande história com as pequenas biografias e das grandes estratégias geopolíticas com as pequenas táticas do hábitat, as identidades operantes e os polos ou espaços de identificação, os sentidos que são produzidos nas práticas e nos discursos, os modos de formação de sujeitos e subjetividades, as formas que a sociabilidade adquire e as maneiras em que a sensibilidade se expressa etc. Trata-se de algo mais complexo: de reconhecer que o *outro*, desde sua cultura, pode jogar o mesmo jogo que nós, por assim dizer, sem necessidade de adotar nossa cultura para jogá-lo; isto é, assumir como postulado a reciprocidade (cf. Bourdieu, 1991). Trata-se de reconhecer sua dignidade nesse processo. Mas por quê? Primeiramente, porque do ponto de vista comunicacional precisamos saber e reconhecer quem é o outro com quem vamos estabelecer o processo da comunicação--educação, quais são seus sonhos e expectativas, quais são suas atividades cotidianas, suas linguagens, dúvidas, limitações, crenças, saberes, formas de aprender etc. Esse *reconhecimento* não se produz no vazio, como algo abstrato, como prolongamento de nossas ideias iluminadas ou como atitude filantrópica. Precisamos acompanhá-lo com um processo de trabalho metodologicamente construído, que se concretiza em diversos caminhos de reconhecimento das *práticas socioculturais* e de *representações*.

A interpelação é uma convocação feita ao sujeito pelo discurso; ou, segundo Zizek (1992), o apelo ao indivíduo, como entidade pré-simbólica e mítica, ao sujeito (para que se constitua como sujeito desse discurso). O indivíduo é interpelado a transformar-se em sujeito (em virtude de um ponto de acolchoado – *point de capiton* – através do qual o sujeito é "costurado" ao significante). O sentido da interpelação está em sua capacidade de produzir uma *sutura*, já que não termina no fato de o sujeito ser convocado, mas que resulte "investido" na posição em que é convocado, posicionado ou localizado. E essa sutura deve ser pensada como uma articulação, não como um processo unilateral (o que faz com que nos afastemos de pensar em termos de "dominação" e decididamente pensemos em processos de hegemonia, de mediação).

As interpelações (na produção de sentidos sobre a experiência, a vida e o mundo) não são mensagens isoladas, e sim conjuntos textuais que, por sua vez, circulam e se distribuem além dos espaços e dos discursos intencionalmente interpeladores, como pode ser o escolar, o midiático ou o comunal. Pensar as *referências* ou "espaços referenciais" como abertos, transitórios, instáveis, contingentes, contribui a perceber que os múltiplos espaços sociais articulados com diferentes experiências e sentidos do tempo são espaço-tempos referenciais dos processos de comunicação-educação. Também com a condição de não simplificar o tempo (= passado-presente-futuro) ou o espaço (= lugar, território), e sim com a intencionalidade de fazer irromper essas ideias comuns e assumir a complexidade e a desordem em que hoje nos aparecem. Por outro lado, os referentes dessas interpelações não estão fixados nem personificados de uma vez para sempre, como, por exemplo, nos pais, docentes, dirigentes sociais ou políticos, mas se abrem, se deslocam, até mesmo se evaporam em certos laços e espaços sociais, e se tornam referentes múltiplos, também abertos, transitórios, instáveis e contingentes.

Vale recordar aqui que está em crise "a política", que produz um sujeito, que é o sujeito a quem interpela. O esgotamento do dispositivo institucional estatal vertebrado que interpelava uma subjetividade cidadã deu passagem a certa fragmentação institucional (sem o Estado articulador), o que provocou múltiplas interpelações a sujeitos às vezes incomensuráveis entre si. Interpelações, no entanto, que convocam os mesmos indivíduos a adotar múltiplas e simultâneas posições de sujeito. Os que, em épocas anteriores, foram *polos de identidade* (essas referências comunicacionais-educativas mais fortes e permanentes) emergem hoje sob a forma de polos de identificação com vigor inusitado, ao lado do avanço da sociabilidade sobre o "corpo social": essa espécie de referências (aliás: discursos) que são (como os discursos) transitórias, abertas, instáveis, incompletas. O debate atual sobre as *identidades* e as *identificações* é realmente rico e sugestivo. Para compreender o processo identificador atual necessitamos, precisamente, abrir parêntese sobre o tema das "identidades" e desenvolver uma reflexão sobre as "identificações", já que elas se referem a um processo claramente condicional e que se estabelece na contingência (cf. Hall, 2003).

O apelo, a interpelação, pode ser absolutamente indiferente; pode não ser reconhecida, embora seja conhecida. O reconhecimento não é meramente um atributo "cognitivo", por assim dizê-lo, ou racional. Nem é algo que apareça e que se resolva de uma só vez, estabelecendo um antes e um depois no sujeito. Assim como a interpelação deve ser pensada como conjunto textual e como articulação (e não como mensagem emitida, isolada e unilateral), o reconhecimento deve ser pensado como processo textual (e não como evento ou ato isolado), aliás, como processo de textualização (em que há certo reconhecer-se/desconhecer-se na perspectiva do outro que desencadeia o processo), uma articulação em que a convocação do discurso adquire sentido, mas que não se produz e nem se resolve de uma vez para sempre.

O problema do *reconhecimento* da textualidade (sociocultural) interpeladora é o problema da adesão, em especial como afirma Althusser, das representações da relação imaginária entre os indivíduos e suas condições reais de existência. A adesão não é da ordem do raciocínio, mas pertence à ordem do corpo. Significa uma "incorporação" que ao mesmo tempo implica uma determinada identificação e certa pertença. Implica, segundo Bourdieu (1991), crença, fé, prática, adesão indiscutível, pré-reflexiva, "nativa" ou ingênua. O reconhecimento, então, é uma característica da adesão constitutiva da pertença. Nesse sentido, representa um *investissement* (investimento) na criação e reprodução do capital simbólico. Por isso, enquanto forma da crença, é um "estado do corpo" que permite "jogar com os assuntos em jogo". O corpo é esse terreno da carne em que o significado se inscreve, se constrói e se reconstitui; é o lugar da subjetividade incorporada ou encarnada; é a superfície intermédia entre o indivíduo e a sociedade, ou – dito de outro modo – entre o indivíduo interpelado e o sujeito constituído. Sua constituição deve ser concebida como um processo complexo que compreende a produção da subjetividade no seio das diversas práticas sociais e materiais.

O reconhecimento, portanto, está aparentado com o processo identificador. Existe formação de sujeitos na medida em que se produz um processo de identificação. E longe do que pretenderam certos discursos totalitários, sabemos (graças à psicanálise) que as identificações operam *sequndum quid*; isto é, não são totais, mas se produzem identificações com alguns aspectos dos referentes e das referências interpeladoras. Isso é o que faz o processo mais complexo, menos linear. Não se produz um processo transparente entre um conjunto textual determinado e um sujeito em formação, e sim um processo confuso, opaco, complexo, no qual intervêm, como mencionamos, múltiplos conjuntos textuais, múltiplas interpelações, objetos, relações, condutas, práticas, modelos, valores etc., com alguns aspectos dos quais há identificação.

Uma identidade, então, é esse ponto de encontro, ou de sutura, entre os discursos e práticas que tentam nos interpelar (falar-nos, convocar-nos, posicionar-nos, localizar-nos como sujeitos de discursos particulares) e os processos que produzem subjetividades, como sujeitos suscetíveis de "dizer-se". Mas devemos pensar essa sutura da identidade já não como algo estável, permanente, mais ou menos fixo, e sim como "pontos de adesão transitória" (Hall, 2003:20), que consiste em fazer efetivo o vínculo do sujeito com estruturas ou sistemas de sentido.

Convém agregar que se o corpo é o lugar da carne, em que se inscreve o significado, essa inscrição opera (no processo identificador) através de mecanismos de exclusão, de marcas nos corpos, que não são somente sinais materiais ou simbólicos, mas que, além disso, contêm uma matriz pré-formativa: significam (no outro) a marca da suspeita, a anomalia, a periculosidade ou a condenação. Ou seja, o corpo carrega o estabelecimento de uma hierarquia violenta, em que supostamente há somente diferenças (por exemplo, nos pares: "homem-mulher", "branco--aborígine", "adulto-jovem", "heterossexual-homossexual" etc.). Isto é, todas as identidades agem através da exclusão, através da construção discursiva de um fora constitutivo e da produção de sujeitos marginalizados (dela), que aparentemente ficam fora do campo do simbólico e do representável (cf. Butler, 2003).

Se partirmos da consideração dos sujeitos como condicionados culturalmente (em certo modo, lidos e escritos), o fazemos com a certeza de que eles podem aumentar sua autonomia relativa para agir no terreno desses condicionamentos (podem ler e escrever sua experiência, a vida e o mundo). Em síntese: não há sujeitos passivos; por isso, confiamos que são esses sujeitos os artífices da transformação do mundo, entendido também como um contexto, caracterizado por sua *complexidade* e por uma prolongada situação de *conflituosidade* ou *crise orgânica*. Isso sem deixar de considerar nem menosprezar o caráter "duro", por assim dizê--lo, resistente, dos *habitus* desenvolvidos em uma determinada cultura.

O processo de comunicação-educação não termina no interjogo entre interpelações e reconhecimentos subjetivos. O processo culmina em alguma mudança nas práticas socioculturais e nas representações cotidianas. A mudança nas práticas, diz Buenfil, pode ter dois sentidos: a reafirmação mais fundamentada de uma prática já existente ou a transformação de uma prática que existe na atualidade. Somente ao analisar as práticas, podemos fazer uma avaliação mais adequada do sentido político do processo da comunicação-educação, reconhecendo se ele teve um sentido hegemônico (na medida em que tende a gerar práticas e representações conformistas com relação a uma ordem social estabelecida, às relações sociais que a sustentam, a modos de pensar que avalizam a dominação) ou, ao contrário, tem um sentido *contra-hegemônico* (na medida em que tende a gerar distintos modos de questionamento e resistência e ou produz modificações nas relações sociais de dominação, em preconceitos ou discriminações, em atitudes individualista, em modos de pensar dogmáticos ou iluministas etc.).

7. As memórias e os projetos de comunicação-educação

Em um contexto político e cultural complexo e conflituoso, marcado pelas cenas de crise orgânica, a comunicação-educação tem que voltar a ser um campo estratégico na procura de uma sociedade mais justa, a partir das memórias latino-americanas.

Entre as inscrições políticas e culturais que o campo da comunicação-educação deve encarar, está a que se refere ao desvanecimento da memória coletiva de nossos povos. Isso, em três sentidos:

• O da memória sociopolítica, capaz de recuperar e ressignificar matrizes de pensamento sociocultural e de ação política próprias de nossa América Latina, muitas vezes evitadas, esquecidas ou ignoradas pelo "pensamento" acadêmico, em seu afã de inscrever-se nos avanços do pensamento central.

• O da memória subjetiva, capaz de reconstruir uma história crítica das diferenças, constituídas em tramas de conflitos, de desigualdades e de situações de opressão, tocando esse núcleo traumático das relações sociais que se inscrevem na formação identificadora e subjetiva.

• O da memória estratégica, capaz de suspender os projetos e estratégias inovadoras da comunicação-educação que se apresentam como rupturistas e fundacionais, como originais, em que o novo é concebido como milagroso e a-histórico, e em que a cópia de estratégias centrais costuma ser pensada como panaceia e capaz de ressignificar matrizes estratégicas latino-americanas de comunicação-educação (cf. Huergo, 2005b).

A memória nunca é uma cópia, e sim uma ressignificação que se produz quando o passado configurativo se faz presente pré-configurado, em virtude da interpretação e da práxis.

Outra inscrição político-cultural do campo da comunicação-educação tem a ver com sua referência e articulação com projetos sociopolíticos mais gerais que lhe dão sentido. Com base nas ideias de E. Laclau, a ação político-cultural possui duas dimensões: uma dimensão horizontal, que consiste na expansão crescente dos movimentos e demandas sociais, assim como das múltiplas cenas de sociabilidade e de vida comunitária, e uma dimensão vertical, que é o momento da articulação e da eficácia que estes movimentos socioculturais possam ter para produzir mudanças políticas mais globais.

Essas duas dimensões, o momento da articulação política e o momento da pluralidade sociocultural, devem avançar mancomunadas. Um desenvolvimento puramente pluralista do sociocultural, que deixa de lado o momento da articulação política, mesmo quando dê lugar a diversas formas de luta de uma profundidade crescente, a longo prazo pode ser politicamente estéril. Por outro lado, uma noção de representação e de articulação política, que deixa à margem a pluralidade crescente e necessária do sociocultural, leva também ao isolamento do momento institucional com relação à sociedade.

Vivemos uma espécie de entretempo, mas o *impasse* também é um campo de possibilidades; muito embora não dependa tanto de saídas não críticas (subjetivistas ou voluntaristas), mas sim da reconstrução do poder popular e das interpelações globais que possam articular um sujeito (com a condição de que não fosse monolítico e implicasse o reconhecimento da multiculturalidade) a quem interpelem.

E isso no meio de nosso próprio dramatismo: a biopolítica passa hoje pela expulsão social. Expulsão aplicada sobre os corpos, os saberes, as práticas, as subjetividades, as sociabilidades e as sensibilidades. No entanto, conforme afirmava Ludwig Wittgenstein, o que não se pode dizer, se mostra, e nesse sentido começa a falar. A comunicação-educação tem de voltar a articular-se sobre a base das práticas políticas e culturais que incentivam a "comunhão" ou o encontro e a vinculação subjetiva, por um lado, e a "expressão", ou o que há no processo de libertação e autonomia como pronunciamento da palavra e como escrita do mundo, por outro lado. Contudo, deve fazê-lo também sobre a base das memórias latino-americanas e de projetos capazes de articular múltiplas estratégias e sociabilidades. Sobre essa postulação, abre-se um campo de possibilidades mais que de restrição, em que a comunicação-educação deve tender à explosão da necrofilia dos velhos consensos sociais dominantes e contribuir para instaurar a conquista de uma vida melhor, mais justa e mais digna para todas e todos.

Bibliografía

AGAMBEN, G. *Homo sacer. El poder soberano y la vida nuda*. Valencia, Pretextos, 1999.

_____. *Infancia e historia*. Buenos Aires, Adriana Hidalgo Editora, 2001.

_____. *Lo que queda de Auschwitz. El archivo y el testigo*. Valencia, Pretextos, 2002.

BAUMAN, Z. *Comunidad. En busca de seguridad en un mundo hostil*. Buenos Aires, Siglo XXI, 2003a.

_____. De peregrino a turista, o una breve historia de la identidad. In: HALL, S.; DU GAY, P. (comps.). *Cuestiones de identidad cultural*. Buenos Aires, Amorrortu, 2003b.

_____. *Modernidad líquida*. Buenos Aires, Fondo de Cultura Económica, 2005.

BOURDIEU, P. *Sociología y cultura*. México, Grijalbo, 1990.

_____. *El sentido práctico*. Madrid, Taurus, 1991.

BUENFIL BURGOS, R. *Análisis de discurso y educación*. México, DIE, 1993.

BUTLER, J. *Cuerpos que importan*. Buenos Aires, Paidós, 2003.

CASTORIADIS, C. *La institución imaginaria de la sociedad*. Buenos Aires, Tusquets, 1993, v. 2.

FEIXA, C. Generación @. La Juventud en la Era Digital. *Revista Nómadas*, n. 13, Bogotá, Universidad Central, 2003.

FERNÁNDEZ, L. *Las instituciones educativas*. Bs. As., Paidós, 1994.

GALLINO, L. Problema MMMM (Modelos Mentales Mediados por los Media). In: AA.VV. *Videoculturas de fin de siglo*. Madrid, Cátedra, 1990.

GIDDENS, A. *La constitución de la sociedad*. Buenos Aires, Amorrortu, 1995.

HALL, S. Introducción: ¿quién necesita "identidad"? IN: HALL, S.; DU GAY, P. (comps.). *Cuestiones de identidad cultural*. Buenos Aires, Amorrortu, 2003.

HARVEY, D. *La condición de la posmodernidad*. Buenos Aires, Amorrortu, 1998.

HOPENHAYN, M.; OTTONE, E. La educación frente a la pujante industria cultural. In: *El gran eslabón*, Buenos Aires, Fondo de Cultura Económica, 2000.

HUERGO, J. Reflexiones sobre la formación ciudadana en la "sociedad de la información". In: AA. VV. *Democracia y ciudadanía en la sociedad de la información: desafíos y articulaciones regionales*. Córdoba, Escuela de Ciencias de la Información, Universidad Nacional de Córdoba, 2005a.

_____. *Hacia una genealogía de Comunicación/Educación*. La Plata, Ed. de Periodismo y Comunicación, 2005b.

_____ (ed.). *Comunicación/Educación. Ámbitos, prácticas y perspectivas*. La Plata, Ed. de Periodismo y Comunicación, 1997.

HUERGO, J.; MORAWICKI, K.; IRSCHICK, C. La dimensión educativa de los espacios mediáticos. *Rev. Virtual Nodos de Comunicación/Educación*, n. 5, (2006). Centro de Comunicación y Educación (www.perio.unlp.edu.ar/nodos).

KAPLÚN, M. *El comunicador popular*. Buenos Aires, Humanitas, 1996.

KUSCH, R. *La negación en el pensamiento popular*. Buenos Aires, Cimarrón, 1975.

LEFEBVRE, H. *The Production of Space*. Oxford, Blackwell Publishers, 1991.

LEWKOWICZ, I. *Pensar sin Estado*. Buenos Aires, 2004.

MAFFESOLI, M. *El tiempo de las tribus*. Barcelona, Icaria, 1990.

_____. *Elogio de la razón sensible: una visión intuitiva del mundo contemporâneo*. Barcelona, Paidós, 1997.

_____. El nomadismo. Vagabundeos iniciáticos. México Fondo de Cultura Económica, 2004.

MARTÍN-BARBERO, J. *De los medios a las prácticas*. México, Universidad Iberoamericana, 1990.

McLAREN, P. *La escuela como un performance ritual*. México, Siglo XXI, 1995.

_____. *Pedagogía, identidad y poder*. Santa Fe, Homo Sapiens, 1998.

MORAWICKI, K. *La lucha de los innombrables. Lo político y lo educativo en espacios culturales juveniles*. La Plata, Editorial de la UNLP, 2006.

PÊCHEUX, M. El mecanismo del reconocimiento ideológico. In: ZIZEK, S. (comp.). *Ideología. Un mapa de la cuestión*. Buenos Aires, Fondo de Cultura Económica, 2003.

SIMMEL, G. *Sociología. Estudio sobre las formas de socialización*. 2 v. Buenos Aires, Espasa Calpe, 1939.

TABORDA, S. El fenómeno político. In: *Homenaje a Bergson*. Córdoba, Instituto de Filosofía de la Universidad Nacional de Córdoba, 1936.

TYACK, D.; CUBAN, L. *En busca de la utopía. Un siglo de reformas de las escuelas públicas*. México, Fondo de Cultura Económica, 2001.

WALDENFELS, B. El habitar físico en el espacio. In: SCHRÖDER, G.; BREUNINGER, H. (comps.). *Teorías de la cultura*. Buenos Aires, Fondo de Cultura Económica, 2005.

ZIZEK, S. *El sublime objeto de la ideologia*. México, Siglo XXI, 1992.

5

A trama reticular da educação.
Uma perspectiva desde a comunicação

DELIA CROVI DRUETTA*

A partir da segunda metade do século XX, e de modo especial nos últimos vinte e cinco anos, a tecnologia se tornou um elemento nodal para a sociedade, devido a seu impacto nas atividades cotidianas. O ritmo acelerado do processo de inovação tecnológica distingue o período atual de outros grandes momentos da história da humanidade. Embora alguns descobrimentos tenham se transformado em emblemas de sua época, o processo de generalização de seu uso foi lento e se circunscrevia a certos grupos sociais. Contrariamente, o sistema sociotécnico vigente promove uma permanente interação entre indivíduos e tecnologias, produzindo modificações culturais devido à interdependência das inovações tecnológicas com processos sociais variados, relação multifatorial que impede de interpretar o desenvolvimento social somente do ponto de vista tecnológico. Ao contrário, como afirma Manuel Castells, tecnologia é sociedade e esta última não pode ser compreendida sem suas ferramentas técnicas, daí que tanto a presença como a ausência de instrumentos técnicos expressam a capacidade de uma sociedade concreta para transformar-se.[1]

Os usos que cada sociedade faz das inovações tecnológicas, e para onde orienta a aplicação de seu potencial técnico, expressam também suas condições econômicas, sociais e históricas. Por outro lado, o desenvolvimento tecnológico é produto de um conhecimento específico, em uma sociedade determinada e em um momento histórico também determinado, o que reforça a ideia de que a tecnologia é uma parte importante da sociedade que interage com outros fatores. Por isso, quando falamos de tecnologia, podemos invocar um universo amplo de aplicações sociais

---

* Delia Crovi Druetta é professora da Universidad Nacional Autónoma de México.
[1] CASTELLS, Manuel. *La era de la información*. México, Siglo XXI, 1999, v. I, II e III. Estas ideias são expostas e desenvolvidas no primeiro tomo e, não obstante, podem ser vislumbradas ao longo de toda a obra, devido a se tratar de um conceito-chave.

que vai desde as coisas mais simples (utensílios domésticos, brinquedos, ferramentas simples etc.) até as mais complexas (satélites, plataformas de perfuração de petróleo, prédios inteligentes, naves espaciais, entre outras), as que têm merecido análises a partir de distintas perspectivas. Desse amplo universo de aplicações, nestas reflexões nos circunscrevemos a um tema específico: a educação, e o fazemos a partir da perspectiva do campo de conhecimento da comunicação, que, segundo consideramos, está na base de todo o processo de ensino.

O centro de nosso interesse está colocado no que acontece na atualidade ao empregar tecnologias no ensino, propósito que nos conduz a refletir sobre as mudanças que a educação tem experimentado a partir da digitalização e do uso das redes.

O caminho que seguiremos para examinar este tema começa com a delimitação do que entendemos por comunicação-educação. Abordamos logo alguns elementos históricos que definem o contexto no qual se encontram as importantes mudanças que a educação tem vivido a partir da última década do século XX. A seguir, tomamos posição diante da pergunta: "A partir de onde e para que se educa?", a fim de analisar desde ali o uso e a aplicação das redes. Enfatizamos também a necessidade de promover, para além das mediações tecnológicas, uma educação dialógica e transformadora. Esta trama se articula com as possibilidades que nos oferece a digitalização para criar novos espaços de aprendizagem, interativos, multimidiáticos, reticulares e, certamente, dialógicos. Concluímos as reflexões com algumas advertências sobre o entusiasmo (às vezes excessivo) desatado em torno da web 2.0 e de sua capacidade para alojar redes sociais, tema que consideramos insuficientemente analisado até agora, tanto no marco da educação como no das relações sociais.

É preciso esclarecer que definimos os novos ambientes ou espaços de aprendizado como o desenho que permitirá criar uma situação educativa concreta, que envolve tanto agentes humanos como tecnológicos, assim como as condições particulares do processo de ensino-aprendizagem e de seus objetivos. Quando são utilizadas tecnologias digitais, estes novos ambientes permitem adequar a situação educativa às novas coordenadas de espaço e tempo propiciadas por esses recursos, assim como dimensionar as mudanças que provocam em professores, alunos, instituições educativas e em suas comunidades.

Antes de avançar com estas reflexões, é conveniente esclarecer o que entenderemos por comunicação educativa ou comunicação-educação.

Trata-se de um conceito que alude a dois campos de conhecimentos configurados previamente: o da educação e o da comunicação. Podemos identificar duas posições sobre esta relação: os que entendem a comunicação-educação como um novo campo de conhecimento e os que consideram que continua sendo dois universos separados. Sobre esta matéria, Ismar de Oliveira apresenta duas teses: a da interdiscursividade e a da interface.[2] A da interdiscursividade reconhece a possibilidade de conformar um novo campo caracterizado pela procura de um discurso transversal que integre a comunicação e a educação, enquanto a tese da interface defende a ideia de dois campos historicamente constituídos e definidos, que podem aproximar-se mas não se integram.[3]

Nestas reflexões, adotamos a tese da interdiscursividade, já que consideramos que é possível construir um discurso transversal que recupere áreas comuns e práticas também comuns entre educação e comunicação, dando lugar à comunicação educativa ou educomunicação. Assim, desde nossa perspectiva, ensinar significa mostrar, indicar ou distinguir algo ou alguém em um processo de múltiplas interações que implica tanto o ensino como a aprendizagem. Afirmamos também que a comunicação constitui uma prática social através da qual se produz um intercâmbio simbólico entre interlocutores que ocupam um lugar social determinado. Em ambos os casos, o eixo do processo se situa no intercâmbio simbólico.

A comunicação tem estado presente no ensino (apoiada ou não por tecnologias) desde suas origens, no entanto, a princípio, não foi estudada como tal. Quando revisamos estudos sobre as características do ensino na sociedade pré-industrial, descobrimos pistas de processos de comunicação, às vezes limitados, outras vezes empobrecidos pela pouca capacidade de resposta que se permitia aos alunos, mas sempre presentes. Foi durante a primeira metade do século XX que surgiu, de modo claro, a preocupação por estudar o vínculo comunicação-educação. Este interesse se intensificou na década de 1970, sobretudo a partir das recomendações da UNESCO, instituição que viu no crescimento

---

[2] Ismar de Oliveira Soares desenvolve esta proposta em seu artigo "La comunicación-educación como nuevo campo de conocimiento y el perfil de su profesional". In: VALDERRAMA, H.; CARLOS EDUARDO (eds.). *Comunicación-educación. Coordenadas, abordajes y travesías*. Bogotá, Colombia, Universidad Central-DIUC, Siglo del Hombre Editores 2000.

[3] Levando em conta a perspectiva da interdiscursividade, preferimos utilizar os conceitos comunicação e educação ou comunicação-educação, em lugar de "educomunicação", palavra que consideramos que põe o acento na educação, impedindo, se for preciso, um deslindamento igualitário entre ambos os campos para construir um discurso intersubjetivo.

da mídia uma oportunidade para equilibrar desigualdades e reduzir abismos entre as nações.

Uma perspectiva histórica sobre as mediações tecnológicas na educação

A influência das gerações tecnológicas tem afetado tanto a educação que se realiza na sala de aula, presencial, quanto os sistemas a distância. No entanto, isso é mais evidente quando revisamos os programas de educação a distância, devido a que são os que melhor têm sistematizado suas próprias experiências. Isso não significa que na educação áulica não existam experiências originais, criativas, dignas de serem estudadas e, inclusive, repetidas, mas sua sistematização e análise ainda são escassas, o que representa todo um desafio para a pesquisa.

Na América Latina, a educação a distância foi iniciada no princípio do século XX, graças ao uso de textos impressos como suporte e ao correio convencional como canal de distribuição, que utilizava lapsos de tempo prolongados no ir e vir de documentos. A esse momento inicial sucederiam outras três etapas[4] identificadas com grandes inovações tecnológicas no campo das comunicações: a dos meios de comunicação de massas (em especial rádio e televisão); a da instrução programada, cuja base teórica foi o condutismo plasmado no movimento da tecnologia educativa e seu suporte técnico: o computador; e, mais recentemente, a era das redes, apoiada no uso da internet e, em geral, dos recursos da convergência, que pouco a pouco tem configurado a noção de novos ambientes de aprendizado.

A partir do processo de construção do que se conhece como sociedade da informação e do conhecimento (SIC),[5] cujas origens remontam

---

[4] Não existe consenso sobre as etapas que se configuraram em torno da educação a distância, portanto, as que apresentamos nestas reflexões são, como outras, propostas para discussão. Nossa argumentação a favor dessa divisão é a claridade não só da concepção pedagógica que subjaz a cada momento, como também as inovações tecnológicas que a acompanham. Cabe mencionar que houve também descobrimentos técnicos menores que incidiram nos processos educativos, mas que não chegaram a configurar uma etapa dentro da educação a distância. Alguns deles foram mais usados na educação presencial: experiências pouco sistematizadas mas que constituíram uma rica oportunidade para o contato e a compreensão das características das linguagens sonora, visual e audiovisual.

[5] Entendemos por SIC o processo de construção de um novo paradigma social articulado em torno da comunicação e os processos informativos que têm lugar a partir de convergência tecnológica, ou seja, a união em rede de três setores que vinham trabalhando separadamente: telecomunicações, informática e radiodifusão. De maneira resumida, pode-se dizer que a SIC se caracteriza pelo rápido crescimento das tecnologias de informação, assim como pela

a meados da década de 1970, a relação educação-comunicação muda e pode-se dizer que nos últimos anos tem configurado um novo momento ou etapa da educação a distância. Desde então, e por primeira vez, os sistemas de ensino, sempre acusados por sua lentidão em incorporar as inovações tecnológicas, fazem importantes esforços para utilizar os novos meios digitais. Inclusive, seguindo os lineamentos internacionais, muitos governos desenham e lançam projetos educativos nos quais as tecnologias de informação e comunicação, TICs, são agentes fundamentais.

Assim, o tempo transcorrido e as experiências acumuladas desenham diferenças substantivas entre os primeiros passos da educação aberta e a distância e a atual, caracterizada por uma nova proposta espaçotemporal que rompe barreiras geográficas e horários rígidos. Atualmente, o uso de redes facilita a interação, permitindo uma comunicação horizontal, instantânea ou diferida, entre professores e estudantes que podem estar em espaços geográficos distantes.

Educação em rede, educação virtual ou novos ambientes de aprendizagem são conceitos que permitem inferir a complexidade de elementos que intervêm na educação, mediada tecnologicamente, do século XXI. Entre estes termos, consideramos o conceito "novos ambientes de aprendizagem" como o mais abrangente, porque se concentra no desenho criativo de uma situação educativa concreta, em que podem estar incluídas as amplas possibilidades que as tecnologias oferecem, entre as quais se destacam as redes e a virtualidade potenciada pelo novo espaço social que conhecemos como ciberespaço. Por isso, nossas reflexões se encaminham para a avaliação deste conceito, enfatizando nele os processos comunicativos e a importância das mediações tecnológicas, em especial as profundas transformações que a digitalização tem promovido em práticas educativas.

Para entender do que estamos falando ao nos referirmos a novos ambientes de aprendizagem, é preciso observar o passado recente: 1996, quando surgiu o livro *La educación encierra un tesoro*, coordenado por Jacques Delors[6] e editado pela UNESCO, dentro de sua coleção "Edu-

---

substituição dos bens industriais por serviços de informação, o que propicia uma mudança de paradigma nas sociedades modernas, segundo o qual a produção de riqueza e a geração de valor se relacionam com o acesso à informação.

[6] *La educación encierra un tesoro* constitui o relatório para a UNESCO da Comissão Internacional sobre a Educação para o século XXI, presidida por Jacques Delors. Quatro dos catorze membros que integraram esta comissão representavam o continente americano: Marisela Padrón Quero, da Venezuela; Rodolfo Stavenhagen, do México; Michael Manley, da Jamaica e Willian Gorham, dos Estados Unidos. Ver DELORS, Jacques (coord.). *La*

cação e cultura para o novo milênio". Esta obra se situa em um mundo globalizado, multicultural, diverso e não equitativo, que deve construir a educação e o aprendizado sobre quatro pilares: aprender a conhecer, a fazer, a viver juntos e a ser. Em sua base subjaz uma preocupação antiga e sempre renovada: um mundo desigual, angustiado pela exclusão, intolerância, violência, migrações, agressão ao meio ambiente, crises recorrentes dos países periféricos, e, certamente, um mundo no qual os atrasos educativos estão aumentando, sobretudo entre as nações e os cidadãos mais pobres. A obra coordenada por Jacques Delors foi seguida de maneira quase imediata por documentos que reforçam seus ideais e propõem ações concretas para alcançar as metas sugeridas.[7] Diagnósticos, recomendações e avaliações reforçaram as propostas da UNESCO, ao mesmo tempo que os governos nacionais criavam instituições para converter as sugestões em ações. As características da educação do futuro, seu financiamento, sua avaliação e inserção na nova economia global, as novas tendências para a certificação e padronização internacional de profissões e ofícios, entre outros, são temas que se desprendem desses documentos e ações. Em todos eles, as TICs ocupam um lugar destacado como instrumento de mudança.

Resumidamente, pode-se dizer que a UNESCO considera quatro eixos na nova educação superior:[8] pertinência; qualidade; administração e financiamento; e cooperação. A pertinência se refere a estabelecer contatos com as necessidades de desenvolvimento dos países e das regiões, assim como com o mundo do trabalho, com os demais níveis educativos, com a cultura, a fim de conseguir um desenvolvimento sustentável e harmônico que tenda a eliminar os desequilíbrios econômicos. Para a UNESCO, a qualidade é inseparável da pertinência social, e procura melhorar cada um dos componentes da instituição educativa, com o propósito de torná-la coerente com seu sistema social. Administração e financiamento: entendidos desde um ponto de vista amplo que vai além do aspecto contábil para abranger um conjunto de subsistemas;

---

educación encierra un tesoro. Informe a la UNESCO de la Comisión Internacional sobre la Educación para el siglo XXI. México, Correio da UNESCO, Edições UNESCO 1996.

[7] Em 9 de outubro de 1998, em Paris, França, durante a conferência mundial sobre a educação superior, "A educação superior no século XXI: visão e ação", convocada pela UNESCO, foi divulgada a Declaração Mundial sobre a Educação Superior no Século XXI: Visão e Ação e Marco de Ação Prioritária para a Mudança e o Desenvolvimento da Educação Superior.

[8] Embora este marco de ação se refira especificamente à educação superior, na prática foi além deste âmbito para ser aplicado também nos níveis secundário e secundário-superior, pelo menos como metas a serem alcançadas.

ao mesmo tempo que implica conseguir cooperações múltiplas, entre diferentes instituições. Finalmente, o eixo referido à cooperação é considerado básico para a integração de diferentes setores, organismos, instituições e recursos que garantam a obtenção de uma educação de qualidade, pertinente, cuja responsabilidade é compartilhada por diferentes instâncias sociais.

Tanto as propostas da UNESCO como as de outros organismos internacionais, surgidas no final do século passado, procuram posicionar a educação dentro do processo de globalização, mas também no marco de um conceito inovador: o da sociedade do conhecimento. Primeiramente focalizada na circulação de informação e, posteriormente, na geração de conhecimento, esse tipo de sociedade dota-se das ferramentas necessárias para processar a informação disponível (incomensurável a partir da digitalização), na medida em que os cidadãos são capazes de utilizar esse conhecimento para resolver suas necessidades culturais e sociais.

Para entender a noção de sociedade do conhecimento, cabe recordar que Friedrich Hayek (que posteriormente receberia o prêmio Nobel de Economia), publicou, em 1945, um artigo intitulado "The use of knowledge in society". Neste trabalho, afirmava que os critérios que haveria de levar em conta para a atribuição de recursos disponíveis na economia deveriam estar baseados no conhecimento, e que o sistema econômico mais eficiente seria aquele que fizesse uso pleno do conhecimento existente. Hayek ponderava também o conhecimento não organizado (à margem ou junto do científico) que se produzia em circunstâncias particulares de tempo e de lugar.[9]

Trinta anos mais tarde, em 1975, surge o conceito de sociedade da informação no marco da Organização para a Cooperação e o Desenvolvimento Econômico (OCDE), inspirado na capacidade de armazenamento e transmissão da informação a partir dos processos de digitalização. Isso permitiria, teoricamente, iniciar um processo democratizador da sociedade, deixando para trás o modelo da sociedade industrial. Ao ser lançado, daria lugar a novas formas de organização e produção, assim como redefiniria o modelo político e econômico.

Peter Drucker retoma estas ideias no princípio da década de 1990, fazendo referência ao âmbito trabalhista. Drucker defende que é possível

---

[9] MONTUSCHI, Luisa, s.f. *Datos, información y conocimiento. De la sociedad de la información a la sociedad del conocimiento.* Disponível em: <http://www.ideas.repec.org/p/cem/doctra/192.html>.

aplicar conhecimento ao conhecimento com o propósito de chegar a algo superior, maior, e explica que a nova forma de trabalhar está relacionada com o manejo da informação. Esta mudança de paradigma lhe permite falar da passagem de uma sociedade industrial a uma sociedade do conhecimento.

> O que chamamos de revolução da informação é, de fato, uma revolução do conhecimento (...) é a reorganização do trabalho tradicional baseado em séculos de experiência, mediante a aplicação do conhecimento e, de modo especial, da análise sistemática e lógica. A chave não é a eletrônica, e sim a ciência cognitiva.[10]

Produto desses antecedentes e posicionando-se como uma alternativa ao conceito de sociedade da informação, no final dos anos 1990 emerge a noção de sociedade do conhecimento (*knowledge society*). Em suas políticas institucionais, a UNESCO adotou este conceito, ou seu variante sociedades do saber, desenvolvendo uma reflexão ao redor do tema, em que procura incorporar uma concepção mais integral, não só ligada à dimensão econômica. Uma década depois, Manuel Castells[11] se referia à sociedade do conhecimento como uma sociedade em que processar informação e gerar conhecimento são mecanismos alterados em sua essência por uma revolução tecnológica: a digitalização.

No contexto destas reflexões, a referência a conhecidos antecedentes da SIC tem o propósito de ressaltar seu marco político-econômico, de corte neoliberal, que determina a preeminência de uma economia de mercado, de alcance mundial e com profundas repercussões culturais. E é precisamente neste contexto que as transformações na educação se realizam.

Os desequilíbrios argumentativos da apresentação da proposta de construir uma SIC em todo o mundo não impediram que desde seus inícios fosse reconhecida a existência de uma brecha digital entre países ricos e pobres, entre cidadãos ricos e pobres, entre instituições com recursos e outras que carecem deles. A UNESCO não demorou em agregar a dimensão cognoscitiva à brecha, mas muitas das ações com o propósito de diminuí-la foram encaradas a partir do determinismo tecnológico, subestimando a dimensão cognoscitiva.

---

[10] DRUCKER, Peter, apud THIRIÓN, Jordi Micheli (1999). *Digitofactura: flexibilización, internet y trabajadores del conocimiento*. Comercio Exterior, v. 52, n. 6 (jun. 2002), p. 527.

[11] CASTELLS, Manuel. *La dimensión cultural de Internet*. Universitat Oberta de Catalunya, jul. 2002. Disponível em: <http://www.Uoc.edu/culturaxxi/esp/a>.

No âmbito educativo, este determinismo tecnológico conduziu à dotação de infraestrutura, com pouco ou nenhuma atenção ao desenvolvimento de habilidades para lidar com esses novos recursos. Além do mais, a preeminência do mercado logo levou a que a infraestrutura tecnológica respondesse a interesses econômicos, mais que ao propósito de diminuir a brecha mencionada. Dentro da mesma lógica de mercado, a concentração da mídia e dos novos meios digitais em poucas mãos transformou os conteúdos em nichos de oportunidade para os fins econômicos das empresas. Assim, o interesse por criar consumidores das TICs e de seus conteúdos foi substituindo a necessidade de habilitar navegadores críticos e criativos, capazes de inovar os meios de comunicação e de refletir sobre seus conteúdos.

Ainda hoje, no final de primeira década do século XXI, não podemos falar de uma sociedade do conhecimento assim como foi proposta originalmente. Não obstante, são feitos grandes esforços para impor este novo paradigma que leve a fazer uso pleno do conhecimento (científico e intuitivo) existente e que dê a todos os cidadãos tanto o acesso à informação como às ferramentas tecnológicas que permitem transformar esses dados em conhecimento. Neste contexto, a educação é um meio e um fim para abater as diferenças globais. Meio para ir eliminando defasagens. Fim para alcançar o que parece inalcançável: equidade e igualdade de oportunidades para todos.

De onde e para que se educa

Na trama destas reflexões, analisar de onde e para que se educa nos conduz a retomar argumentos estabelecidos no campo do conhecimento da educação e em torno da introdução das tecnologias no ensino.

Em consonância com as propostas de Paulo Freire[12] e reorientando-as à interpretação comunicativa, Mario Kaplún[13] propôs três modelos de comunicação educativa: o bancário, o focalizado nos efeitos e o da educação transformadora.[14] Bancária é a educação que entende o aluno

---

[12] FREIRE, P. *La educación como práctica de la libertad*. Madrid, Siglo XXI, 1989; e *Pedagogía del oprimido*. Madrid, Siglo XXI, 1992.

[13] KAPLÚN, M. Repensar la educación a distancia desde la comunicación. *Diálogos de la Comunicación*, n. 37, Lima, FELAFACS, 1993.

[14] Embora a proposta de Mario Kaplún (inspirada na obra de Paulo Freire) tenha sido reelaborada por alguns autores, oferecendo novos matizes a esta divisão, em princípio continua sendo válida para identificar de uma maneira clara as três perspectivas ideológicas básicas que historicamente têm orientado a educação.

como um depósito de informação, que segue a lógica das indústrias culturais, verticais, reprodutoras dos sistemas existentes e do consumo. O professor tem a função de expor e explicar. Os sistemas de avaliação estão baseados na vigilância e no castigo, geralmente plasmados em exames, provas que devem ser superadas, e um estrito controle sobre o aluno. A mídia se acopla perfeitamente a este tipo de educação bancária, unidirecional, linear, a partir da primeira e limitada explicação teórica do processo comunicativo: a agulha hipodérmica ou bala mágica, que não reconhece vínculos sociais nem a capacidade de interação entre os receptores, que entende a vontade do emissor como algo inquestionável e considera os meios de comunicação onipotentes. Kaplún expõe o modelo bancário no contexto da massificação da educação, que coincide com a massificação dos processos comunicativos através da mídia.

O modelo focalizado nos efeitos se coloca no outro extremo: o ensino individualizado, que orienta os alunos receptores ao consumo de bens e serviços. Os princípios de eficiência dominam este tipo de educação, que tende à automatização do processo assistida por instrumentos tecnológicos como os computadores. A perspectiva "certo ou errado" são o final do túnel dos conhecimentos que se pretendem avaliar. Não dá lugar a meias medidas nem a interpretações individuais, já que, neste tipo de modelo, o professor basicamente age como orientador e mediador do bom funcionamento do processo que, por outro lado, possui suas próprias regras e foi concebido previamente, de maneira fechada. O aluno, por seu lado, segue o caminho indicado pela instrução programada, em uma espécie de caminho único para a organização e aquisição do saber. Do ponto de vista da comunicação, o modelo estímulo-resposta se identifica com o modelo aristotélico: emissor-mensagem-receptor, em sua concepção mais mecanicista que elude desacordos ou respostas pessoais. Somente interessam os efeitos a serem conseguidos. Paradoxalmente, neste modelo de educação personalizada não há lugar para as respostas pessoais, individuais, porque tudo foi previamente estabelecido, a partir de um fluxo de conteúdos que tem dúvidas profundas com relação à teoria matemática da informação, cujo interesse se concentra em medir a efetividade na transmissão de informação, sem se interessar muito pelos demais agentes do processo.

Finalmente, o terceiro modelo proposto por Kaplún, a partir de Freire, a educação transformadora, propõe uma ruptura com os anteriores, na medida em que valoriza o diálogo como fator de mudança da realidade. Nesse sentido, conspira por um lado contra a educação bancária, basicamente reprodutora, e contra o modelo dos efeitos inspirado na cibernética, que pulveriza o vínculo social para identificar um indivíduo com capacidade de resposta controlada pelo próprio sistema.

A educação dialógica reconhece o papel ativo dos educandos, tanto na construção de seu próprio conhecimento como na mutação de seu ambiente social. Este modelo se interessa basicamente pelo processo educativo, em sua capacidade transformadora e geradora de sentido. Da perspectiva da comunicação, identifica-se com a pluralidade de alternativas para comunicar-se, tanto em níveis como em modelos, situações e meios, e nos aproxima do ideal de uma educação para a comunicação. Esta perspectiva permite pensar a relação comunicação-educação, segundo a situação e as circunstâncias. Também deixa uma ampla margem de criatividade e reconsideração dos modelos e de suas propostas, para abrir caminho à inovação pedagógica e ao uso inovador dos recursos tecnológicos. Este modelo permite assim construir o saber mediante a participação e o diálogo.

Ao contrastá-los com uma realidade educativa concreta, cada um destes modelos pode adquirir uma dimensão diferente em que surgem situações novas, assim como um rompimento das fronteiras rígidas que aparentemente existem entre eles. Como acontece em outros âmbitos da comunicação (a comunicação política, por exemplo), estes modelos podem conter parcialmente os outros, ou, em outras palavras, uma situação de ensino dialógico pode conter resíduos do modelo bancário ou do focalizado nos efeitos. Este tipo de contaminação costuma ter sua origem na reprodução do primeiro, o bancário, através dos sistemas de formação ou atualização docente, nos quais podem sobreviver componentes autoritários que procuram perpetuar a imposição ou o poder do professor sobre seus alunos ou da instituição sobre os educadores.

Se procuramos uma resposta para "De onde e para que se educa?" nas mediações tecnológicas, vale a pena mencionar que a pesquisa da comunicação-educação deixa claro que as TICs não só estão se transformando em elementos onipresentes no ensino, como também que uma das metas governamentais é alcançar essa onipresença mesmo quando ainda não existe. Isso obriga a pensar em como analisar sua incursão nos processos educativos, sem que se perca de vista a perspectiva de uma educação transformadora.

Ignacio Siles[15] identifica três abordagens teóricas para a incursão cultural das tecnologias de informação e comunicação: a difusão de

---

[15] SILES, G. Sobre el uso de las tecnologías en la sociedad: tres perspectivas teóricas para el estudio de las tecnologías de la comunicación. *Reflexiones*, n. 83-2 (2005), pp. 73-82.

inovações, a teoria do ator-rede (em inglês, ATN: *actor-Network-theory*) e a *apropriação social*.

Everett Rogers estabeleceu, na década de 1970, o modelo difusão de inovações, de grande importância nos programas lançados pelos países subdesenvolvidos durante o período conhecido como desenvolvimentismo. Rogers afirma que toda inovação tecnológica implica uma mudança social, por isso seus postulados tiveram um grande impacto no campo do conhecimento da comunicação e, especificamente, na difusão de inovações (tecnológicas ou não). Seu modelo articula quatro elementos: a inovação, os canais de comunicação, o tempo e o sistema social concreto, onde acontece o processo de difusão. Para a aplicação deste modelo é importante identificar e conhecer o contexto social das pessoas que adotarão as inovações.[16]

Bruno Latour e Michel Callon propuseram, na França (década de 1980), a teoria do ator-rede, na qual afirmam que, para compreender os intercâmbios em ambientes sociais, é preciso levar em conta as mediações tecnológicas. Isso leva a que tanto sujeito como inovação tecnológica estejam em um mesmo nível de análise. A esse respeito, Siles esclarece:

> A teoria do ator-rede considera todo coletivo como uma rede composta por atores humanos e não humanos que assumem identidades a partir de uma multiplicidade de negociações e estratégias de interação dominantes. O objetivo de pesquisa desta perspectiva é esclarecer a forma através da qual os diferentes atores chegam ao consenso por sua participação em uma rede de negociações (daí vem o nome da teoria ator-rede).[17]

Esta teoria se inscreve no construcionismo social, enfatizando a importância do fator tecnológico para explicar o mundo. Põe também ênfase nas redes que dão lugar à produção do conhecimento, nas quais intervêm atores de índole diversa, o que ratifica a posição de seus autores quando afirmam que esse processo não pode ser realizado isoladamente, e sim mediante a concorrência de diferentes fatores. A ANT, além disso, não distingue entre atores humanos e não humanos, fixando sua atenção na participação que desempenham tanto os recursos materiais (equipamento, dinheiro, infraestrutura) quanto os simbólicos (poder, publicidade, comunicação).

---

[16] Ibid.
[17] Ibid., p. 5.

A respeito da apropriação social, Siles explica que ela se situa na maneira em que os indivíduos, mediante o uso das tecnologias, a personalizam e a fazem própria. A categoria apropriação parte das contribuições de Alexei Leontiev e Lev Vygotsky, que trabalharam os processos educativos desde a perspectiva da psicologia, em especial conceitos referidos à memória, atenção e desenvolvimento do ser humano. Leontiev trouxe duas importantes contribuições: a teoria da atividade, que defende que na atividade se cria sentido e nela se integram os aspectos práticos, emocionais, relacionais e cognitivos da conduta voluntária; e o conceito de apropriação, com o qual substitui a ideia piagetiana de assimilação referida a uma metáfora biológica. Leontiev situa a apropriação no âmbito sócio-histórico e se refere a ferramentas culturais. Estes estudos nos permitem considerar que a apropriação das TICs se concretiza em um âmbito sócio-histórico específico, em que o indivíduo não somente tem acesso a elas, mas conta com habilidades para usá-las e que chegam a ser tão importantes para suas atividades cotidianas (produtivas, de ócio, relacionais) que passam a fazer parte de suas práticas sociais.[18]

Para Rogoff,[19] a apropriação é participativa porque o indivíduo se apropria dos processos sociais em que participa de um modo ativo. Considera que é através da participação guiada, em diversos cenários socioculturais, que se realiza a apropriação. Enfatiza a dimensão temporal deste processo, já que as mudanças que um indivíduo sofre no processo de apropriação participativa estão baseadas em mudanças prévias e constroem as bases de futuras mudanças. Em termos gerais, os processos de apropriação implicam o domínio de um objeto cultural, mas envolvem também o reconhecimento da atividade que condensa esse instrumento e, com ela, os sistemas de motivações, o sentido cultural do conjunto. Em outras palavras, ao apropriar-nos de um objeto cultural, nos apropriamos também do regime de práticas específico implicado em seu uso culturalmente organizado. Daí que resulte crucial nos processos de apropriação, a apropriação da natureza e sentido da atividade que encarna o objeto. A apropriação estuda assim as formas através das

---

[18] CROVI DRUETTA, D. Retos de las universidades en la sociedad de la información y el conocimiento. In: CABELLO, Roxana; LEVIS, Diego (eds.). *Medios informáticos en la educación, a comienzos del siglo XXI*. Buenos Aires, Prometeo, 2007a.

[19] Citado em CROVI DRUETTA, D. Acceso, uso y apropiación de las TIC en la comunidad académica de la UNAM. Conferência apresentada no IV Encuentro Nacional y II Latinoamericano "La Universidad como objeto de investigación". Argentina, Universidad Nacional del Centro de la Provincia de Buenos Aires, 2007b.

quais os usuários fazem sua a tecnologia e a incluem criativamente no conjunto de suas atividades cotidianas.

Como pode ser observado, as três propostas identificadas por Siles para a incorporação das tecnologias na educação percorrem caminhos diferentes e têm também sinais teóricos diferentes. Não obstante, compartilham entre si a importância que dão às condições específicas em que se realizará a incursão tecnológica, o que obriga a criar ambientes educativos particulares para cada caso, evitando réplica de outras experiências bem-sucedidas ou repetições sem contexto histórico e social.

No contexto das reflexões apresentadas e procurando responder à pergunta "De onde e para que se educa?", a posição que adotamos sobre a comunicação educativa é a de uma educação transformadora. Com relação à incorporação das tecnologias, pronunciamo-nos pela apropriação cultural das inovações tecnológicas pelos sujeitos sociais. Sem estes elementos, parece-nos difícil (ou impossível) falar de uma construção social do saber que dê lugar a uma sociedade do conhecimento.

O diálogo como fator de mudança

Na medida em que foi aumentando a presença dos meios de comunicação nos processos de socialização, os Estados começaram a delinear políticas e desenhar programas que reforçaram o vínculo comunicação-educação. Embora a tendência tenha sido a de acentuar as inovações tecnológicas, cada vez mais aceleradas, relegando o processo de intercâmbio simbólico e as interações, essa relação emergiu de maneira natural como tema de interesse no âmbito acadêmico. Contudo, passariam alguns anos para surgir afirmações como a seguinte:

> (...) a teoria pedagógica parte do princípio segundo o qual toda pedagogia é inviável sem o reconhecimento do processo de comunicação que constitui o ato e o próprio processo de aprendizagem. A afirmação do princípio relacional que estrutura o processo pedagógico tem imbuído, de fato, as orientações da nova teoria pedagógica.[20]

A construção de um discurso transversal, que justifique a existência da comunicação educativa como campo de conhecimento, se baseia na inevitável relação entre ambos os processos, que compartem componentes

---

[20] SIERRA CABALLERO, F. *Introducción a la teoría de la comunicación educativa*. Sevilha, MAD, 2000, p. 21.

similares, entre os quais se destaca o diálogo. Deve considerar também que a educação deve desempenhar um papel transformador e que uma parte dessas transformações se situa na apropriação cultural dos recursos da digitalização, atualmente fundamentais para a construção do saber.

Segundo Francisco Sierra,[21] as relações entre o processo educativo e a prática comunicacional partem de três princípios comuns à educação e à comunicação:

a) A relacionabilidade, princípio pelo qual todo sujeito é agente, criador e responsável de seus próprios atos, em um sentido aberto e comunicacional. Todo indivíduo tem, naturalmente, intenção e vontade para relacionar-se com os outros, abrir-se aos demais e ao diferente.

b) A alteridade, princípio que implica o encontro com os outros, indispensável para constituir-nos como sujeitos. A interação com os demais é fundamental para construir nossa própria identidade e concretizar o princípio relacional.

c) O diálogo, condição ineludível para que os outros dois princípios se realizem. A educação deve ser entendida como um espaço para o reconhecimento de, e com os outros, um espaço para o diálogo, que também é parte indispensável de um autêntico processo comunicativo.

Comunicação e ensino fazem parte de uma mesma realidade, uma realidade que supera a inclusão do conceito de ensino no mais amplo da comunicação dialógica. Em outras palavras, ensinar sempre é comunicar, mas nem sempre a comunicação é ensino. O ensino, assim, se perfila como uma realidade mais limitada em seu sentido global por umas fronteiras que não coincidem com as da comunicação. O ensino é uma comunicação intencionalmente perfectiva e, ao mesmo tempo, controlada.[22]

Como campo de conhecimento, a comunicação-educação tem preocupações de ordem teórica e metodológica que envolvem tanto o estudo da educação através dos meios de comunicação como as relações que se estabelecem a partir das mediações tecnológicas entre os atores do processo da comunicação educativa. Nesse sentido, vale a pena mencionar que a ingerência das inovações tecnológicas na educação tem propiciado mudanças no lugar que os atores do processo ocupam (mestre, alunos, instituição educativa). Embora em teoria se proponha

---

[21] Ibid.
[22] RODRÍGUEZ apud SIERRA, op. cit., p. 22.

uma transferência do centro de interesse do professor para o aluno, é difícil afirmar que isto aconteça sempre na prática.

Assim como acontece em outros âmbitos das ciências sociais, o avanço no *corpus* teórico da comunicação-educação não se vê, necessariamente, refletido nas práticas cotidianas. Trocando em miúdos, o progresso que conseguimos na consideração e definição da comunicação educativa como campo de conhecimento caracterizado pelos princípios de alteridade, relacionabilidade e diálogo, não se traduz em todas as salas de aula ou sistemas abertos e a distância como princípio dominante. Ainda falta bastante para generalizar esse ponto de vista teórico nas práticas educativas e fazer com que tanto professores como alunos e instituições educativas o incluam em sua própria perspectiva.

No contexto das mudanças que mencionamos, convém dar um tempo para analisar o conceito de redes e sua incidência na educação, levando em conta que é fundamental para a criação de novos ambientes de aprendizado. As inovações tecnológicas trazidas pelo processo de digitalização e utilizadas a partir de uma lógica de globalização neoliberal colocaram as redes no centro nevrálgico dos sistemas educativos, assim como de outros processos sociais. Contudo, estudar, relacionar-se, trabalhar, fazendo uso das redes digitais, implica necessariamente relacionar-se com os outros mediante o diálogo?

As redes como modelo de comunicação

O propósito que temos seguido ao longo destas reflexões é visibilizar as redes como uma das características mais destacadas da nova educação mediada pelas TICs e criadora de novos ambientes de aprendizagem. Uma rede implica a presença mínima de dois elementos, sejam eles pessoas ou objetos, para permitir que circulem ou intercambiem bens materiais ou imateriais. Pode ser tão pequena ou tão grande quanto exijam as necessidades do trabalho que se realiza.

Mais que definições de redes, encontramos caracterizações que respondem a seu tamanho, densidade da conexão entre seus membros, composição ou distribuição de seus integrantes, localização geográfica dos participantes, homogeneidade ou heterogeneidade demográfica e sociocultural (gênero, idade, cultura, nível socioeconômico etc.), atributos dos vínculos (intensos, de compromisso, duráveis ou ocasionais), assim como pelas funções que cumpre.[23] Também foram representadas mediante a teoria de gráficos, segundo o tipo de integração que conseguem estabelecer. De modo geral, podem ser definidas como:

> As redes são uma estrutura sistêmica e dinâmica que envolve um conjunto de pessoas ou objetos, organizados para um determinado objetivo, que estão vinculados através de uma série de regras e procedimentos. Permitem o intercâmbio de informação através de diversos canais e sua representação gráfica proporciona uma visualização de como seus elementos (vértices, nós ou agentes sociais)[24] se articulam ou se relacionam (mediante arestas ou arcos).

Tal definição não deixa dúvidas sobre sua utilidade educativa, já que, quando se fala de redes de aprendizagem, se refere a um espaço compartilhado por um conjunto de indivíduos no qual se propicia a interação mediante variadas ferramentas pedagógicas, comunicativas e tecnológicas. Sua utilização correta leva a que os indivíduos se relacionem e colaborem com o processo de criação do conhecimento, o que contribui a dar-lhes ferramentas para uma leitura crítica da realidade.

Para a comunicação, o tema das redes não é novo, já que há várias décadas se aplicou este tipo de modelo relacional a diferentes situações (por exemplo, na já mencionada difusão de inovações de E. Rogers, na formação de redes sociais não mediadas tecnologicamente e também nas redes escolares).[25] A importância das redes no campo de conhecimento da comunicação ficou plasmada no modelo conhecido como "fluxo em duas etapas", em que um líder mediador ocupa um lugar destacado na realização de objetivos e metas. No final dos anos 1960 e nos anos 1970, tanto programas nacionais e internacionais como grupos contestatários utilizaram os modelos de rede para difundir ou proteger a informação. No entanto, a intermediação tecnológica de então era limitada e não respondia plenamente ao modelo comunicacional da rede, caindo, em certas ocasiões, no centralismo informativo ou no trabalho de destacados

---

[23] CROVI DRUETTA, D.; LÓPEZ CRUZ, M.; LÓPEZ GONZÁLEZ, R. *Redes sociales. Análisis y aplicaciones.* México, UNAM- Plaza y Valdés editores, 2009.

[24] Ibid., p. 15.

[25] Talvez a escola, em todos seus níveis de ensino, seja a instituição que mais potencializa a criação de redes sociais entre seus agentes: professores entre si no exercício profissional ou de outra índole; alunos, que em alguns casos fortalecem suas redes através do tempo, incidindo no exercício profissional e ocupacional; e as próprias redes que as escolas, como instituições, estabelecem entre elas e no âmbito de suas comunidades locais, nacionais e, ultimamente, internacionais.

líderes de opinião que mediavam as relações, mas também as condicionavam a sua atividade pessoal.

A partir da convergência tecnológica, a infraestrutura técnica suporta o modelo da rede e propicia o trabalho em outros termos. Em teoria, é possível contar com um modelo aberto, descentralizado, que facilita a circulação de informação e a existência de líderes intermédios, rompendo esquemas lineares ou de comunicação vertical. Não obstante, cabe esclarecer que em matéria de comunicação, tanto neste momento como em outros, é possível advertir uma inclinação a modelos autoritários que desdenham as facilidades tecnológicas. Em outros termos, as TICs, a internet ou outras inovações tecnológicas não necessariamente conduzem à descentralização, ao trabalho em equipe, horizontal, participativo e interativo que caracteriza a procura de novos ambientes de aprendizagem apoiados pelas redes digitais. O uso da base tecnológica deve sustentar-se em um modelo de comunicação educativa, dialógica e transformadora, que promova e aproveite suas vantagens, algo que a tecnologia não pode fazer por si mesma. O desenho de redes deve ir, então, além de sua dimensão técnica para situar-se na organização de um trabalho institucional e escolar, com sentido participativo e horizontal.

Como modelo comunicativo, as redes oferecem ainda muitas vantagens por explorar, por isso, acreditamos que é preciso retomar seu estudo e aplicações a partir da digitalização. Quando são utilizadas na educação, está claro que podem facilitar o modelo transformador pensado por Freire, assim como as condições de relacionabilidade, alteridade e diálogo propostas por Sierra. Fazer coincidir as intenções participativas de um modelo pedagógico com um comunicativo de igual sinal é possível a partir do esquema tecnológico de redes, mas antes é preciso a vontade e a intenção para que esta coincidência aconteça.

As redes de aprendizado se integram em torno a uma meta comum que demanda realizar atividades conjuntas, aprender juntos, assim como compartilhar intenções e responsabilidades. Óscar Jara[26] afirma que uma rede de aprendizado implica a construção de espaços de encontro e de ações conjuntas que envolvem uma cultura organizativa e uma perspectiva transformadora. Acrescenta que este tipo de organização exige:

a) Objetivos e metas estratégicos.

b) Formas diversas de coordenação operativa.

---

[26] Jara em: CROVI DRUETTA, LÓPEZ CRUZ, LÓPEZ GONZÁLEZ, op. cit.

c) Respeitar e aproveitar as diversidades.
d) Explicitar todas as ideias e visões.
e) Encontrar todos os pontos de convergência possíveis.
f) Ter dinâmica e espírito de aprendizagem.
g) Desenvolver processos e mecanismos de acumulação da experiência.
h) Possuir uma intensa dinâmica comunicativa.

Para reforçar as experiências e alcançar os objetivos, uma rede de aprendizagem precisa, então, de confiança mútua, comprometimento, competências complementares, respeito, comunicação e trabalho em equipe, assim como de conciliar os interesses pessoais e organizacionais. Estas são também condições que contribuem para diferenciar os conceitos de "rede de aprendizagem" e "aprendizagem em rede", já que este último só se refere a um processo educativo mediado por redes digitais (em especial, a internet), geralmente postas a serviço de programas a distância, com todas suas possibilidades comunicativas e de produção de conteúdos, mas que nem sempre as utilizam. Apesar dos avanços teóricos, metodológicos e tecnológicos, nem sempre os modernos sistemas de educação a distância em rede se situam na perspectiva transformadora e dialógica de uma rede de aprendizagem.

As novas mídias respondem a necessidades urgentes de nosso tempo: cresce a demanda e a matrícula de alunos, mas não os espaços nem o pessoal para atendê-los. A educação concebida em turnos e horários fixos não é suficiente para responder às necessidades dos estudantes, muitos dos quais trabalham. Também não são suficientes os prédios escolares. As relações professor-aluno e espaços-horários de ensino se tornaram desfavoráveis para os educandos, já que não é possível dar-lhes respostas somente com os sistemas tradicionais. Estas são as razões que levam a afirmar que a saída atual da educação está na virtualização de seus programas mediante o uso de redes digitais, proposta que ainda tem muitos desafios a vencer. Um deles é que as mudanças que favorecem o uso das redes se apresentam em diferentes graus e condições no âmbito escolar. Enquanto uma parte das instituições educativas, em especial as de caráter público, experimentam uma evidente defasagem em matéria de progressos tecnológicos, existem outras muito avançadas neste aspecto, criando-se entre ambas uma importante brecha digital e cognoscitiva.

Como já mencionado, a educação em rede rompe com os conceitos tradicionais de tempo e espaço, tem seu centro de interesse na organização do processo de criação do conhecimento, no correto fluxo da informação, assim como nas relações e atividades entre os agentes do processo educativo. Tarefas muito mais complexas que a de contar simplesmente com infraestrutura digital.

Novos ambientes de aprendizagem: participativos, reticulares e dialógicos

Quando surgiu a internet2[27] e, logo após, a web 2.0, muitos dos entusiastas da digitalização visibilizaram a revanche do usuário: um usuário capaz de gerar conteúdos e de vincular-se socialmente através das redes, tornando realidade muitas das promessas que acompanharam o nascimento da internet. Recordemos que a web 2.0 é uma evolução da internet que focaliza suas aplicações nos usuários, permitindo-lhes expressar, gerar colaborações e serviços originais, interagir com outros usuários ou modificar conteúdos. Estas condições foram definidas como um *site* interativo de encontros ou redes sociais. Enquanto os *websites* tradicionais não interativos só mostram passivamente informação ou imagens, a grande mudança da web 2.0 é que se potencializa a capacidade criativa de seus usuários para expressar-se, interagir, relacionar-se através de redes sociais que, em poucos anos, atingiram a posição de importantes lugares de encontro. Trata-se, no entanto, de um tema que deve ser analisado com cuidado para explicitar seus defeitos e virtudes.

Se falamos de processos educativos e da necessidade de ir gerando cada vez mais novos espaços de aprendizado, em que se articulem as vantagens tecnológicas com uma necessária concepção dialógica e transformadora da educação, devemos refletir mais sobre alguns problemas. Por exemplo, saber bem quantos são os usuários dessas redes sociais (cifra até agora incerta) para estabelecer as condições da brecha que, com certeza, está sendo criada entre quem participa das redes e quem não, por vontade ou por carências. Devemos, também, lembrar o que significa educar (assinalar, mostrar, distinguir, em um processo concreto de ensino-aprendizagem com interações múltiplas), aplicando

---

[27] No México, a rede da Internet2 é coordenada mediante a CUDI, Corporación Universitaria de Internet2, associação civil sem finalidades lucrativas, fundada em 1999. A CUDI gerencia a Red Nacional de Educação e Investigación, fomentando a colaboração em projetos de pesquisa e educação entre seus membros. Atualmente, conta com uma infraestrutura de mais de oito mil quilômetros de *links* de alta capacidade que operam a uma velocidade de 155 *megabits* por segundo, o que lhe permite manter *links* com as principais redes acadêmicas dos Estados Unidos e do restante do mundo.

o conceito às redes sociais, já que até o momento o intercâmbio que nelas se estabelece se aproxima mais do que denominamos educação informal, inclusive, muitas dessas interações encaixam no entretenimento e no ócio. É preciso, além disso, que mediante processos de seleção de dados encontremos a forma de acessar, hierarquizar e depurar seus conteúdos, que até o momento funcionam como enormes inventários de informação. Estes armazéns chamam a atenção por seu volume, por sua capacidade de crescimento, no entanto, em igual medida, preocupam por sua falta de continuidade e confiabilidade de muitos dos dados que por ali circulam. Zygmunt Bauman adverte:

> A completa massa de conhecimento em oferta é o principal obstáculo que impede a aceitação dessa mesma oferta. E também é a principal ameaça à confiança humana: certamente deve haver, em alguma parte, nesta aterrorizadora massa de informação, uma resposta qualquer aos problemas que nos atormentam, assim como, se não se consegue encontrar a resposta, sobrévem imediata e naturalmente a autocrítica e o menosprezo por si mesmo.[28]

A roda da história parece nos fazer voltar a algo já vivido: a fantástica capacidade da mídia para educar, cuja aplicação se concentrou muito mais no crescimento dos grandes consórcios midiáticos do que em favorecer a superação de defasagens educativas. Agora, como então, é preciso não perder de vista o que significa educar e reconhecer, uma vez mais, que a educação (inclusive considerada como um mecanismo de renovação contínua, como é a educação para toda a vida) tem objetivos e metas por atingir, do mesmo modo que tem instituições e agentes (professores-alunos) situados em uma realidade social e histórica concreta, da qual emanam suas necessidades educativas, também concretas.

Neste contexto, introduzir mediações tecnológicas de grande valor como são as redes digitais não deve embaçar o sentido da educação transformadora, interessada na capacidade de mudança que o processo educativo possui. Se a necessidade de explicar uma maneira diferente de organizar a aprendizagem, presencial e a distância, utilizando os recursos digitais, conduziu ao conceito de novos espaços de aprendizagem, estes espaços devem ser pensados para uma educação transformadora. Trata-se de criar uma situação educativa na qual o aluno desenvolva seu pensamento crítico, através de mecanismos de autoaprendizado e trabalho em equipe, auxiliado por tecnologias e orientado por seu professor,

---

[28] BAUMAN, Z. *Los retos de la educación en la modernidad líquida*. Buenos Aires, Gedisa, 2007, p. 44.

guia e tutor do processo. As expectativas de diversificar e flexibilizar as oportunidades educativas, até o ponto de que se pode aprender em qualquer lugar e tempo, de modos diferentes, sobre temas também distintos e atendendo às características individuais, encontram nas redes digitais uma resposta tecnológica idônea, mas antes é imprescindível desenhar seu uso em espaços de aprendizado dialógicos e transformadores que se tornem verdadeiras comunidades de saber.

Se há de existir uma comunidade em um mundo de indivíduos, só pode ser (e tem de ser) uma comunidade entretecida a partir do compartilhamento e do cuidado mútuo; uma comunidade que atenda a – e se responsabilize por – igualdade do direito a sermos humanos e a igualdade de oportunidades para exercer esse direito.[29]

O alvo dos novos ambientes de aprendizagem é criar comunidades de conhecimento e, embora com frequência se baseiem em um melhor aproveitamento dos últimos progressos tecnológicos, para operar a mudança social, sobre uma base teórica e conceitual, deve estar no vínculo a comunicação-educação. Por isso, é responsabilidade dos agentes do processo educativo e dos pesquisadores continuar insistindo em que as tecnologias são somente um fator de mediação, um apoio para conseguir o propósito de uma melhor educação que nos permita, parafraseando Bauman, aprender a arte de viver em um mundo saturado de informação, assim como aprender a ainda mais difícil arte de preparar as próximas gerações para viverem em um mundo como este.[30]

Bibliografia

BAUMAN, Z. *Los retos de la educación en la modernidad líquida*. Buenos Aires, Gedisa, 2007, p. 44.

_____. *Comunidad. En busca de seguridad en un mundo hostil*. México, Siglo XXI, 2008, p. 147.

CASTELLS, M. *La era de la información*. México, Siglo XXI, 1997, v. I, II e III.

_____. *La dimensión cultural de Internet*. Universitat Oberta de Catalunya, jul. 2002. Disponível em: <http://www.Uoc.edu/culturaxxi/esp/a>.

CROVI DRUETTA, D. Sociedad de la información y el conocimiento. Entre el optimismo y la desesperanza. *Revista Mexicana de Ciencias Políticas y Sociales*, n. 185 (2003), México, UNAM.

---

[29] Id., *Comunidad. En busca de seguridad en un mundo hostil*. México, Siglo XXI, 2008, p. 147.

[30] BAUMAN, op. cit., 2007.

_____. Retos de las universidades en la sociedad de la información y el conocimiento. In: CABELLO, Roxana; Levis, Diego (Eds.). *Medios informáticos en la educación, a comienzos del siglo XXI*. Buenos Aires, Prometeo, 2007a.

_____. Acceso, uso y apropiación de las TIC en la comunidad académica de la UNAM. Conferência apresentada no IV Encuentro Nacional y II Latinoamericano "La Universidad como objeto de investigación". Argentina, Universidad Nacional del Centro de la Provincia de Buenos Aires, 2007b.

_____. LÓPEZ CRUZ, M.; LÓPEZ GONZÁLEZ. *Redes sociais. Análisis y aplicaciones*. México, UNAM-Plaza y Valdés editores, 2009.

DELORS, J. (coord.). *La educación encierra un tesoro. Informe a la UNESCO de la Comisión Internacional sobre la Educación para el siglo XXI*. México, Correio da UNESCO, Edições UNESCO, 1996.

DRUCKER, P. apud MICHELI THIRIÓN, Jordi. *Digitofactura: flexibilización, internet y trabajadores del conocimiento*. Comercio Exterior, v. 52, n. 6 (jun. 2002), pp. 522-537.

FREIRE, P. *La educación como práctica de la libertad*. Madrid, Siglo XXI, 1989.

_____. *Pedagogía del oprimido*. Madrid, Siglo XXI, 1992.

KAPLÚN, M. Repensar la educación a distancia desde la comunicación. *Diálogos de la Comunicación*, n. 37, Lima, 1993.

MONTUSCHI, Luisa, s.d. Datos, información y conocimiento. De la sociedad de la información a la sociedad del conocimiento. Disponível em: <http//www.ideas,repec. org/p/cem/doctra/192.html> (consultado em: set. 2009).

SIERRA CABALLERO, F. *Introducción a la teoría de la comunicación educativa*. Ciencias de la Información. Sevilha, MAD, 2000, p. 21.

SILES, G. Sobre el uso de las tecnologías en la sociedad: tres perspectivas teóricas para el estudio de las tecnologías de la comunicación. *Reflexiones*, n. 83-2 (2005), pp. 73-82.

UNESCO, Organização das Nações Unidas para a Educação, a Ciência e a Cultura, Conferência Mundial sobre Educação Superior. Declaração Mundial sobre a Educação Superior no Século XXI: Visão e Ação. ED-98CONF.202/3. Paris, 9 de outubro de 1998.

VALDERRAMA, H.; CARLOS EDUARDO (eds.). *Comunicación-educación. Coordenadas, abordajes y travesías*. Bogotá, Universidad Central-DIUC, Siglo del Hombre Editores, 2000.

6

Caminhos da educomunicação: utopias, confrontações, reconhecimentos[1]

ISMAR DE OLIVEIRA*

Introdução

Em 2000, acreditávamos poder sustentar a hipótese de que um novo campo de conhecimento – a educomunicação – já se havia formado, havia conquistado sua autonomia e se encontrava em franco processo de consolidação (Soares, 2000a: 38).

Passados oito anos, podemos asseverar – pelo que acontece no Brasil – que as práticas educomunicativas, embora inicialmente concebidas como alternativas, começaram a mobilizar grandes estruturas, com o propósito de transformar-se em programas de políticas públicas.

Um dos desafios é a formação dos educomunicadores e, o outro, é a garantia de coerência de sentidos diante das contradições que devem ser enfrentadas na prática.

Em sua participação no livro "Comunicação-educação, coordenadas, abordagens e travessias", Jorge Huergo, no final de seu texto, considera que o horizonte que define a interface entre os dois campos se restringe a conceitos como "educação para a comunicação" ou "comunicação para a educação", traduzindo, este último, um esforço no sentido de "escolarizar a comunicação" ou "tecnificar a educação":

> Seria importante avançar em direção a uma determinada autonomia que possibilitasse a instituição de um campo para a palavra, uma palavra que liberte o fluxo das representações e pronuncie um mundo que não se apoia em nenhuma

---

[1] O texto "Caminhos da educomunicação: utopias, confrontações, reconhecimentos", de Ismar de Oliveira, foi publicado na revista *Nómadas*, n. 30 (nomadas@ucentral.edu.co, Bogotá, 2009, pp. 194-207). Agradecemos ao autor a reprodução do artigo.

* Ismar de Oliveira Soares é coordenador do Núcleo de Comunicação e Educação da Escola de Comunicação e Artes da Universidade de São Paulo (Brasil).

representação "dada", e sim em um sonho comum. Trata-se de uma autonomia impossível fora de uma política que sabe que não há sociedade autônoma sem mulheres e homens autônomos (Huergo, 2000: 22).

Segundo o argumento, a possibilidade de instituir a relação comunicação-educação como um campo situa-se dialeticamente na negação da possibilidade de conformá-lo como um espaço fechado e predefinido. A questão central, portanto, referida pelo texto de Huergo, é a possibilidade de reconhecer um campo específico como o da educomunicação, que o Núcleo de Comunicação e Educação da USP propõe, uma vez que, para pensá-lo, se teria que assumir o radicalismo da procura de um tipo especial de liberdade: a liberdade da palavra.

O que pretendem os educomunicadores é o reconhecimento do valor estratégico da luta pela liberdade da palavra, como uma utopia que se concretiza em ações efetivas nos distintos espaços educativos. Este é justamente o desejo da práxis educomunicativa, vivida em uma quantidade de projetos na América Latina, testemunhados pela alegria e entusiasmo de quantos – crianças, jovens e adultos – com ela se envolvem cotidianamente.

O campo, que desta forma se estrutura a partir de ações solidárias em áreas específicas, tem, portanto, como justificação dialética, a negociação da possibilidade de seu isolamento conceitual, metodológico e programático. Por causa de tal singularidade, a educomunicação é percebida como uma unidade conceitual mobilizadora, apesar de apresentar-se como um conceito polissêmico que, por sua vez, compreende diferentes formas de fazer.

Apoiamos o pensamento de Huergo quando afirma que

> a comunicação-educação é sempre política, enquanto instituição da democracia como regime do pensamento coletivo e da criatividade coletiva; é projeto de autonomia, enquanto libertação da capacidade do "fazer pensante", que se cria em um movimento sem fim (indefinido e infinito), ao mesmo tempo social e individual; é possibilidade radical (2000: 23).

Foi justamente a existência desse "fazer pensante", que é criado em um movimento, a principal conclusão da pesquisa promovida pelo Núcleo de Comunicação e Educação da Universidade de São Paulo (NCE-USP), entre 1997 e 1999, quando detectou que, em função da luta pela liberdade de expressão, pessoas diferentes, em contextos diferentes, se mantêm conectadas a práticas semelhantes, com o suporte de referentes teóricos e metodológicos próximos.[2]

No campo da atuação profissional, a grande maioria dos educomunicadores latino-americanos se caracteriza por sua habilidade para coordenar projetos culturais e facilitar a ação comunicativa de outras pessoas. Existe neles uma preocupação pela democratização do acesso à informação, utilizando sua atuação profissional como meio para a formação de valores solidários e democráticos, visando à transformação do ambiente em que vivem.

Para os especialistas entrevistados durante a pesquisa do NCE, não importa o âmbito (área de intervenção) em que a pessoa se encontra inserida, mas sim a interconectividade, a coerência de seus procedimentos e o propósito comum de lutar pela liberdade de expressão.

Entre os "valores educativos" que dão suporte às "articulações" exercidas pelo profissional deste novo campo, destacam-se: a) a opção por aprender a trabalhar em equipe, respeitando as diferenças; b) a valorização dos erros como parte do processo de aprendizagem; c) o amparo a projetos dirigidos à transformação social; d) a gestão participativa de todo o processo de intervenção comunicativa.

A maioria das respostas ao questionário do NCE aponta, definitivamente, no item "expectativa de resultado", a formação para a cidadania e para a ética profissional, tendo como objetivo a educação do "cidadão global". Nessa direção, observando a literatura ibero-americana, identificamos quatro movimentos que se articulam orientados à utopia educomunicativa: a recepção qualificada, a educação popular, a articulação coletiva para a mudança social e, a partir de anos recentes,

---

[2] Em síntese, observa-se que a prática educomunicativa ocorre no âmbito de algumas atividades socioeducativas específicas. Assim as denominamos: 1) a área da educação para a comunicação ou da pedagogia da recepção (*media education, media literacy,* educação para a mídia); 2) a área da mediação tecnológica nos espaços educativos, focada na incidência das tecnologias nas relações entre pessoas, entendida como um capítulo da cultura contemporânea, com consequências como a agilização dos procedimentos da vida cotidiana e o favorecimento de novos e mais eficazes processos de aprendizado; 3) a área da expressão comunicativa, através das artes, com a virtude de ampliar o "coeficiente comunicativo" de cada agente do processo educativo, assim como de toda a comunidade falante; 4) a área da gestão dos processos e recursos da informação em espaços educativos, com profissionais qualificados ocupando-se do planejamento, implementação e avaliação de projetos que envolvem as distintas áreas do novo campo; 5) a área da reflexão epistemológica, com um crescente número de especialistas que se ocupam da pesquisa em programas de pós-graduação em comunicação ou em educação. Cada uma delas se encontra intimamente conectada com as demais, formando um único espaço de interação de caráter transdisciplinar e multicultural (Soares, 2000a: 38-42).

o reconhecimento da educomunicação como direito de todos, alcançado mediante as políticas públicas.

Uma descrição detalhada do trabalho desenvolvido na linha da comunicação educativa, sob a mesma perspectiva dentro da qual assumimos o conceito de educomunicação, se pode encontrar no texto de Daniel Prieto, intitulado "Radio Nederland Training Centre na América Latina: memória pedagógica de três décadas", especialmente no item "Nossa concepção" (2008: 52-54).

1. A utopia da recepção qualificada[3]

Os estudos da recepção sob a influência da teoria das mediações permitiram ampliar o sonho dos agentes culturais interessados em discutir a presença dos meios de comunicação na sociedade contemporânea, tentando motivar o sistema formal de ensino a assumir seu papel como mediador da convivência entre as novas gerações de consumidores e as velhas gerações de produtores. O que ninguém suspeitava era do avanço ocorrido justamente por conta do poder mediador das tecnologias: as novas gerações se definem transformando-se, elas mesmas, em produtoras de mensagens e de sentidos.

As experiências de educação para a mídia, no continente, foram estudadas no início da década por Pablo Ramos, e socializadas sob o título "Três décadas de educomunicação na América Latina, as mudanças desde o plano Deni" (2001).

Se o autor não chega a ser jactancioso com os resultados de sua pesquisa, consegue evidenciar um eixo comum entre os programas analisados: a procura de uma construção de caminhos que levem à liberdade de conhecimento e de expressão diante da vocação condutiva da indústria cultural. Ele denomina todo este esforço de educomunicação.

---

[3] Organizações como a UNESCO têm utilizado o conceito de educomunicação para identificar especificamente o trabalho intelectual e pedagógico regular, destinado a formar receptores críticos diante do "poder manipulador da mídia", a partir de referentes teóricos e metodológicos reconhecidos como adequados, em distintos momentos históricos, pelas comunidades envolvidas no assunto, embora atualmente sejam criticados. O tema da violência e da falta de pudor dos produtores midiáticos em relação às questões que envolvem a relação da indústria cultural com a infância levou à criação de um grupo de trabalho conhecido como The International Clearinghouse on Children, Youth and Media, que contava com a colaboração do Conselho de Ministros dos Países Nórdicos. Os primeiros livros do grupo focavam a relação entre os meios e a violência. Os últimos se ocupam de temas como a interculturalidade.

Distintas vertentes têm caracterizado a prática da educação para a mídia: desde uma visão fechada, vertical e moralista (o professor ensina o que deve ser visto e consumido por seus alunos a partir de determinada concepção de ordem filosófica, religiosa ou moral), passando por uma perspectiva culturalista e escolarizada (a mídia é parte da cultura, por isso é objeto de conhecimento),[4] até chegar a uma postura dialética mais comum na prática dos movimentos sociais (o receptor analisa a mídia a partir de seu próprio lugar social, econômico e cultural). Nesse caso, o julgamento crítico sobre a produção da indústria cultural se constrói a partir da imersão do sujeito na experiência produtiva com a mídia, permitindo a si mesmo avaliar a maneira e as razões de sua relação com as tecnologias.

A perspectiva dialética, própria da formação particularmente desenvolvida nos movimentos populares, rompe a funcionalidade da relação produtor-receptor, considerando o papel e o potencial ativo do consumidor crítico, aproximando-se do ideal utópico de Huergo, da liberdade da palavra.

Experiências recentes, implementadas no Brasil, tentam levar ao âmbito da escolarização regular procedimentos dialéticos próprios do sentido dado pelo movimento popular ao conceito de educomunicação. Veremos isso no tópico dedicado ao projeto Educom.rádio.

2. A utopia de educação popular

Seguimos falando de educomunicação como a procura sistemática da autonomia da palavra. Aprofundando o tema, vamos à raiz da perspectiva dialética da educação para a comunicação: a própria "educação popular".

2.1. O *diálogo intramuros*

No texto "Prácticas educomunicativas: miradas sobre lo inacabado", de 2005, Emanuel Gall, da Agência ConoSur da Argentina,

---

[4] A perspectiva culturalista se encontra presente no sistema formal de ensino dos países europeus e também no Canadá e na Austrália, entre outros, com programas denominados *media education* (ou *media literacy*, nos Estados Unidos). Na América Latina, o tema, apesar de estar previsto na legislação educativa de diversos países, apresenta-se como um trabalho opcional nas mãos de professores interessados ou de organizações não governamentais especialmente dedicadas a ele. Nesse sentido, apesar da mobilização constante dos interessados, constata-se que a educação para a mídia dificilmente chega até os currículos, mantendo-se na periferia dos programas de estudo.

caracteriza como "educomunicativa" a postura inerente à maneira como o movimento social tentou disseminar a educação popular no continente. Segundo a visão apresentada pelo texto de Gall – a partir de pesquisadores como Rosa María Torres, Gabriel Kaplún e o próprio Jorge Huergo –, nunca se aprende por aprender. O processo educativo, em sua finalidade política, pode ter um sentido hegemônico ou propor um esforço contra-hegemônico na medida em que tenda a gerar práticas conformistas ou questionadoras (e resistentes) a respeito da ordem social (cultural, pedagógica) estabelecida.

A primeira desordem proposta pela educação popular, nesse sentido, foi reconhecer o sujeito da comunicação como um emissor coletivo. Afirma Emanuel Gall:

> A comunicação e a educação são concebidas como atividades grupais, em que, antes de mais nada, há um grupo que dialoga consigo mesmo e em que se atribui ao educador (comunicador) o papel, não de transmitir um conhecimento acabado e irrefutável, mas de facilitar e ajudar o grupo a compartilhar o conhecimento que tem em seu interior e a receber do mundo novos conhecimentos. Conhecimentos que possam ser usados com a finalidade de transformar o mundo e as relações sociais que o conformam. A comunicação educativa, então, é essa produção coletiva de conhecimento que gera novas ferramentas (conceituais, valorativas, técnicas, comportamentais etc.) que ajudam a modificar as práticas e a visualizar as múltiplas maneiras em que se produzem relações opressoras, ao mesmo tempo em que proporciona novas cotas de poder que provocam a emergência de sensibilidades e de níveis de consciência para transformá-las (2005: 02-03).

Gall recorda que as raízes dessas práticas educomunicativas de sentido popular são multiculturais e se encontram nos pilares conceituais próprios de teorias influenciadas pela tradição latino-americana (a teologia da libertação; as teorias críticas sobre educação e comunicação, como a pedagogia dialógica de Freire; os estudos críticos da Escola de Frankfurt e os estudos culturalistas ingleses, aos quais se somam os estudos da recepção, vinculados com a teoria das mediações). Os debates em torno da economia política da mídia e da semiótica também oferecem suporte político para as experiências, formando "um cruzamento multidisciplinar influenciado pelas heranças teórico-práticas que historicamente têm servido para constituir campos de conhecimento em torno de objetos de estudo muito variados" (Gall, 2005: 01).

Fortalecida pelo diálogo "intramuros", a prática educomunicativa inerente à educação popular sofre antagonismos e resistências das maneiras oficiais de conceber a comunicação e a educação. Confronta-se, em primeiro lugar, com as "matrizes culturais vinculadas às produções das grandes mídias (que desde a perspectiva funcionalista concebem a sociedade como um conjunto de indivíduos isolados, manipuláveis, consumistas, movidos por interesses egoístas, pragmáticos etc.)" (ibid.) e, a seguir, com "os esquemas pedagógicos que são ensinados através das instituições educativas oficiais (as escolas, as universidades tanto públicas como privadas)" (ibid.: 05). Antagonismos e resistências que não impedem que o ideal utópico da "autonomia e liberdade para a palavra" siga seu caminho dialético de diálogo com o outro, o diferente.

2.2. O diálogo extramuros

Considerando-se os efeitos da globalização, a prática educomunicativa da educação popular não se esgota no mundo alternativo. No texto de Gall, a orientação para ampliar o âmbito da prática chega através de Gabriel Kaplún, que fala tanto da necessidade de "conviver com o outro": "Os saberes e as perspectivas do outro contam, nesse sentido, com um considerável nível de utilidade no processo educativo. São os verdadeiros dados duros dos quais se parte" (ibid.: 04-05).

Afirma, por outro lado, que "são as visões do outro que indicam os possíveis caminhos e orientam as táticas e delimitam as estratégias a seguir [sic]" (ibid.: 04). Nesse sentido, não se pode pensar em um processo de ensino-aprendizagem sem considerar as perspectivas concretas dos agentes envolvidos. Desde a perspectiva educomunicativa, faz parte das qualidades próprias do educomunicador a capacidade de identificar nos agentes não só a dimensão reprodutora das estruturas opressivas internalizadas pela submissão cotidiana às regras do sistema, como também as potencialidades criativas que nos ajudam a superar o que foi instituído e que nos permitem imaginar novas dimensões de instituições que nos atravessam, como coletivo e como indivíduos (Kaplún apud Gall, 2005).[5]

---

[5] Gabriel Kaplún fala da importância de conectar-se com o outro, de gerar empatia, para partir desse nó originário e poder delinear canais de comunicação com os agentes com os quais agimos. Empatia, que não é "simpatia", que não está ligada aos espúrios esforços por ser agradável ou não ao outro. A "empatia" se vincula com uma capacidade comunicativa, em que sua importância reside na faculdade de escutar o outro, de poder adotar seu ponto de vista com relação a um problema, a um objeto de análise, independentemente de concordar ou não com ele: pode-se produzir empatia com o outro, inclusive com profundas discrepâncias ideológicas; pode-se legitimar seu interesse, seu ponto de vista, sua opinião e comprometer o grupo a agir com base na compreensão. Não há progresso conceitual nem aprofundamento cognitivo a partir da eliminação do saber do outro, dado que todo processo de ensino-aprendizagem deve ser integrador e compreensivo, deve poder dialogar com o que questiona, deve poder incorporar as visões precedentes ao guarda-chuva aberto pelas novas perspectivas.

No diálogo com o "outro", Gabriel Kaplún sugere, além disso, que os educomunicadores reflitam sobre a importância dos códigos experienciais, culturais e ideológicos.

> Os "códigos experienciais" têm a ver com as vivências daqueles com os quais queremos nos comunicar, com os conhecimentos que adquirem em suas práticas cotidianas. Os "códigos culturais" têm a ver com a dimensão histórica, com essa trama invisível, mas presente, que faz com que uma comunidade seja o que é e não outra coisa, sua história, seus espaços, seus mitos, lendas, heróis anônimos, ídolos artísticos etc. A cor da vida, enfim. Por último, os "códigos ideológicos"; podemos entendê-los como formas de ver o mundo, de construir o mundo para o entendimento (ibid., 2005: 06).
>
> [Segundo Kaplún] esta é a dimensão dos códigos que exigem, do educomunicador, um esforço de empatia, que não significa concessão, que não aceita como irrefutável o ponto de vista do outro, mas sim que parte deste ponto de vista para gerar um diálogo com o objetivos de estabelecer pontos de encontro, convergências, compreensão mútua e, sobretudo, que constrói a base a partir da qual serão geradas reconceitualizações que permitam abrir o mundo para novas perspectivas, que abriguem a possibilidade de moldar práticas inovadoras, com a finalidade de transformá-lo (ibid.).

Todos os códigos têm uma força instituidora e instituída, que deve ser retomada para ser colocada à disposição de um *link* de ações produtivas em que sejam geradas experiências novas a partir da recriação do velho, do que já está estabelecido.

O "outro", com seus códigos experienciais, culturais e ideológicos, é cada vez mais as instituições: o governo com suas políticas públicas, os meios de comunicação com seu poder de influência, o sistema educacional formal, com o vigor – ou a pobreza – de sua estrutura, as organizações não governamentais, com seus esforços por atender demandas crescentes. É preciso considerar as experiências de todos, suas culturas, seus saberes práticos, seus horizontes. Com as instituições estamos em confrontação, enquanto – ideologicamente – as combatemos ou dialeticamente as procuramos como parceiras para o desenvolvimento de projetos. Em todo este processo, segundo Kaplún,

> não se pode obviar a reflexão sistemática sobre a tensão (a luta) que se configura entre o instituído e o instituinte, entre o estabelecido e o que nasce como contínua capacidade de criação, entre os produtos da história e as promessas de futuro que lhe dão identidade e as práticas de comunicação-educação (Kaplún apud Gall, 2005: 04).

Faz parte também das qualidades próprias do educomunicador saber manejar o diálogo com as esferas públicas e privadas, com os meios e o sistema formal de ensino, com o objetivo específico de ampliar as práticas educomunicativas. Saber avançar e retroceder, através de uma pedagogia do projeto, com a condição de que não seja sacrificada a própria essência do ideário educomunicativo. Voltaremos a este tópico na parte final do artigo, apresentando experiências do Núcleo de Comunicação e Educação da USP, em suas relações com o poder público e a iniciativa privada no Brasil.

Contudo, antes de olhar para o mundo externo, os educomunicadores são convidados a enfrentar seus próprios medos, incertezas e desencontros:

> Se a comunicação-educação popular (a educomunicação) se propõe ampliar os níveis de consciência e enfrentar a atitude dogmática introjetada pela educação tradicional, ela não pode nunca ser reduzida a um inventário de princípios e postulados gerais que sejam interpretados e aplicados como fórmulas (Gall, 2005: 04).

É a recomendação de Gall. E como estratégia propõe: "A educomunicação é uma força que tenta envolver um coletivo de pessoas em um processo construtivo de explicações de tudo o que se questiona, daí seu sentido político e a necessidade de situá-la em um projeto de longo prazo" (ibid.).

São demandas que superam a proposta proselitista de impor um modo determinado de ver, ler e interpretar. O diálogo não significa, no entanto, abandono da coerência epistemológica (coerência entre os fundamentos e a ação). Ao contrário, é parte dela. Nesse sentido, há uma pergunta por ser feita aos responsáveis pela expansão da prática educomunicativa no continente: Como acontece essa expansão? Resulta de um aprofundamento significativo e coerente da tradição de luta pelas mudanças, ou se apresenta simplesmente como uma acomodação de velhos hábitos? Para Emanuel Gall, ainda há muito por refletir:

> em que pese a perceber-se a si mesmas a partir das seguranças que proporcionam as sensações de pertenças a determinadas tradições teóricas, determinadas práticas educomunicativas não encontram justificações conceituais como produto de esforços próprios de relevamentos ou sistematizações, ou como resultado da observação crítica das próprias ações (ibid., p. 5).

3. A utopia da articulação coletiva para a mudança social

Em direção ao diálogo com o outro – pessoal ou institucional –, na mesma procura pela autonomia e liberdade da palavra, o conceito de educomunicação é usado para designar a procura de articulações coletivas e dialógicas em função do uso dos processos e ferramentas da comunicação, para garantir o progresso e o desenvolvimento humano. Isso é o que nos recorda Alejandro Barranquero, da Universidade de Málaga, Espanha, em um artigo para a revista *Comunicar* (2007).

Em consonância com esta perspectiva, defende-se uma terceira opção de prática educomunicativa, para além da educação para a mídia e da educação popular: a educomunicação para a mudança social.

Vivemos, recentemente, em nosso núcleo de pesquisa e de intervenção cultural, uma rica experiência neste tópico específico. Trata-se do diálogo com o Ministério do Meio Ambiente, em Brasília, em torno de seu programa de educação ambiental.

Depois de procurar uma relação de compromisso com a mídia sobre a priorização do tema e de incentivar as escolas a levarem em conta o ecossistema em sua programação curricular, os técnicos do Ministério constataram que se avançou muito pouco na conscientização das novas gerações diante dos problemas de sustentabilidade. Como as campanhas publicitárias e o uso dos meios tradicionais impressos e audiovisuais não produziam os resultados esperados, entendeu-se que a perspectiva deveria ser outra:

> transformar cada brasileiro – adultos, jovens e crianças – em um educador ambiental. Como forma de superar o desafio, pensou-se na constituição de grupos de educadores, compostos por voluntários interessados em cuidar de uma área geográfica (defendê-la contra as agressões e degradações e promover programas de educação ambiental), proporcionando a seus membros noções de sustentabilidade mediante práticas educomunicativas (Martirani, 2008).

Na mesma linha, o Ministério da Educação decidiu preparar crianças e jovens para que se tornassem educadores de seus colegas, igualmente através da educomunicação. A estratégia foi organizar conferências infantojuvenis em três níveis: local, regional e nacional, envolvendo em torno de vinte mil estudantes. Em cada um dos estágios, hoje são oferecidas oficinas destinadas a habilitar os jovens no uso de distintos meios, como o teatro, a música, a rádio, o vídeo ou a internet.[6] Em cada nível, o público juvenil se capacita para intervir em sua realidade mediante práticas processuais de comunicação.

Os resultados desta política pública foram apresentados durante o VI Simpósio Brasileiro de Educomunicação (São Paulo, 2008), que possibilitou identificar as iniciativas que alcançaram a adesão da juventude, especialmente por sua criatividade e por garantir espaços de liberdade de expressão, formando novos líderes.

Nessa direção, Barranquero (2007) define o desenvolvimento como um processo de mudanças qualitativas e quantitativas experimentadas por um grupo humano, conducentes a seu bem-estar pessoal e social em diferentes ordens: política, econômica, cultural etc. O desenvolvimento está centralizado não só no humano, mas também no natural, e precisa ser definido de forma autônoma pelos próprios sujeitos da mudança (endógena), sem comprometer o bem-estar das gerações futuras (sustentável).

O citado artigo do autor espanhol faz o percurso histórico do conceito de desenvolvimento, desde o período do pós-guerra até os anos 1970, momento em que, na América Latina, autores como Paulo Freire, Luiz Ramiro Beltrán e Juan Díaz Bordenave questionam a perspectiva então hegemônica, baseada na visão liberal de que o progresso deve ser predominantemente iniciativa privada, destinada ao consumo e à acumulação desigual de riquezas, em direção a pressupostos mais dialéticos e complexos, privilegiando o participativo, o dialógico, o caráter endógeno do campo social e, neste contexto, a função mobilizadora da comunicação.

Partindo de Antonio Pasquali (1963), um dos fundadores do pensamento alternativo latino-americano sobre a comunicação, inicia-se, segundo Barranquero, uma aproximação programática entre o conceito de desenvolvimento e o conceito de comunicação participativa, mediante práticas que distinguem fundamentalmente a informação da comunicação, orientação consolidada por Paulo Freire uma década mais tarde (1967).

Segundo registra Barranquero, no modelo inaugurado na América Latina, a autêntica comunicação é dialética e resolve as contradições entre conhecimento/reflexão/teoria, de uma parte, e acontecimento/ação/

---

[6] Em abril de 2009, realizou-se em Brasília a III Conferência Infantojuvenil sobre o Meio Ambiente, em um processo que reuniu a mais de vinte e cinco mil crianças e jovens de todo o país, ao longo de doze meses de atividades.

práxis, de outra, gerando o processo de conscientização, no duplo sentido político-pedagógico freireano, como conhecimento (ou descobrimento da razão das coisas) e como consciência (de si, do outro, da realidade), sempre acompanhada de ação transformadora e política, permitindo que analistas internacionais, como Denise Gray-Felder e John Dean, da Rockfeller Foundation, constatem o fortalecimento, na América Latina, da procura pela autonomia no planejamento e execução dos projetos de desenvolvimento.

Os modos de proceder desses grupos contemplam uma relação forte entre comunicação e educação, em que se privilegia o "processo" diante do "produto"; garantem-se o acesso, a participação e a apropriação do caminhar de parte dos agentes implicados; contempla-se a pertinência cultural das ações propostas; valoriza-se o saber local, comunitário, e a representatividade de todos os membros do grupo; impulsiona-se a organização de redes; as tecnologias são assumidas como meios e não como fins em si mesmas; e se trabalha com objetivos a médio e longo prazo, para dar garantia tanto ao domínio dos processos pela comunidade quanto às mudanças prolongadas e sustentáveis.

Além disso, o campo da comunicação-educação para o desenvolvimento exige certa flexibilidade metodológica, razão pela qual se opta por técnicas eminentemente participativas no lugar daquelas de corte mais persuasivo e modernizador, próprias do marketing ou da área de difusão de inovações.

Depois de constatar a eficácia do modelo latino-americano, o autor desenha o perfil do educomunicador nestes espaços: além de uma sensibilidade cultural especial para abordar os problemas do desenvolvimento, o novo comunicador deverá dispor de conhecimentos especializados nas diversas disciplinas que abordam a mudança social (antropologia, pedagogia, política, economia, sociologia, psicologia etc.); ter experiência em metodologias de pesquisa, planejamento e execução de projetos e conhecimentos em tecnologias da comunicação. Deverá, finalmente, promover o uso de fórmulas inovadoras de comunicação educativa, assim como novas estratégias culturais, linguagens, metodologias etc., para o campo das organizações e os grupos civis comprometidos com o desenvolvimento.

Herdeiras do esforço latino-americano pelo desenvolvimento, um grande número de organizações não governamentais constituídas no continente na década de 1980 assumiu a educomunicação como metodologia de ação. No Brasil, um grupo de dez destas organizações, reconhecidas por seu trabalho local, formou uma rede nacional – Rede Comunicação, Educação, Participação (CEP) – que se caracteriza por adotar o conceito e por promover a defesa da educomunicação. Convidamos o leitor a acessar seus relatos e a comparar suas ações (Sayad, 2008), analisando-as sob a perspectiva sugerida por Alejandro Barranquero.

4. A utopia da educomunicação como direito de todos alcançado mediante as políticas públicas

Retomar as distintas utopias, que possibilitaram e favoreceram a construção dos sentidos atribuídos historicamente ao conceito em estudo, nos facilita reafirmar nossa concepção da educomunicação como o conjunto das ações de caráter multidisciplinar inerentes ao planejamento, execução e avaliação de processos destinados à criação e ao desenvolvimento – em determinado contexto educativo – de ecossistemas comunicativos e dialógicos, favorecedores do aprendizado colaborativo a partir do exercício da liberdade de expressão, através do acesso e da inserção crítica e autônoma dos sujeitos e suas comunidades na sociedade da comunicação, tendo como meta a prática cidadã em todos os campos da intervenção humana na realidade social.

Como consequência, procura-se garantir e ampliar o "coeficiente comunicativo" – o poder e a habilidade de comunicar – das pessoas e dos grupos envolvidos nos projetos educativos. Nesse sentido, a educomunicação se assume, essencialmente, como um processo formativo contínuo.

Diante dessas considerações, o diálogo com sistemas midiáticos e com sistemas educativos passa a ser o grande desafio para quem se interessa em obter respostas à pergunta sobre o direito de todos aos benefícios da educomunicação como filosofia e campo de prática social. Portanto, as experiências de "diálogo com o outro", propostas por Gabriel Kaplún. O "outro", nesse caso, são os governos e seus sistemas públicos de educação; os grupos privados e suas escolas; os meios de comunicação educativos e os comerciais; as Igrejas e suas pastorais; até os centros de cultura e as organizações não governamentais.

Temos algumas experiências nessa área que gostaríamos de comunicar. Uma delas, na esfera do poder público (a rede de educação da cidade de São Paulo, Brasil), outra, na esfera da educação privada (escolas da Congregação das Filhas de Maria Auxiliadora), e uma terceira, no espaço das empresas de comunicação (um jornal e um canal de televisão).

4.1. A cidade de São Paulo define uma política para a educomunicação

Um programa cultural destinado a reduzir a violência nas escolas públicas foi contratado pela prefeitura da cidade de São Paulo ao Núcleo de Comunicação e Educação da Universidade de São Paulo. Entre 2001 e 2004, educadores e alunos de 455 escolas conviveram, por um semestre, com práticas educomunicativas compartilhadas por mediadores devidamente preparados. O programa se chama "Educomunicação pelas Ondas do Rádio" (Educom.radio). Para levar a cabo sua missão, o NCE-USP oferecia 96 horas de formação conjunta a professores e alunos, em doze encontros de oito horas aos sábados, colaborando com professores e alunos no delineamento de projetos educomunicativos a serem aplicados nas unidades escolares. Mais de oitocentos encontros foram realizados em três anos e seis meses, atendendo onze mil membros da comunidade educativa da rede de escolas de ensino fundamental da cidade.

Metodologias da educação popular, como o diálogo compartilhado, a escolha dos temas e a proposta da gestão democrática das tecnologias (especialmente o rádio), caracterizaram a proposta. O entusiasmo foi tanto, que o poder público tomou duas iniciativas transcendentais: em primeiro lugar, transferiu a educomunicação da área dos projetos especiais (combate à violência) à área central do currículo (gestão de conhecimento); em segundo lugar, aprovou uma lei que estabelece a educomunicação como prática no município (Lei Educom), independentemente das mudanças políticas periódicas. Atualmente, na terceira administração pública desde o início do programa, a educomunicação continua sendo tema de debate, de formação e de exercício educativo. Uma coordenação central, ocupada por um professor que participou da formação dada pelo Núcleo da USP, mantém a integridade da proposta, aproximando o uso da linguagem radiofônica à área da informática pedagógica. Provisoriamente, pode-se afirmar que: a) a meta do controle da violência se consolidou com a redução de 50% nos casos, durante a aplicação do projeto (2001-2004); b) a meta de introduzir a educomunicação como uma alternativa no relacionamento entre educadores e educandos foi atingida exclusivamente nos casos em que efetivamente o projeto foi aplicado.

Um rico material sobre o processo de formação está disponível para pesquisas acadêmicas.[7] Uma avaliação sobre a efetiva inserção da educomunicação na vida das escolas e de seus agentes está por ser produzida. De qualquer forma, o fato de uma rede pública de educação, como a de São Paulo, ter decidido experimentar uma convivência com os ideais educomunicativos emanados da educação popular representa uma experiência significativa e paradigmática. Como consequência, o Ministério da Educação (MEC) decidiu levar a linguagem radiofônica, sob a perspectiva educomunicativa, a setenta escolas dos estados da região Centro-oeste do país, grande parte no interior (Floresta Amazônica e Pantanal), incluindo aldeias indígenas, distantes umas das outras entre 100 e 1.100 quilômetros. O diálogo com 2.500 mestres e alunos da região resultou na aprovação de uma lei que estabelece a obrigatoriedade da criação de estudos de meios de comunicação em todos os estabelecimentos de ensino do estado de Mato Grosso.

4.2. Salesianas adotam a educomunicação em suas escolas nos cinco continentes

Desde 1990, por decisão do XIX Capítulo Geral, realizado em Roma, Itália, o Instituto das Filhas de Maria Auxiliadora passou a compartilhar conteúdos, ideias e orientações no âmbito da relação comunicação-educação. Neste contexto, um seminário realizado em Caracas, Venezuela, em 2000,[8] permitiu a sistematização de uma proposta que foi levada aos coordenadores da rede de obras e escolas nas três Américas (Norte, Central e do Sul).

A iniciativa foi compartilhada e aprovada em um encontro internacional realizado em Cumgayá, Equador. Desde 2001 até 2008, não somente nas Américas, mas também nos cinco continentes, todas as escolas da congregação passaram a ter contato com o conceito e a desenvolver projetos, seminários e avaliações sobre suas práticas educomunicativas. Em setembro de 2008, a direção-geral da obra publicou, em Roma, em distintas línguas, um texto orientador com os resultados obtidos em termos teóricos e metodológicos (Instituto Figlie de Maria Ausiliatrice, 2008). Trata-se de um esforço para definir paradigmas

---

[7] Ver os títulos sobre esta produção na bibliografia.

[8] A presença do autor deste artigo no seminário de Caracas permitiu a divulgação dos resultados da pesquisa realizada pelo NCE-USP, entre 1997-1999, sobre o campo emergente da educomunicação na América Latina.

coerentes com a natureza do fenômeno e aplicá-lo às realidades locais, especialmente levando em conta o fenômeno dos relacionamentos interpessoais e grupais. Em março de 2009, concluía-se, por iniciativa da Universidade Católica do Norte da Colômbia, o primeiro curso virtual em educomunicação, coordenado pela Equipe de Comunicação Social da América (ECOSAN) e destinado a formar educomunicadores.

A experiência das Irmãs Salesianas permitirá identificar, depois de um determinado período, as dificuldades, sucessos e mudanças ocorridas na aventura de levar a educomunicação a um sistema de ensino privado, complexo e internacional. Somente o entusiasmo e a perseverança demonstrados até hoje, e a expectativa de que o tema avance de maneira coerente em toda a rede, em mais de setenta países no mundo, sinalizam uma vitória na procura do reconhecimento e legitimação do novo campo.

4.3. O diário *Jornal da Tarde* e o *Canal Futura* dialogam com e sobre a educomunicação

Durante oitenta semanas, entre 2006 e 2007, os leitores do diário *Jornal da Tarde*, na cidade de São Paulo, tiveram a seu dispor, nos domingos, uma página ("Pais e Professores") sem propagandas, totalmente dedicada a apresentar propostas didáticas inovadoras sobre temas de interesse para o ensino. A produção dos conteúdos era de responsabilidade do NCE-USP, que procurava oferecer orientação educomunicativa no desenvolvimento de conteúdos escolares.

Outro veículo de massas que se interessou pelo tema foi o Canal Futura, do Rio de Janeiro, uma emissora de televisão da Fundação Roberto Marinho. De acordo com declarações da diretora do Canal, a jornalista Lúcia Araújo, a educomunicação não é um programa isolado do canal, e sim uma perspectiva de trabalho. Justifica seu depoimento, demonstrando a preocupação da emissora com a infância e a juventude, o que inclui: diálogo permanente com o público (um grupo de quarenta especialistas estão encarregados do diálogo com o público nos estados da Federação), um programa de formação em produção audiovisual para grupos de telespectadores jovens, formação de parcerias com instituições educativas e divulgação de produções feitas por crianças e adolescentes. O Canal desenvolve também um programa de formação em educomunicação para seus funcionários, com a participação do NCE-USP.

Nos dois casos, a estreita colaboração entre as empresas de comunicação e um núcleo de pesquisa da Universidade permitiu a ampliação do diálogo público sobre o novo campo.

5. Perspectivas

Eliany Salvatierra Machado (2009), em sua tese doutoral, relembra Jorge Huergo quando insiste em que a comunicação-educação se localiza entre a cultura e a política. Procuramos demonstrar, nessa direção, que o tema da educomunicação não se esgota na perspectiva instrumental do uso didático das tecnologias educativas e nos esforços para criar e manter programas de educação para a mídia (*media education*). Trata-se, além disso, de uma mobilização da sociedade para garantir o direito à expressão, segundo a tradição dos movimentos populares latino-americanos, rompendo com "a funcionalidade da relação entre o produtor e o receptor", como nos recorda o autor argentino quando propõe "o ideal utópico da liberdade da palavra". Referimo-nos, essencialmente, a esforços na procura de possibilidades para uma gestão plenamente participativa e dialogal dos processos comunicativos nos espaços educativos.

Chegamos, finalmente, à utopia da educomunicação como "gestão democrática da comunicação" em espaços educativos, que se desenvolve a partir da micropolítica das ações em pequenos grupos, em que a relação eu-tu, proposta por Buber (2007), possibilita a autenticidade do diálogo profundo e libertador, condição para o sucesso das ações macroculturais, a partir do momento em que são reconhecidas como desejáveis no âmbito das políticas públicas.

Nesse sentido, é sempre bom lembrar quem são os agentes dos processos educomunicativos. Eles são tanto os professores e alunos na escola, como o produtor cultural nos centros de cultura, os comunicadores e jornalistas na mídia, os gestores de políticas em secretarias e ministérios de educação, cultura, meio ambiente etc. A questão central é a possibilidade real de atingir uma plataforma discursiva comum que facilite a compreensão do sentido das ações em desenvolvimento. Diante dessa alternativa, a experiência do NCE-USP, de capacitação, é por exemplo ter sempre nos mesmos espaços formativos os professores e seus alunos, proporcionando as mesmas dinâmicas formativas, para que toda a comunidade aprenda e se envolva de uma forma colaborativa e solidária. Sem esta providência, não há como pensar na gestão participativa e democrática dos recursos da informação.

A expansão do conceito depende, neste momento histórico, da compreensão efetiva de dois desafios: o macrocultural (como sensibilizar as grandes estruturas, como chegar às políticas públicas) e a micropolítica (como garantir a autenticidade do processo, a liberdade das ações, a cooperação, rompendo definitivamente com toda possibilidade de manipulação de poder).

Entre os sinais da nova realidade comunicativa que esperamos que seja construída, o mais esperançoso é a resposta que nos emitem, por um lado, educadores e, por outro, crianças e jovens que compartilham a sorte de integrar uma proposta educomunicativa em seus pequenos espaços de convivência. Uma pesquisa de mestrado, recentemente defendida no Instituto de Psicologia da Universidade de São Paulo, por Joari de Carvalho (2009), informa, após uma convivência do autor com os educomunicadores de uma fundação que decidiu incorporar o conceito, que as práticas educomunicativas se evidenciam como plenas de afetividade, o que garante um status diferenciado de motivação que leva à ação e à reflexão, com a procura contínua de formação teórica e de coerência epistemológica:

> A identificação com a educomunicação, que pressupõe a procura de igualdade, participação e democracia nas relações, constitui um objetivo ideal internalizado por cada educador e por toda a equipe. Neste sentido, as desigualdades hierárquicas próprias da instituição se evidenciam como um desafio a ser considerado (Carvalho, 2009: 207).

A ação grupal, coletiva e solidária se confirma, portanto, como uma condição para o sucesso da prática educomunicativa.

Sucesso que se comprova na dissertação de Renato Tavares (2007), autor de uma pesquisa sobre a produção radiofônica dos participantes do Educom.rádio, quando evidencia que o desejo da nova geração é ter a possibilidade (oferecida pelo projeto) de expressar-se, coletivamente, com novos sinais e novas linguagens.

Outro sinal de esperança está representado pelo percurso de diálogos com as instituições interessadas em fazer seus próprios caminhos no novo campo, construindo-o.[9] Não somente organizações não gover-

---

[9] Como exemplo da diversidade de interesses em torno do campo, lembramos dois eventos internacionais: um em Quito, Equador, onde a Universidade Politécnica Salesiana incluiu a educomunicação em seu congresso internacional sobre *software* livre (out. 2008). O outro, em janeiro de 2009, no Fórum Social Mundial, realizado em Belém, Brasil, que contemplou uma palestra e um debate sobre a educomunicação na formação dos operários, iniciada na Central Única dos Trabalhadores (CUT).

namentais, como as que constituem a Rede CEP, com seus programas articulados em torno da expressividade midiática de seus assistidos, como também o poder público que manifesta interesse pelo novo campo. Como exemplo, na cidade de Salvador, Bahia, o governo – a partir de uma experiência bem-sucedida em dez escolas – acaba de decidir levar a educomunicação a todas as escolas do estado. Mais que favorecer a acessibilidade e o treinamento para o uso dos recursos da informação (como o celular enquanto instrumento para obter imagens e editá-las em pequenas e simples produções), os responsáveis pelo programa estão interessados em que os educadores e educandos reconheçam a importância do diálogo criativo como metodologia do ensino fundamental.

Os resultados não levam, ainda, a conclusões definitivas sobre a legitimidade da educomunicação como um novo campo de intervenção. É preciso continuar pesquisando as práticas disponíveis em cada um dos países de nosso continente. O que se consegue descrever até o presente permite, não obstante, que se admita que algo de novo acontece na interface comunicação-educação.

O que está sendo confirmado é que a utopia proposta por Jorge Huergo – de caminhar em direção a uma determinada autonomia que possibilite instituir um campo para a palavra, uma palavra que libere o fluxo das representações e pronuncie um mundo que não se apoia em nenhuma re-representação dada, e sim em um sonho comum – permanece como razão suficiente para continuar perseguindo a meta de um espaço coletivo de intercâmbio na relação comunicação-educação.

Bibliografia

BARRANQUERO, Alejandro. Concepto, instrumentos y desafíos de la educomunicación para el cambio social. *Comunicar*, Huela, v. XV, n. 29, 2007.

BUBER, Martin. *Do diálogo ao dialógico*. São Paulo, Perspectiva, 2007.

CARLSSON, Ulla et al. *Empowerment through Media Education, an Intercultural Dialogue*. Göteborg, Nordicom/UNESCO/Göteborg University, 2008.

FEILITZEN, Cecilia; CARLSSON, Ulla. *Promote or Protect, Perspectives on media Literacy and Media Regulations*. Göteborg, Nordicom/UNESCO/Göteborg University, 2003.

FREIRE, Paulo. *Educação como prática da liberdade*. Rio de Janeiro, Paz e Terra, 1967.

GALL, Emanuel. Prácticas educomunicativas: miradas sobre lo inacabado, 2005. Disponível em: <http://www.aprendaki.com.br/art_not.osp?codigo=158>.

GOMEZ, Ignacio. O Grupo e a Revista Científica *Comunicar*: 15 anos pela e para a educomunicação na Espanha. *Comunicação & Educação*, Ano XIV, n. 1, pp. 63-70, jun.-abr. 2009.

HUERGO, Jorge. Comunicación/Educación: itinerarios transversales. In: VALDERRAMA, Carlos Eduardo (ed.). *Comunicación-educación: coordenadas, abordajes y travesías*. Bogotá, Universidad Central/Siglo del Hombre, 2000.

INSTITUTO FIGLIE DE MARIA AUSILIATRICE. *Educomunicazione, picolli passi nella nuova cultura*. Roma, 2008.

MARTÍN-BARBERO, Jesús. *La educación desde la comunicación*. Buenos Aires, Norma, 2002.

MARTIRANI, Laura. Comunicação, Educação e Sustentabilidade: o novo campo da educomunicação socioambiental. XXXI Congresso Brasileiro de Ciências da Comunicação. Natal-RN, 2 a 6 de setembro de 2008. Disponível em: <http://www.intercom.org.br/papers/nacionais/2008/resumos/R3-16972.pdf>.

PASQUALI, Antonio. *Comunicación y cultura de masas*. Caracas, Universidad Central de Venezuela, 1963.

PRIETO, Daniel (ed.). *Radio Nederland Traing Centre en América Latina: memoria pedagógica de tres décadas*. San José, RNTC, 2008.

RAMOS, Pablo. *Tres décadas de educomunicación en América Latina: lós cambios desde el plan Deni*. Quito, OCCLAC, 2001.

SAYAD, Alexandre (org.). Educomunicar: comunicação, educação e participação no desenvolvimento de uma educação pública de qualidade, São Paulo, 2008. Disponível em: <http://www.redecep.org.br/publicacoes/REDECEP_online_s.pdf>.

SOARES, Ismar. Gestión de la comunicación en el espacio educativo (o los desafíos de la era de la información para el sistema educativo, em: Alfonso Gutierrez (coord.). *Formación del profesorado en la sociedad de la información*. Segovia, Universidad de Valladolid, 1998, pp. 33-46.

_____. Against Violence: Sensorial Experiences Involving Light and Sight. Media Education and Educational Technology Form a Latin American Point of View. In: VON FEILITZEN; CARLSSON, Ulla (ed.). *Children and Media Image, Education and Participation*. Göteborg, UNESCO/Göteborg University, 1997, pp. 130-157.

_____. La comunicación/educación como nuevo campo de conocimiento. In: VALDERRAMA, Carlos Eduardo. *Comunicación-educación, coordenadas, abordajes y travesías*. Bogotá, Universidad Central, 2000a, pp. 27-47.

_____. Educomunicación: comunicación y tecnologías de la información en la reforma de la enseñanza americana. *Diálogos de FELAFACS*, Lima, n. 59-60, pp. 137-152, out. 2000b.

_____. Educommunication: An Emerging New Field. *Telemedium*, Madison, v. 46, n. 1, 2000c.

_____. Educomunicazione. In: LEVER, Franco; RIVOLTELLA, Cesare; ZA-NACCHI, Adriano. *La comunicazione, il dizionario de scienze y tecniche*. Roma, Elledici/RaiEri/LAS, pp. 418-421.

_____. *Educommunication*. São Paulo, NCE/UCIP, 2004.

_____. Educommunication: concept and aim. In: *Media Challenges Amidst Cultural And Religious Pluralism*. Ginebra, UCIP, 2005, v. 1, pp. 113-116.

_____. NCE – A trajetória de um Núcleo de Pesquisa na USP. *Revista Comunicação & Educação*, São Paulo, ECA/USP/Paulinas, Ano X, n. 1, pp. 31-40, jun.-abr. 2005.

_____. Educom.rádio, na trilha de Mario Kaplún. In: MELO, José Marques de, et al. *Educomidia, Alavanca da Cidadania*. São Paulo, SBC/UMESP, 2006, pp. 167-188.

_____. A ECA/USP e a educomunicação: a consolidação de um conceito, em dezoito anos de trabalho. *Comunicação & Educação*, São Paulo, Paulinas, ECA/USP, Ano XIII, n. 2, pp. 39-52, maio-ago. 2007.

_____. Quando o educador do ano é um educomunicador: o papel da USP na legitimação do conceito. *Comunicação & Educação*, São Paulo, ECA/USP/Paulinas, Ano XIII, n. 3, pp. 39-52, out.-dez. 2008.

_____. El derecho a la pantalla: de la educación a los medios a la educomunicación en Brasil. *Comunicar*, Huelva, v. XV, n. 30, pp. 77-82, 2008.

Pesquisas (mestrados e doutorados) no programa de pós-graduação da Universidade de São Paulo, Brasil

ALVES, Patrícia. Educom.rádio: uma política pública em educomunicação. (Tese de doutorado). São Paulo, ECA/USP, 2007.

_____. Educomunicação: a experiência do Núcleo de Comunicação e Educação. (Tese de mestrado). São Paulo, ECA/USP, 2002.

BORGES, Queila. O processo de planejamento no Eduocm.rádio. (Tese de mestrado). São Paulo, ECA/USP, 2009.

CARVALHO, Joari. Psicologia Social e Educomunicação: questões sobre o processo grupal. (Tese de mestrado). São Paulo, Instituto de Psicologia da USP, 2009.

CONSANI, Marciel. Mediações tecnológicas na educação: conceitos e aplicações. (Tese de doutorado), 2008.

CORDEIRO, Mauro. Política educacional e continuidade: o Programa Educom.rádio nas Escolas Municipais de São Paulo. (Tese de mestrado). São Paulo, Faculdade de Educação da USP, 2009.

FUNARI, Cláudia. A prática da mediação em processos educomunicativos: o caso do projetos Educom.rádio. (Tese de mestrado). São Paulo, ECA/USP, 2007.

LEÃO, Maria. A Internet nos projetos educomunicativos do NCE/USP. (Tese de mestrado). São Paulo, ECA/USP, 2008.

LIMA, Grácia. Educomunicação, psicopedagogia e prática radiofônica. (Tese de mestrado). São Paulo, ECA/USP, 2002.

MACHADO, Eliany. Pelos caminhos de Alice: vivências na educomunicação e a dialogicidade no Educom.TV. (Tese de doutorado). São Paulo, ECA/USP, 2009.

SILVA, Genésio. Educomunicação e sua metodologia: um estudo a partir de ONGs no Brasil. (Tese de doutorado). São Paulo, ECA/USP, 2004.

SIQUEIRA, Juliana. Quem educa os educadores? A educomunicação e a formação de docentes em serviço. São Paulo, ECA/USP, 2009.

TAVARES, Renato. Educomunicação e expressão comunicativa: a produção radiofônica de crianças e jovens no projeto Educom.rádio. (Tese de mestrado). São Paulo, ECA/USP, 2007.

7

Divulgar a educomunicação na universidade do século XXI

AGUSTÍN GARCÍA MATILLA*

Educar para a comunicação e para o pensamento crítico

A educomunicação no novo século deveria ser erguida em um território imprescindível para a aquisição e confrontação de conhecimentos. Sabe-se que todo conhecimento se adquire desde um pensamento crítico. Um erro comum é crer que a informação e a comunicação geram, por si mesmas, conhecimento ou, como logo veremos, chegar à conclusão de que o peso quantitativo de umas ou outras áreas curriculares pode influenciar decisivamente nos conhecimentos adquiridos por novos grupos de estudantes.

A educomunicação

> aspira a dotar todas as pessoas das competências expressivas imprescindíveis para seu desenvolvimento comunicativo normal, assim como para o desenvolvimento de sua criatividade. Também oferece os instrumentos para: compreender a produção social da comunicação, saber avaliar como funcionam as estruturas de poder, quais são as técnicas e os elementos expressivos utilizados pela mídia e poder apreciar as mensagens com suficiente distanciamento crítico, minimizando os riscos de manipulação.[1]

---

* Agustín García Matilla é professor da Universidade de Valladolid, *campus* de Segóvia, Espanha. No princípio do presente século, escreveu um artigo denominado "Educomunicação no século XXI". Quase dez anos depois, sua conferência inaugural do curso 2009-2010, na Universidade de Valladolid – *campus* de Segóvia –, procurou atualizar a visão deste mesmo tema. Dessa análise comparada surge agora este artigo.

[1] GARCÍA MATILLA, A. "Educación y comunicación", em Escuela y Sociedad 2001. Palestra inaugural das Jornadas de Formação do Professorado, convocadas pelo lema "Linguagens, comunicação e técnicas". Governo de Cantabria, Consejería de Educación y Juventud. Dirección General de Juventud, 2001.

De alguma maneira, estamos falando de compensar a falta de elementos para o desenvolvimento de um pensamento crítico, nos diferentes níveis curriculares.

A educomunicação deveria ser, além disso, um território de vital importância para atender a sugestão de Edgar Morin, segundo a qual "é preciso aprender a navegar em um oceano de incertezas, através de arquipélagos de certeza".[2] Morin se refere ao "conhecimento do conhecimento", que supõe a integração do conhecedor em seu conhecimento. Em sua opinião, "é um dever capital da educação armar todos para o combate vital a favor da lucidez".[3]

Morin cita Bastien quando se diz que "a contextualização é uma condição essencial da eficácia (do funcionamento cognitivo)".[4] A chave estaria em permitir o acesso a um conhecimento pertinente, que permitisse atingir um conhecimento dos problemas-chave do mundo, explicar e tornar visíveis conceitos como o contexto, o global, o multidimensional ou o complexo, fomentando uma inteligência geral que desperte a curiosidade intelectual e a necessidade de fazer perguntas.

Profissionais da educação

Tanto o educador – professor de qualquer nível – como o profissional da mídia são mediadores no processo da comunicação educativa. No entanto, as transformações aceleradas que aconteceram desde o final da década de 1990 têm afetado diretamente o trabalho de ambos.

A realidade fez com que a educação vivesse uma crise permanente, que não só se deve à crise de valores que afeta a sociedade em geral. Esta crise tem influenciado diretamente no próprio sentimento de autoestima de muitos profissionais da educação. Os professores de todos os níveis educacionais, não universitários, muitas vezes têm sido responsabilizados socialmente por muitos dos males que afetam a sociedade. Se os pais não assumiam suas responsabilidades básicas como educadores de seus filhos, os professores deviam cobrir esta lacuna; se os conteúdos transmitidos pela mídia chocavam com normas, valores e conceitos transmitidos na escola, também eram os professores os responsáveis por compensar este

---

[2] MORIN, E. *Los siete saberes necesarios para la educación del futuro*. Barcelona, UNESCO/Paidós, 2001, p. 21.

[3] Op. cit., p. 42.

[4] BASTIEN, Claude. Le décalage entre logique et connaissance. *Courrier du CNRS*, n. 79 (out. 1992).

desequilíbrio. Se surgiam novas áreas transversais representativas de uma visão mais integradora dos saberes e mais vinculada à realidade, era também o professorado que devia atualizar-se, levando à prática de procedimentos necessários para que os alunos construíssem seu próprio aprendizado. E, como ameaça permanente, a existência de um currículo sumamente denso e carregado, como espada de Dâmocles, sempre ameaçadora. No final, resultava impossível que um profissional da educação pudesse atender a tantas frentes abertas.

A todo este quadro, é preciso acrescentar que as políticas educacionais seguidas por muitos países não contribuíram para dotar os professores de ferramentas suficientes para a realização de sua tarefa. A formação docente normalmente não tem sido vinculada a suas necessidades mais próximas e cotidianas. No terreno da comunicação, o ensino sobre as técnicas muitas vezes tem precedido o ensino sobre os processos de comunicação e de sua contextualização. Não interessou incluir no currículo o incentivo a um pensamento crítico que utilizasse as imensas possibilidades didáticas dos diferentes meios de comunicação, ou que lidasse com o material cotidiano de textos, imagens e sons que os meios de comunicação e os sistemas de informação produzem para fomentar a capacidade dos estudantes de fazer perguntas e não se conformar com respostas preconcebidas. Os artigos jornalísticos, as imagens diariamente geradas pelos canais de televisão, as páginas web da internet etc., constituem uma matéria próxima com a qual dotar de sentido, motivar e fazer pensar alguns estudantes relutantemente enredados num sistema escolar ancorado em uma visão arcaica, estreita e fragmentada do saber.

Professores dignos de serem lembrados

Quando, ano após ano, nas primeiras aulas da carreira, faço a mesma pergunta a meus alunos e alunas de qualquer matéria: De quantos professores e professoras vocês se lembram? Quase sempre me encontro com as mesmas expressões de surpresa; depois de uns momentos de silêncio, os estudantes tentam lembrar, se concentram, pensam e, algumas pessoas, quase sempre um ou dois alunos, uma ou duas alunas, verbalizam, no máximo três ou quatro nomes: Rafael, meu professor do quarto ano, "me fez descobrir a matemática, porque até então eu não entendia nada, me achava incapaz"; Lídia, uma professora de história "que conseguiu que eu gostasse de uma matéria que achava difícil, chata e distante"... "Daniel me deu uma matéria optativa de comunicação visual, eu era um desastre para o desenho e agora estou aqui por ele." Uns nomes com cara, às vezes umas caras sem nome e, em outras ocasiões, mais frequentemente, a lembrança do professor ou dos professores que amarguraram sua vida.

Curso após curso, os testemunhos dos estudantes eram muito parecidos e, na maioria dos casos, somente recordavam poucos nomes ou poucas rostos de seus professores.

Pensem... tratem de lembrar... nomes, rostos, de quais professores se lembram em quinze, dezoito anos de experiência escolar e universitária. Ano após ano, curso após curso, a maior parte dos alunos pesquisados só conseguiu recordar alguns poucos nomes; muitas outras vezes, nem uma só referência a um(a) professor(a) que lhes tenha marcado em todos os anos de estudo.

Talvez tenhamos a inquietação de nos perguntar: O que um professor precisa ter para ser lembrado por seus alunos? É importante que os alunos se lembrem de seus professores? Ou compartilhamos a mesma mentalidade dos que dizem: "Como o rato vai valorizar o gato?". Sim, ouviram bem! Estas palavras ressoavam pelos corredores de uma faculdade madrilena, quando os professores recolhiam as avaliações que os alunos faziam dos docentes. A frase "Como o rato vai valorizar o gato?", além de outras parecidas, saía da boca de alguns professores que nunca chegaram a recolher suas avaliações docentes.

Vamos dar um exemplo do que significa essa missão que é o privilégio de educar. Muito longe de nós, no Japão, o professor Toshiro Kanamori dava aulas em uma escola primária de Kanzawa, no norte de Tóquio. Todos os anos, no começo do curso, perguntava a seus alunos de aproximadamente dez anos de idade: "O que é mais importante este ano? Para que estamos aqui?". Os alunos respondiam em uníssono: "Para ser felizes". Este professor sabe que sua prioridade é ensinar seus alunos a viverem uma vida feliz e que, para conseguir esse objetivo, era importante serem capazes de cuidar das outras pessoas.

Suas aulas não consideram óbvia a necessidade de ensinar matérias como matemática, língua, mas o professor tem claro que a escola e o sistema educacional em seu conjunto devem educar para a vida. Um programa da cadeia japonesa NHK, intitulado Children Full of Life, de fácil acesso no YouTube (http: www.youtube.com/watch?v=armP8TfS9Is), mostra como Kanamori adapta suas aulas aos acontecimentos da vida e ao estado de ânimo de seus alunos, em diferentes momentos do curso. A morte do avô de um dos estudantes pode gerar uma aula em que a criança que sofreu a perda de seu familiar é convidada a contar seus sentimentos, sem ocultar suas emoções. As outras crianças escutam atentamente o colega e se identificam com ele. Os alunos se animam a contar suas próprias experiências. Mortes de familiares, pessoas próximas, pessoas queridas. Surge a emoção, choram ou mostram sentimentos de empatia para com outras crianças que sofreram uma perda semelhante, talvez uma avó, um avô, o pai ou a mãe. Crianças de dez anos falam livremente de seus sentimentos, sem que ninguém tenha receio de que a aula escape das mãos do professor por ter dado espaço para as emoções. O professor Kanamori não deixa de demonstrar seu afeto por seus alunos. Em um país como o Japão, do qual – no Ocidente – temos uma imagem estereotipada, uma a mais das muitas que utilizamos, vendo-o como um país em que os sentimentos são ocultados, um professor é capaz de abrir para seus alunos a porta das emoções.

Quantos docentes têm claro, como Kanamori, que os bons professores são capazes de vincular a vida com a teoria e a teoria com a vida?[5]

Pioneiros da educação e pedagogos da comunicação

No final do século XIX, o médico e psicólogo Ovide Decroly se interessou pela pedagogia e o fez a partir de seus estudos científicos sobre crianças com doenças mentais. Para Decroly, qualquer teoria só faria sentido se fosse confirmada na prática. Tomando suas próprias palavras: "o desenvolvimento da criança é o resultado de seu crescimento biológico e de sua experimentação ativa no meio em que se encontra". Segundo estes princípios, a escola deverá encontrar-se lá onde está a natureza, lá onde está a vida e o trabalho.

Nas primeiras décadas do século XX, outro grande mestre, Célestin Freinet, utilizou uma tecnologia, tão velha quanto a imprensa, para poder dar a palavra aos estudantes. A imprensa escolar de Freinet serviu para que seus alunos, garotos e garotas de zonas rurais da França, iniciassem uma frutífera correspondência escolar com os estudantes

---

[5] Disponível em: <http://blocs.mesvilaweb.cat/node/comment/id/90078>. Ver o artigo da professora María Lozano Estívalis: (22 de abril de 2008), docente da Universidade Cardenal Herrera – CEU, de Valência, que, a partir da experiência de Kanamori, faz uma excelente reflexão sobre a tarefa de educar.

de outras escolas rurais. Freinet promoveu, na alvorada do século XX, algo que finalmente o Espaço Europeu de Educação Superior assumiu, há pouco tempo, e também o espírito de Bolonha: o aluno deve ser o centro do sistema educativo. Em uma pequena escola rural da França, Célestin Freinet[6] descobriu isso mesmo, há quase um século; um professor, de constituição frágil e moral firme, um MESTRE com maiúsculas, conseguiu transformar os velhos métodos pedagógicos com um modelo de educação simples, que levava em conta, como elemento central de seu método, seus alunos. Freinet, o professor motivador, gerador de atividade na sala de aula, soube valer-se de técnicas e recursos que poderíamos considerar artesanalmente multimídia: uma lousa, talvez danificada, e uma pequena prensa. Com estas poucas palhas, Freinet armou uma cesta com a qual conseguiu implicar dezenas de escolas francesas. Centenas de estudantes se exercitaram em uma forma não habitual de comunicação, e levaram à prática a teoria do texto livre. Uma técnica que animava os alunos a expressarem-se através da palavra ou do texto escrito, sem que o professor tivesse que impor alguma coisa. As técnicas de Freinet conseguiram formar estudantes entusiasmados com a possibilidade de falar do lugar em que habitavam e orgulhosos de poderem contar como era sua escola ou sua cidade, ou de descrever o ambiente em que passavam várias horas por dia.

Freinet entrou na história da educação, mas – na era digital – é um esquecido, nem mesmo os alunos de Pedagogia conseguem compreender a vigência desse extraordinário educador-comunicador. Hoje, mais do que nunca, devemos reivindicar os ensinamentos de Freinet,[7] sua extraordinária intuição e capacidade de antecipação.

Ao mesmo tempo que cantamos as maravilhas da web 2.0 e seguimos na expectativa da futura web 3.0, pensemos, pelo menos desta vez antecipadamente, na comunicação que queremos construir no século XXI.

Outros muitos pedagogos e pedagogas históricos e inovadores[8] contribuíram para uma educação transformadora, que colocava a criança no centro do processo de ensino-aprendizagem, como Maria Montessori, John Dewey, Fernando Giner de los Ríos, Antón Makarenko, Francisco Ferrer Guardia, Jean Piaget, Lorenzo Milani, Lawrence Stenhouse ou o

---

[6] FREINET, C. *Consejos a los maestros jóvenes*. Barcelona, Laia, 1978.
[7] Id. *El diario escolar*. Barcelona, Laia, 1977.
[8] VV.AA. *Pedagogías del siglo XX*. Barcelona, CISS Praxis, 2000.

próprio Paulo Freire e seus seguidores. Todos eles, muito antes de Bolonha, colocaram o aluno no centro do processo de comunicação educativa.

As contribuições de todos os pedagogos citados, e de muitos outros que seguiram estas e outras escolas não mencionadas, nos permitem identificar Paulo Freire[9] como um dos pedagogos cuja proposta estabelece os vínculos mais claros entre educação e comunicação. Freire teoriza sobre a importância de uma alfabetização que ele denomina "conscientizadora". Esta conscientização, herdeira de muitos dos postulados teóricos do mestre francês Freinet, reivindica que a alfabetização não só consiste em ensinar a ler palavras e a expressar-se através da escrita, como também defende uma educação crítica que ajude a interpretar o mundo e, consequentemente, a transformá-lo. Alfabetizar é muito mais que aprender a ler e a escrever; para Freire,[10] é uma forma de conscientização que põe ênfase no processo educativo que vincula pensamento e linguagem, e que não se concentra exclusivamente nos conteúdos ou nos resultados da aprendizagem.

Críticas paralelas à estruturação da informação e do conhecimento

Os profissionais do rádio ou da televisão foram muitas vezes arrastados pela lógica do sistema. O relatório Mac Bride destacou em seu momento "a índole caótica da informação apresentada e a prioridade dada à difusão de informações efêmeras, superficiais ou sensacionalistas, que aumentam o 'ruído' em detrimento da mensagem real".[11] O mesmo relatório adverte em suas páginas sobre como o saber apresentado e acumulado pela mídia revela um caráter de "mosaico" que não se corresponde com as "categorias intelectuais tradicionais".

Já se passaram mais de vinte anos desde essas reflexões e nossas preocupações continuam se identificando plenamente com as ideias anteriormente expressadas. Por exemplo, Federico Mayor Zaragoza, diretor-geral da UNESCO entre 1987 e 1999, nos sugeria: "devemos reconsiderar a organização do conhecimento; para tal devemos derrubar as barreiras tradicionais entre as disciplinas e conceber uma maneira de

---

[9] FREIRE, P. *Educação como prática da liberdade*. Rio de Janeiro, Paz e Terra, 1967.
[10] Id. *Pedagogía del oprimido*. Montevidéu, Terra Nueva, 1970.
[11] MAC BRIDE, S. *Un solo mundo, voces múltiples*. México, Fundo de Cultura Econômica/ UNESCO, 1980, p. 58.

reunir o que, até agora, estava separado".[12] Esta reflexão é absolutamente reveladora do que deveríamos esperar do futuro da educação. E não é casual que nos recorde muito uma linha de pensamento defendida por teóricos como Vallet, Bohm, Paoli, Cloutier, Kaplún ou Toffler. Somente lembrarei que, por exemplo, David Bohm[13] chegou à conclusão de que as teorias criadas pelos homens de ciência incorrem na falsa identificação de uma realidade que se pretende analisar tal como é. Com isso, corre-se o risco de fragmentar o pensamento e realizar uma análise também fragmentada da própria realidade.

As ideias geradas por Bohm e outros colegas, ao redor do conceito de totalidade, deveriam ser consubstanciais ao próprio conceito de educação e de comunicação. No entanto, a educação não nos acostumou a sofrer na própria carne uma ideia fragmentada e parcial do mundo, cheia de compartimentos isolados, que se denominam disciplinas, matérias, especialização etc. Mais de doze anos depois da publicação, na Espanha, das ideias de Bohm, e quase cinquenta anos depois que Antoine Vallet criasse o conceito de "linguagem total",[14] Edgar Morin tenta aproximar-se da definição dos novos saberes necessários para a educação do futuro. Para este autor,

> no século XX houve avanços gigantescos em todos os campos do conhecimento científico, assim como em todos os campos da técnica; mas simultaneamente produziu uma nova cegueira diante dos problemas globais, fundamentais e complexos, e esta cegueira gerou inumeráveis erros e ilusões, começando entre os cientistas, técnicos e especialistas.[15]

Uma das chaves para procurar novas respostas consiste em perguntar-nos sobre como acessar a informação sobre o mundo e como realizar a possibilidade de articular e organizar essa informação. Como perceber e conceber o contexto, o global, o multidimensional e o complexo? Para Morin, a resposta somente pode ser encontrada em uma reforma desse pensamento parcelado, fragmentário e desarticulado. A escola tem sido indicada para atender a essas realidades e a problemas cada vez mais "inter" e "poli" disciplinares, transversais e multidimensionais.

---

[12] MAYOR ZARAGOZA, F. Prefácio à obra *Los siete saberes necesarios para la educación del futur.* Barcelona, UNESCO/Paidós, 2001, p. 14.
[13] BOHM, D. *La totalidad y el orden implicado.* Barcelona, Kairós, 1988.
[14] VALLET, A. *El lenguage total.* Zaragoza, Edelvives, 1970.
[15] MORIN, E. *Los siete saberes necesarios para la educación del futuro.* Barcelona, UNESCO/Paidós, 2001, p. 56.

No entanto, a escola não pode seguir assumindo sozinha desafios que afetem um conceito integral de comunicação. O volume de recursos que mobilizam as televisões públicas, privadas, generalistas e temáticas, transnacionais, regionais, locais etc., supera em muitas centenas de milhões de euros, ou de dólares, as verbas destinadas à educação em continentes inteiros.

Mudanças tecnológicas progressivas

Estamos em um momento de transformação absoluta do universo comunicativo vivido desde que, em 1895, os irmãos Lumière apresentaram a primeira projeção cinematográfica; nessa época, a fotografia continuava gozando de grande popularidade e, anos depois, continuaria sendo o primeiro meio de registro de imagens ao alcance de um número cada vez maior de cidadãos. Em 1923, o rádio se tornou um meio de grande popularidade. As experiências pré-televisivas pioneiras dos anos vinte deram lugar às primeiras emissões de televisão regulares, a partir de 1936, e à afirmação definitiva desse meio na maior parte dos países do mundo, a partir dos anos 1950. A comercialização da fita cassete, em 1964, representou um marco que dava aos usuários a possibilidade de gravar e reproduzir sons, impulsionando uma indústria de meios de comunicação de uso individualizado que já havia nascido com o disco de vinil. O radiocassete se tornou um dos denominados *selfmedia*, junto com outros suportes de cinema para amadores como o 8 mm e o super 8 mm. O aparecimento destes formatos de gravação pioneiros, em áudio e em cinema, representavam um potencial para que, na década de 1960, os próprios usuários, que antes se haviam limitado a ser meros espectadores, começassem a ser produtores das próprias mensagens.

Este amplo potencial de recursos levou o canadense Jean Cloutier a falar da *l'ere emerec*[16] – em português, era do emissor-receptor –, ou o que era o mesmo, na década de 1970, qualquer cidadão tinha a oportunidade de ser ao mesmo tempo emissor e receptor de mensagens, através dos meios audiovisuais que antes ficavam reservados aos profissionais. A utopia à qual Cloutier se referia, em 1972, foi reforçada com a comercialização dos magnetoscópios de vídeo doméstico: em 1973, comercializou-se o vídeo em formato de meia polegada, VHS, e, em 1976, apareceu no mercado o BETAMAX; o vídeo 2000, de patente

---

[16] CLOUTIER, J. *L'ere d'emerec ou la communication autio-scripto visuell à l'heure des self-média*. Montreal, Les Presses de l'Université de Montreal, 1972.

holandesa, foi a terceira marca a aparecer e a primeira a desaparecer. O primeiro magnetoscópio de vídeo profissional foi fabricado pela casa Ampex, em 1956, e constituiu um verdadeiro marco, pois até aquela data os canais de televisão só podiam conservar os programas registrados em suporte de cinema; com a chegada do magnetoscópio, foi facilitada a armazenagem e conservação dos programas, o que permitiu conservar uma grande parte do arquivo histórico da televisão.

Ao seguirmos o ciclo de invenções, achados e desenvolvimentos tecnológicos que se relacionaram com a comunicação audiovisual, entre o final do século XIX até a década de 1970, haveríamos de destacar que esta lista de tecnologias emergentes, disponíveis sucessivamente para um uso individualizado ou coletivo da cidadania, foram aparecendo com intervalos de quinze a vinte anos, o que dava oportunidade para que uma parte da sociedade fosse assimilando as tecnologias renovadas e incorporando seu uso. É muito importante conservar este dado para compará-lo com o que representou – e continua representando – o grande volume de invenções, achados tecnológicos, desenvolvimentos e adaptações que temos vivido nos últimos vinte anos e que continuamos vivendo atualmente. Meios e sistemas de informação e de comunicação que nascem, sofrem uma evolução imediata e se confrontam com outros novos desenvolvimentos. Voltaremos a este tema depois, quando compararemos os conceitos de *nativos digitais* e *imigrantes digitais*, mas, antes, quero concluir esta seção lembrando como alguns educadores foram pioneiros na tentativa de formar seus alunos como novos *emerecs*, emissores-receptores, capazes de desenvolver um pensamento crítico transformador da sociedade.

Educar em matéria de comunicação

Alguns meios foram utilizados de forma imediata por aqueles educadores experientes, que desde o primeiro momento perceberam as imensas potencialidades educativas dos recursos comunicativos. Em muitos países da América Latina, a corrente de Comunicação Popular que se estendeu na América Central e na América do Sul levou esses MESTRES educomunicadores a aplicarem os ensinamentos de Paulo Freire, adaptados ao mundo audiovisual. Na Colômbia, a emissora Rádio Sutatenza foi pioneira no uso do rádio como meio de alfabetização e de ativa participação cidadã. Mario Kaplún[17] e Luis Ramiro Beltrán foram alunos dos educomunicadores pioneiros que utilizaram o rádio como o meio de comunicação mais econômico e eficaz para a alfabetização das comunidades camponesas e das comunidades indígenas que tentavam sobreviver após os muitos anos de políticas de extermínio.

Desde muito cedo, a aplicação dos ensinamentos de Freire sobre alfabetização em lectoescrita foi adaptada ao mundo audiovisual e, no Chile, Valerio Fuenzalida criou a organização CENECA. O conceito de alfabetização audiovisual se estendeu rapidamente por toda a América Latina e, dentro da Europa, a França continuou sendo a pioneira. Já em 1952, Antoine Vallet se referiu ao conceito de *langage total* (linguagem total), diante da necessidade de que a escola transcendesse a visão restritiva que impunha uma alfabetização exclusiva na lectoescrita, para tratar de incorporar o ensino das novas linguagens audiovisuais à escola. Seu discípulo, Francisco Gutiérrez, levou ao continente americano seus ensinamentos a partir dos anos 1960. Por sua vez, outra discípula, desta vez do semiologista francês Christian Metz,[18] chamada Geneviève Jacquinot, se encarregou de aprofundar, em seu livro *Image et Pedagogie*,[19] as relações entre a educação e a comunicação audiovisual.

As décadas de 1960 e 1970 foram a idade de ouro na procura da interação educativa entre meios de comunicação e sistema escolar. Nesse período surgiram em todo o mundo experiências de televisão que pretendiam ser úteis para a educação. Na Europa, a BBC foi a cadeia pioneira em preocupar-se com a educação dos telespectadores em matéria de comunicação, para fazê-los competentes nas novas linguagens. As televisões públicas da Alemanha, Espanha, França, Itália ou Holanda se interessaram em desenvolver experiências de televisão educativa mais ou menos contínuas. A NHK japonesa desenvolveu sua Televisão Escolar incorporando magnetoscópios de vídeo e monitores de televisão nas escolas, promovendo uma interação básica dos professores e dos alunos com o meio televisivo. Na América do Norte, os Estados Unidos foram o país pioneiro em modificar o tópico que identificava a televisão educativa com a monotonia. O *Sesame Street*,[20] conhecido na América Latina como *Plaza Sésamo* e na Espanha como *Barrio Sésamo* (no Brasil, *Vila*

---

[17] KAPLÚN, M. *Una pedagogía de la comunicación*. Madrid, Ediciones de la Torre, 1998.

[18] METZ, C. *Langage et cinéma*. Paris, Larousse, 1971.

[19] JACQUINOT, G. *Image et pedagogie*. Paris, PUF, 1977.

[20] DAVIS, M. *Street gang: The complete history of Sesame Street*. Nova York, Penguin, 2008.

Sésamo), foi o primeiro programa que conseguiu utilizar com sucesso os melhores recursos da televisão a serviço da educação, sendo transmitido em mais de cem países. Na América do Sul, Argentina, México e Colômbia, entre outros países, destacaram-se por desenvolver interessantes experiências televisivas a serviço da educação; e, em outros continentes, em nações como Austrália, Índia, Israel, Egito etc., houve também interessantes iniciativas de televisão educativa.[21] Esta rápida revisão nos faz entender que houve um tempo em que o rádio e a televisão tiveram um uso educativo prioritário e que ainda existem países que dão uma grande importância aos usos educativos da televisão.

A vertigem a partir da década de 1980

Em 1977, surgiu o primeiro computador com um custo de seis mil dólares e, até 1980, não se voltou a ter notícias desta invenção que não suscitou excessivo entusiasmo inicial. Em 1981, foi comercializado o primeiro CD-ROM, contendo números musicais dirigidos por Von Karajan, que fez com que as pessoas se perguntassem como em uma superfície tão plana e sem sulcos podiam caber mais temas musicais que em um disco de vinil. Nesse mesmo ano de 1981, apareceram no mercado os primeiros telefones móveis, uns trambolhos pesados que pareciam transformar seus usuários em operadores de telecomunicações da guerra do Vietnã. A população os recebeu com ironia, e acusou de esnobes os cidadãos que os utilizaram, por certo, com suficientes recursos econômicos para adquirir esta tecnologia aparentemente absurda. Era tão confortável ligar das cabines telefônicas! E isso apesar do medo que nós, os espanhóis, tínhamos de que se trancasse a porta da cabine telefônica enquanto falávamos. O diretor Antonio Mercero e seu filme premiado em Cannes, *La Cabina*, foram os culpados dessa peculiar paranoia ibérica.

Em 1988, aparece a Nintendo Enterteinment System, uma verdadeira revolução para todas as crianças e jovens. Em 1989, foi a vez da Game Boy, em 1995, o MP3 e, em, 2002 o iPod.

Ainda há mais, muito mais, porque – paralelamente – não poderíamos imaginar o mundo sem a World Wide Web (www), que começou seu processo de universalização a partir de 1991. A Netscape surgiu em

---

[21] GARCÍA MATILLA, A. *Una televisión para la educación. La utopía posible.* Barcelona, Gedisa, 2003.

1994, a Internet Explorer em 1995, e o Google em 1998; todos estes achados da indústria representam, sobretudo no caso deste último *site* de busca, o aparecimento de uma série de ferramentas que, em primeira instância, contribuem certamente para nos facilitar a vida, permitindo-nos encontrar qualquer dado que desejemos localizar em somente alguns segundos. Simultaneamente, e junto com as facilidades já expressadas, os docentes e pesquisadores se defrontam com uma grande quantidade de ruídos comunicativos que se traduzem em inexatidão e em toneladas de informação equivocada e trivial. O surgimento das redes sociais, com a pioneira My Space, em 2002, nos faz pensar que, se já é problemático responder às centenas de e-mails que se acumulam em nossos computadores, que será de nós se tivermos de responder a tantas centenas de amigos que a cada dia nos aparecem na rede?

Desde 2005, o YouTube nos permite postar nossas imagens e, desde 2006, ficamos sabendo que a Tuenti é a rede social de mais sucesso na Espanha e que a plataforma Second Life é um *metaverso*. Segundo a Wikipedia, "Os metaversos são ambientes em que os seres humanos interagem social e economicamente como ícones, através de um suporte lógico em um ciberespaço que age como uma metáfora do mundo real, mas sem as limitações físicas".

Seguindo a terminologia criada por Marc Prensky (http: www.marcprensky.com), alguns dos participantes desse ato acabam de comprovar que somos imigrantes digitais, recém-chegados ao país digital, diante desses alunos que já nasceram nesse país simbólico que se identifica com um contínuo fluxo de mudanças e transformações tecnológicas. Como diz Prensky (http://www.nobosti.com/spip.php?article44), será imprescindível que os professores estejam conscientes de que seus alunos são os nativos e eles os imigrantes dessa hipotética nação digital.

Em um país em que imigrantes e nativos compartilham as mesmas tecnologias, devemos nos perguntar se nossos governantes percebem claramente este momento de oportunidade: o apagão analógico que aconteceu nos primeiros meses de 2010.

Em um momento de tantas oportunidades, nosso país volta a demonstrar as mesmas debilidades que se manifestaram, de maneira intermitente e contínua, ao longo de sua história. Nem a nova televisão, nem os novos sistemas globais de informação e comunicação que surgirem desta etapa histórica poderão eludir uma reflexão global sobre que modelo de comunicação queremos desenvolver em nosso país. Esta era digital se move entre diversas lógicas que, por sua vez, adotam formas metafóricas: por um lado, aquela defendida por quem sente o risco de que, no contexto atual, seja acentuada a brecha digital, por outro, aquelas que veem a oportunidade histórica de poder construir um imprescindível trampolim digital que nos permita dar um salto quantitativo e qualitativo no desenvolvimento econômico, social, educativo e cultural. De nós depende contribuir para acentuar essa brecha ou para ajudar a construir os mecanismos desse trampolim de forma a nos permitir dar um salto recorde.

Devemos pensar que a profunda transformação que se propõe desde este novo entorno digital tem implicações que afetam a sociedade em geral e muito especialmente o contexto econômico, educacional e cultural, com ramificações que se estendem, além das áreas citadas, a outras como: a história, a história da arte, a psicologia, a sociologia, a ciência política, a ética, a filosofia, e, inclusive, a metafísica. De propósito, deixei em último lugar as áreas tecnológicas, porque é aí, no diálogo entre as ciências sociais, as humanidades, as ciências e as áreas específicas do âmbito tecnológico, onde apostamos o futuro. Todos deveríamos participar desse debate que precisaria ser liderado a partir da universidade.

O papel da universidade

O que significa divulgar a educação em comunicação a partir da universidade do século XXI?

Quando imaginei o título deste artigo, procurei conscientemente a aceitação mais genérica do termo "divulgar", aquela que se liga ao conceito de "esfera pública", definido pelo filósofo alemão Jurgen Habermas[22] e que se identificaria com os conteúdos que queremos tornar públicos.

Em primeiro lugar, que modelo de educação queremos promover durante este século XXI? Essa questão deveria recuperar as melhores descobertas feitas pelas correntes pedagógicas que focam a ação educativa no processo de trabalho do aluno e que são capazes de adaptar-se a um mundo de realidades mutáveis. As contribuições dos educadores citados neste artigo nos permitem a aproximação de uma perspectiva da educação que já defini em trabalhos anteriores (García Matilla, 2003):

---

[22] HABERMAS, J. *El discurso filosófico de la modernidad*. Madrid, Taurus, 1989.

A educação implica favorecer o desenvolvimento integral da pessoa, partindo de suas próprias necessidades, apoiando seu crescimento físico e psíquico, permitindo o exercício de todo um potencial de habilidades valiosas, servindo a uma socialização que conscientize o indivíduo de seu papel no mundo e da necessidade de relacionar-se com os demais, a partir da solidariedade, do respeito e da tolerância. A educação deveria servir para motivar e incentivar a construir o desejo de aprender. A aprendizagem é um processo dinâmico construído desde o próprio indivíduo e depende também indissoluvelmente de seu contexto. A aprendizagem não se impõe de fora, sempre se constrói.

Como vimos nas experiências relatadas, educar é

comunicar o afeto, é também ajudar a construir a sensibilidade, fomentar a criatividade, formar na autoestima e ensinar a observar o mundo a partir da emoção e, ao mesmo tempo, dar estímulos para que a própria pessoa saiba canalizar essas emoções e viver em sociedade (García Matilla, 2003).

Se, fundamentalmente, estamos de acordo com estas ideias, a segunda pergunta nos levaria a questionar-nos de que forma podemos fazer com que os conteúdos considerados imprescindíveis na educação sejam atraentes para nossos alunos, os estudantes nativos digitais mencionados por Marc Prensky em seu artigo "Nativos e imigrantes digitais". A hipótese de Prensky é de que os cérebros de nossos alunos já mudaram e nós, os professores, como imigrantes digitais deveríamos nos perguntar como ser competentes para enfrentar esta tarefa de servir de "facilitadores" do aprendizado de nossos alunos.

Prensky dá algumas respostas, ao dizer-nos que é preciso criar uma nova metodologia que faça com que os professores aprendam a comunicar-se na língua e no estilo de seus estudantes. Ao mesmo tempo, fala da necessidade de explicar dois tipos de conteúdos: o primeiro, denominado "herança", atenderia a todos os conteúdos tradicionais identificados com a leitura, a escrita, a matemática, o pensamento lógico etc.; e o outro, denominado "futuro", seriam os conteúdos vinculados com o mundo digital e tecnológico. A inclusão deste tipo de conteúdo de futuro permitiria motivar os alunos a sentirem-se "aludidos" e diretamente afetados por uma mudança de orientação global no método de ensinar e aprender.

Décadas atrás, muitos pesquisadores da educomunicação defenderam a educação em comunicação como uma forma de ensinar as linguagens, as técnicas e as formas de aproveitamento didático dos meios audiovisuais. Ao mesmo tempo, promoviam a criatividade de crianças e jovens através de meios como o cinema, o vídeo ou o rádio. Se os usos tecnológicos de nossa época modificaram também a forma de raciocinar de crianças e jovens, até o ponto de haver mudado sua forma de estruturar o pensamento; se todo educador deve estar aberto e atento às mudanças e se, como estamos comprovando, crianças e jovens demonstram novas aptidões que deveriam ser levadas em conta nesse processo global de transformação do ensino, só nos resta continuar aprendendo e sermos capazes de adaptar antigos conceitos à nova e atual realidade digital. Por exemplo, estudos recentes nos demonstram que a criação de videogames aplicados ao ensino permite entrar nas novas lógicas de aprendizado de crianças e jovens. O uso dos videogames no ensino é uma das propostas de pesquisadores que, como Marc Prensky ou Paul Gee James, consideram os benefícios desta inclusão, até mesmo em níveis universitários de ensino.

Todas essas propostas incidem na necessidade de adotar novas formas de ensinar e, inclusive, de abordar uma nova proposta sobre quais deveriam ser os conteúdos mais relevantes e prioritários nos novos modelos de ensino. Todas as propostas inovadoras que poderíamos apresentar seriam completamente compatíveis com a metodologia de processo que encontramos na linha de trabalho que explicamos durante todo este capítulo, recuperando o pensamento de Freinet, Freire, do próprio Cloutier, e aplicando os ensinamentos de todos aqueles que se preocuparam em encontrar uma idônea exploração das possibilidades tecnológicas e comunicativas que os novos sistemas de informação e comunicação permitem.

O conceito de alfabetização digital deveria implicar também a recuperação de conceitos com os quais estamos trabalhando ao longo de décadas e que requerem que os professores sejam novos facilitadores da aprendizagem dos estudantes. Sem renunciar ao exercício de uma autoridade que reconhece nosso saber e capacidade, os professores deveriam ser permeáveis para aproveitar, de maneira construtiva, a colaboração de nossos alunos. Escutarmos o aluno, trabalharmos a partir de suas capacidades e sentir-nos autenticamente "facilitadores" de sua aprendizagem é o desafio que temos hoje, nós, os professores de todos os níveis educacionais. Deveremos continuar coordenando esse processo de ensino-aprendizagem e, ao mesmo tempo, deveremos nos sentir de alguma maneira administradores sensíveis desse trabalho em que o grau de motivação de nossos alunos dependerá, em grande medida, de sua convicção em que desta vez o sistema educacional aposta neles e promove sua iniciativa dentro do processo de ensino-aprendizagem.

Em teoria, Bolonha seria uma insuperável oportunidade para recolher as melhores contribuições da História da Educação e incorporar os novos recursos com que contamos neste ambiente digital que envolve a todos nós. Nossa obrigação é conseguir o máximo rendimento, a máxima criatividade desse pensamento tecnológico natural de nossos alunos, nativos digitais capazes de pensar a comunicação em forma múltipla e colaboradores imprescindíveis na tarefa de fazer com que esse entorno comunicativo mutável seja colocado a serviço de um mundo melhor.

A necessidade de transformar a mídia e os sistemas de informação e comunicação em aliados

O que aconteceu de melhor na primeira década do século XXI é que, com o desenvolvimento dos sistemas multimídia, as possibilidades de uma comunicação aplicada ao progresso da educação e da cultura aumentaram enormemente. As intuições de precursores como Vallet ou Cloutier, entre os anos cinquenta e setenta do século XX, são hoje absolutamente viáveis e se plasmam na atividade desenvolvida no contexto das redes sociais que promovem intercâmbios comunicativos valiosos, produzidos por emissores-receptores (esses "emerecs" aos quais se referiu Cloutier) potencialmente capazes de fazer propostas integrais de comunicação através de diversos suportes, com a mediação de ricas e variadas linguagens capazes de produzir conteúdos hipermídia.

A má notícia é que esse imenso caudal de possibilidades está sendo utilizado também para perpetuar formas empobrecedoras de comunicação. As redes sociais nem sempre garantem um uso consciente e enriquecedor de sistemas e meios de comunicação para promover intercâmbios inteligentes. Em numerosas ocasiões, os meios audiovisuais convencionais, como as cadeias de televisão, limitam-se a verter conteúdos convencionais, produzidos em formatos igualmente convencionais.

É preciso contar tanto com os meios de comunicação de massas (rádio e televisão) como com os sistemas de informação que se encontram em uma etapa de frutífera convergência (internet, novas formas de telefonia, novas aplicações interativas para a televisão etc.). Como já expressou Geneviéve Jacquinot:

a escola deve situar-se diante de todas as telas. Porque deve aproveitar todos os novos recursos que as máquinas oferecem e, simultaneamente, as mensagens que produzem ou difundem; porque deve ensinar, a todos aqueles que a frequentam, a utilizar estas ferramentas que vão ser as de sua vida cotidiana, pessoal e profissional. E, especialmente, porque só ela pode proporcionar, a todos aqueles que, se não fosse por sua intermediação, não poderiam dispor deles, os conhecimentos instrumentais básicos sem os quais todas as imagens de todas as telas do mundo seriam para sempre propriedade de uns poucos: e que o conhecimento é a única coisa no mundo que se pode compartilhar sem perder nada.[23]

A tarefa de gerar estratégias integrais para um aproveitamento didático dos aspectos positivos dos meios de comunicação e dos sistemas de informação resulta absolutamente prioritária na nova escola, sendo também prioritário que os responsáveis pelos conteúdos trabalhem de forma sistemática a favor da educação. Para isso, é preciso recuperar o conceito de serviço público em todos os meios e sistemas públicos e privados.

É urgente que a educação em matéria de comunicação, ou a educomunicação, se recorrermos ao conceito utilizado desde o começo deste capítulo, seja incluída na escola nesse sentido transversal que sempre deveria ter tido, com um afã de construção e reconstrução permanente do pensamento crítico.

---

[23] JACQUINOT, G. *La escuela frente a las pantallas*. Buenos Aires, Aique, 1997, p. 187.

Educomunicação digital

8

Criação multimídia e alfabetização na era digital

ALFONSO GUTIÉRREZ MARTÍN[*]

Introdução

A convergência de informação, telemática e mídia tem dado lugar a importantes mudanças na transmissão da informação e criação do conhecimento. Com a digitalização e a convergência de tecnologias multimídia:

- aumenta o acesso à informação, sua velocidade de processamento e distribuição;
- torna-se possível a segmentação de públicos-usuários e a criação e emissão de mensagens também por eles;
- surgem novas linguagens para comunicar-se, novas formas de conhecer e pensar.

A educação formal não pode permanecer alheia a mudanças tão significativas na criação, gestão, distribuição e recepção da informação. Os profissionais da educação são obrigados a refletir constantemente sobre as implicações educativas que os desenvolvimentos tecnológicos trazem para a sociedade em geral, e para os ambientes educativos, de modo particular.

Diferentemente do que acontece na vida diária dos estudantes, os sistemas educacionais continuam concentrados, quase exclusivamente, na linguagem verbal. Quando a alfabetização audiovisual ainda não se estendeu suficientemente nos planos de estudo da maior parte dos países desenvolvidos e em vias de desenvolvimento (apesar de que a televisão é uma constante, inclusive em países subdesenvolvidos), a forma predominante de estruturar e transmitir a informação no mundo está lenta, mas sendo significativamente modificada em direção ao que podemos

---

[*] Alfonso Gutiérrez Martín é professor da Escuela de Magisterio, Universidade de Valladolid, *campus* de Segóvia.

chamar de linguagem *multimodal* e *multimídia* nas novas redes de comunicação e redes sociais. Uma linguagem multimodal e multicódigo, com suas próprias características, a qual serve de encontro e integração com outras linguagens como a verbal e a audiovisual.

No começo do terceiro milênio, a forma como se produz e se tem acesso à informação deixou de depender quase exclusivamente da imprensa e do papel (a cultura do livro) para estar mais relacionada com bases de dados eletrônicas e redes de intercâmbio e distribuição de documentos multimídia.

Estas mudanças exigem novas habilidades técnicas e de interpretação, para a criação e o acesso ao saber, exigem o conhecimento de novos sistemas simbólicos. A integração do texto, som e imagem nos documentos multimídia, junto com a interatividade, fazem desta linguagem algo específico que nos obriga a considerar já a *alfabetização* "multimídia", "digital" ou "midiática" como uma necessidade de hoje e algo imprescindível para um amanhã que se aproxima.

Assim parecem entendê-lo os especialistas do Conselho da Europa que, nas "Conclusões do conselho de 27 de novembro de 2009 sobre a alfabetização midiática no ambiente digital", declararam que

> para o fomento da alfabetização midiática resulta crucial reconhecer que a revolução digital supõe vantagens e oportunidades significativas, enriquecendo a vida das pessoas em termos de facilidade de comunicação, aprendizagem e criação, e que tem transformado a organização da sociedade e a economia.

Também manifestam que

> o sistema educacional, inclusos tanto o ensino formal e informal como o não formal, pode desempenhar um importante papel no impulso e melhora da alfabetização midiática, assim como da criatividade e do potencial de inovação em toda a sociedade e, especialmente, nas crianças e jovens, que por sua vez podem desempenhar um papel importante na transmissão destes conhecimentos a suas famílias (União Europeia, 2009).

A alfabetização midiática ou "digital", ao contrário da alfabetização tradicional concentrada na lectoescrita, é também necessária para os já "alfabetizados" e, inclusive, para os próprios professores. Para muitos docentes é incômodo ter que harmonizar seu *analfabetismo tecnológico* com seu alto nível cultural e com sua função básica de alfabetizar, socialmente atribuída a estes profissionais. Consideramos a criação multimídia como um bom ponto de partida tanto para a alfabetização digital dos alunos no ensino obrigatório como para a "re-alfabetização" do professorado.

O que entendemos por alfabetização multimídia

O conceito de alfabetização, em um princípio dirigido exclusivamente à linguagem verbal e aos procedimentos mecânicos de codificação e decodificação de textos, tem evoluído substancialmente nas últimas décadas. Foi superado seu caráter meramente instrumental de lectoescrita, para refletir sobre suas implicações individuais e sociais, assim como a finalidade última da alfabetização e sua influência na transformação dos modelos de sociedade.

Na Conferência Geral da UNESCO, de 1958, adotou-se o seguinte critério para efeitos sobretudo estatísticos: "Está alfabetizada toda pessoa que pode ler e escrever (com compreensão) um enunciado simples e breve que se relaciona com sua vida cotidiana". Esta definição se transformou numa referência para medir a alfabetização nos censos nacionais.

Anos mais tarde, em 1978, a Conferência Geral da UNESCO adotou uma definição da alfabetização "funcional" que ainda hoje é utilizada: "Está alfabetizada funcionalmente toda pessoa que pode realizar todas as atividades em que é necessária a alfabetização para propiciar um funcionamento eficaz de seu grupo ou comunidade e permitir-lhe continuar utilizando a leitura, a escrita e o cálculo, visando a seu desenvolvimento individual e ao da comunidade". Segundo esta definição, é analfabeta funcional a pessoa que não pode empreender as atividades nas quais a alfabetização (saber ler e escrever) é necessária para a atuação eficaz em seu grupo ou comunidade. Na mesma linha, em resolução adotada em 2002 pela Assembleia Geral da ONU sobre o Decênio da Alfabetização (2003-2012), adverte-se que

> a alfabetização é essencial para que toda criança, jovem e adulto, adquira os conhecimentos essenciais para a vida cotidiana que lhes permitam enfrentar os problemas com os quais podem tropeçar na vida, e representa um avanço indispensável no ensino fundamental, que é um meio primordial para a participação eficaz nas sociedades e na economia do século XXI.

Se destacamos aqui o caráter social e libertador da alfabetização é porque, com o surgimento de novos e sofisticados dispositivos digitais para a criação de textos multimídia e, também, com a combinação de diversos sistemas simbólicos, corremos o risco de voltar a concentrar nossa atenção no estudo das "formas", em detrimento do "conteúdo", corremos o risco de ficar no estudo dos "meios", sem chegar aos "fins".

A alfabetização multimídia que aqui propomos pretende superar a mera habilidade mecânica de codificar e decodificar textos em diferentes linguagens para focalizar as implicações individuais e sociais de sua criação, difusão, interpretação, utilização etc.

A alfabetização funcional consiste ao menos em dispor da faculdade para a comunicação e, na medida em que as formas predominantes de comunicar vão se modificando (de oral à impressa, desta à audiovisual, e da audiovisual à multimídia), também terá de fazê-lo o conceito de alfabetização. A alfabetização multimídia do novo milênio será aquela que capacitar as pessoas não só para utilizar os procedimentos adequados ao se deparar criticamente com distintos tipos de texto (diferentes quanto a sua função e seu sistema de representação simbólica), como também para avaliar o que acontece no mundo e melhorá-lo na medida de suas possibilidades (Gutiérrez, 2003).

À procura de uma definição integradora

O leitor observou que não é nossa intenção entrar aqui em disquisições semânticas sobre que adjetivo acompanha o conceito de "alfabetização", ao qual, indistintamente, denominamos multimídia, digital, midiática, multimodal...

Embora não nos pareça muito certo o termo "digital" (nenhum o seria), é ele que mais tem sido utilizado para definir a alfabetização necessária para este novo século. O termo, em princípio, se associa diretamente com aspectos tecnológicos e se aplica amplamente para dar uma auréola de modernidade a qualquer dispositivo eletrônico que se queira vender. Por outra parte, acrescentar este adjetivo ao conceito de alfabetização pode contribuir para limitar, mais que esclarecer, seu significado. Do mesmo modo que, quando se fala de alfabetização matemática ou musical, se limitam os conhecimentos básicos aos de um determinado ramo do saber. Admitindo e partindo do reducionismo de considerar a alfabetização como ensinar a ler e a escrever, as novas necessidades de formação básica na sociedade atual levaram numerosos autores a falar de "novas alfabetizações" (Jenkins et al., 2006; Dussel, 2010), ou "alfabetizações múltiplas" (Lacasa, 2010; Bergomás, 2010) e, inclusive, de "multialfabetizações", "multiliteracidades" ou "multilectoescritas" (Cope e Kalantzis, 2000; Jenkins et al., 2006; Cope e Kalantzis,

2009; Robison, 2010). Com esta profusão terminológica, corremos o risco de perder de vista o caráter global da formação básica da pessoa e transformá-la em uma soma (não necessariamente integração) de conhecimentos, capacidades e habilidades de distintas áreas de conhecimento. Uma vez advertidos deste perigo de "atomização", que sobretudo responde à tradicional classificação das ciências e das especialidades do professorado, poderíamos sim falar de "alfabetização múltipla" ou "multimodal", "multimídia" etc.; de uma alfabetização (em singular) com distintas dimensões e características, segundo as necessidades de cada época (Gutiérrez, 2003; Kress, 2003).

Quando aqui falamos de alfabetização multimídia digital, não pretendemos nos referir aos conhecimentos básicos da digitalização, da informática etc. Para nós, demandar uma "alfabetização digital" para todos seria simplesmente como pedir uma formação básica para todas as pessoas, seria como dizer "alfabetização" para todos, sem adjetivos, sem sobrenomes. Com o adjetivo "digital" queremos simplesmente fazer constar algo que, por outro lado, deveria ser óbvio: que qualquer alfabetização válida para nosso tempo deve levar em conta as características básicas da sociedade digital em que vivemos e na qual se desenvolvem as pessoas alfabetizadas. Trocando em miúdos: qualquer alfabetização terá de incluir conhecimentos básicos sobre as formas mais comuns de codificar e decodificar significativamente informação verbal, sonora, visual, audiovisual e multimídia.

O novo conceito de alfabetização se caracteriza não só por seus novos conteúdos, como também pelo momento e modo em que é adquirida. A alfabetização, atualmente, não pode ser entendida como a formação básica ou o ensino fundamental, que corresponde, em geral, aos primeiros anos de escolaridade e que termina com a aquisição das habilidades básicas de lectoescrita. A alfabetização, em seu sentido de capacitação básica para a vida, será uma atividade permanente que evolua como a própria vida. Quanto ao modo de chegar a estar "alfabetizado", isso já não depende tanto nem tão exclusivamente da ação direta de um sistema de educação formal que se ocupa de ensinar "as quatro regras" aos estudantes. Cada vez é maior a influência de instâncias de educação não formal e a de outros agentes de educação informal, como podem ser a própria mídia e as numerosas fontes de informação.

O abuso de expressões como "alfabetização digital" ou "midiática" na literatura recente está gerando certa confusão e posturas muito diversas sobre os objetivos da formação em meios, a educação em matéria de comunicação ou a alfabetização digital.

No conceito global de alfabetização multimídia, incluímos integradas as distintas alfabetizações, os diversos conteúdos (conceituais, procedimentais e comportamentais) considerados como básicos e imprescindíveis para a comunicação e a representação de mensagens, utilizando distintas linguagens e meios. Tyner (1998: 92-97) considera seis diferentes multialfabetizações para cobrir o que para nós constituem os conteúdos de uma educação multimídia básica.

Esta autora nos fala de três alfabetizações instrumentais e outras três representacionais. As três primeiras estariam relacionadas com os conhecimentos mínimos sobre informática (*computer literacy*), redes (*network literacy*) e tecnologia (*technology literacy*) respectivamente. As três restantes focalizam mais a análise das mensagens e de como o significado é produzido, e giram em torno da informação (*information literacy*), da imagem visual (*visual literacy*) e da mídia (*media literacy*). Existem claras inter-relações entre estas *alfabetizações*, e as características que compartilham não nos permitem falar de nenhuma delas separadamente.

"Alfabetização digital" é o termo que tem sido mais utilizado para definir a alfabetização necessária para o século XXI. Gilster (1997) é um dos autores que mais tem contribuído para a generalização deste termo, embora consideremos sua definição de alfabetização digital demasiado focada no uso do computador e da internet. Segundo ele, a alfabetização digital é "a capacidade de entender e, sobretudo, de avaliar e integrar informação em múltiplos formatos, através do computador e da internet".

The New Media Consortion (2005: 2) se refere à alfabetização do século XXI como "a capacidade de entender o poder das imagens e dos sons, de reconhecer e usar este poder, de manipular e transformar documentos digitais, de distribuí-los e adaptá-los facilmente a novas formas".

É o que aqui chamamos de alfabetização multimídia e onde pretendemos reunir os objetivos e conteúdos mínimos de todas as abordagens (ou alfabetizações) anteriormente citadas.

Se, por razões puramente formais, tivéssemos que distinguir entre prévias alfabetizações (como a verbal, audiovisual, informática, musical, telemática, artística etc.) e a alfabetização multimídia, talvez esta última não teria como principal característica definidora o próprio fato de ser "multimídia" em seu sentido mais rigoroso: a integração de texto, som e imagem. Na realidade, como afirma Lemke (1997), "qualquer alfabetização é alfabetização multimídia: não é possível criar significado com a língua por si só, deve existir sempre uma realização visual ou oral dos signos linguísticos que dá significado não linguístico em si mesma (como o tom de voz ou o estilo)". Segundo este autor, portanto, para que os signos possam funcionar como tais, devem ter algum tipo de realidade material ou suporte, uma "forma de ser material" que seja portadora de significados codificados com mais de um código. "Toda a semiologia – diz – é semiologia multimídia, e toda alfabetização é alfabetização multimídia". Paradoxalmente, pois, a característica mais definidora dos novos documentos multimídia não seria o fato de serem multimídia, e sim sua *estrutura hipermídia* e sua *interatividade*, que determinam uma forma de apresentar a informação diferente da tradicional. Diante da linearidade dos discursos verbal e audiovisual, os novos produtos apresentam a informação em estrutura de *rede*; enquanto os documentos verbal e audiovisualmente codificados fazem uma proposta única de percurso, os documentos multimídia apresentam diferentes alternativas de *navegação* pela informação, todas elas igualmente válidas.

A combinação de meios e linguagens para criar e transmitir mensagens, que é muito evidenciada nos ambientes multimídia, não é nova. Ao longo de toda a história têm sido utilizados, de forma conjunta, distintos modos de representação (textos, sons, imagens, gestos). Um bom orador transmite mais, e de forma distinta, que o que transmitiria seu discurso escrito e lido. A entoação, o gesto, o aspecto, a postura, a atitude do falante etc., se integram com a linguagem verbal para produzir significados. Em distintas épocas históricas, como já comentamos, temos assistido a desenvolvimentos tecnológicos que nos permitiram o registro, para posterior reprodução, de textos, sons e imagens (escrita, imprensa, toca-discos, fotografia, cinema etc.). Nas últimas décadas tem sido frequente a combinação de meios (*slides*, livros, transparências, fitas de áudio e de vídeo) na elaboração de materiais destinados a ambientes formativos. Falava-se de multimídia em suporte múltiplo. Cada meio possuía seu modo particular de produzir, armazenar, transportar, estruturar, reproduzir etc., os conteúdos, e todos eles se integravam *a posteriori* para formar um total, um pacote multimídia, em que as partes são interdependentes e se combinam com a finalidade comum de representar e transmitir.

O espetacular desenvolvimento dos processadores nos computadores pessoais possibilitou que os textos, os sons e as imagens que eram registrados nos distintos meios (papel, fita cassete, celuloide etc.) encontrassem uma linguagem comum (a linguagem digital de zeros e uns) e um suporte único. Embora, no princípio, somente a informação alfanumérica pudesse ser traduzida para zeros e uns, mais tarde os gráficos, e agora também o som e o vídeo, puderam ser digitalizados e sua informação é suscetível de ser interpretada pelo computador.

Podemos, portanto, considerar a digitalização como outra das características fundamentais de ambientes e documentos multimídia. Com a digitalização, superam-se as dificuldades dos multimídia de suporte múltiplo e se favorece, em boa medida, a integração de linguagens. Textos, gráficos, sons e imagem (fixa e em movimento), uma vez digitalizados, podem ser modificados, editados e combinados muito facilmente entre si. Podem ser realizadas infinitas combinações de linguagens, organizar-se de distintas formas, fazer cópias exatas do original, criar índices que ajudem a localizar a informação etc.

A digitalização da informação também facilita enormemente sua transmissão através das redes de comunicação, assim como o acesso praticamente imediato a um documento, de qualquer parte do mundo (do mundo conectado, claro), e a navegação pelo ciberespaço de um segmento de informação a outro.

A possibilidade de navegação e a estrutura hipermídia da informação permitem superar a ideia de documento como algo acabado, que existe em um tempo e em um espaço. Parafraseando o poeta Antonio Machado, poderíamos dizer que, do mesmo modo que "o caminho se faz ao andar", o documento na rede se constrói ao mover-se pela informação, ao pular de um espaço a outro com o qual está vinculado, deixando atrás outras muitas opções que outro usuário teria escolhido, com quem teria "construído" um documento distinto. Em uma imensa rede de informação, em que cada fragmento está vinculado com outros que, por sua vez, estão conectados com muitos outros, poderíamos também falar de documento único, em contínua mudança e impossível de abordar em sua totalidade, do qual cada usuário só processa as partes que lhe interessam ou aquelas em que suas habilidades de navegação lhe permitem chegar. A localização deste documento único e fragmentado é múltipla, reparte-se por computadores de todo o mundo, encontra-se no ciberespaço, e seria acessado a partir de qualquer ponto de conexão. Cada um dos fragmentos pode possuir a lógica linear dos textos verbais e audiovisuais tradicionais, ao mesmo tempo que é ponto de entrada, de passagem ou de saída de diversos hiperdocumentos.

Um primeiro nível de alfabetização multimídia capacitaria o indivíduo para construir significados, a partir dos novos modos de representar e apresentar o mundo, que surgem com o desenvolvimento de novas tecnologias, novos complexos comunicativos e diversos sistemas simbólicos. Resulta óbvio pensar que, inclusive considerando a alfabetização multimídia, em seu sentido mais restrito de saber ler e escrever os novos hiperdocumentos, ela incluiria outras alfabetizações (verbal, audiovisual e informática) que nos permitiriam a utilização significativa dos componentes de multimídia: texto, som e imagem, assim como seu processamento informático.

A alfabetização multimídia não é acrescentada à alfabetização verbal ou à audiovisual, mas as integra, contribuindo com características próprias de interpretação e relação com o documento, derivadas da interatividade. Por uma parte, produz-se a convergência de linguagens e meios e, por outra, se modificam substancialmente os contextos e as condições de recepção/imersão.

Esta alfabetização multimídia não deve ser entendida como a aquisição descontextualizada das habilidades e conhecimentos anteriormente citados que, uma vez adquiridos, podem ser utilizados na interpretação da realidade. Entenderemos mais a alfabetização multimídia como um processo que é parte integral da interação social através da qual o indivíduo irá desenvolvendo sua personalidade.

As interpretações que fazemos dos códigos e mensagens são, em parte, individuais; contudo, por outra parte, também são reflexo do lugar que ocupamos em uma determinada sociedade: nossa faixa etária, gênero, poder aquisitivo, preferências, tradições, família etc. A alfabetização multimídia, como qualquer outra, será sempre um processo social com repercussões na transformação da própria sociedade.

Objetivos da alfabetização multimídia

Os objetivos mais gerais da alfabetização multimídia já foram, de algum modo, esboçados quando nos referimos ao conceito de alfabetização (nas seções anteriores) como algo mais que uma simples competência de decodificação automática. Competência que, até agora, sobretudo em âmbitos de educação formal, tem sido quase exclusivamente alfabética. A integração da linguagem verbal em contextos multimídia e o surgimento de novas tecnologias no processamento da informação nos obrigam a modificar as competências mínimas da alfabetização funcional.

A complexidade dos sistemas comunicacionais atuais poderia fazer com que essas competências mínimas da alfabetização funcional ficassem reduzidas às específicas do manejo da informação e dos dispositivos tecnológicos correspondentes, sem propiciar o conhecimento e a comunicação interpessoal. Já faz mais de uma década que nos referimos à educação multimídia como

> aquela que, fazendo uso das tecnologias predominantes em nossa sociedade atual, permite que o aluno consiga os conhecimentos, habilidades e atitudes necessários para: comunicar-se (interpretar e produzir mensagens), utilizando distintas linguagens e meios; desenvolver sua autonomia pessoal e espírito crítico, o que lhes treinaria para [...] formar uma sociedade justa e intercultural, que conviva com as inovações tecnológicas próprias de cada época (Gutiérrez, 1997: 12).

Este objetivo atribuído à educação multimídia (que bem poderia ser a finalidade de qualquer tipo de educação) de formar uma sociedade justa e intercultural, com pessoas críticas, somente poderá ser alcançado se, como alfabetização, considerarmos a capacitação para transformar a informação em conhecimento e fazer do conhecimento um elemento de colaboração e transformação da sociedade.

Como objetivos mais imediatos da alfabetização multimídia, poderíamos indicar:

• Proporcionar o conhecimento das linguagens que conformam os documentos multimídia interativos e o modo como se integram.

• Proporcionar o conhecimento e uso dos dispositivos e técnicas mais frequentes de processamento da informação.

• Proporcionar o conhecimento e propiciar a avaliação das implicações sociais e culturais das novas tecnologias multimídia.

• Favorecer a atitude de receptores críticos e emissores responsáveis em contextos de comunicação democrática.

Com estes objetivos, talvez demasiados gerais e amplos, pretendemos evitar o risco de cair em definições de alfabetização multimídia que reduzem suas pretensões à aquisição de uma série de habilidades puramente instrumentais e necessárias para lidar com dispositivos e documentos multimídia.

Parece-nos interessante esclarecer como, ao contrário dos objetivos predominantes na alfabetização audiovisual e na educação para a mídia, que costumam focar na recepção crítica, quando se fala de alfabetização multimídia, se tende a considerar como objetivo prioritário a criação de aplicações e documentos. Se, com esta *criação*, se pretendesse algo mais que aprender a lidar com algumas ferramentas informáticas, estaríamos inclinados a dizer que foi dado um salto qualitativo e importante da recepção à emissão, da passividade assumida, própria da grande mídia, à criação ativa que os meios unipessoais possibilitam.

A enorme diferença entre o número de mensagens que recebemos e os que emitimos através da mídia e das redes de comunicação será provavelmente aumentada no futuro. A alfabetização multimídia, mesmo acentuando a criação de mensagens e documentos, não pode esquecer uma educação para a recepção crítica e, ao mesmo tempo, desenvolver a expressão e a criação, a participação ativa nos processos de comunicação e a apropriação dos meios pelos usuários. No entanto, ser capaz de lidar com textos, sons e gráficos para criar uma apresentação, suficiente, segundo algumas publicações, para que alguém seja considerado *alfabetizado* em multimídia, não seria mais que o equivalente a uma leitura e escrita mecânicas na alfabetização tradicional.

A criação multimídia como princípio básico da alfabetização na era da informática

A alfabetização para o século XXI cumprirá melhor seus objetivos se, tanto a formação do professorado como a aprendizagem dos alunos, forem construídas ao redor da criação de documentos e da elaboração e difusão das próprias mensagens. A alfabetização multimídia contribuirá para formar cidadãos livres se forem superados os limites da recepção para passar à criação; se a recepção crítica for trabalhada desde a própria criação de documentos multimídia. Nossa proposta de uma alfabetização multimídia que capacite para uma participação livre na sociedade do terceiro milênio e, em última instância, para poder transformá-la, parte da atividade criativa dos alunos/professores.

Independentemente do fato de que partir do trabalho com programas de autor resulte mais ou menos acertado do ponto de vista metodológico, a importância de fazê-lo radica em que com isso se modificam substancialmente as abordagens tradicionais e a posição que nelas costuma ser dada ao educando. A aprendizagem não se produz com base na posição de mero receptor da informação e usuário de alguns programas, mas, sim, faz parte do protagonismo do aluno-professor, que se serve de uma tecnologia e de algumas estratégias para ir entrando, com espírito pesquisador, no mundo da multimídia.

Ao protagonismo do educando, como característica da alfabetização multimídia que propomos, une-se a abordagem global que pretendemos dar-lhe. A alfabetização multimídia como tal não está sistematizada; em geral, entende-se que a soma da alfabetização verbal + alfabetização informática + alfabetização audiovisual daria como resultado uma série de conhecimentos sobre as características das novas mídias e suas formas de significar que poderiam corresponder à alfabetização multimídia, no entanto, a experiência demonstra que, com a atual formação tecnológica, não se consegue uma ideia global e integradora, nem um desenvolvimento equilibrado de habilidades comunicativas nas distintas linguagens e com diferentes meios.

O predomínio da alfabetização verbal, supomos, permanecerá durante algum tempo. É inquestionável seu predomínio na educação formal. A aprendizagem sistemática da lectoescrita, no entanto, não contempla a relação da linguagem verbal (oral e escrita) com outro tipo de representações e/ou simbologias, com o que na realidade se está estudando a linguagem verbal nos contextos e segundo os modos de apresentação predominantes na era de Gutenberg, que, como já ficou suficientemente claro, estão sendo modificados dia após dia na era digital. Em ambientes escolares, o suporte livro ou papel impresso continua sendo o mais usado para o texto, e sua linearidade e estruturação em parágrafos e páginas sucessivas ainda é claramente predominante. Quando se trabalha com textos acompanhados por imagens, no ensino, estas costumam ter uma função de significação secundária e meramente ilustrativa.

O que poderíamos considerar como alfabetização informática, por outro lado, normalmente consiste em um conjunto de conhecimentos e habilidades na utilização dos programas de propósito geral mais comuns. É preciso chamar a atenção para o modo como os conteúdos próprios desta alfabetização informática puramente instrumental são determinados pelos interesses das empresas. Resulta evidente, por exemplo, que a Microsoft impôs o ambiente Windows entre o mínimo que se deve conhecer da informática, e tem seguido a mesma política com programas como Word, Access, Power Point, Excel e todos os componentes do Office, assim como o navegador Internet Explorer, aos quais se pretende estabelecer como padrão, suprimindo a concorrência.

Quanto aos objetivos da alfabetização informática, podemos afirmar – sem muito risco de errar – que estão em linha com os conteúdos instrumentais do tipo de alfabetização antes mencionados, e se dirigem à capacitação de professores e alunos como usuários acríticos das tecnologias de informação e comunicação. A formação é considerada puramente tecnológica e imprescindível para competir profissionalmente no mercado de trabalho.

Partir dos alunos e professores como criadores de multimídia é uma abordagem à informática que propomos como alternativa às habituais, que consideram os educandos como usuários de programas de propósito geral. Esta proposta relaciona a informática com as linguagens verbal e audiovisual e é mais coerente com o mundo da comunicação multimídia, com a sociedade 2.0 em que o indivíduo do terceiro milênio terá de se desenvolver.

Na formação básica de professores e alunos que propomos, se inclui logicamente o aprendizado do funcionamento dos equipamentos e dos programas de propósito geral, como processadores de texto, editores gráficos, bases de dados, etc., mas é preciso chegar a estes aprendizados com objetivos prévios, com uma necessidade de utilizá-los como ferramentas, com uma ideia do que queremos fazer com eles. Será a forma de evitar que os meios se transformem em fins.

Segundo este modelo, tanto no ensino obrigatório, como na formação do professorado, se parte da intenção de expressar, de transmitir algo, de "criar" um documento. O conteúdo, objetivos e destinatários deste documento nos orientarão a encontrar as linguagens e a estrutura de navegação mais convenientes. A partir deste ponto, podemos ver como o computador, a câmera fotográfica ou de vídeo, o escâner etc., assim como os distintos programas de tratamento do texto, imagem e som, podem ajudar-nos a realizar nosso projeto. A aprendizagem de uso de dispositivos e programas responde assim a uma necessidade educativa e se torna significativa para cada um, segundo seu próprio projeto de criação multimídia. O nível de aprofundamento em cada um dos aspectos técnicos e expressivos dos novos meios de comunicação dependerá do grau de interesse e da necessidade de cada estudante.

Na medida em que as TICs permitirem a fácil gravação, edição e difusão de imagens e sons, tornar-se-á mais necessária uma abordagem como a que foi aqui proposta, baseada na capacitação para a criação multimídia. Como muito bem afirma Wallace (2005), queiramos ou não, a nova paisagem cultural para o aprendizado, o lazer e a comunicação entre uns e outros, constitui a "ágora do século XXI", um espaço em que um variado conjunto de meios e formas de comunicar confluem na internet, um espaço cheio de e-mails, remessas instantâneas, mensagens multimídia, redes sociais, *blogs, podcasting* etc.

Nossas crianças e jovens vão se movimentar por esse espaço (web 2.0 ou web x.0), com ou sem a formação sistemática que, a partir das instituições educativas, possamos proporcionar-lhes. Os adultos ainda podem "resistir" ou ignorar a nova realidade da sociedade digital. Como educadores, no entanto, não temos direito a fazê-lo. Não podemos aumentar de forma irresponsável a brecha digital entre gerações, nem ficar à margem das novas formas de comunicação e de relacionamento, com o uso de novas tecnologias no novo espaço virtual. Um espaço virtual que está sendo construído, sem aviso prévio, sem licença das autoridades e, em muitos casos, sem o suficiente conhecimento dos educadores. No ciberespaço, estão sendo criadas "zonas livres de adultos", em que os jovens intercambiam seus próprios documentos audiovisuais.

Talvez seja exagerado prognosticar que, com uma adequada alfabetização focada na criação multimídia, os documentos dominantes nesse espaço virtual não seriam a reprodução dos mais rasteiros e vulgares dos meios de comunicação de massas; não podemos garantir que com uma alfabetização 2.0 crítica e reflexiva os *clips* mais visitados do YouTube e de outras plataformas não seriam nunca os mais grosseiros, os que mostram violência gratuita, os do *happy slapping*, os racistas, sexistas. O que, sim, podemos afirmar, no entanto, é que o fato de que se provoque, se grave e se difunda a violência através do ciberespaço, o fato de que triunfe o mau gosto e a falta de respeito, tem algo a ver com o fracasso de uma educação não adaptada a nosso tempo.

Bibliografia

BERGOMÁS, G. Las alfabetizaciones múltiples como eje de la formación docente. *Razón y Palabra*, n. 63. Disponível em: <http://www.razonypalabra.org.mx/n63/gbergomas.html>. Acesso em: 16 de abril de 2010.

COPE, B.; KALANTZIS, M. (eds.). *Multiliteracies: Literacy learning and the design of socialfutures*. Londres, Routledge, 2000.

_____. Multiliteracies. *New Literacies, New Learnin', Pedagogies: An International Journal*, n. 4, 3 (2009), pp. 164-195.

DUSSEL, L. *Los nuevos alfabetismos en el siglo XXI desafíos para la escuela*. Disponível em: <http://www.virtualeduca.info/Documentos/veBA09%20_confDussel.pdf>. Consulta em: 13 de abril de 2010.

GILSTER, P. *Digital literacy*. Nova York, Wiley Be Sons, 1997.

GUTIÉRREZ, A. *Educación multimedia y nuevas tecnologias*. Madrid, Ediciones de la Torre, 1997.

_____. *Alfabetización digital. Algo más que ratones y teclas*. Barcelona, Gedisa, 2003.

JENKINS, H., et al. Confronting the Challenges of Participatory Culture: Media E.ducation for the 21st Century. Disponível em: <http://www.newmedialiteracies.org/files/working/NMLWhitePaper.pdf>. Consulta em: 20 de abril de 2010.

KRESS, G. *Literacy in the New Media Age*. Nova York, Routledge/Taylor & Francis Group, 2003.

LACASA, P. Alfabetizaciones múltiples. *Cuadernos de Pedagogia*, n. 398, fev. 2010.

LEMKE, J. L. Metamedia literacy: transforming meanings and medias. In: REINKING, D. et al. (eds.). *Literacyfor the 21st Century: Technological Transformation in a Post-typographic World*. Nueva York, Erlbaum. Disponível em: <http://academic.brookliyn.cuny.edu/education/jlemke/reinking.htm>. Consulta em: 27de junho de 2010.

ROBISON, A. New Media Literacies By Design. In: TYNER (ed.). *A Global Imperative. The report of the 21st Century Literacy Summit*. NMC, 2010.

TYNER, K. *Literacy in a digital world Teaching and learning in the age of information*. Nova Jersey/Londres, LEA, Mahwah, 1998.

_____ (ed.). *Media Literacy. New Agendas in Communication*. Nova York/ Londres, Routledge, 2010.

UNIÃO EUROPEIA. Conclusões do Conselho de 27 de novembro de 2009 sobre a Alfabetização Midiática no Ambiente Digital. DO C 301, 11 de dezembro de 2009.

WALLACE, M. Notes Towards a Literacy for the Digital Age. FreeSide Europe. *Online Academic Journal*. v. 1, n. 2 (set. 2005). Disponível em: <http://www.c3.ucla.edu/newsstand/global/notes-towards-a-literacy for-thedigital--age/>. Consulta em: 24 de junho de 2010.

9

Educar em outros tempos. O valor da comunicação[1]

MARÍA TERESA QUIROZ VELASCO[*]

Resulta complexo é até mesmo difícil aproximar a educação das experiências dos mais jovens, que nos surpreendem pelos usos que fazem das redes sociais, pela forma como se comunicam e se diferenciam dos adultos. O caminho para integrar o mundo formal e o da cotidianidade juvenil ao aprendizado não é tecnológico, e sim de comunicação. São necessários passos seguros de política educacional que possam enfrentar as profundas fraturas entre razão e emoção, assim como as distâncias geracionais que polarizam o que acontece dentro e fora da escola.

1. Jovens, educação e desafios sociais

Quais são as mudanças que estão acontecendo nos valores dos jovens e em suas formas de relacionamento? A sociedade de consumo trouxe novos valores com o passar do tempo e tem produzido diferenças nas novas gerações, que se desenvolvem em outras velocidades, não valorizam a história e sim o momento presente, e procuram ser protagonistas de suas decisões, visibilizando sua existência. A esse respeito, José Maria Pérez Tornero destaca os seguintes valores: a inovação, que afirma o caráter efêmero dos objetos, e a primazia da dimensão de variação nos processos, diante da duração e da permanência que haviam dominado momentos sociais anteriores. Enquanto os jovens abraçam o presente e a mudança, os adultos sublinham a permanência e a tradição. O valor da velocidade e da aceleração, portanto, muda o sentido do tempo; e o da visibilidade, porque amplifica o sentido da visão e dá valor ao que a sociedade e os mais jovens destinam suas energias: tornar visíveis os fatos, os objetos, os produtos e as pessoas, de todas as formas possíveis (Pérez Tornero, 1998: 266-267).

---

[1] Parte da pesquisa realizada pela autora no Instituto de Investigación Científica de la Universidad de Lima.
[*] María Teresa Quiroz Velasco é professora da Universidade de Lima, Peru.

Martín Hopenhayn considera que vivemos um momento particularmente paradoxal. Nunca, como hoje, se exigiu tanto do sistema educacional, que também desempenha um papel de grande protagonismo como alavanca do desenvolvimento e como forma fundamental para enfrentar os desafios do presente. Não obstante, a escola está cada vez mais afastada do mundo real e pouco sintonizada com a sensibilidade dos mais jovens:

> Espera-se que o sistema educacional promova a igualdade e reduza as diferenças em termos de acesso à modernidade, a empregos produtivos, ao bem-estar, que aja como grande mecanismo de igualdade de oportunidades. Pede-se que gere capital humano atualizado para o empreendimento de grandes saltos tecnológicos, e para facilitar a entrada de nossas sociedades nacionais na sociedade do conhecimento, que seria a grande porta do desenvolvimento no século XXI. A expectativa é de que transmita as habilidades e os conhecimentos necessários para formar cidadãos da sociedade da informação que participem politicamente, a partir dessas ferramentas. Espera-se que o sistema educacional promova uma sociedade multicultural, a partir da diversificação de pontos de vista e de perspectivas. São esperadas muitas coisas e, obviamente, o sistema educacional não está dando nada disso, ou está dando muito pouco (Hopenhayn, 2007).

Os mais jovens e todo o sistema da educação enfrentam importantes desafios porque o êxito na profissão está ligado ao investimento em capital humano e em conhecimento, muito embora em um contexto de incerteza e de flexibilidade. Por outro lado, os jovens se debatem em um conflito entre o gozo momentâneo e a acumulação para o futuro. Além disso, é crescente a perda de autoridade da institucionalização escolar, suscitando-se uma tensão entre autonomia e disciplina, devido a que os jovens consomem cada vez mais informação e cada vez mais cedo, têm uma grande facilidade para as novas linguagens de intercâmbio informativo, assim como valores mais flexíveis e expectativas de autonomia em sociedades cada vez mais secularizadas. A identidade juvenil se multiplica em referentes não muito duradouros, mas intensos, muito expressivos como parte do ritmo da vida e do movimento das imagens, mas não necessariamente muito fáceis de entender de fora (Hopenhayn, 2007).

2. Imagens, ruídos e nativos digitais

Todd Gitlin procura explicar o efeito das imagens e sons na vida diária dos jovens, e pensa que, em uma sociedade em que não há espaço para o silêncio, se tem produzido um vínculo cada vez mais evidente entre a diversão e a utilidade, através da imersão em imagens e sons, em que a plenitude icônica é a condição contemporânea. Isto é, é possível conhecer e aprender, divertindo-se. Identifica este estado como um zumbido do irrelevante, característico da mídia, e cuja incidência é maior entre as crianças e os jovens porque cresceram imersos nesta cultura e para eles é inquestionável e natural o direito a dispor de todos os meios de comunicação (Gitlin, 2005).

Este autor acrescenta que vivemos em "uma sociedade do sentimento e da sensação", cujo desenvolvimento se deve em muitos casos à informação. A escola se encontra à margem porque consagra uma relação racional e distante com o conhecimento. O autor menciona um contemporâneo de Weber, Georg Simmel (1858-1918), como o primeiro grande analista moderno da experiência cotidiana, que pensava que a força decisiva das pessoas está "no poder e no ritmo das emoções", porque o desejo precede a racionalidade, não só cronologicamente, como também na evolução da conduta e das instituições. Simmel escreveu, em 1900, muito antes do grande desenvolvimento midiático, sobre a cultura da sensação na qual o homem moderno desempenha muitos papéis, é um aventureiro e buscador de estímulos, o que o predispõe para o consumo de meios ilimitados (Gitlin, 2005).

Nossos jovens, identificados como "nativos digitais", se diferenciam de seus pais e mestres, chamados de "imigrantes digitais". Entre ambos há fraturas geracionais na família, na escola e na vida cotidiana:

> os jovens dão prioridade a lidar com seu mundo imediato, para isso procuram conteúdos, conhecimentos e procedimentos que lhes sirvam para esse fim. Inclusive, estão melhor preparados que os próprios docentes e alunos, são mais plásticos, e lhes resulta muito mais fácil lidar com saberes conectados, enquanto a maior parte dos professores são da época das disciplinas. As perguntas que se fazem, tanto uns quanto outros, são diferentes. Nós nos perguntávamos como solucionar os problemas do mundo, o estudante de hoje tem um sentido fortemente estratégico, motivo pelo qual lhe resulta muito fácil o aprendizado de procedimentos. Os pontos fortes dos mais jovens são muitos. Enquanto nós, adultos, aprendemos a pensar desde uma lógica dedutiva, a lógica indutiva e construtivista funciona e lhes funciona melhor (Arzuaga, 2007).

Enquanto os nativos digitais passam seu tempo em ambientes digitais, intercambiando constantemente e-mails, arquivos digitais e mensagens curtas de textos pelo telefone celular, em *chats* de redes sociais, os imigrantes digitais se aproximam voluntariamente do mundo digital e devem se esforçar para se adaptar às regras. Os mais jovens começam a usar os meios de comunicação cada vez mais cedo e se vinculam ao mundo, redefinindo sua subjetividade em relação, têm facilidade para as formas da aprendizagem em equipe, rejeitam os modelos unidirecionais e estão acostumados a interagir com muitos, através de intermediários digitais, e não do papel e da imprensa. Leem menos, veem mais televisão e, em geral, consomem muitas imagens. Nesse sentido, a escola e os sistemas de educação dificilmente podem competir, nem com a televisão e menos ainda com as redes, os videogames e os ambientes participativos (Piscitelli, 2008; 2009). Estamos diante de um novo modelo comunicativo porque o conhecimento da realidade passa, em grande medida, por todos estes meios e menos por uma observação e experiências diretas (Igarza, 2008).

Não obstante, e apesar do valor que representa entender a oposição entre nativos e imigrantes digitais, esta diferença geracional continua condicionada pelas distâncias socioeconômicas e culturais presentes. Particularmente na América Latina, a desigualdade não pode ser entendida nem reduzida a um assunto material, de recursos técnicos, mas a um acesso desigual aos novos recursos da individuação, muitos dos quais estão vinculados aos conhecimentos facilitados pela digitalização. Por esse motivo, pode haver muitas crianças ou adolescentes nativos por idade, que, no entanto, por desigualdade educacional ou por pertencer a um universo familiar com muitas carências, não dispõem da educação e das facilidades próprias deste universo de capacidades que se descreve como característico dessas faixas etárias. À desigualdade econômica se soma a brecha digital, que não se reduz ao acesso aos dispositivos tecnológicos ou à conectividade; também possui uma relação direta com capacidades de simbolização e decodificação, indispensáveis para usar a informação como recurso simbólico e reflexivo para produzir conhecimento e intercambiá-lo. São iguais as crianças e os adolescentes cujas famílias lhes estimulam a interpretação das imagens, o exercício da opinião e o desenvolvimento de múltiplas capacidades, e as crianças e adolescentes de famílias marginalizadas e rurais, em que a violência familiar é mais frequente, o estímulo intelectual é menor e a educação dos pais é mais escassa? Não se trata de um assunto meramente tecnológico.

David Buckingham refere-se a este tema, ao comentar que, quando se fala do fator tecnológico, a tendência é ignorar os aspectos culturais:

> [...] a realidade é mais prosaica e mais complexa. A visão otimista dos jovens como uma "geração digital" – liberada e potencializada automaticamente em virtude de sua experiência das novas tecnologias – é pouco mais que uma forma de

ilusão. Esta concepção não leva em conta algumas continuidades fundamentais, assim como importantes diferenças e desigualdades nas experiências culturais dos jovens [...] brecha importante, cada dia mais profunda, entre a experiência da maior parte dos jovens com a tecnologia fora da escola e o uso de tecnologia na sala de aula. E essa "nova brecha digital" é o que a política educacional e a prática educativa devem agora abordar com urgência (Buckingham, 2008: 110).

Para os mais jovens, o essencial de sua relação com a tecnologia é a possibilidade de um mundo de relacionamentos e vínculos permanentes. A divisão tradicional entre o pensar e o sentir, a razão e a emoção, instaurada pela educação na família e consagrada pela escola, é um tema dos imigrantes digitais. Por isso, tomo as palavras de Roberto Igarza quando afirma que, para os nativos digitais, "ser é, antes de mais nada, comunicar", porque desfrutam o tempo de ócio

> "em fazer o *download* e escutar música em formatos digitais, armar álbuns de fotos acessíveis através da internet que seus amigos possam ver e comentar, assistir a vídeos curtos em *sites* como YouTube, fazer parte de redes sociais, ao mesmo tempo que fazem outras atividades simultaneamente. A televisão já não ocupa tanto o seu tempo, isso se deve ao fato de que não gostam da passividade diante deste meio de comunicação. Precisam de um elevado nível de (hiperatividade), o que está muito bem aproveitado no modelo comunicativo da era digital (Igarza, 2008).

As crianças e os jovens de hoje não são mais "ociosos", menos racionais ou intelectuais, como muitos adultos ou professores pensam. As novas gerações estão imersas em relações interativas nas quais integram o conhecimento e o contato com os colegas de um modo totalmente distinto ao dos adultos, por esse motivo sua visão da realidade se constrói tecendo os fios ou as partes dos fatos e das situações através da navegação na internet. Para Lorenzo Vilches (Vilches, 2008), embora os usuários sejam mais livres para interpretar as mensagens, estejam menos atados à cultura tradicional e sejam mais autônomos com respeito aos valores dominantes, dependem, em boa medida, das relações interpessoais na rede, próprias da interatividade. Para o autor, desencadeia-se uma mediação externa, isto é, uma mediação tecnológica.

Carlos Scolari identifica as mudanças cognitivas nas novas gerações, formadas em outras experiências midiáticas e perceptivas. Diferencia a cognição de um garoto que passa o tempo entre telas interativas e narrativas transmidiáticas, daquele outro formado somente pela televisão ou pelos livros. Nesse sentido, é a escola a que mais sofre, porque se encontra, uma vez mais, atrasada com as mudanças e não pode "conter" nem acompanhar as crianças e os adolescentes. No entanto, também não é preciso pensar que os nativos digitais fazem um uso total e profundo das variadas possibilidades da tecnologia, para evitar cair na armadilha de mitificar esses grupos geracionais. Embora o fator digital marque uma região de fronteira, os jovens constroem em seu próprio território outras subculturas, criando novas identidades através de seu uso diferenciado (Scolari, 2009).

3. Sobre as redes sociais e as "superfícies"

Paula Sibilia esclarece que foram produzidas mudanças e novos modelos de vínculos, que transitam do e-mail às diversas formas de conversação através do *chat*, das mensagens instantâneas e das redes sociais, que relacionam – através de janelas sempre abertas e conectadas – milhares de pessoas em qualquer lugar do mundo. A propósito disso, surgem muitas perguntas sobre os efeitos dos meios que exaltam a intimidade e nos quais os usuários passaram a ser copatrocinadores de situações e de produtos. A autora mencionada se pergunta se a própria subjetividade está sendo afetada:

> Como todas estas mutações influem na criação de "modos de ser"? Como alimentam a construção de si? Não resta dúvida de que essas forças históricas imprimem sua influência na conformação de corpos e subjetividades: todos esses vetores socioculturais, econômicos e políticos exercem uma pressão sobre os sujeitos dos diversos tempos e espaços, estimulando a configuração de certas formas de ser e inibindo outras modalidades (Sibilia, 2008).

Nessa linha, recupero as ideias de Leopoldina Fortunati e de David Buckingham, quando sugerem que a escrita que se cultiva na internet tem marcas próprias da oralidade, ao imitar o modo de falar e o estilo coloquial na escrita e ao incorporar signos que expressam emoções. As crianças e adolescentes são especialistas nisso. Parece que passou o tempo de contar histórias e escutá-las, de ler contos às crianças com calma e entonação, assim como o valor da experiência. A rapidez, a ausência do silêncio (não a solidão) configuram relações, para nossas crianças e adolescentes, que dizem respeito a um tempo que passou. A leitura, quando se realiza, resulta funcional a certas necessidades, e se lê para saber sobre algo pontual, muitas vezes descontextualizado. O prazer da leitura dificilmente se mantém e se sustenta, especialmente entre os mais jovens, segundo o modelo tradicional dos adultos. Os jovens de hoje vivem no mundo das imagens, convivem com elas, mas, além disso – como foi mencionado –, o valor da visibilidade os devora, assim como o das aparências. Por essa razão, acrescenta P. Sibilia:

> [...] a espetacularização da intimidade cotidiana se tornou habitual, com todo um arsenal de técnicas de estilização das experiências vitais e da própria personalidade para "sair bem na foto". As receitas mais efetivas imitam os modelos narrativos e estéticos da tradição cinematográfica, televisiva e publicitária, cujos códigos são apropriados e realimentados pelos novos gêneros que hoje proliferam na internet (Sibilia, 2008: 59-60).

Paula Sibilia é muito crítica com o que ela chama de "um mercado de personalidades", em que a imagem pessoal é o principal valor de troca. O que as pessoas creem e mostram não é alguma obra, mas simplesmente sua vida privada transformada em espetáculo, vida íntima na qual a solidão acompanha muita gente:

> [...] ainda não posso acreditar que os garotos falem de mim, diz emocionada [...]. No MSN tenho 650 contatos com os quais uso o *chat* todo o dia, além disso, tenho três *fotoblogs* pessoais, onde posto minhas fotos e escrevo sobre minha vida, assim conheci um montão de garotos (Sibilia, 2008: 301).

A subjetividade moderna está vinculada à necessidade de ser visto, lido ou ouvido por milhares de pessoas.

De um ponto de vista mais crítico, Alessandro Baricco empreende um agudo (certamente discutível) exame da leitura, das novas linguagens e de um mundo bárbaro que nos assola e põe em risco a humanidade. Ele afirma que, atualmente, a leitura está em crise e que quem compra livros não são na verdade leitores, e sim personagens capturados pelo mercado. Constata que um significativo número de livros vendidos provém de um filme, de novelas escritas por personagens da televisão ou por gente famosa, de temas conhecidos ou de autoajuda:

> o valor do livro reside em oferecer-se como um bônus para uma experiência mais ampla: como segmento de uma sequência que começou em outro lugar e que, talvez, terminará em outra parte [...] os bárbaros utilizam o livro para completar sequências de sentido que foram geradas em outra parte (Baricco, 2008: 83).

Os livros que têm "valor" são os escritos na, segundo Baricco, língua do mundo, língua do império, cuja origem está na televisão, no cinema, na publicidade, na música e no jornalismo, e que contêm uma ideia de ritmo, de momentos emotivos padrões, e uma geografia de caracteres que fazem parte de uma sequência (Baricco, 2008: 90).

Baricco é muito crítico da web porque valoriza de outro modo o conhecimento e a informação. É mais importante um tema, um caso, um nome, se o lugar foi mais visitado ou se mais rapidamente entrou na web. Isto é, a qualidade foi redefinida, assim como a ideia do que é ou não importante. O sentido foi removido para a sequência entre os saberes, definindo-se por seu movimento. Anteriormente, a compreensão e o conhecimento estavam na profundidade dos temas, em sua essência, agora se encontra em sua trajetória que não está no fundo, e sim na superfície. No mundo da rede, este fenômeno é chamado de *surfing*: "*Navegar* na rede. Nunca foram mais precisos os nomes. Superfície, em vez de profundidade, viagens, em vez de imersões, jogo, em vez de sofrimento" (Baricco, 2008: 111). Acrescenta:

> *Multitasking*... vosso filho, jogando com a Game Boy, come uma tortilha, liga para sua avó, segue os desenhos na televisão, acaricia o cachorro com um pé e assovia a melodia do Vodafone. Daqui a alguns anos, se transformará nisto: faz os deveres de casa, enquanto usa o *chat* no computador, escuta o iPod, manda SMS, busca no Google o endereço de uma pizzaria e joga com uma bolinha de borracha [...]. Habitar quantas regiões for possível, com uma atenção muito baixa, é o que eles, evidentemente, entendem por experiência (Baricco, 2008: 117).

Baricco menciona que se surfa na crista da onda, na qual a espetaculosidade domina e

> a espetaculosidade é uma mistura de fluência, de velocidade, de síntese, de técnica que gera uma aceleração [...]. O bárbaro pensa menos, mas pensa em redes certamente mais extensas. Realiza na horizontal o caminho que nós estamos habituados a imaginar na vertical (Baricco, 2008: 159).

Finalmente, alerta sobre a necessidade de empreender uma política cultural que preserve a inteligência da casualidade do mercado puro e simples, porque a formação coletiva passa, atualmente, pela escola e pela televisão.

Educação e comunicação

Como pensar a educação em meio a esta voragem comunicativa?

A maior parte dos estudiosos deste tema coincide em afirmar que, apesar das dúvidas e das críticas, as coisas não serão como antes, que, embora o caminho empreendido pelo sistema educacional ao incorporar os meios tecnológicos seja muito lento, não haverá regresso. Há mudanças profundas que questionam as autoridades e as hierarquias, antes indiscutíveis na sociedade. Há princípios que cedem lugar porque o conhecimento valioso já não pode ser guardado, escondido ou "formar tesouros", já não é mais patrimônio dos especialistas ou guardiões do saber: "trata-se da desintermediação, do questionamento da noção de entidade autorizada a transmitir, da objeção da preeminência da transmissão sobre a transação, da reprodução sobre a interação" (Alejandro Piscitelli, 2010: 221). A educação e a aprendizagem não se limitam nem se reduzem às escolas, bibliotecas, livros, ou seja, aos conteúdos. Estão muito além, por várias razões. Aprendemos ao longo da vida e para além dos espaços e dos muros das instituições, em qualquer lugar e em qualquer momento, e junto a quem estiver disposto a compartilhar. Se a escola e, em particular, o professor não participarem destes processos e não os entenderem, ficarão lamentavelmente à margem. Desse ponto de vista, os problemas do ensino na escola não se resolvem com mais ou menos tecnologia.

A incorporação da internet corroeu o sistema tradicional da institucionalização escolar, na medida em que o saber socialmente relevante não está somente nas salas de aula, e a escola deixa de ser o espaço de sua transmissão. O conhecimento já não se limita ao campo escolar, nem se administra exclusivamente nele. Também as atitudes, normas e valores provêm de referentes muito diversos e com os quais pais e professores estão obrigados a negociar, mas que não podem ignorar. O professor deixa o lugar que antes lhe era atribuído pela capacidade e poder de concentrar habilidades e sabedoria, as bibliotecas foram superadas por mecanismos mais rápidos e imediatos de acesso ao conhecimento que circula pelas redes, e a racionalidade e a ordem social não provêm somente da escola. A este quadro é preciso acrescentar que a distância entre a escola e o trabalho aumentou, o que, consequentemente, faz com que sua utilidade seja questionada.

Diante da pergunta sobre se a internet permite construir uma comunidade educativa, Nicholas C. Burbules e Thomas Callister manifestam que, embora a internet facilite um contato mútuo entre diferentes grupos, díspares e difusos, tudo isso não permite chegar a constituir uma comunidade. Apesar do que foi mencionado, os estudantes aprendem a se relacionar com a diversidade e a educar-se e reeducar-se como membros de uma comunidade educativa através da internet. Para sustentar este argumento, mencionam Anna Arendt e comparam seus argumentos, sobre a condição de pluralidade dos espaços públicos, com a internet (Burbules, 2001: 285-287).

Sobre o tema, Alejandro Piscitelli desenvolve uma visão histórica sobre as etapas do conhecimento e afirma que, se a alfabetização produziu mudanças cognitivas no mundo da oralidade, é preciso identificar as mudanças que produzem, primeiro a televisão e os meios audiovisuais e, depois, os meios mais personalizados, e se aumentam ou enfraquecem as faculdades de abstração, categorização e objetivação. Afirma, citando Steven Mizrach (1996), que a televisão supôs uma série de efeitos negativos, mas que na segunda fase da telealfabetização, com o aparecimento e uso dos meios em rede, foram restauradas as características dialógicas da oralidade e a natureza reflexiva da alfabetização. A era da oralidade foi a primeira fase do conhecimento, a da imprensa a segunda, a dos multimídia e da internet é a terceira (Alejandro Piscitelli, 2005).

Os argumentos dos defensores ferrenhos da tecnologia sustentam que a internet produzirá uma grande mudança na educação. Os opositores, que temem que o livro seja substituído pelos meios audiovisuais, alertam e tratam de evitar que os mais jovens se afastem da racionalidade e da cultura. Nem a tecnologia pode transformar automaticamente o sistema de ensino tradicional, nem os meios audiovisuais são os inimigos da educação. Reiteramos que os problemas da escola não vêm da incorporação, maior ou menor, de tecnologia, mas sim de seu modelo comunicativo, vertical sequencial e autista, que não se abre para o exterior. A esse respeito, Jesús Martín-Barbero manifesta que uma educação moderna é aquela que é capaz de desenvolver sujeitos autônomos, e que a educação escolar deve assumir as mudanças culturais que passam pelos processos de comunicação e informação, e não ficar à margem. Cita Margaret Mead em seu livro *Cultura e compromisso*, de 1971:

> nosso pensamento ainda nos ata ao passado, ao mundo assim como existia na época de nossa infância e juventude. Nascidos e criados antes da revolução eletrônica, a maioria de nós não entende o que ela significa. Os jovens da nova geração, ao contrário, se parecem com os membros da primeira geração nascida em um país novo. Devemos aprender junto com os jovens a forma de dar os primeiros passos (Martín-Barbero, 1996: 19).

Resulta necessário esclarecer alguns aspectos relativos a assuntos derivados dos tempos, espaços, informação e conhecimento, trabalho em equipe, interação e avaliação da tecnologia, no momento de pensar na problemática relação entre o que ocorre com os alunos e suas relações dentro e fora da escola.

Será possível sintonizar os tempos identificados com a reflexão, a interpretação e a procura da compreensão com aqueles nos quais primam a velocidade e a fugacidade dos vínculos, assim como a simultaneidade e a atemporalidade? Se está em crise o saber argumentativo, ordenado e linear, como se pode inter-relacionar o discurso tradicional de um só sentido e de pouca velocidade com aquele que incorpora a leitura em muitos suportes, a rapidez das imagens, fragmentadas, para promover o aprendizado de linguagens distintas e o desenvolvimento do pensamento? São estes os grandes desafios que a educação em geral vive, quando as distâncias entre gerações dificultam integrar na escola ambos os caminhos e formas de acesso ao conhecimento da realidade. Se admitirmos que se aprende dentro e fora dos muros da escola, que nossas crianças e adolescentes sabem hoje mais do mundo pelo que veem e escutam, que se "lê" não somente textos, mas também imagens, sons, relações e movimentos, a escola e seus professores, os pais e mães precisam ajudar no desenvolvimento de competências comunicativas que permitam que o educando, com sua vocação cada vez mais autônoma, possa exercitar-se em novas formas de compreensão e de aprendizagem.

É importante diferenciar a informação do conhecimento, porque se confundem e este último pode ser muito facilmente substituído por um simples conjunto de dados. As crianças vivem em ritmos muito velozes e recolhem, a cada instante, dados e informação.

> A supremacia do ensaio e erro, dos ritmos velozes e dos custos altos, das leituras planas, apesar da hipertextualidade, que propõe o suporte de escassos critérios para a classificação da informação, leva ao que denominamos "naufrágio cognitivo". A informação se despoja de sua provisionalidade e é considerada como conhecimento válido, sem discussão de sua procedência, sentido e significatividade (Lion, 2005: 195).

Efetivamente, considera-se válido o dado de primeira mão, a informação obtida na primeira busca. Justamente, o papel do professor é facilitar os meios que lhes permitam diferenciar, ponderar, interpretar e desenvolver a reflexão adequada, a partir de suas próprias experiências.

O coletivo, participativo, é uma aposta indispensável. Carina Lion afirma que as tecnologias não criam nem "inventam" o trabalho em grupo e cooperativo, muito embora possam promovê-lo e fortalecê-lo, desde que existam certas condições preexistentes nas relações na escola.

Naqueles espaços escolares em que existe a convicção e a atitude dos docentes de escutar seus alunos, o ambiente afetivo adequado em que os garotos se sintam reconhecidos, seus interesses e realidades sejam considerados, as tecnologias podem, então, desempenhar um papel significativo. De outra maneira, a "magia" das tecnologias não poderá criar esses ambientes. É por isso que a interação não significa automaticamente comunicação e as tecnologias não são somente ferramentas (Lion, 2005). Somente naqueles centros educativos, ricos ou pobres, que tiverem um projeto pedagógico, que considere os fatores sociais e culturais de seus alunos e se trabalhe com conceitos claros sobre a necessidade permanente de inovar e melhorar as práticas de ensino para facilitar a inclusão, o uso das tecnologias fortalecerá os processos internos:

> É nosso desafio seguir sustentando uma bússola pedagógica que nos oriente sobre quando se justifica, em termos éticos, políticos, didáticos, cognitivos e sociais, incorporar tecnologia na sala de aula para favorecer processos ricos na construção do conhecimento. É nosso desafio seguir lutando, não só por um acesso equânime a estas tecnologias, como também por *usos e apropriações* equitativos que permitam dar conta da diversidade cultural e cognitiva, de instituições que aprendam das tecnologias e, com elas, de uma comunidade educativa que se preocupe com a inclusão, solidariedade, colaboração e conhecimento (Lion, 2005: 211).

Marco Silva propõe a incorporação de conceitos e procedimentos interativos na sala de aula. Afirma que a memorização e a repetição, próprias da pedagogia da transmissão, continuam sendo o modelo de ensino mais comum e não há sintomas de que a situação tenha sido modificada, apesar das críticas e questionamentos. O interessante é que ele estende esta afirmação não só à educação presencial (na sala de aula), mas também à educação *on-line*. Os discursos de moda dos empresários e gestores modernos, a explosão da educação privada, embora também a educação pública, pretendem enfrentar as mudanças na educação adquirindo computadores e equipamentos digitais, desenvolvendo instalações adequadas, mas sem ocupar-se verdadeiramente de renovar o conceito de "transmissão" de conhecimento e mantendo práticas que não estimulam a participação do aluno. Diante da escola que se "afoga" em si mesma, e de professores que não contribuem ao desenvolvimento de uma abertura ao exterior, as crianças e os jovens que aprenderam através de *links*, e cujos cérebro e sensibilidade estão mais vinculados com o não linear e com o hipertextual, se desenvolvem muito melhor diante da diversidade de conexões, das ações de modificar, produzir e compartilhar conteúdos. Construir um ambiente de comunicação e aprendizado é um dos grandes desafios dos professores, porque a cultura da transmissão tem perdido terreno, não só na sala de aula, como também em termos culturais (Silva, 2005: 15-20).

Para Marco Silva, a interatividade não é um conceito de informática, e sim de comunicação: é a expressão da emissão e da recepção como cocriação livre e plural. A interatividade facilita que o usuário opere com recursos de conexão e de navegação, com referências multidirecionadas para manipular, modificar e entrar em aspectos desconhecidos. O papel do professor é o de um "arquiteto de percursos", não de um transmissor de conteúdos, e deverá facilitar o acesso a domínios complexos, garantindo a liberdade e a pluralidade. A interatividade supõe um modelo que abandona a unidirecionalidade tradicional: não é de um para todos, e sim de todos para todos, e, de alguma maneira, de "faça você mesmo". Esse conceito da interatividade e do papel do professor não está necessariamente associado à riqueza ou à pobreza de uma sala de aula. Escolas pobres podem ser ricas em interatividade, com ou sem tecnologia digital. Escolas ricas, com todas as instalações, conexões e computadores de última geração, podem ter uma pedagogia da transmissão (Silva, 2005).

Diz ainda que os meios de comunicação clássicos, como o rádio, a televisão, o cinema e a imprensa supõem, em termos comunicativos, uma transmissão para a recepção solitária e contemplativa, assim como a escola tradicional. Também as disposições informativas e comunicativas do computador *on-line* sintonizam melhor com indicadores de qualidade educativa, porque pressupõem o diálogo, o intercâmbio de informações e de opiniões, a participação, a autoria em colaboração, muito embora nem sempre são usadas de tal maneira. Nas salas de aula dotadas de recursos *on-line*, pode ser reproduzido o modelo tradicional e autista. Somente se a aula for concebida como um laboratório, como um espaço de pesquisa, de procura, de experimentação, o hipertexto pode libertar o estudante e permitir que ele supere a condição de espectador passivo, se também for superada a função do professor como um burocrata que transmite o saber-produto. O professor pode utilizar inclusive tecnologias não associadas à interatividade, como o vídeo, por exemplo, com conceitos interativos. Por exemplo, o uso das apresentações em Power Point pode ser mais monótono para os alunos do que o discurso magistral do professor. Embora as tecnologias, o computador e a internet apareçam como a grande promessa de mudança, é preciso levar em conta que, se as práticas educativas não evoluem, os instrumentos digitais podem continuar sendo utilizados para potencializar o modelo de transmissão. Por esse motivo, não é suficiente ampliar ou democratizar o acesso aos meios digitais de informação. É preciso educar professores e estudantes, chegar às comunidades educativas excluídas, dotá-las de capacidades para evitar o uso instrumental da internet, porque, de outro modo, se perderá toda possibilidade de mobilizar uma inteligência coletiva e plural desde a sala de aula (Silva, 2005). Elevar a qualidade da educação, superar o modelo pedagógico da transmissão e incorporar a participação ativa dos educandos no processo de aprendizagem supõem um árduo trabalho que não se reduz à incorporação da tecnologia. É um desafio para a escola, e também para os educadores, pais e para a sociedade em geral, construir novos conceitos e desenvolver novas práticas.

David Buckingham propõe salvar a brecha digital entre a escola e o mundo extraescolar:

> a escola deve enfatizar o desenvolvimento das habilidades críticas e criativas das crianças em relação aos novos meios e a "alfabetização em novos meios" deve se constituir um direito educativo básico [...]. Não será possível compreender de forma acabada os meios digitais, se insistirmos em considerá-los simplesmente uma questão de máquinas e técnicas ou de "hardware" e de "software". A internet, os videogames, o vídeo digital, os celulares e outras tecnologias contemporâneas proporcionam novas maneiras de mediar e representar o mundo, assim como novas formas de comunicação. Fora da escola, as crianças se relacionam com estes meios não como tecnologias, mas como *formas culturais*. O problema da maioria dos usos educativos desses meios é que continuam considerando-os como meros meios instrumentais para distribuir informação, como se fossem ferramentas neutras ou materiais de ensino (Buckingham, 2008: 153).

Acrescenta ainda que a educação escolar precisa incorporar os meios para evitar a imensa fratura entre o discurso escolar do "dever ser" e as aprendizagens práticas que os mais jovens adquirem por outras vias, além da necessidade que sentem de expressar-se por conta própria, de produzir suas próprias formas de comunicação e deixar de ser receptores passivos de conteúdos. As habilidades e competências que a escola requer incorporar permitiriam que os estudantes fossem alfabetizados através do ensino e da aprendizagem sobre os meios, definidos como

> [...] uma atividade ao mesmo tempo crítica e criativa. Proporciona aos jovens os recursos críticos que precisam para interpretar, entender e (se for preciso) questionar os meios que permeiam sua vida cotidiana, mas, ao mesmo tempo, lhes oferece a capacidade para produzir seus próprios meios, para serem par-

ticipantes ativos da cultura dos meios, em lugar de serem meros consumidores (Buckingham, 2008: 187).

Convém esclarecer que não existe uma contradição entre uma educação que prepara os estudantes para sua inclusão na vida social (até mesmo para uma "cidadania democrática") e a experiência das crianças e adolescentes com os meios, prazenteira e divertida. É possível e conveniente aproximar os espaços da razão e da emoção e integrá-los.

Embora inicialmente o conceito de alfabetização digital tenha ficado restrito ao acesso, atualmente se amplia ao exercício de novas práticas como o conhecimento compartilhado, a criatividade e a inovação. Ou seja, alfabetizar-se não é somente utilizar o computador ou os programas, mas ser capaz de pesquisar, discernir, elaborar conteúdos, compartilhá-los, criar e desenhar propostas, mas também manter uma distância crítica:

> esta capacidade para *obter acesso* ou localizar informação é, com certeza, importante, mas as habilidades que as crianças necessitam com relação aos meios digitais vão muito além. Da mesma forma que com a letra impressa, também precisam estar em condições de avaliar e de usar a informação de forma crítica para que a possam transformar em conhecimento (Buckingham, 2008: 195).

Há muitas dúvidas sobre se o uso das tecnologias tem conseguido transformar a educação, se nossas crianças e adolescentes aprendem mais e melhor. Ainda não existem respostas conclusivas. Não obstante, e apesar de algumas afirmações, o lugar dos meios digitais na vida dos mais jovens é definitivo e tende a crescer. Reiteramos que o capital cultural de cada um dos jovens tem uma incidência direta no maior ou menor aproveitamento educativo. Isto é, estamos diante de múltiplas brechas: uma socioeconômica e cultural, outra entre a cultura da escola e a extraescolar.

Seguimos nos perguntando: O que corresponde à escola proporcionar a estudantes cada vez mais independentes em seus processos de aprendizado? Nem a escola como tal, nem os professores e pais, podem pretender competir com as fontes informativas dos mais jovens. Seria mais importante

> uma aproximação estruturada e sistemática à aprendizagem, proporcionar experiências e formas de conhecimento às crianças que, de outro modo, não as teriam, e fornecer contextos e motivações sociais para o aprendizado que

provavelmente as crianças não experimentariam em outros ambientes (Buckingham, 2008: 226).

Se a escola desejar ser um espaço de promoção de experiências e de inovação, precisará desprender-se dos velhos modelos e hierarquias, e aceitar que o conhecimento foi descentralizado. Só uma nova mentalidade e outras atitudes permitirão abandonar as pretensões de controlar o fluxo de informações e o sentido e conteúdos que são dados, típicos da cultura letrada. Os novos meios e a abundância de imagens há muito tempo vêm questionando estes princípios.

Termino com algumas considerações finais sobre o que acontece nas escolas mais pobres em meu país e na América Latina. Não esqueçamos que as diversas tecnologias que aqui foram mencionadas estão chegando a regiões muito pobres, inclusive com escassos recursos escritos, nas quais impera o ditado, a memória e a linearidade, sob o modelo unidocente (um só professor para todas as matérias), do ensino que monopoliza o conhecimento e é presencial. A estas características se somam a coerção externa e a ameaça da autoridade. Entretanto, essas crianças escutam rádio, veem televisão e até mesmo a avaliam porque as remete ao âmbito da cidade e do mundo. O impacto audiovisual é muito significativo, apesar de que se trata de imagens alheias culturalmente. Este diagnóstico, breve e insuficiente, nos confirma uma vez mais que o problema não está em ensinar processadores de texto aos professores e aos alunos, mas em desenvolver um projeto pedagógico que permita integrar o mundo de fora com o de dentro.

Alain Touraine, no prefácio ao livro de Juan Cassassus, afirma que a desigualdade na escola não é herdada das diferenças na origem familiar ou de variáveis externas, como tem sido insistentemente asseverado. Na própria escola e na sala de aula se pode construir um ambiente favorável para a aprendizagem e diminuir o impacto negativo do próprio contexto sociocultural dos mais pobres. Isso se conseguirá se for desenvolvido um clima emocional adequado e se os docentes considerarem que o desempenho de seus alunos dependerá de sua prática pedagógica, de modo particular daquela relacionada com a não discriminação por razões de inteligência, raça ou gênero e com aulas abertas à diversidade (Cassassus, 2003).

A educação e a comunicação são dois lados do mesmo propósito. Uma não pode existir sem a outra, especialmente porque os jovens se educam e se comunicam todo o tempo e em qualquer lugar. Acompanhar e promover nestes espaços visões mais amplas e reflexivas e traçar percursos complexos é tarefa dos educadores, com uma perspectiva democrática e um espírito de aprendizagem e de inovação que nos aproximem em lugar de afastar-nos.

Bibliografia

ARZUAGA, M. *Entrevista sobre jóvenes y aprendizaje.* Uruguai, 2007.

BARICCO, A. *Los bárbaros. Ensayo sobre la mutación.* Barcelona, Anagrama, 2008.

BUCKINGHAM, D. *Más allá de la tecnología. Aprendizaje infantil en la era de la cultura digital.* Buenos Aires, Manantial, 2008.

BURBULES, N. C. *Riesgos y promesas de las nuevas tecnologías de la información.* Barcelona, Granica, 2001.

CASSASSUS, J. *La escuela y la (des)igualdad.* Santiago de Chile, Lom, 2003.

GITLIN, T. *Enfermos de información. De cómo el torrente mediático está saturando nuestras vidas.* Barcelona, Paidós, 2005.

HOPENHAVN, M. *Comentarios realizados en el Seminario de Análisis. La cooperación cultura-comunicación en Iberoamérica.* Madrid, OEI, 2007.

IGARZA, R. *Nuevos medios. Estrategias de convergência.* Buenos Aires, La Crujía, 2008.

LION, C. Nuevas maneras de pensar tiempos, espacios y sujetos. In: LITWIN, E. *Tecnologias educativas en tiempos de Internet.* Madrid, Amorrortu, 2005.

MARTÍN-BARBERO, J. Heredando el futuro. Pensar la educación desde la comunicación. *Nómadas*, n. 5, 1996.

PÉREZ TORNERO, José Manuel. *Viviendo a toda. Jóvenes, territorio, cultura y nuevas sensibilidades.* Bogotá, Fundación Universidad Central, 1998.

PISCITELLI, A. *1@1 Derivas en la educación digital.* Buenos Aires, Santillana, 2010.

_____. *Internet, la imprenta del siglo XXI.* Barcelona, Gedisa, 2005.

_____. Nativos digitales. *Contratexto*, n. 16, 2008, pp. 43-56.

_____. *Nativos digitales. Dieta cognitiva, inteligencia colectiva y arquitecturas de la participación.* Buenos Aires, Santillana, 2009.

SCOLARI, C. (17 de maio de 2009). Nota sobre o livro de Alejandro Piscitelli. Disponível: <http://www.digitalismo.com>.

SIBILIA, P., 2008, La intimidad como espectáculo, Buenos Aires, FCE.

SILVA, M. *Educación interactiva. Enseñanza y aprendizaje presencial y on-line.* Barcelona, Gedisa, 2005.

VILCHES, L. *La migración digital.* Barcelona, Gedisa, 2008.

10

Cenários virtuais, cultura juvenil e educomunicação 2.0

José Antonio Gabelas Barroso*

1. Introdução

A mudança dos meios de comunicação tradicionais com a irrupção das novas tecnologias e a proliferação de múltiplos e variados cenários virtuais conduz a territórios desconhecidos para as empresas midiáticas, para os anunciantes e para as instituições sociais. O presente é já digital. O público mudou, e também o sistema de exibição, difusão e distribuição de informação e lazer, o acesso à produção, assim como as linguagens. Estes novos cenários apresentam um potente público-alvo, que são os jovens, porque se adaptam com facilidade às mudanças, porque dispõem de um importante poder aquisitivo,[1] porque estão integrados em um ambiente multitelas transformado em painel de exibição, distribuição e produção de narrativas.

O trem da convergência midiática mistura e redimensiona as linguagens, em que o textual, visual e sonoro se integram no documento multimídia. Como indica Sara Osuna, "a soma das linguagens não será uma totalidade acumulativa de linguagens, e sim uma unidade, a linguagem multimídia" (Osuna, 2007: 64). Cada unidade (palavra, som, imagem...) dispõe de autonomia expressiva, com sentido comunicativo próprio, mas, na inter-relação com o resto das unidades, se complementa e se completa.

A multimídia contém uns elementos comunicativos básicos, presentes nos cenários digitais, como a interface que possibilita estabelecer uma comunicação com a informação digital; a interatividade, que

---

* José Antonio Gabelas Barroso é professor da UOC e do mestrado em Comunicação e Educação na Rede, da UNED, Espanha.
[1] No mundo ocidental, mas sem esquecer que menos de 20% da população mundial tem acesso à internet, segundo a Internet World Stats. Disponível em: <http://www.internet worldstats.com />. Acesso em: 1º de julho de 2010.

descreveremos como "o controle, mais ou menos parcial, que as pessoas têm sobre a apresentação da informação nos documentos digitais" (Aparici et al., 2009: 273). Como a interatividade, que é bidirecional: afeta a pessoa na medida em que pode ter um maior ou menor grau de participação, de interação e de imersão; e afeta o documento com o qual interage, documento aberto e revisável, que incorpora e recolhe as contribuições de cada usuário, seja de modo individual ou coletivo. E como a navegação, que permite escolher o itinerário de busca de informação e de conexão com diferentes redes de interesse.

Se recolhermos os dados de algumas das últimas pesquisas e relatórios (Fundação Pfizer, 2009; Transformemos o ócio digital, 2009; Estudos sobre hábitos TIC, INTECO, 2009), observaremos que a ocupação e a incidência que os ambientes multitelas têm nos cenários juvenis são notáveis e significativas. A Fundação Pfizer[2] afirma que as redes sociais se tornaram, para a juventude, um terreno adubado para abrir e estreitar laços, com diferentes graus de relação e de amizade: 71% têm mais de 46 amizades e a média é de 116 contatos. Até agora, o Messenger e o celular são essenciais para sua organização, convivência e comunicação, mas a internet, com seus terminais móveis, está se tornando a plataforma que garante a agenda social da cultura juvenil.

Tais dados são oriundos do relatório "Transformemos o ócio digital. Um projeto de socialização no tempo livre" (2009),[3] sobre uma amostra constituída por um total de 2.054 enquetes à população espanhola, tanto por gênero como por idade, entre 12 e 18 anos, o qual indica que quase a totalidade dos adolescentes consultados (97%) afirma já ter feito uma conexão com a internet. O Messenger (53,3) é o veículo de comunicação mais utilizado. Para reforçar estes dados, afirma-se que a terça parte dos adolescentes consultados (33%) revela que tem amigos virtuais; isto é, amigos que conheceram e com os quais se relacionaram somente na rede, porcentagem que sobe para 39% entre a faixa etária de 16 e 18 anos.

---

[2] Fundación Pfizer. La juventud y las redes sociales en Internet, 2009. Relatório final. Disponível em: < http://www.fundacionpfizer.org/pdf/INFORME_FINAL_Encuesta_Juventud_y_Redes_Sociales. pdf>. Acesso em: julho de 2010.

[3] ARANDA, D.; SÁNCHEZ-NAVARRO, J., TABERNERO, C. *Jovenes y ocio digital: informe sobre el uso de herramientas digitales por parte de adolescentes en España*. Barcelona, UOC, 2009. Disponível em: < http://in3.uoc.edu/web/PDF/jovenes_ocio_digital_250310. pdf>. Acesso em: julho de 2010.

Segundo o "Estudo sobre hábitos seguros no uso das TICs, por crianças e adolescentes e e-confiança de seus pais. Março 2009",[4] a idade de início às TICs se dá entre os 10 e 11 anos; a metade dos usuários jovens acessam a internet diariamente, e passam uma média de 14,5 horas semanais conectados. No que se refere ao celular, 65% dispõem de um próprio e a porcentagem alcança 90% entre a faixa etária de 15 e 16 anos. Utilizam o celular principalmente para enviar SMS e fazer ou receber ligações. A internet foi tida como preferida, com 75%, diante de 40% no caso do celular e dos videogames. Nesta mesma linha, a revista de estudos "Juventude e novos meios de comunicação", *INJUVE* (2012)[5] informa que 59% dos menores de 10 anos têm ou usam o celular, e 71% têm conexão com a internet em sua casa.

Este panorama multimídia suscita uma revisão dos parâmetros de alfabetização audiovisual utilizados desde a década de 1960, indica uma transformação dos agentes mediadores em um processo de alfabetização, convida a uma perspectiva curiosa e crítica porque o território está dominado por vales e picos, com a presença de máscaras e miragens. Focaremos a reflexão nos usos e hábitos, nos modos de relação e convivência que os jovens praticam em torno dos cenários digitais. Vislumbraremos algumas das práticas sociais da cultura juvenil deste novo milênio e proporemos algumas linhas para a educomunicação midiática 2.0.

2. Discursos sobre a cultura juvenil mediada pelos cenários virtuais

As telas, com a televisão nos anos 1960, os videogames na década de 1990 e a internet na atualidade, têm sido responsabilizados por muitos dos males que atacam a sociedade e a educação. "Os médicos proibiam a leitura de romances porque isso gerava os mesmos efeitos que os videogames atualmente: tiram o apetite, o sono, diminuem a libido, e isto era muito importante, porque as mulheres eram as que

---

[4] INTECO – Instituto Nacional de Tecnologías de la Comuncación. Estudio sobre hábitos seguros en el uso de las TIC por niños y adolescentes y e-confianza de sus padres, 2009. Relatório completo em: <http://www.inteco.es/Seguridad/Observatorio/Estudios_e_ Informes Estudios_e_Informes_ 1 Estudio_ninos>. Acesso em: julho de 2010.

[5] *INJUVE* (2010): Juventud y nuevos medios de comunicación. Disponível em: <http://www.injuve.migualdad.es/injuve/contenidos.item.action?id=1180444242>. Acesso em: julho de 2010.

liam romances, que lhes provocam depressões, por exemplo, quando fechavam *Madame Bovary*" (Baricco, 2008: 33).

Esta tendência midiática apocalíptica também afeta com muita frequência determinadas práticas e hábitos da cultura juvenil, na *agenda--setting*[6] dos meios. Pensem, quando e como são apresentados aos jovens nos noticiários? Aparecem pouco, e quase sempre associados à violência das ruas, à bebida, à droga e à delinquência. O Conselho Audiovisual da Catalunha (CAC, 2010),[7] que estudou seis cadeias de televisão em uma amostra de 411 horas e quase 11.500 edições de noticiários emitidos por essas cadeias durante o trimestre outubro-dezembro de 2009, apresentou recentemente um relatório sobre o tratamento que a juventude catalã, entre 15 e 29 anos, recebe: só representa 2% do total dos telejornais, em 70% das informações em que aparecem pessoas dessa faixa etária, e é mencionada como causadora ou vítima de algum problema. Constata-se que os jovens têm presença em três âmbitos principais: o social (imigração ou acidentes de trânsito), o policial-judicial e o educativo, e que – em todos os casos – predomina uma visão negativa.

Esta estigmatização da juventude, ou "dos jovens como ameaça", não é a única construção midiática; existem outros discursos sobre a cultura juvenil, que se apresenta como uma coletividade ameaçada, vulnerável. O dualismo esquemático destas representações oscila entre "jovens como ameaça" ou "jovens como vítimas". Vulneráveis para os perigos sociais, vítimas da rua e das novas tecnologias e seus excessos, dependências e adições (internet e videogames).

Uma crônica negra, em formato e relato informativo que não é o único discurso. Também se apresenta a juventude, na galeria midiática, de um modo amável e edulcorado. A publicidade serve em bandeja dourada o/a jovem como corpo 10, com as medidas físicas e mentais perfeitas: o jovem vende. O dinheiro que o chamado primeiro mundo investe em cremes, dietas, tratamentos de beleza, academias e cirurgia plástica é enorme. Não somente a publicidade oferece estes modelos impossíveis e siliconados, também são frequentes nas séries juvenis e no próprio tratamento informativo que se aplica às estrelas do esporte, da música e do cinema.

---

[6] Disponível em: <http://es.wikipedia.org/wiki/Teor%C3%ADa_de_la_agenda_setting>. Acesso em: julho de 2010.

[7] Disponível em: <http://www.elperiodico.com/es/noticias/sociedad/20100706/cac-alerta-del-mal-trato-los-jovenes-los-telediarios/368125.shtml>. Acesso em: julho de 2010.

Sabán[8] observa que "o tratamento *antiaging* está desenhado sobre uma base que tem como epicentro o cuidado do endotélio, a camada que reveste o interior dos vasos sanguíneos, linfáticos e as cavidades cardíacas. Depois chega ao coração, ao cérebro, ao aparelho locomotor... e já, por último, à estética".

O mercado pesquisa e comprova que um dos aspectos que preocupa os jovens é a popularidade. Descobre que famílias de classe média

> nos Estados Unidos estão dando festas de aniversário em que os pais gastam com seus filhos de 14, 15, 16 anos, o equivalente a cinquenta mil dólares; ou seja, o que lhes podia custar consertar dois banheiros ou uma cozinha, eles dedicam a pagar uma festa ao adolescente, para que seu filho tenha um dia de glória (Quart, 2004: 87).

A popularidade permite que o jovem esteja integrado. Ele se preocupa quando se sente marginalizado pelo próprio grupo de amigos. Com a popularidade, a integração está garantida; um publicitário comentava que "o garoto percebe perfeitamente qual o colega que está usando os sapatos fora de moda". A moda impõe um estilo e uma estética, a grife dá popularidade entre os colegas. Nos Estados Unidos, as grandes marcas comerciais já estão contratando os chamados *marketers*, jovens comerciais e assessores que se dedicam a ir pelas lojas, pelas ruas e observar o que fazem os outros jovens. Falam com eles e recolhem dados, convidam-nos a reuniões para conseguir informação: Onde você compra estas calças compridas?, Por que as comprou?, Por que gostou delas?, Por que não? Esta informação chega imediatamente e diretamente aos desenhistas que elaboram o próximo produto a ser lançado.

Outro dos discursos que embalam a cultura juvenil, muito relacionado com o conceito de popularidade e com a tecnologia digital, é a chamada geração-Net (Tapsccot, 1996), geração interativa (Bringué e Sádaba, 2008), também descrita como "on-off" ou "Einstein".[9] Uma geração que nasceu entre os videogames, câmeras digitais, dispositivos móveis e internet. Uma geração que se apresenta como preparada de

---

[8] José Sabán, médico chefe da Unidade de Patologia Endotelial do Hospital Ramón y Cajal de Madri, no Seminário Minute Maid para a mídia, "Antioxidantes: mais de 4 mil formas de cuidar da saúde", realizado na Granja de San Ildefonso (Segóvia). A reunião contou com o aval da Academia Espanhola de Dermatologia e Venereologia (AEDV), da Associação Nacional de Informadores da Saúde (ANIS) e da Sociedade Espanhola de Endocrinologia e Nutrição (SEEN).

[9] O termo "geração Einstein" procede do livro *Generación Einstein: elegante, social y superfast*, de Jeroen Boschma (2006).

modo natural para lidar com a *interface*, gerenciar sua agenda de amizades e contatos, selecionar informação e navegar pela rede.

Esta construção de tecnocracia juvenil recebe um de seus principais incentivos na classificação de "nativos e imigrantes digitais".[10] Uma tipologia que carece de rigor e veracidade, que esconde perversões conceituais sutis, muito próximas do esquematismo e do estereótipo. Os denominados nativos digitais (menores de 20 anos, segundo Prensky), que nasceram e cresceram com o clique do *mouse* e não com o controle remoto da televisão, se descrevem como especialistas no uso das novas tecnologias, com qualidades quase inatas e habilidades tecnológicas muito avançadas.

Esta posição, que apresenta os nativos como pessoas de qualidades e destrezas inatas, faz parte de um discurso intencionado, através do qual as grandes corporações midiáticas e empresas tecnológicas obtêm suculentos benefícios. Uma brecha digital, gerada em parte pelo contexto comercial das grandes companhias de marketing, nas quais as multinacionais concedem um intangível, ou valor agregado, a cada celular, videocassete ou aparelho portátil, só porque os jovens estão treinados de modo natural e vantajoso em todas estas inovações. As novas tecnologias vêm acompanhadas de valores como juventude, progresso, novidade, dinamismo. No entanto, os jovens são um segmento muito diversificado em suas habilidades, destrezas, situação econômica, social e cultural, o qual não admite esta uniformização.

O contexto do ócio, e consequentemente de consumo, facilita a análise da denominada "geração digital". São oferecidos alguns dados que ajudam esta radiografia:

> Rompe a dicotomia (dentro-fora, produção-consumo, tempo de trabalho [ou de estudo, acrescentamos] – tempo de ócio, espaço privado-espaço público, que organizavam as práticas sociais e, sobretudo, o imaginário social. O tempo livre deixa de ser livre para transformar-se em uma espécie de "rotina" e "ritual" produtivo. O tempo livre, o espaço de ócio, entendido de uma forma muito ampla, transforma-se em uma das principais fontes de negócios do sistema capitalista atual. Transforma o conceito da juventude. Em lugar da juventude como etapa vital de preparação para o futuro, configura uns modelos imaginários da ju-

---

[10] Em 2001, Marc Prensky cria este conceito com a finalidade de definir as gerações nascidas a partir de 1991, que integraram em suas vidas as ferramentas telemáticas e eletrônicas, sem nem mesmo raciocinar sobre seu modo de funcionamento, isto é, o adquiriram de maneira natural. Para conhecer os âmbitos que este escritor desenvolve, pode-se consultar sua página web: <http://www.marcprensky.com/>.

ventude em que "todos" podem ser jovens se mantiverem certas formas de vida, determinadas práticas de usos da moda e do tempo livre, enquanto as idades que biologicamente foram entendidas tradicionalmente como jovens (14-25 anos, aproximadamente) são configuradas como um imenso "parque temático" em que o consumo, em geral, e os consumos (forçadamente) "divertidos" de tempo livre desempenham um papel essencial (Conde, 2009: 3).

Quanto à segunda tipologia, os imigrantes digitais, observa-se uma carga conotativa negativa, muito vinculada à inadaptação, incapacidade para viver o presente tecnológico, ideia ligada ao terceiro-mundismo, com a ideologia implícita de colonialismo e exploração que envolve. Ao mesmo tempo, refere-se a um abandono da cultura e do território próprio, espaço físico, cultural e simbólico com o qual se nasce e se cresce, uma cultura com valores que "devem" ser constantemente substituídos pela novidade, pelo mais moderno, para estar sempre atualizados e adaptados ao novo território.

"Imigrantes e nativos digitais" é uma acepção que favorece pouco a integração dos diferentes coletivos geracionais, e também não facilita uma análise que permita abordar as distâncias culturais entre os mais ou menos jovens para enfrentar a construção de espaços intergeracionais de crescimento mútuo e comum.

Para Masterman (1993), o poder ideológico que os meios de comunicação têm é, em parte, proporcional à aparente naturalidade de suas representações. Na medida em que estes discursos se repetem sistematicamente em todos os meios, a opinião pública aceita esta representação da juventude como a única e a real. "A tela é uma superfície retangular que enquadra um mundo virtual e que existe no mundo físico do espectador" (Manovich, 2005: 61). Estas representações são telas que projetam um discurso, ocultam outras realidades e ajudam a conformar um imaginário coletivo.

A ideologia de uma mensagem pode ser apresentada de um modo expresso ou latente. Qual é a ideologia destes discursos: "os jovens como ameaça, como vítimas ou como seres superdotados para o manejo e as habilidades nos cenários virtuais?". Percebe-se, ao menos, um duplo paternalismo. Paternalismo moral porque, na medida em que os jovens sejam débeis, vulneráveis e estejam ameaçados por todos os perigos sociais e tecnológicos, será necessário o pai, a mãe ou a tutela de uma pessoa adulta que os proteja. No caso de que sejam uma ameaça, também o sistema adulto se ocupará de impor ordem para velar por sua segurança. Um segundo paternalismo, personalizado no mercado.

A empresa está muito interessada em que os jovens sejam a *geração net*, que todos pensem que estão preparados de uma forma natural para desenvolver-se através do mundo virtual e das novas tecnologias. Com este critério como tendência, serão vendidos computadores, dispositivos e terminais móveis. O pai moral e o pai mercado garantem o sistema, asseguram o controle e sistematizam o poder.

Quais as consequências culturais, educativas e sociais destes discursos reducionistas?

• Provavelmente, alguns jovens chegam a interiorizar este discurso: "Se você disser a um garoto que ele é um malandro, inútil, no fim achará que é um malandro e um inútil, e para que ser o contrário, se todos pensam assim dele? Será sempre mais cômodo e gratificante responder às expectativas dos que o rodeiam e o protegem". Algo parecido acontece quando alguns jovens ouvem repetidamente estas mensagens.

• É um discurso que serve como uma tela, que projeta distorções e oculta outras realidades que preocupam os jovens, como o direito à moradia digna, aos relacionamentos afetivos, à propriedade de alguns espaços próprios para a diversão ou o acesso a um trabalho não precário, sem esquecer os milhões de jovens desconectados (à luz, água potável, sustento diário) no mundo. Discurso que representa uma cortina de fumaça, que reduz a visão a somente alguns detalhes, geralmente episódicos e superficiais e, ao mesmo tempo, narcotizam; outra construção de "pão e circo".

McLuhan afirmou: "O meio é a mensagem" e logo acrescentou que "o meio é a massagem". Desta maneira, se apresenta a *agenda setting*, uma agenda de conteúdos, que oscila e se retroalimenta entre a TDT e a internet. A partir destas plataformas de difusão e distribuição, são expostos uns cânones, uns comportamentos éticos e estéticos. São representações geradas por um sistema que não quer perder o controle social.

• Em terceiro lugar, é um discurso cínico, porque os jovens são avaliados como seres hedonistas, que só pensam em gastar e divertir-se; no entanto, eles são constantemente incitados ao consumo. Destinam aos jovens vários *shopping centers*, são o principal público-alvo das grandes campanhas publicitárias associadas às novas tecnologias..., e depois se diz que são consumidores compulsivos.

Estas construções ressaltam que as crianças e os jovens são pré--adultos, e esquecem que têm o direito e a oportunidade de crescer, assim como de errar. Crescer não é fácil para ninguém, nem para os pais, nem para os filhos. Uma educação para a autonomia permitirá que as gerações jovens enfrentem seus conflitos, desenvolvam sua assertividade, desde que tenham tido a ocasião de decidir, de escolher entre o que lhes convém ou não, assim como de errar.

A abordagem protecionista, com frequência alimentada pelas instituições (sociais, familiares, educativas), se ampara em teorias behavioristas que afirmam que o indivíduo reage de modo direto aos estímulos recebidos pelo ambiente multitelas. Esta colocação estabelece que os jovens precisam de proteção porque são vulneráveis e estão expostos aos diferentes riscos do abuso ou da dependência do que veem ou das conexões.

3. Cultura juvenil e práticas sociais no ambiente virtual e nas tecnologias de relação

Os cenários virtuais redimensionam o âmbito sociológico em que se desenvolvem as culturas juvenis, com as redes sociais como um fator socializador de primeira ordem. Entrar neste cenário supõe um rito de iniciação em que se cria uma identidade própria, se constrói um espaço pessoal e se ilumina uma identidade virtual. Esta criação significa uma importante gestão da informação pública e, sobretudo, privada. Trata-se de decidir que dados se quer socializar (nome, idade, fotografias, lugares...) e em que registros se quer expor (para amizades, conhecidos, desconhecidos...). A internet oferece uma série de serviços que facilitam a visualização das relações entre o aberto conjunto de pessoas que formam a rede, tecida por seus interesses, atividades, contatos comuns. Tuenti, Facebook... são alguns exemplos.

Alguns dos estudos mais recentes já indicados (Fundação Pfizer, 2009; "Transformemos o ócio digital", 2009; "Estudos sobre hábitos TICs", INTECO, 2009; "Juventude e novos meios de comunicação", INJUVE, 2010) manifestam que as redes sociais são um dos epicentros onde a juventude constrói seu tecido social de amizades e relações. Permitem a afirmação de sua identidade e autoafirmação, e projetam sua socialização no grupo de referência e pertença.

As pesquisas consultadas indicam que os jovens se mostram de maneira positiva, geram uma imagem de si mesmos em que se apresentam, contatam, consolidam esses contatos, se relacionam compartilhando músicas, fotografias, vídeos. Conformam comunidades afins por gostos, vinculações ou interesses. São indivíduos e coletividades criativas, que geram e recriam continuamente conteúdos na rede. Na década de 1990, o *remix* adquire grande difusão e popularidade em um conjunto de contatos com os gêneros musicais, concretamente com o *hip-hop* e a música *pop*. Lankshear assevera que "a vida conceitual do *remix* foi ampliada recentemente, de maneira importante e interessante, no contexto de um ativismo crescente direcionado contra a legislação do *copyright* e da propriedade intelectual" (Lankshear e Knobel, 2008: 112).

A transição das redes sociais tradicionais ao ambiente digital juvenil, portanto mediado pela tecnologia, oferece uma série de serviços em que a comunicação gratifica seus usuários em um presente imediato e intenso, o que amplia seus círculos de relação. Junto a este vasto campo de oportunidades, também se abre um território para os riscos, em que as incertezas, a violação da confiança e os enganos são fatores reais.

Podemos distinguir, sem ânimo de ser exaustivos, uma série de características que descrevem a fenomenologia da socialização virtual:

1. A hiper-realidade rivaliza com a realidade física. O cotidiano transita entre plácidos oásis onde tudo é possível e alcançável, onde quase nada é o que parece. O contato com a realidade física é intermitente e sua percepção resulta complexa, o demiurgo da virtualidade dilui o físico. Alguns formatos de hiper-realidade que o cenário midiático oferece seduzem desde o espelho e submergem o desejo em um sonho, cujo despertar pode transformar o cotidiano em um pesadelo.

Os novos "prometeus" representados na juventude do presente milênio, assentados nestes impossíveis, percorrem intermináveis passagens da paisagem simbólica. Procuram objetos que legitimem seu lugar, sua identidade e sua cultura. O celular é um emblemático artefato da pós-modernidade, que recolhe o ritual lúdico das práticas conversacionais juvenis.

2. A necessidade de autoafirmar-se depende em grande medida de sua vinculação com um grupo de referência e de pertença. Este grau de vinculação descreve a própria identidade do jovem. A retroalimentação da identidade, conforme aumenta a vinculação ao grupo, se facilita e se reforça nos cenários virtuais de socialização, em que as relações são intensas, múltiplas, simultâneas, algumas das quais se complementam e prolongam no grupo presencial. A construção de identidades em uma relação "bidirecional", a própria pessoa em sua vivência física e virtual, com o outro em sua presença física e virtual, através de *chat*, *blogs*,

fotologs; ou "multidirecional", cada um com um grupo de referência ou pertença, através de redes sociais e jogos coletivos.

3. A participação. Antes, os canais para acessar à popularidade eram filtrados e estavam mediados. O paradigma era "você vale se demonstra ou se nós decidimos". A internet mudou isso. Desapareceu o *gatekeeper*. Quem cria, redige, produz e distribui é a comunidade. Produtos como *A guerra das galáxias* ou *Harry Poter* movimentam uma onda de fãs que reconstroem constantemente seus relatos na rede. Na web *FanFiction.net*, dedicada a reunir textos e livros originais sobre personagens, séries ou filmes, somente *Harry Potter* conta com 465.000 textos, *O Senhor dos Anéis* tem 43.000. A saga *Crepúsculo*, que no princípio foi um produto cultural de consumo para adolescentes, em apenas quatro anos se transformou em uma das franquias culturais mais rentáveis.

Estas comunidades são construtoras de conteúdos, denominadas por Jenkins[11] como produtores ativos e manipuladores de significados. Este autor considera que os fãs não são o público-alvo dos produtos populares, e sim agentes ativos na construção e distribuição de significados culturais.

A dimensão participativa exporta a chave para conhecer em primeira mão o potencial cliente e divulgar o produto. Mediante fóruns, vídeos, redes sociais, a internet revela aos desenvolvedores de videogames os desejos de seus próximos clientes. O empresário "observa" os rastros que o jogador deixa, sem que este último o perceba. O videogame Invisimals 2 já dispõe de rede social própria, com a possibilidade de compartilhar caça.[12]

Os dispositivos móveis oferecem ao jovem o dom da ubiquidade, de poder estar com todos em qualquer momento e situação. "Heavy Users", assim o marketing batizou os jovens entre 14 e 18 anos: "usuários intensivos". O celular oferece ao jovem uma sensação de liberdade, independência e segurança. Pode ser usado em qualquer momento e em qualquer lugar. O telefone fixo não possuía estas qualidades, sujeito a um lugar concreto e a uma linguagem oral. Com os celulares aparece outro modo de comunicação, não só verbal, como também escrita, gráfica e

---

[11] JENKINS, H. *La cultura de la convergencia de los medios de comunicación*. Barcelona, Paidós, 2008.

[12] Disponível em: <http://www.elmundo.es/elmundo/2010/07/01/navegante/1278005891.html>. Acesso em: julho de 2010.

audiovisual. O conteúdo informativo não é o mais importante, mas sim sua função social. Os SMS facilitam uma comunicação rápida e econômica, permitem aos jovens diferenciarem-se dos circuitos adultos da comunicação com uma linguagem própria e dinâmica: o que interessa é que se entendam. O uso do celular permite estar conectado: se o dispositivo for de última geração, significa que seu usuário está atualizado. É um elemento de distinção social entre um grupo de colegas. Equivale a ter amigos e contatos sociais. Trata-se de um brinquedo social, com algumas funções relacionais e lúdicas que concedem sentido a sua posse e a seu uso.

Os jovens são uma geração diversa e individualista, consumista e seletiva. A intimidade de seu território se deixa seduzir por escassos motivos, mas os produtos tecnológicos encontraram um importante mercado. Os adultos são analfabetos tecnológicos em comparação com as habilidades que os jovens desenvolvem. Pela primeira vez na história, os filhos podem ensinar aos pais: os pais e mães se sentem inseguros diante das novas tecnologias (Gabelas e Marta, 2008), o que lhes provoca desconfiança, não sabem como intervir, e também não conhecem a influência que a interação com o ambiente multitelas produz em seus filhos. Também lhes provoca rejeição porque, desde o desconhecimento e o dramatismo, satanizam os conteúdos e os consumos audiovisuais e digitais. Esta insegurança e desconhecimento entorpecem, de modo notável, sua mediação positiva na troca de opiniões, comentários e pautas de conduta.

4. Educomunicação 2.0: encontros geracionais nos cenários de interação juvenil

Ao visitar o *site* de *Crepúsculo* (http: www.crepusculo.net), pode-se observar as atrações que conquistam o adolescente e sua plataforma de relações. Na zona central, uma ampla reportagem visual com *close-ups* de seus protagonistas, potentes atrações em um relato excitante. O documento multimídia junta estrelas juvenis em um reforço semântico de frases lapidárias e retóricas como "Eu te amo mais que tudo... não é suficiente?", "Sim, é suficiente, suficiente para a eternidade", "Te odiava por desejar-lhe tanto", "Tenho medo de te perder. Sinto que vou desaparecer".

Esta zona central se nutre de diferentes *trailers* da saga, com referências intertextuais de natureza distinta (livros publicados, canções que se referem a filmes ou a seus protagonistas, números que o YouTube tem difundido, pequenas reportagens e fotos publicadas na imprensa ou em revistas), tudo isso temperado com constantes piscadelas e perguntas que provocam as respostas e a participação de seus fãs, alusões a espaços de intimidade dos personagens que sustentam a ação da saga, em uma narrativa digital multidirecional e interativa, que facilita e reforça a viralidade de seus membros e dos visitantes.

A visita a este lugar, um dos muitos que convocam milhares de jovens em seu ócio digital, expressa que as práticas sociais proativas que os jovens exercem em seu ambiente multitelas têm uma sólida base de implicação emocional, recreação lúdica, viralidade festiva. Aspectos que, desde a educação em geral, e desde a escola em particular, são vistos com ceticismo e reticências. Ao amparo das salas de aula, pensa-se que os novos meios substituirão os velhos, e que a cultura digital suprimirá a cultura impressa. Contudo, a história mostra o contrário, a fotografia se inspirou na pintura, o cinema na fotografia, e o teatro foi a televisão de antes. A internet aglutina, no documento multimídia, todos os precedentes. O número de pessoas que hoje acessam um importante depósito de livros é maior que nunca, graças a editoras *on-line*; os jovens jamais leram e escreveram mais que agora, com os fóruns, as redes sociais e os MSMs. Escreve-se de outra maneira, visto que a internet impulsiona um texto mais curto, mais abreviado e conectivo.

O prazer não está condenado a brigar com a aprendizagem. Um bom filme, canção, desenho animado ou videogame são, em si mesmos, educativos; assim, não é preciso procurar filmes-canções-desenhos--videogames educativos para desenvolver uma dinâmica de aprendizado cognitivo, emotivo e social. Romances como *Harry Potter* ou *Crepúsculo* são exemplos que mostram como um texto, que é comercial, divertido e ameno, não só é a locomotiva que arrasta um *merchandising*, como também uma oportunidade para entrar e aprofundar nos contextos do relato, da fantasia e da emoção. O paraíso de gratificações que estas narrações oferecem precisa empreender uma pedagogia do conflito que entenda que o impacto multimídia é basicamente emotivo, contextualmente lúdico e cognitivamente social.

Os concorridos cenários digitais juvenis, nos quais emergem suas culturas, conversações, convivências, seus ritos e conversações, jogos, divertimentos e reflexões, a construção de suas identidades, assim como seus ritos de socialização, cooperação e criação, são uma referência para a ação dos agentes preocupados com a educação dos jovens, pais e mães, professores e mediadores culturais, sociais e sanitários.

Jenkins[13] alude às novas alfabetizações, indicando a importância das habilidades sociais, não só das competências individuais. Se for importante compreender como circula a informação, será também relevante saber expressar as ideias através das palavras, sons e imagens. Este autor considera que, ao redor da inteligência coletiva, surgiram novas formas de autoria, que não é só individual. A Wikipedia é um claro exemplo: cada verbete pode ter múltiplos autores, que revisarão e completarão outros autores. O ícone do saber renascentista desapareceu neste novo milênio, todo o mundo sabe algo, e isso pode estar ao alcance de muitos, disponível para a comunidade.

Na citada entrevista, Jenkins explicita três eixos nos novos alfabetismos, que podemos perfeitamente adaptar aos parâmetros da educomunicação 2.0:

1. Entender as novas alfabetizações como um paradigma de mudança que incide em cada tema escolar.

2. Necessidade de um trabalho de conjunto da comunidade escolar, de estratégias que permitam sua integração plena no currículo.

3. Modelos que se apoiam na inteligência coletiva e nas relações sociais, identificando e ampliando o conhecimento existente dentro da comunidade.

A compreensão e convicção de que as novas alfabetizações são um paradigma de mudança cultural supõem uma mentalidade que supera a educação 1.0 que preside a escola, desde a demora das instituições oficiais, empenhadas na implantação das TICs sem norte pedagógico e metodológico, em que a web 2.0 é considerada um risco, um desconhecido ou um inimigo da sala de aula.

Este "novo paradigma" não significa que a educação alfabetizadora seja a que utiliza as novas tecnologias. Indica Lankshear que "como os fins educativos estão dirigidos pelo currículo e, com frequência, os docentes consideram as tecnologias como 'meras' ferramentas, a tarefa de integrar as novas tecnologias ao aprendizado se realiza muitas vezes adaptando-as ou acrescentando-as às rotinas de sempre" (ibid., p. 67).

---

[13] Entrevista a Henry Jenkins (diretor do Programa de Estudos Comparativos Multimídia no Massachusetts Institute of Technology [MIT]): Cultura participativa e novas alfabetizações. *Cuadernos de Pedagogía*, n. 398 (fev. 2010). Pode ser consultada uma versão mais ampla desta entrevista em: <http:///henryjenkins.org>. Acesso em: julho de 2010.

Portanto, seguimos na mentalidade da cultura tradicional com prioridade à autoridade e ao saber do professor, espaço escolar centralizado em um tempo e espaço físico, em um programa, em um livro e em um professor; formas tradicionais de narração formal, repetição mecânica e transmissão unidirecional da informação; clonagem do aluno que repete o modelo acadêmico e os conteúdos transmitidos. Em resumo, responde a um modelo tecnicista, porque a aprendizagem começa e acaba na ferramenta utilizada, e funcionalista, porque os objetivos e a avaliação priorizam o conteúdo curricular.

Em meados do século XX, o pedagogo brasileiro Paulo Freire reivindicou a necessidade de alfabetizar a lectoescrita para que ler e escrever o mundo fosse suficiente para sua transformação. O modelo de Freire não era aprender e escrever para aprender uns signos e uns códigos, mas para conscientizar-se de que o conhecimento significava a oportunidade de melhorar o ambiente próximo e, consequentemente, modificar a sociedade. Nestas três últimas décadas, muitos agentes e profissionais da educação e da comunicação, desde uma opção educomunicadora, têm seguido a linha de Freire nos diferentes projetos de alfabetização múltipla ou de educação midiática.

No segundo eixo, Jenkins fala de um trabalho conjunto de toda a comunidade. O que significa que a "ação educativa" não pode estar fechada na sala de aula, nem no programa, nem na relação entre professor e aluno. Um dos avanços, pelo menos no papel, dos novos programas educativos sustentados na aquisição de competências é que as matérias acadêmicas se transformam em áreas permeáveis, que podem impulsionar dinâmicas de equipes em cada centro. A abertura deste primeiro círculo (matéria-professor/competências-equipe) não é suficiente. O claustro de professores abre suas portas aos próprios alunos e a seus representantes, às famílias, aos agentes socioculturais e sanitários do bairro.

Uma abordagem que dota de sentido o conceito de mediação com a sociedade civil em geral, e com os jovens em particular, é o do empoderamento (*empowerment*). Gonzalo Musitu (2007) indica que é Rappaport, no final da década de 1980, no âmbito da psicologia comunitária, quem desenvolve a teoria do empoderamento como válida para explicar esta disciplina. Considera que a maioria dos problemas sociais é consequência da distribuição assimétrica dos recursos disponíveis no planeta, recursos que podem ser materiais, sociais, econômicos ou psicológicos. Uma análise da conduta individual e coletiva amplia sua perspectiva aos diferentes sistemas sociais, no espaço micro (família, grupo, escola, bairro) e macro (cultura e ideologia dominantes).

O empoderamento se traduz, geralmente, não como "empoderar", e sim como "potencialização ou fortalecimento".[14] Uma situação de "empoderamento" se produziria quando um grupo de jovens, de uma comunidade da periferia de uma cidade, por exemplo, se mostra descontente porque vão fechar o lugar em que organiza suas festas no fim de semana. Então, decide entrar em contato com a associação de moradores e propõe organizar um acampamento para as crianças e, em troca, quer que seja mantido o local aberto, com um mínimo de condições. Pois bem, estamos diante de um exemplo de empoderamento, de tomada de poder, de afirmação de decisões, de potencialização de suas habilidades sociais, de atuação de seus dotes organizativos, de modo que o grupo aproveite os recursos disponíveis para um projeto comum e, portanto, de mudança do ambiente mais próximo a ele. Este grupo de jovens estava consciente de que, para conseguir seu objetivo (manter o local aberto para suas festas e celebrações de fim de semana), devia fazer uma proposta de tipo contraprestação (organizar o acampamento para as crianças da comunidade). Desse modo, ganhava a confiança da associação de moradores (que seria beneficiada diretamente pela proposta, pois muitos deles tinham filhos pequenos que iriam participar do acampamento).

Em terceiro lugar, a educação midiática, "pivota" – em termos de Jenkins – na inteligência coletiva, no tecido de relações e na textura social que gera, dinamiza e autoavalia esta inteligência. Um trajeto de exploração comunitária que primeiro detecta e identifica quais são os interesses e necessidades de seus membros, para depois ampliar esta informação (que já é mais que informação, é conhecimento).

Trata-se de um alfabetismo que não é funcional, nem instrumental, nem tecnológico. Lankshear desenvolve o *remix* como exemplo catalisador do que acontece na rede com muitas comunidades. É um modelo que suporta a *fandom*; isto é, o meio em que se manifesta a identidade do amador. A criação está na rua, o *remix* o absorve, permite e facilita o prazer, o puro entretenimento. As "tecnologias da relação" multiplicam as possibilidades expressivas e criativas, que, antes de que nascesse a internet, já eram feitas em diferentes setores artísticos da fotografia, pintura ou da revista em quadrinhos. As fotomontagens e o *collage* foram

---

[14] MUSITU, op. cit., p. 19.

alguns exemplos que serviram de prelúdio para a eclosão do *remix* nos cenários digitais.

Os celulares ou as câmeras digitais, qualquer programa de edição, às vezes incorporado à câmera ou ao telefone, a internet como vitrine, com canais *ad hoc* como YouTube, e as múltiplas redes sociais, oferecem um campo criativo no qual o que foi mostrado em rede por um membro da comunidade se questiona, recria, parodia e move uma cadeia de ações e reações que tecem a narração coletiva a partir de potentes conteúdos emotivos, sociais e cognitivos. Os jovens ativam sua capacidade de empoderamento, assumindo suas decisões, organizando seu trabalho, concretizando seus objetivos e desenvolvendo um processo que culmina na expressão do grupo. A partir da organização e gestão dos recursos úteis, o indivíduo, dentro de um microssistema (a turma da escola) opera no macrossistema (cultural e valores), produzindo suas próprias construções.

A implicação das comunidades de ação nos ambientes virtuais potencializa, em suas práticas, a dimensão social, emotiva e cognitiva de seus membros participantes. O lúdico se transforma em uma metodologia de aprendizagem e a cultura popular juvenil, com seu caráter intertextual, em que se misturam músicas, leituras, jogos, brincadeiras, objetos e lembranças, em uma referência. As redes sociais, os fóruns, os videogames são espaços e tempos de interação em que estas comunidades se identificam e compartilham significados, gerando novas narrações. São espaços que geram novos tipos de relação dentro e fora das fronteiras escolares.

Experimentamos a convergência em grande escala de artefatos portáteis interconectados, ubíquos e pessoais, muito presentes nas rotinas juvenis, embora ausentes ainda na maioria dos espaços escolares. Um exemplo a mais das fraturas entre o espaço racional e emocional, físico e virtual, estático e dinâmico. Descrevemos algumas das características das práticas sociais dos jovens em torno dos cenários virtuais, práticas em que se aglutinam, de modo caótico e complexo, as linguagens, os valores, as crenças e as atuações. Se estas práticas sociais forem tratadas como "oportunidade educativa", estar-se-á percorrendo uma necessária transferência da educação entendida como escola + jovens à educação = trajeto vital das culturas juvenis.

Visto que estamos em tempos convulsos e incertos, vêm ao nosso encontro as seguintes perguntas:

Finalmente, o que temos de entender? Que tipo de mudança está acontecendo? Por que estes novos seres se comportam desta maneira? Por que meu filho já não lê livros? Por que virou um bobo? Não, é um ser que está mudando. E qual é seu caminho? Onde ele encontra o que nós encontrávamos nos livros? Onde encontra o sentido das coisas? Este é o miolo do assunto, o que temos de aprender, e todo o resto é narcisismo dos intelectuais (Baricco, 2008).

Bibliografia

BARICCO, A. *Los bárbaros. Ensayo de una mutación*. Barcelona, Anagrama, 2009.

BRINGUÉ, X.; SÁDABA, C. (coords.). *La generación interactiva en Iberoamérica. Niños y adolescenles ante las pantallas*. Barcelona, Ariel, 2008.

CONDE, G. Los ejes del cambio: el tiempo de ocios. Atas do congresso "Hablemos de drogas", organizado por CosmoCaixa y la Fundación de Ayuda contra la Drogadicción. Barcelona, 2009.

GABELAS, J. A.; MARTA, C. *Consumos y mediaciones de familias y pantallas. Nuevos modelos para la convivência*. Zaragoza, Governo de Aragón, 2008.

GRUPO SPECTUS. *Máscaras y espejismos*. Madrid, Ediciones de la Torre, 2003.

JENKINS, H. *La cultura de la convergencia de los medios de comunicación*. Barcelona, Paidós, 2008.

LANKSHEAR, C.; KNOBEL, M. *Nuevos alfabetismos. Sua práctica cotidiana y el aprendizaje en el aula*. Madrid, Morata, 2008.

MANOVICH, L. *El lenguaje de los nuevos medios de comunicación*. Barcelona, Paidós, 2005.

MASTERMAN, L. *La enseñanza de los medios de comunicación*. Madrid, Ediciones de la Torre, 1993.

MUSITU, G. El *empowerment* en la psicología comunitaria, artigo do Seminário Pantallas Sanas. TIC, salud y vida cotidiana. Zaragoza, Gobierno de Aragón, 2007.

QUART, A. *Marcados. La explotación comercial de los adolescentes*. Barcelona, Debate, 2005.

RUBIO GIL, A. (coord.). Juventud y nuevos medios de comumcación. Revista n. 88, Madrid, INJUVE, 2010.

TAPSCCOT, D. *Creciendo en el entorno digital*. Madrid, McGraw-Hill, 1998.

VV. AA. *La imagen. Análisis y representación de la realidad*. Barcelona, Gedisa, 2009.

11

Interfaces para saber, interfaces para fazer. As simulações digitais e as novas formas de conhecimento1

Carlos A. Scolari*

1. Jogos de guerra

Sempre houve simulações. Para não ter que regressar às origens da história humana, podemos começar nosso percurso em 1824, quando o estado maior do exército prussiano pôs em prática os primeiros *Kriegspiel* (jogos de guerra) para treinar seus oficiais. O sistema era simples: dois oficiais se fechavam em compartimentos separados com um mapa e uma série de pequenos blocos de cor representavam suas forças e as do inimigo. Um terceiro oficial indicava aos jogadores os alvos a conquistar.

> No início do jogo, somente ele sabia qual era o desdobramento de uma e da outra parte. Iniciado o jogo, os jogadores moviam por turno suas peças, e quando uma peça de um jogador se tornava visível a distância, o instrutor a colocava sobre o mapa do outro, simulando perfeitamente as possibilidades de avistar o inimigo em um autêntico campo de batalha. Quando as tropas dos adversários chegavam a distância de tiro, o instrutor decidia sobre a importância das perdas e as consequências táticas dos choques (retiradas, avançadas, detenção do movimento etc.). O jogo continuava até a derrota de uma das duas partes (Masini, 1983: 11).

Foi com simulações deste tipo que o estado-maior prussiano planejou a guerra de 1870, contra a França, e os movimentos iniciais da Primeira Guerra Mundial. Estes exercícios hipotéticos, como veremos

---
[1] Uma primeira versão deste texto foi publicada em: SCOLARI, C. (ed.). *L'Homo Videoludens. Videojocs, textualitat i narrativa interactiva*. Eumo, Vic, 2008, sob o título "Interfícies per a saber, interfícies per a fer. Les simulacions digitals i les noves formes del coneixement".

* Carlos A. Scolari é professor da Universidade de Guadalajara, México.

na próxima seção, nunca foram abandonados pelas forças armadas das grandes potências militares.

De maneira paralela aos *Kriegspiel* foram se desenvolvendo, ao longo do século XX, simulações de tipo econômico. Em vez de enfrentar dois exércitos econômicos com interesses contrapostos, estes exercícios tinham como objetivo avaliar cenários futuros a partir da manipulação de uma ou mais variáveis econômicas ou financeiras.

Estes dois gêneros mencionados – bélico e econômico – ainda hoje hegemonizam o mundo das simulações. Os mais sofisticados sistemas digitais de simulação são utilizados de maneira cotidiana pelos operadores de Wall Street e pelos oficiais superiores do Pentágono. Além disso, as simulações são utilizadas nos laboratórios de pesquisa e, cada vez mais, nos processos de formação. São estes últimos usos que analisaremos neste trabalho; de qualquer maneira, antes de passar a estas novas formas de conhecimento, daremos uma olhadela na evolução das simulações digitais.

2. No princípio foi o VisiCalc

Não me tor-nei rico ao inventar o VisiCalc, mas sinto que produzi uma mudança no mundo. Esta é uma satisfação que o dinheiro não pode comprar.
(Dan Bricklin)

Uma previsão é uma forma de controle. É um tipo de controle que se adapta particularmente aos sistemas distributivos. Antecipando o futuro, um vivissistema pode mudar sua posição para pré-adaptar-se e, deste modo, controlar melhor seu destino.
(Kevin Kelly)

Em 1978, os programadores Robert Frankston e Dan Bricklin desenharam um *software* para o microcomputador Apple II, chamado VisiCalc. O software apresentava características que seriam, daí em diante, distintivas da folha eletrônica de cálculo: uma organização da página em filas/colunas e a possibilidade de criar simulações através da modificação de algumas variáveis numéricas de uma estrutura funcional abstrata. VisiCalc era, certamente, uma potente máquina de simulação: o usuário podia modificar um elemento de um sistema e ter uma visão geral dos efeitos dessa mudança em toda a estrutura. O *software*, desta maneira, não se limitava a "fazer cálculos" e se transformava, de fato, em um produtor de "mundos possíveis": o que acontecerá se baixo o preço do meu produto em 5%? Qual será a diminuição do meu lucro, se aumentar a comissão dos meus vendedores em 2,5%?

Os "mundos possíveis" ou "pequenos mundos" (Eco, 1979) são construções cognitivas que nos permitem criar hipóteses de situações futuras. Da mesma maneira que o leitor de um romance policial arrisca hipóteses ("Acho que o assassino é o amante da esposa") que provavelmente serão superadas algumas páginas mais adiante ("Agora, acho que o assassino é o mordomo"), o usuário de uma folha eletrônica de cálculo projeta situações possíveis, através da manipulação de variáveis numéricas.

Este gênero de programas foi sendo aperfeiçoado com o passar dos anos. Uma das principais inovações levou à incorporação de dispositivos gráficos de manipulação e visualização das simulações. Os ambientes de simulação mais avançados possuem interfaces gráficas baseadas na manipulação direta de objetos (Schneiderman, 1998) e que permitem a intervenção direta e "natural" do usuário no sistema e a variação dos comportamentos ou das variáveis ambientais. O resultado da simulação não é um simples dado numérico ou estado do sistema, mas uma representação gráfica desse estado.

Apesar deste salto qualitativo, as simulações digitais não tiveram uma difusão em sintonia com suas reais possibilidades cognitivas. Fiéis ao modelo original (VisiCalc) e a sua própria árvore genealógica, as simulações digitais conheceram – como já indicamos – seu maior campo de desenvolvimento nos âmbitos financeiro e militar. As simulações no campo educacional, depois de algumas fugazes experiências em meados da década de 1980 – entre as que podemos mencionar o mítico aquário virtual projetado por Alan Kahn para a Apple, nas primeiras épocas de glória da interface gráfica –, foram perdendo peso específico. Somente nestes últimos anos, a partir da difusão dos sistemas de *e-learning*, as simulações estão voltando a ocupar um espaço importante dentro dos processos de ensino-aprendizagem.

Finalmente, o outro âmbito de grande expressão das simulações, que não podemos deixar de mencionar, é o dos videogames: desde os mortais corredores de Doom até os mais sofisticados programas para pilotar um avião de combate sobre os céus do Iraque, passando pela interminável saga de Myst e pelas dinâmicas sociais de The Sims ou Second Life, as simulações entraram com prepotência nos quartos de todos os adolescentes.

2.1. Bizgames e Wargames

Os processos econômicos e as práticas empresariais constituem um campo privilegiado para o desenvolvimento das simulações. Nos *business games* os jogadores são geralmente divididos em equipes que, em alguns casos, competem entre si. O coração destes exercícios é, muitas vezes, um modelo matemático que simula a gestão de uma empresa ou de um mercado. Por exemplo, antes da explosão da crise, em dezembro de 2001, nos Estados Unidos já haviam sido realizados exercícios desse tipo, para avaliar as possíveis consequências internacionais de uma bancarrota da economia argentina.

O outro âmbito em que as simulações digitais tiveram um fértil território de desenvolvimento tem sido o militar. Em meados dos anos 1980, alguns generais norte-americanos, convencidos de que a guerra tanto esperada contra a União Soviética nunca se verificaria, ordenaram a seus oficiais que avaliassem novas hipóteses de conflito na região:

> No princípio de 1989, Gary Ware, um oficial do Comando Central (do U.S. Army), começou a modelar uma guerra com base nas previsões do general Schwarzkopf. Ware trabalhou com uma pequena célula de futurólogos militares na recopilação de dados para simular uma guerra no deserto (Kelly, 1996: 460).

Uma simulação é boa somente se os dados sobre os quais é construída são de qualidade. Ware recopilou centenas de milhares de dados sobre as forças desdobradas no Oriente Médio, desde o número de veículos militares até as condições climáticas nos diferentes períodos do ano.

Nos primeiros meses de 1990, Ware iniciou sua batalha virtual ambientada na fronteira entre o Kuwait, Iraque e Arábia Saudita. A simulação feita pelo oficial estadunidense deu como resultado uma guerra breve, de uns trinta dias de duração. Duas semanas após a conclusão desse experimento virtual, Saddam Hussein, quando poucos esperavam, invadiu o Kuwait.

Apenas iniciado o conflito, os especialistas em jogos de guerra puseram novamente em andamento o sistema de simulações de Ware, incluindo dados recentes e verificando uma infinidade de hipóteses.

Destas simulações surgiram dados fundamentais para a guerra "real" que estava sendo combatida no deserto. As simulações "disseram" que a arma estratégica neste conflito seria a força aérea, a única capaz de garantir um triunfo rápido e – isto interessava especialmente ao general Schwarzkopf – com poucas baixas entre as tropas norte-americanas. O exercício de simulação passou pelo exame dos generais do Pentágono: "apesar de algumas mudanças no equilíbrio inicial das forças, a campanha de trinta dias de terra e ar simulada foi semelhante à sequência real. Somente a porcentagem das ações aéreas e terrestres foi um pouco diferente. A batalha terrestre se desenvolveu da mesma maneira que a simulação" (462).

Estas simulações realizadas nos primeiros dias da Guerra do Golfo serviram não tanto para identificar o possível vencedor do conflito, um dado até certo ponto descontado, e sim para reforçar as intuições de alguns oficiais norte-americanos a respeito da necessidade de utilizar de modo massivo os ataques aéreos para dobrar as tropas de Saddam Hussein.

2.2. Invasões digitais: o terror aos vírus

Como não podia ser de outra maneira, a luta contra o terrorismo também foi modernizada. Embora seja impossível prever totalmente as condutas dos grupos humanos, é possível traçar tendências de organizações – como as terroristas – cujas ações estão baseadas na premeditação, planejamento e motivações políticas:

> O objetivo de modelar e simular o fenômeno terrorista (como o de qualquer outro sistema social complexo) é difícil e não pode ser resolvido por uma só pessoa, ou, até mesmo, por um pequeno grupo de trabalho. Um grande esforço tem sido feito por muitos pesquisadores e organizadores. Por exemplo, podemos citar o Los Álamos National Infrastructure Simulation and Analysis Center, onde foram desenvolvidos numerosos programas para ajudar a defesa nacional (...) (Raczynski, 2004).

O sistema de simulação desenvolvido por Raczynski permite recriar a dinâmica das estruturas sociais e das interações entre organizações terroristas, grupos de contrainsurgência e organizações de apoio ao terrorismo. Como não podia ser de outra maneira, os agentes neutros e os infiltrados também fazem parte da simulação. O sistema também reproduz condutas típicas das organizações terroristas, como o distanciamento de qualquer lógica territorial (podem operar em qualquer lugar), a criação de células tipo *cluster*, ou a existência de uma estrutura hierárquica com líderes globais e locais.

Que ensinamentos deixa esta simulação da guerra ao terrorismo? Segundo Raczynski,

> a ênfase de nosso modelo está nas interações das estruturas hierárquicas e no caráter amplamente distribuído deste tipo de guerra. Em pesquisas futuras, estes dois aspectos deveriam ser levados em conta. Em outras palavras, para combater um inimigo amplamente distribuído, é preciso desenvolver estratégias amplamente distribuídas. Pareceria que o atual sistema de defesa, baseado em estratégias territoriais e orientadas à nação, é obsoleto e não pode ser utilizado neste novo tipo de guerra (...).

Dado que o sistema é aberto e permite incorporar novos processos e eventos, também tem sido experimentado com modelos dinâmicos que abrangem um maior lapso de tempo, uma mudança geracional entre as forças humanas (processo de nascimento/morte) e a incorporação de armas de destruição em massa. A respeito da utilidade destas simulações, poder-se-ia dizer que, mais que explicar "como vencer o terrorismo", o *software* de Raczynski oferece algumas chaves sobre como nasce e pode ser destruída uma estrutura hierárquica altamente fragmentada em células operativas.

Nas redes digitais, combate-se outra batalha não menos encarniçada que a cruzada contra o terrorismo. Uma equipe do Georgia Tech (Delio, 2003) criou um dos mais velozes modelos de internet capaz de simular a atividade de um milhão de *browsers* praticamente em tempo real. Esta simulação se apresenta como um instrumento fundamental para que os pesquisadores possam analisar o desempenho da rede digital e, sobretudo, identificar problemas de segurança e evitar ataques informáticos. O modelo permite reconstruir o ciclo vital de vírus, *worms*, *exploits* e outras espécies daninhas que circulam pela internet e põem em perigo a saúde de nossos sistemas. Em poucos minutos, um pesquisador pode criar um vírus e analisar sua difusão em centenas de milhares de *hosts*.

A simulação permite, além disso, recriar cenários alternativos: O que teria acontecido se o vírus não tivesse sido detido a tempo? Responder a esta pergunta significa aprender a identificar, desde seu nascimento, os vírus potencialmente perigosos e evitar falsos alarmes. Outra função do sistema permite visualizar a evolução futura da rede digital para antecipar possíveis problemas tecnológicos ou de conectividade.

2.3. A cidade futura

Outro setor em que as simulações conseguiram uma grande difusão é o do planejamento urbano. Em algumas universidades italianas se trabalha em simulações de desenvolvimento urbano, utilizando um *software* baseado na teoria dos autômatos celulares. A interação recíproca de uma limitada quantidade de atores e variantes (geográficas, humanas, econômicas etc.) vai tecendo e desfazendo redes, aumentando a complexidade do conjunto simulado. O modelo que se obtém é o fruto destas pequenas interações locais que vão delineando um comportamento global.

Os programas para simular o desenvolvimento futuro das cidades se transformaram em um instrumento fundamental para os planejadores urbanos. Atualmente, poucas decisões são tomadas de maneira intuitiva: se uma empresa deseja construir um grande *shopping center* em uma zona periférica, deverá ter a segurança de que esse espaço estará dentro dos futuros fluxos de trânsito e não ficará à margem da vida cidadã.

Um dos sistemas mais avançados dentro desse gênero é o Urban-Sim (http: www.urbansim.org), um *software* criado por uma equipe de pesquisadores da Universidade de Washington (Seattle), que simula o crescimento de uma cidade e permite visualizar seu desenvolvimento futuro. O Urban-Sim já foi aplicado por agências de planejamento em muitas cidades, dentro e fora dos Estados Unidos.

Contudo, não somente as cidades crescem ao calor das simulações. Uma das experiências mais interessantes da internet nos últimos anos é o projeto Logicaland (http: www.logicaland.net), um *long-run strategic simulation game* que simula o desenvolvimento dos países que compõem nosso planeta. O navegante pode interagir com o mapa-múndi e visualizar qual será o consumo de petróleo em 2018 ou comparar, por países, os níveis educativos em 2012.

A grande diferença de Logicaland com relação a outros experimentos similares se encontra na interação: o projeto se autodefine como uma "public web-based world-simulation" fundada no controle dos participantes. Embora os usuários possam introduzir mudanças nas previsões futuras, só as ações conjuntas de muitos deles permitem que sejam geradas tendências de alcance global. O motor informático de Logicaland provém de RW-3, um modelo de desenvolvimento global elaborado nos anos 1960 por Fred Kile e Arnold Rabehl, enriquecido com um dispositivo de infovisualização simples e transparente.

3. O que queremos dizer com "simulação"?

> *As simulações oferecem um ambiente ideal para a exploração de novos conceitos, para conhecer melhor o jogo entre fenômenos complexos relacionados entre si, e para construir modelos de trabalho simplificados dos argumentos que estamos pesquisando.*
> *(Kurt Schmucker)*

O que entendemos por "simulação"? Podemos equipará-la a um "modelo"?[2] Ou se trata de uma "representação"? Se o Excel é um *software* para criar simulações, então um videojogo como o The Sims – que nos permite inventar personagens e fazê-los interagir entre si dentro de uma cidade – é uma simulação? Todos os ambientes virtuais tridimensionais são simulações? Antes de continuar nosso percurso, convém organizar o pensamento e esclarecer alguns termos... Segundo Kurt Schmucker – um pesquisador que colaborou com a Apple no setor educativo –, uma simulação digital é...

> (...) um pacote de *software* (às vezes, vendido em *bundle* com um *hardware* de *input* especial) que recria (...) de maneira simplificada um fenômeno, ambiente ou experiência complexa e oferece ao usuário a possibilidade de alcançar um novo nível de conhecimento. É interativa e, em geral, está baseada em uma realidade objetiva. Uma simulação se funda em um modelo computacional do fenômeno, ambiente ou experiência que simula. Com efeito, alguns autores usam a palavra "modelo" e "modelizar" como sinônimos de "simulação" (...) (Schmucker, 1999).

Para este pesquisador estadunidense, uma simulação deve apresentar uma série de características:

• Criação (ou recriação) de um fenômeno, ambiente ou experiência complexa: a simulação pode estar baseada tanto na fantasia como na

---

[2] Um modelo é um conjunto de variáveis, relacionadas entre si, que se apresenta como uma representação reduzida de um processo ou situação real. Trabalhar com modelos significa:
• explicitar os mecanismos de abstração e de generalização que regem os atos cognitivos;
• colocar no centro dos processos de aprendizagem não tanto os dados e os fatos relacionados, mas um conjunto de relações, dinâmicas e processos que exigem a formulação de uma explicação que não seja unidirecional (ou seja, uma explicação oposta à série causa-efeito, baseada no conceito de "interação");
• explicar os mecanismos de funcionamento de um sistema ou processo, sua gênese e seus possíveis desenvolvimentos futuros.

realidade. Enquanto muitas simulações fantásticas são jogos, algumas simulações educativas se inscrevem em um ambiente fantástico para que os estudantes não a confundam com a realidade.

• Compreensão: na simulação, o usuário deveria ser capaz de aprender algo novo.

• Interatividade: o usuário pode "controlar" a simulação; em outras palavras, os *inputs* do usuário devem ter algum efeito no curso da simulação.

• Fundamento teórico: a simulação apresenta um modelo baseado em uma teoria.

• Imprevisibilidade: a simulação apresenta efeitos aleatórios e uma extrema sensibilidade aos *inputs* do usuário.

Vejamos com maior atenção como se apresentam estas propriedades em diferentes produtos e sistemas.

3.1. Para uma taxonomia das simulações

Para compreender melhor os alcances dessa definição, aplicaremos esta estrutura de análise, considerada por Schmucker como "tecnocêntrica",[3] em diferentes videogames e programas de simulação presentes no mercado:

Nome	Recreação	Compreensão	Interatividade	Teoria	Imprevisibilidade
SimCity	Videogame baseado na criação e administração de um sistema urbano dinâmico.	Planejamento urbano e administração de um sistema complexo.	Altamente interativo na fase de criação, reduz-se na fase de administração.	Fundado no processo real de planejamento urbano.	A conduta dos agentes sociais e os fenômenos atmosféricos são difíceis de prever.

---

[3] Segundo Schmucker, existem outros modos de classificar as simulações, como, por exemplo, utilizando como ponto de referência os princípios pedagógicos presentes em cada aplicação, a função do computador (tutor, tool etc.), as metodologias instrucionais, os critérios de avaliação etc.

Stella	*Software* utilizado para a criação de simulações (independente do domínio de aplicação).	Permite construir uma simulação de um fenômeno ou ambiente.	Elevada interação em fase de design, menos durante a execução das simulações.	São utilizadas equações para modelar as mudanças nas partes dos modelos.	A interação entre as equações modelizantes gera uma elevada imprevisibilidade.
Pacman	Videogame que não recria um fenômeno. O usuário se move em um labirinto e deve somar pontos, evitando os inimigos.	Não produz nenhum tipo de conhecimento.	Altamente interativo.	Não se funda em uma teoria.	Limitada.
Myst	Videogame que apresenta uma série de enigmas conectados entre si. O usuário deve resolvê-los para modificar uma situação narrativa.	Limitada produção de conhecimento.	Elevada interação durante a exploração dos mundos.	Não se funda em uma teoria.	Previsível.
Acqua Zone	Software utilizado para a projeção e manutenção de um aquário virtual.	Conhecimento do crescimento dos peixes e da dinâmica de um ecossistema.	Elevada interação (controle da alimentação dos peixes, nível de pH da água etc.).	Fundado na ecologia de um aquário real.	O comportamento dos peixes é imprevisível (aleatório).
Flight Unlimited	Videogame elaborado para pilotar um avião.	Conhecimentos sobre dinâmica e planejamento de um voo.	Elevada interação durante o voo.	Fundado na técnica da pilotagem.	Condições climáticas imprevisíveis.
Barbie Fashion Designer	Videogame desenvolvido para desenho e realização de vestidos.	Conhecimentos de estética visual.	Elevada interação na fase de criação, reduz-se na fase de exibição tridimensional.	Fundado no desenho de modas.	Previsível.

Para Schmucker, alguns dos produtos antes mencionados não podem ser considerados simulações. Por exemplo, o Pacman, apesar de sua elevada interatividade, não apresenta um modelo baseado em uma teoria nem gera novos saberes no jogador; os conhecimentos que o usuário adquire, em todo caso, são somente perceptivos/motórios. No Pacman, além do mais, a dinâmica dos agentes é altamente previsível. Neste jogo, o usuário conhece as situações sucessivas (*outcomes*) e as consequências futuras de suas ações.

Outro videogame que para Schmucker não pode ser considerado uma simulação é o Myst: também neste caso, uma forte interatividade ou um esmerado trabalho de computação gráfica não é suficiente para que possamos defini-lo como uma simulação. O nível de aprendizagem deste videogame é baixo e não existe um modelo teórico por trás. Além disso, o usuário do Myst pode prever o comportamento dos agentes. Os outros produtos mencionados, apesar de suas respectivas especificidades e diferentes graus e modalidades de interação, segundo Schmucker, podem ser considerados simulações.

No entanto, nem todos os produtos indicados como simulações são idênticos. Alguns deles são instrumentos que servem para criar simulações (Stella), enquanto outros se apresentam como aplicações pré-confeccionadas (Acqua Zone) que o usuário somente deve "pôr em andamento" e começar a modificar suas variáveis. Nesse sentido, podemos imaginar uma posterior divisão entre os aplicativos para fazer simulações (produtos que permitem construir novas simulações) e as simulações que não precisam "ser construídas" e podem ser diretamente modificadas pelo usuário. A diferença não é banal do ponto de vista educativo: uma coisa é receber um aquário virtual pré-confeccionado – no qual podemos modificar algumas variáveis e ver representadas na tela as consequências destas mudanças –, e outra muito diferente é pesquisar o ecossistema real de um lago para elaborar, em uma segunda fase, uma simulação desse mesmo ambiente. Para construir uma simulação da realidade é preciso conhecer essa realidade e isolar as variáveis – consideradas mais relevantes a partir de certas hipóteses – para simplificar a complexidade do sistema escolhido.

Outra diferença que é preciso levar em conta se relaciona com o objetivo de uma simulação. O valor didático de um videogame como SimCity – o qual transforma o usuário em prefeito de uma grande cidade imaginária – não é igual ao de uma simulação de uma cidade "real" fundada em uma pesquisa científica dessa realidade: as hipóteses de desenvolvimento urbano geradas por esta última simulação podem ser levadas em conta nas decisões de política municipal e influenciar o crescimento da cidade "real".

A distância que separa estas simulações urbanas baseadas nas cidades "reais" e as simulações lúdicas é a mesma que divide os simuladores de voo dos jogos de guerra digitais do Pentágono. No entanto, frequentemente existem intercâmbios entre estes dois mundos, já que não é estranho encontrar videogames desenvolvidos a partir de sistemas de simulação originalmente projetados para uso científico ou profissional.

Com relação ao conceito de "simulação", é evidente que o campo semântico que este termo estabelece é bastante amplo para conter uma infinidade de experiências e sistemas. Nesse sentido, podemos seguir os passos de Schmucker e adotar uma definição fechada de "simulação" – o que excluiria uma boa parte dos produtos normalmente incluídos nesta categoria – ou ampliar seus limites até abarcar todos os sistemas e aplicativos que respeitem ao menos uma das cinco características indicadas pelo pesquisador estadunidense.

4. O conhecimento através da simulação

> *Um instrumento de simulação é,*
> *em última instância, uma máquina*
> *para a criação de teorias,*
> *um dispositivo para gerar abstrações*
> *e generalizações.*
> *(Kevin Kelly)*

Nas últimas décadas, foi sendo consolidada uma corrente pedagógica que concebe a aprendizagem como um processo ativo que se propõe a gerar uma atitude problemática no aluno. Segundo Jerome Bruner (2001), um dos máximos expoentes dessa corrente, a educação deveria favorecer nos alunos a aquisição de algumas capacidades como o pensamento dedutivo/inferencial ou o "pensamento por estruturas" ou "modelos", colocando particular atenção nas relações que se estabelecem durante o processo de aprendizagem. A cátedra tradicional, articulada ao redor do livro e da lição verbal, se mostra impotente diante desses objetivos; a utilização de simulações e as atividades lúdicas aparecem, pelo contrário, como uma alternativa possível para a aquisição das competências enunciadas por Bruner.

As simulações permitem contextualizar os conhecimentos que, no ensino tradicional, eram transmitidos ao aluno separados entre si. Em Zoologia, o aluno estudava os peixes, em Botânica, as plantas aquáticas, em Física, a hidráulica e, em Química, a composição da água: a simulação de um ecossistema aquático oferece a dupla possibilidade de relacionar todos estes saberes – evidenciando o próprio conceito de "sistema" – e criar um contexto geral para todos eles. Em uma simulação, o aluno aplica habilidades específicas e transversais aos diferentes campos do saber, favorecendo dessa forma a transferência dos conhecimentos adquiridos de um âmbito a outro.

A simulação também opera no plano das motivações: o aluno, em vez de encontrar as respostas a suas perguntas "empacotadas" em um livro (ou no discurso do professor), já pré-construídas, tem a possibilidade de inventar e descobrir as respostas e as soluções que ele considera mais produtivas. O conhecimento, nesse caso, se organiza segundo uma hipótese explicativa dos fenômenos ("Será certo que, aumentando a temperatura da água, diminuirá a quantidade de algas, com o consequente aumento da mortalidade de uma determinada espécie de peixes?").

Graças a suas fortes conotações lúdicas, a simulação se apresenta como um momento de experimentação em que o erro não representa uma derrota, mas todo o contrário: o erro se torna um elemento formativo, em fonte de um novo saber. Isso favorece a experimentação de novos comportamentos e a exploração de outras alternativas.

Embora a educação tradicional possa transmitir muitos dos saberes aqui indicados, em um ambiente de simulação o aluno – tal como acontece nos videogames – os vive em primeira pessoa. A simulação proporciona ao aluno a possibilidade de assumir um papel dentro de um determinado contexto de problemas e lhe permite tomar as decisões que considerar mais adequadas. A simulação – uma forma de saber que, como já vimos, não é precisamente recente, nem nasceu com as tecnologias digitais – se coloca na metade do caminho entre o conhecimento teórico e a experiência. Trocando em miúdos, e com termos semióticos, as simulações privilegiam o "fazer" sobre o "fazer saber".

4.1. Para além das teorias, aquém da experiência

> Cada vez é mais difícil
> para um sujeito identificar-se,
> inclusive parcialmente, com uma teoria.
> (Pierre Lévy)

As explicações teóricas, imobilizadas nas páginas dos livros, aparecem cada dia menos flexíveis para representar os processos: "Um modelo digital não é lido ou interpretado como um texto clássico: quase sempre é explorado de modo interativo... O conhecimento, através da simulação, é, com certeza, um dos novos gêneros do saber que a ecologia cognitiva informatizada produz" (Lévy, 1992: 133). Segundo Lévy:

> (...) a teoria, sobretudo em sua versão mais formalizada, é uma forma de apresentação do saber, um modo de comunicação ou de persuasão. A simulação, ao contrário, corresponde às etapas da atividade intelectual anteriores à exposição raciocinada: a imaginação, a bricolagem mental, as provas e o erro (...) O problema dos teóricos era produzir uma rede de enunciados autossuficientes, objetivos, não criticáveis, que pudessem ser interpretados de modo unívoco e obterem o consenso para além das particulares circunstâncias de recepção. O modelo numérico utilizado para criar as simulações está muito mais próximo da atividade intelectual que da cena teórica; é por este motivo que o problema do modelizador é, antes de mais nada, a satisfação aqui e agora dos critérios de pertinência. Mas isso não impede que as simulações desempenhem também um papel de comunicação e de persuasão importante, de modo particular quando a evolução do modelo aparece visualizada através de imagens na tela (1992: 137).

O usuário de um sistema interativo "adquire um conhecimento através da simulação do sistema modelizado que não se identifica com um conhecimento teórico, com uma experimentação direta nem com uma coleta de uma tradição oral" (134). Lévy afirma que a simulação é um novo estilo de raciocínio que não pertence à esfera da dedução lógica nem à indução que se deriva da experiência. A simulação aparece dessa maneira como uma extensão cognitiva dos modelos mentais. Nesse sentido, Lévy considera a simulação como um processo de "imaginação apoiada pelo computador" (*computer aided imagination*), um instrumento que serve de suporte ao raciocínio "muito mais potente que a velha lógica formal que se fundava no alfabeto" (136).

O conhecimento através da simulação só tem validade dentro de um esquema epistemológico relativista: o modelo numérico, em outras palavras, nunca poderá suplantar a realidade. Tampouco se deve esquecer de que cada modelo de simulação é construído "por um certo sujeito, para um uso determinado, em um dado momento" (Lévy, 1992: 137). O conhecimento, através da simulação, é menos absoluto que o conhecimento teórico, é mais operativo e se vincula às circunstâncias particulares de seu uso e "ao ritmo sociotécnico específico das redes informatizadas: o tempo real".

4.2. Aprender brincando: simulação e educação

Dizer nova tecnologia não equivale a dizer novos métodos de ensino. Ao contrário, 90% dos modos de utilização dos computadores nas escolas podem ser considerados uma consolidação das velhas concepções de instrução.
(Seymour Papert)

Os computadores na escola são utilizados como potentes máquinas de calcular e, no melhor dos casos, como instrumentos de comunicação. As práticas simulatórias ocupam um espaço marginal nos usos do computador escolar.

Seymour Papert, o criador do mítico programa LOGO, para ensinar as crianças a programar, diferencia duas abordagens educacionais: uma chamada *instrucionista* – em que o computador é utilizado dentro da sala de aula para resolver problemas, como, por exemplo, uma operação matemática presente dentro de um jogo didático –, e outra denominada *construcionista* – na qual o aluno cria (programa) um ambiente de interação. Durante o processo de criação, o aluno deve resolver uma série de questões (por exemplo, o movimento de um personagem ou de um objeto) que o obrigarão a conhecer uma série de conhecimentos científicos (por exemplo, algumas noções básicas de física dinâmica). Na educação tradicional, o contato com esse tipo de conhecimento se daria somente através do livro didático.[4]

Para que simular? Com base numa perspectiva educativa, as simulações podem ser utilizadas com diferentes objetivos:

---

[4] Outro aspecto fundamental na pedagogia de Papert é a criação de redes para compartilhar o conhecimento (por exemplo, através do uso da internet e de outras redes que ajudam a socializar os saberes).

- Formação: os primeiros jogos de guerra ou os atuais simuladores de voo profissionais se propõem a aumentar o nível das habilidades técnico-operativas dos sujeitos. As experiências adquiridas durante a simulação se transformam em "modelos" que o sujeito pode recuperar e aplicar em situações reais.

- Ensino de comportamentos e conhecimentos: as simulações são ideais para solucionar situações que exigem processos de tomada de decisões. Durante a simulação são individualizadas as competências necessárias para lidar com a situação, são utilizados os conhecimentos adquiridos antes ou durante a simulação e verificada a validade das táticas/estratégias destinadas a resolver o problema. Tudo isso se realiza em um ambiente em que prevalece um clima lúdico, e o erro não é considerado um castigo, e sim uma parte do processo de aprendizagem.

- Analisar sistemas complexos: a simulação pressupõe que seu criador tenha analisado detalhadamente o fenômeno simulado. A aprendizagem por modelos e relações coloca em discussão o conceito de "realidade objetiva" e demonstra como o conhecimento se organiza segundo uma análise explicativa dos fenômenos. A simulação, além do mais, explicita os mecanismos de abstração e generalização que presidem os atos cognitivos.

- Avaliar conhecimentos e habilidades: uma simulação pode ser aplicada no princípio de um processo formativo (como introdução) ou durante sua conclusão. Nesse caso, a simulação assumirá um papel avaliador. O exercício simulativo serve para aplicar os conhecimentos adquiridos e contextualizar os conteúdos e comportamentos necessários para sua aplicação.

- Realizar previsões: como já vimos, este uso das simulações tem marcado sua evolução. Existem dois tipos de previsões: *explorativas* e *normativas*. As primeiras delineiam estados futuros de um sistema, através de um exame/projeção da situação presente; as simulações normativas, uma vez fixado um objetivo, permitem identificar as ações que devem ser realizadas para atingi-lo.

- Diversão: os exercícios de simulação destinados a um uso lúdico (desde simuladores de voo até jogos de tipo estratégico, que colocam o usuário diante de uma grande cidade ou de um império) são os mais difundidos. O potencial formativo destas simulações é muito elevado: quando bem projetado, o videogame promove a observação das situações (com o objetivo de obter informações), a conceitualização abstrata (construção de um modelo da situação) e a experimentação desse modelo na resolução de problemas e tomada de decisões.

É evidente que um mesmo produto pode recombinar alguns destes fins dentro de uma mesma simulação. Por exemplo, existem numerosos sistemas que propõem o ensino de comportamentos e conhecimentos dentro de um ambiente lúdico que remete aos videogames. O Comparative Media Studies do MIT desenvolveu um interessante projeto multidisciplinar chamado Games-To-Teach, para a criação de videogames educativos. Segundo Henry Jenkins, então diretor do projeto, se tratava de "protótipos conceituais de videogames, capazes de ensinar engenharia e ciência a alunos avançados, de escolas superiores, que estão se preparando ou iniciando seus estudos universitários". O objetivo do projeto era "criar conteúdos sobre engenharia e ciência de maneira convincente, em que os estudantes queiram envolver-se, em que possam explorar e experimentar novas ideias" (ver Gómez Cañete, 2001). Muitos dos jogos do projeto Games-To-Teach possuíam uma forte característica narrativa, que potencializa a sensação de imersão característica dos melhores ambientes de simulação.[5]

---

[5] "Um dos protótipos (...) é uma aventura cujos personagens são um arqueólogo e sua neta Melanie, e que transcorre entre algumas ruínas maias. Melanie e seu avô estão procurando o mítico Templo do Sol, quando são atacados por bandidos. Melanie deve partir sozinha e tentar resolver a situação a partir dos recursos que encontra. Eventualmente, descobrirá o acampamento dos bandidos (na verdade, concorrentes na procura do Templo do Sol) e deverá mostrar sua inteligência e conhecimento de física óptica para fabricar uma luneta e averiguar os planos dos bandidos. Os conceitos relacionados com a física óptica são colocados na narrativa do jogo e se tornam um problema a mais a resolver. A Floresta Óptica não só pretende ensinar os conceitos e as equações básicas da óptica, como também que eles sejam aplicados na resolução de problemas em cenários em que a solução é essencial para o desenvolvimento de uma história. Além disso, aquele que brinca aprendendo (termo que parece, à primeira vista, mais apropriado que 'aprender brincando') viajará através de um ambiente rico, multifacético, um espaço narrativo que fará com que o aprendizado seja divertido e, sobretudo, que tenha sentido" (Gómez Cañete, 2001).

5. O futuro das simulações digitais hoje

> *Passam os meses*
> *e não vemos melhoras substantivas*
> *na forma em que se encara a e-learning.*
> *Passam os meses e*
> *a inércia do ambiente real*
> *impregna o ambiente digital.*
> *Muito texto, avaliações que exigem a leitura*
> *de trabalhos escritos, limitações tecnológicas,*
> *mas – sobretudo – ignorância das potencialidades*
> *do novo meio, que passam entre outros*
> *elementos*
> *cruciais por uma aprendizagem*
> *baseada nas simulações.*
> (Alejandro Piscitelli)

A primeira geração de cursos *on-line* se caracterizou pela criação de atividades de formação lineares, baseadas na "tradução digital" de conteúdos escritos aos quais eram agregados, no melhor dos casos, uma animação do Flash ou uma série de *slides* realizadas com Power Point. Esta tecnopedagogia, que se limitava a criar livros didáticos *on-line*, conhecida também como *page-turning courseware*, está esgotada. Os sistemas de *e-learning*, quando bem desenhados, têm três coisas a oferecer: conhecimento em rede, hipermidiatização e simulação. Na articulação destes três campos se esconde a grande diferença a respeito de estratégias educativas tradicionais fundadas no livro e na função central e, às vezes, autoritária do docente.

A evolução futura dessa nova forma de conhecimento dependerá tanto dos usos da tecnologia – os quais são sempre imprevisíveis porque se fundam na lógica da ressignificação (Perriault, 1991; Scolari, 2004) – como da rede de interfaces nas quais as simulações encontrarão seu lugar (Lévy, 1990). Em outras palavras, nada nos garante que as simulações seguirão crescendo dentro dos sistemas de *e-learning* das grandes empresas ou nos porões escuros do Pentágono. Uma *killer application* para criar simulações de baixo custo – como foi, em seu momento, o VisiCalc – ou a contaminação entre o mundo dos videogames e as necessidades do universo educativo podem configurar um novo cenário hoje difícil de imaginar.

5.1. Viver e morrer em Second Life

> É preciso utilizar tecnologia YouTube,
> tecnologia Second Life.
> Eu vejo as universidades virtuais
> como um Second Life.
> A exploração metodológica e pedagógica
> desse mundo virtual está começando (...).
> (Manuel Castells)

Uma das experiências de mais imersão e amplitude surgidas nos últimos anos é, com certeza, o Second Life (http: www.secondlife.com). Este ambiente de imersão tridimensional se apresenta como a fase superior das velhas comunidades virtuais escritas nos anos 1980-1990. O Second Life foi lançado em junho de 2003 e, segundo nos conta a Wikipedia, foi progressivamente crescendo até atingir dezoito milhões de usuários registrados em janeiro de 2010. No entanto, nem todos eles estão ativos: segundo dados oficiais, em junho de 2010 havia aproximadamente um milhão de "residentes" ativos mensais (Yokosuka, 2010).

O Second Life é um mundo autônomo com sua própria economia – baseada no Linden dollar (L$) –, suas relações sociais e regras do jogo interpessoal. Desde seu surgimento, foram experimentados diferentes usos educativos do Second Life. Devido à complexidade das práticas que aí se levam a cabo e às polêmicas que seu uso tem provocado, nesta seção faremos uma breve revisão dos usos educativos do Second Life.

Na web http://education.secondlife.com podemos acessar algumas experiências de ensino-aprendizagem neste mundo virtual. Em junho de 2010, o Second Life hospedava mais de 700 instituições educativas, como a Universidade de Harvard, Universidade Ball State, The New Media Consortium, Universidade do Texas, Loyalist College, Universidade do México, Open University in the UK etc. O sistema permite criar salas de aula virtuais, laboratórios, salas de conferências, espaços para reunião de pequenos grupos e âmbitos de intercâmbio social. O ambiente educativo se complementa com a possibilidade de visitar museus, como o Museu Virtual Latino de Smithsonian, Museu de Dresden, San José Tech Museum of Innovation ou o U.S.Holocaust Museum, realizar uma viagem espacial da NASA ou explorar as pirâmides do Egito. No Second Life proliferaram os cursos de idioma e, desde 2007, se realiza a conferência anual – obviamente *on-line* – denominada Slanguages, dedicada ao ensino de línguas em mundos virtuais (http://www.slanguages.net).

No Second Life, além de assistir a aulas e visitar museus, é possível modelizar problemas geométricos e intercambiar informações com outros pesquisadores e universidades. Este tipo de experiência costuma ser reconhecido com o nome de Ambientes Virtuais de Aprendizagem por Imersão (AVAI) ou Massive Multi-Users Virtual Environments (MUVEs) e pode confluir com outras redes sociais e plataformas de aprendizagem (como Moodle).[6] Nesse sentido, o Second Life é um mundo simulado, mas isso não implica que todas as práticas educativas que nele se realizam estejam enquadradas na terceira via que procuramos delinear neste texto.

5.2. *Augmented Reality: a nova fronteira?*

Antes de culminar esta reflexão sobre as simulações educativas, não podemos deixar de mencionar um campo de desenvolvimento relativamente recente, mas que já está sacudindo as bases do edifício virtual: a chamada Augmented Reality (AR). Neste novo âmbito nos encontramos com sistemas – ainda em forma de protótipo – que combinam elementos de simulação e realidade virtual (RV) com a realidade "real". Os protótipos até agora desenvolvidos – muitos dos quais integram dispositivos de visualização móveis, capacetes e lentes de RV etc. – se propõem como objetivo "enriquecer" com construções virtuais a informação proveniente do mundo real.

Imaginemos a seguinte situação: uma criança abre um livro e lê uma fábula ilustrada. Se o jovem leitor usa óculos especiais, o mundo representado nas páginas do livro "se expande" e é possível navegar dentro dos ambientes descritos na fábula, como se fosse em um videogame. A equipe dirigida por Mark Billinghurst (http://www.hitlabnz.org) desenvolveu o MagicBook, um protótipo de laboratório que combina precisamente o mundo real do livro com uma reconstrução virtual do mundo da fábula. O dispositivo permite também que dois leitores – utilizando lentes especiais de RV – interajam dentro do mundo virtual simultaneamente.

Os pesquisadores do Mixed Reality Laboratory de Cingapura criaram uma série de sistemas que combinam a AR com as potencialidades que oferecem os celulares. Por exemplo, o projeto AR Comic Book permite visualizar em 3D os personagens de um livro de quadrinhos impresso (Singh e Cheok et al., 2004). Um grupo da Universidade de

---

[6] A Comissão Europeia tem dedicado recursos à formação e fortalecimento destas experiências, através de alguns projetos como o MUVEnation (http://muvenation.org).

Aarhus (Dinamarca), por sua vez, projetou um jogo de mesa – Battleboard 3D Experience – que, do mesmo jeito que o sistema desenvolvido por Mark Billinghurst, permite enriquecer a experiência lúdica e visualizar (através de uns óculos VR) os personagens se combatendo entre eles (Andersen e Kristensen et al., 2004). Segundo Billinghurst (2002a), um dos máximos especialistas mundiais no campo da AR, agora estamos compreendendo as possibilidades educativas destes dispositivos:

> Embora a tecnologia AR não seja nova, seu potencial no campo educativo está começando a ser explorado. Ao contrário de outras tecnologias digitais, as interfaces AR oferecem uma interação total entre os mundos real e virtual, uma metáfora de interface tangível e um meio de transição entre esses dois mundos. Os educadores deveriam trabalhar com os pesquisadores para explorar como estas características podem ser aplicadas no ambiente escolar (Billinghurst, 2002b).

As possibilidades oferecidas pela AR para a produção de materiais educativos, tanto no âmbito escolar (livros interativos em 3D), como industrial (manuais de instrução), são infinitas. A introdução de aplicações de AR nos dispositivos móveis também abre novas possibilidades para este setor. Como um *roll-over* sobre um botão interativo – que abre uma janela que nos diz para que serve esse botão –, a AR está nos "dizendo algo mais" do objeto do mundo real que selecionamos. Mais que substituir o mundo real, a AR é um instrumento de conhecimento aditivo que agrega informação e, precisamente, aumenta nosso conhecimento sobre ele.

5.3. Epílogo freireano

> *Todas as vezes que me apresentam um problema*
> *da televisão ou do rádio, digo: minha gente,*
> *procuro ser sempre um homem do meu tempo,*
> *não posso negar a televisão,*
> *não posso negar a informática,*
> *nada disso, porque nesse caso demonstro*
> *que sou pai de tataravô.*
> *O problema é político novamente...*
> *(Paulo Freire)*

Em meados dos anos 1960, houve na América Latina um grande debate sobre os usos educativos da televisão dentro da sala de aula: muitos docentes e políticos viram no tubo catódico (ou no projetor de slides) um *instrumento* formidável para erradicar definitivamente o analfabetismo do continente e formar a força de trabalho. Alguns países dotaram suas escolas de receptores e antenas, os ministérios fizeram sacrifícios para comprar – de maneira às vezes indiscriminada – tecnologias "de suporte à educação" e os canais estatais começaram a produzir programas educativos... Como sabemos, o projetor de *slides* terminou abandonado em um canto da sala de aula e a televisão, em vez de ensinar a ler e a escrever, adotou o gênero narrativo latino-americano por excelência: a telenovela. O analfabetismo, em boa medida, ainda continua aí, em muitas casas, diante da tela.

O problema, indicava já naquela época o pedagogo basileiro Paulo Freire, não é de tipo pedagógico, mas sim político-pedagógico: mais que comprar televisores ou projetores, é preciso se perguntar: Como o processo educativo é definido? Que tipo de relação se estabelece entre o docente e o aluno? Trata-se de um relacionamento linear, de simples transferência de saberes? Ou de um intercâmbio entre iguais, em que a partir do diálogo a realidade é transformada?

Estas perguntas continuam vigentes diante da revolução tecnoeducativa que estamos vivendo: as simulações (os computadores, a internet, os sistemas de *e-learning*, os *weblogs*, as redes sociais etc.) não solucionarão por si mesmas os problemas que o sistema educacional enfrenta. Os ambientes de simulação possuem o potencial de uma grande capacidade para pôr em crise as relações tradicionais do mundo da educação e repensar todo o processo de ensino-aprendizagem. Mais que um instrumento que utilizamos "para ensinar", as simulações são uma tecnologia cognitiva – como a escrita – que remodela nossa maneira de pensar e agir.

As simulações, finalmente, abrem um leque de perguntas impensáveis há três décadas, quando na América Latina se debatia sobre uma possível "pedagogia da libertação": o que significa hoje, quando as redes digitais invadem nossa cotidianidade e nos colocam em um estado de comunicação permanente, "transformar a realidade através do diálogo"? O que é "diálogo"? Uma discussão face a face? E se essa discussão estiver mediada por um computador, continuará sendo diálogo? O que significa "falar face a face" em um meio que nos permite assumir qualquer outra identidade? Além disso, qual é a "realidade" que queremos transformar? A que aparece modelizada nas telas? Ou a "realidade de fora"? É possível transformar a realidade "de fora" exercitando-nos primeiro com as simulações? Ou tudo se reduz a uma ilusão de transformação no melhor estilo Matrix?

É impossível seguir dissimulando: as simulações nos desafiam com perguntas ineludíveis.

Bibliografia

ANDERSEN, T., KRISTENSEN, S., NIELSEN, B.; GRONBAEK, K. Designing an Augmented Reality Board Game with Children: The BattleBoard 3D Experience. *Interaction Design and Children-lDC 2004 Conference Proceedings*, Universidad de Maryland, 2004.

BILLINGHURST, M. Colaborative augmented reality. *Communications of the ACM*, n. 45 (7), 2002a.

_____. 2002b, Augmented Reality in Education. *New Horizons for Learning*. Disponível em: <http://www.newhorizons.org/strategies/technology/bil3inghurst.htm>. Consulta em: jul. 2007.

BRUNER, J. *La cultura dell'educazione*. Milão, Feltrinelli, 2001.

DELIO, M. *Net Analysis Gets Turbo Boost*, 2003 Disponível em: <htttp://www.wired.com>. Consulta em: jul. 2007.

ECO, U. *Lettore in fabula*. Milão, Bompiani, 1979.

GÓMEZ CAÑETE, D. Juegos para aprender. *Enredando*, n. 298, seção "en juego" n. 49 (18 de diciembre). Disponível em: <http://www.enredando.com>. Consulta em: fev. 2002.

KELLY, K. *Out of Control*. Milão, Apogeo, 1996.

LÉVY, P. *Le tecnologie del"lntelligenza*. Bolônia, Synergon, 1992.

_____. Formarsi per sempre-lmparare a navigare nei nuovi sistemi educativi. *Media Philosophy*. Gênova e Milão, Costa &Nolan, n. 2, 1998.

MASINI, S. *Las guerras de papel*. Buenos Aires, La Flor, 1983.

PAPERT, S. E il bambino inventò ll videogame. *Media Philosophy*. Gênova e Milão, Costa &Nolan, n. 2, 1998.

PISCITELLI, A. El rol de las simulaciones en el aprendizaje virtual. *Interlink Headline News*, n. 2.478 (2001). Disponível em: <http://www.ilhn.com>. Consulta em: jul. 2010.

RACZYNSKI, S. Simulation of The Dynamic Interactions Between Terror and Anti-Terror Organizational Structures. *Journal of Artificial Societies and Social Simulation*, n. 7 (2004). Disponível em: <http://jasss.soc.surrey.ac.uk/7/2/8.html>. Consulta em: jul. 2010.

SCHMUCKER, K. *A Taxonomy of Simulation Software-A work in progress*. Cupertino, Apple Computer, Inc., 1999. Disponível em: <http://www.apple.com/educa^tion/LT Review/spring99/simulation>. Consultado em: jul. 2008).

SCHNEIDERMAN, B. *Designing the User Interface: Strategies for Effective Human-ComputerInteraction*. Massachusetts, Addison-Wesley, 1998.

SCOLARI, C. *Hacer clic. Hacia una sociosemiótica de las interacciones digitales.* Barcelona, Gedisa, 2004.

SINGH, S., CHEOK, A., LOONG NG, G.; FARBIZ, F. 3D Augmented Reality Comic Book and Notes for Children using Mobiles Phones. *Interaction Design and Children IDC Conference Proceedings*, Universidad de Maryland, 2004.

VV. AA. *La Scuola si Aggiorna-Simulazione e Telesoftware.* Roma, RAI-Nuova Eri, 1993.

WIKIPEDIA. Second Life. Disponível em: <http://en.wikipedia.org/wiki/Second_Life>. Consulta em: jul. 2010.

YOKOSUKA, T. Second Life Statistic. Disponível em: <http://www.tigerbeatle.com/SlickMagazi ne/indez.php/slick-topics/second-life-statistics>. Consulta em: jul. 2010.

12

Educomunicação e cultura participativa

JOAN FERRÉS I PRATS*

Uma mudança de paradigma

Para fazer referência às mudanças sociais propiciadas pelas inovações tecnológicas e pelas práticas comunicativas patrocinadas por elas, o professor de comunicação e jornalista estadunidense Henry Jenkins, pioneiro nos estudos da cultura na rede, fala de cultura participativa (H. Jenkins, 2004: 14).

A expressão é potente e resulta pertinente para referir-se a uma das características fundamentais do novo ecossistema comunicativo. Faz referência ao surgimento de uma cultura que transforma o usuário das novas ferramentas comunicativas em um construtor de mensagens, em gestor de um ambiente participativo, em protagonista ativo de uma produção compartilhada de conteúdos.

A mudança de paradigma se vê refletida nas modificações que foram sendo introduzidas no campo semântico das comunicações. Se, até bem pouco tempo atrás, a pessoa que utilizava as tecnologias da comunicação clássica era chamada de receptor, hoje, quem interage com as novas telas é denominado de usuário. Se, até agora, o conjunto dos receptores tem sido chamado de público ou audiência, hoje, os que utilizam as novas telas são chamados de interlocutores.

O surgimento e a consolidação do termo inglês *prosumer* (alguns falam de *prosumidor*) é provavelmente a máxima expressão desta mudança de paradigma. Atualmente, o *consumer* tem também a possibilidade de ser também *producer*. Tem tudo nas mãos para sê-lo.

É preciso acrescentar a todo este quadro a interatividade tecnológica, um dos pilares da cultura participativa. A interatividade, entendida

---
* Joan Ferrés i Prats é professor da Universidade Pompeu Fabra, Espanha.

como capacidade de que uma tecnologia midiática responda à reação do interlocutor, do mesmo modo que este último responde à proposta da tecnologia, é considerada unanimemente, tanto pelos usuários como pelos especialistas, uma das prestações mais decisivas para a transformação do ecossistema das comunicações de massas.

As considerações a respeito poderiam ser multiplicadas, mas convém acrescentar que a ênfase na dimensão da participação propicia alguns erros que convém identificar, tanto em relação à suposta passividade (carência de participação) que se tende a atribuir ao receptor de mensagens da mídia tradicional, como em relação à suposta excelência participativa do usuário das novas tecnologias.

Para enfrentar, com certo rigor, o conceito de cultura da participação vinculada às novas telas, pode ser oportuno distinguir diversos graus de participação, a partir de níveis que poderiam ser considerados primários ou elementares até níveis supostamente superiores, mais sofisticados.

Costuma-se associar os primeiros com os processos clássicos de recepção na chamada mídia tradicional. Os últimos parecem restritos aos novos ambientes comunicativos.

Níveis aparentemente primários de participação

A *participação mediante o jogo de inferências*

Todo processo de comunicação é o resultado de um jogo de iterações entre um emissor, um receptor e uns meios. Em outras palavras, todo processo comunicativo e, inclusive, todo processo perceptivo é construção, e nesta construção o receptor participa de maneira mais ou menos ativa.

A pessoa que interage com as telas tradicionais realiza constantemente inferências, e o faz em todos os níveis, começando pelos níveis da percepção, que podem ser considerados mais primários.

Cada enquadramento oferece ao espectador do audiovisual convencional fragmentos isolados de uma realidade física que ele há de completar mentalmente. O receptor constrói, por exemplo, a imagem mental de um corpo onde a imagem lhe oferece um rosto em *close up*. De igual maneira, o receptor constrói realidades espacial e temporalmente completas, acrescentando, por exemplo, a informação que falta na interação entre dois planos que compõem uma elipse espacial ou temporal. Os cortes ou as elipses exigem constantemente que ele faça deduções, que estabeleça relações.

Mas na experiência de interação com as telas clássicas são feitas também inferências mais complexas, na linha da construção de diversos níveis de significação. Na realidade, toda interação com um interlocutor (mediado ou não pela tecnologia) supõe uma construção compartilhada de sentido e de valor, porque é sempre o encontro entre duas mentalidades, duas experiências, duas sensibilidades, duas ideologias, dois sistemas de valores.

Diante das telas clássicas, o interlocutor confere sentido e valor às realidades representadas a partir de uma interação dialética entre os elementos que o emissor traz e a bagagem (de conhecimentos, experiências, atitudes, convicções e certezas) trazida pelo receptor. Este último participa da construção do sentido e do valor ético que é dado à mensagem, fazendo a interação dos elementos proporcionados pelas imagens e pelos sons com sua própria visão do mundo.

Nesse contexto epistemológico, não se pode aceitar como válido o contraste que se tende a estabelecer entre a atividade intelectual da leitura e a passividade mental com que às vezes se vincula o consumo de imagens nas telas tradicionais. É certo que, na experiência da comunicação audiovisual, se desenvolve uma atividade mental radicalmente distinta do que acontece na experiência da leitura de textos escritos. A interação com textos audiovisuais exige, e ao mesmo tempo desenvolve, habilidades mentais específicas, distintas das que são exigidas e desenvolvidas na experiência de interação com signos abstratos e estáticos. Mas, em ambas as experiências, se produz uma atividade mental intensa.

A participação emocional

As telas tradicionais oferecem, enfim, e sobretudo, a oportunidade para uma constante libertação emotiva. Os programas, concebidos sempre como espetáculo (inclusive os noticiários são regidos pelos parâmetros expressivos do *show business*), prendem fortemente o ânimo do espectador, que é envolvido emocionalmente através dos mecanismos psíquicos da identificação e da projeção.

Realiza-se, assim, em cada programa, o que Woody Allen exemplificou metaforicamente em seu sugestivo filme *A rosa púrpura do Cairo*: o espectador passa a fazer parte da história, participa intensamente do drama, seu inconsciente se implica emotivamente. Só assim se explica o fato de que o espectador sofra contemplando as histórias: na realidade, não são os personagens, mas ele mesmo que está em perigo.

Assim se explica igualmente a adição às imagens, a dificuldade para separar-se delas desligando o aparelho. São fenômenos de implicação emocional que se intensificam ainda mais em experiências tão implicativas e envolventes quanto os videogames.

Mediante estes mecanismos de identificação e projeção, o espectador convencional tem vivido, por participação à mídia, todo tipo de experiências que lhe são negadas em sua vida cotidiana: viajar a países exóticos, voltar a tempos passados, instalar-se no futuro, sentir-se protagonista de situações conflituosas, experimentar sentimentos exacerbados, viver experiências arriscadas sem correr perigo real... Os videogames de simulação souberam recolher estes desafios e levar o espectador a limites até agora inimagináveis.

É também através dos mecanismos psíquicos da identificação e da projeção que se produz no espectador o processo de libertação catártica, de purificação, de purgação. A imersão emotiva permite ao inconsciente do espectador um intenso processo que culmina com a eliminação de seus sentimentos negativos.

Não é estranho que o psicólogo José Lorenzo González tenha escrito, há alguns anos, que "o mundo da fantasia, dos sonhos, da poesia e das fábulas é tão necessário para a saúde mental quanto o alimento para o corpo" (J. L. González, 1988: 86).

A participação inconsciente

Para desfazer o equívoco da suposta passividade dos usuários das telas tradicionais, é preciso fazer referência também a um tipo de participação que, não por ser ainda mais elementar e por produzir-se em um nível muito mais inconsciente, tem menor importância e transcendência.

O pensador canadense Derrik de Kerschkove aceitou submeter-se, há alguns anos, a um experimento singular: os irmãos Stephen e Rob Kline, do Media Analysis Lab da Universidade Simon Frazier de Vancouver, o conectaram a um computador mediante vários dispositivos colocados em sua pele. Com a ajuda desses instrumentos, pretendia-se medir sua condutividade cutânea, examinar sua atividade cerebral, controlar seu pulso e sua circulação.

Enquanto contemplava um bombardeio de imagens de todo tipo (sexo, publicidade, notícias, debates, sentimentalismo e tédio), devia apertar com sua mão esquerda um rudimentar *joystick* para indicar se gostava ou não do que estava vendo.

Após vinte minutos, estava frustrado. Não havia sido capaz de expressar quase nada. Os pesquisadores que controlavam a experiência começaram a rir. Regressaram a fita e lhe mostraram o que tinha sido registrado. Cada cena, cada golpe, cada mudança de imagem haviam sido gravados por um sensor ou outro e foram introduzidos no computador, deixando uma prova de suas reações, expressas através de mudanças na condutividade cutânea, em seu pulso e nas batidas do coração (D. de Kerschkove, 1999: 35-36).

O experimento ao qual Derrik de Kerschkove se submeteu manifesta que na interação com as telas existe uma intensa atividade psíquica, até mesmo nos casos em que parece não haver atividade mental alguma. Em outras palavras, uma boa parte da participação emotiva antes mencionada na interação com as telas acontece na mente submersa do receptor.

De um ponto de vista científico, não se pode falar de encefalograma plano em relação com as telas tradicionais. As imagens produzem uma enorme atividade mental, embora, algumas vezes, fique recluída no inconsciente.

O experimento de Derrik de Kerschkove ilustra a afirmação do neurocientista Joseph Ledoux: "Freud tinha razão quando definiu a consciência como a ponta do iceberg mental" (J. Ledoux, 1999: 20), o que significa que, ao contrário do que se pressupõe na cultura ocidental, somos fundamentalmente emoção e inconsciente.

Por outro lado, William James afirmava que "uma boa história é como um *iceberg*: de sete partes, somente uma aflora à superfície". A fascinação que as histórias exercem, todas as histórias (as sonhadas oniricamente e as igualmente sonhadas através do cinema, da televisão ou do videogame), se explica, portanto, em boa medida, pelo fato de que dão resposta às necessidades desta parte primordial do cérebro humano que é nosso psiquismo oculto.

As analogias podem ser ampliadas. O sonho, o cinema e os videogames coincidem com outras experiências humanas como as fantasias, a arte, a poesia ou a religião, no sentido de que todas elas são o que alguns psicólogos denominam fenômenos entre duas luzes (M. H.

Erdelyi, 1990). Caracterizam-se por serem experiências intermediárias entre a consciência e o inconsciente, entre o elaborado e o primitivo, entre o racional e o irracional. São, portanto, experiências profundamente humanas pelo que têm de convergentes, de integradoras.

Níveis supostamente superiores de participação

Participação através da interatividade tecnológica

A evolução da tecnologia ao longo das últimas décadas tem contribuído para tornar realidade o conceito de *emerec* desenvolvido por Jean Cloutier na década de 1970. Para o pensador canadense, já naquela época os desenvolvimentos tecnológicos permitiam que o receptor fosse ao mesmo tempo emissor (J. Cloutier, 1975).

O *emerec* dos anos 1970 se transformou hoje, como foi dito antes, no *prosumer*, um interlocutor das telas que é, ao mesmo tempo, *producer* e *consumer*, consumidor que produz ou produtor que consome, em uma interação constante e enriquecedora.

A interação tecnológica incrementa a sensação de controle que o interlocutor exerce sobre as telas e, através delas, sobre a realidade. De um modo ou de outro, nos videogames pode ser visto, como expressão lúdica de participação através da interação, como esta última contribui para o desenvolvimento de habilidades específicas: melhora a coordenação motora ou a integração de estímulos visuais e auditivos, a coordenação perceptiva e neuromuscular, a rapidez de resposta e os reflexos, a capacidade de tomar decisões (acertadas?) em décimos de segundos, até limites que não tinham sido tocados por nenhuma tecnologia anterior.

A possibilidade de interagir com as máquinas digitais se traduz na oportunidade e na necessidade de tomar decisões em interação com a estrutura mental de outro sujeito (C. Manovich, 2005: 93). Novos e múltiplos diálogos, muitas vezes submetidos à pressão de um tempo limitado.

Através da prestação tecnológica da interatividade, as modernas ferramentas manifestam ainda melhor seu caráter de prótese que engrandece as potencialidades da pessoa que as utiliza. A prótese interativa potencializa o empoderamento que se pretende com a educomunicação.

A participação mediante a relação

Antes de que aparecessem os serviços de rede social (MySpace em 2003, Facebook em 2004, Tuenti em 2006), a internet já se havia transformado para muitas pessoas em mais que uma oportunidade para fazer parte da sociedade da informação e do conhecimento, em uma oportunidade para introduzir-se na sociedade das relações.

Em uma primeira fase, foram suficientes recursos tão elementares como os *chats* e o e-mail para multiplicar as oportunidades de encontro virtual e para todo tipo de intercâmbio. Em uma segunda fase, os serviços de rede social possibilitaram dar voz às pessoas, a todo tipo de pessoas, proporcionando-lhes, como potencial, uma audiência ilimitada.

Conectar e compartilhar (*connect and share*) são as duas promessas feitas na página inicial do Facebook, duas promessas transferíveis a todos os serviços de rede social. A própria palavra rede, que está na base do fenômeno da internet, refere-se a esta prestação de conectividade perpétua, à oportunidade de sentir-se continuamente vinculado mediante tramas entrelaçadas de amigos e de conhecidos, em um ambiente acolhedor que permite interagir de maneira absolutamente livre.

A sociedade-rede, à qual se referia o sociólogo sueco Jan van Dijk e que Manuel Castells popularizou, é uma sociedade constituída por redes que processam, armazenam e transmitem informações sem restrições quanto ao espaço, tempo e volume. Este fluxo constante de comunicações pode estar a serviço da simples expressão pessoal, da comunicação interpessoal ou de uma causa que transcenda, uma causa de caráter cognitivo, social ou cultural.

A participação na construção da inteligência coletiva

O conceito de inteligência coletiva foi desenvolvido pelo pensador francês Pierre Lévy (1997), e Henry Jenkins o absorve como uma das três características definidoras da nova cultura, junto com a convergência midiática e com a cultura participativa (H. Jenkins, 2008: 14).

Lévy afirma que "ninguém sabe tudo, todo mundo sabe alguma coisa, todo conhecimento reside na humanidade" (P. Lévy, 1997: 20). A internet, como ambiente participativo, permite a integração de conhecimentos individuais para construir um conhecimento compartilhado superior. A rede é um sistema aberto, em construção permanente graças ao contínuo intercâmbio de conteúdos.

As comunidades de conhecimento, comentadas por Lévy, facilitam a organização e a interação dos saberes individuais. Até mesmo em um âmbito trivial, como o dos videogames, os usuários dos denominados Jogos de Realidade Alternativa (JRA) são construídos em redes sociais cooperativas e trabalham juntos para resolver um problema que seria impossível de resolver por uma só pessoa (H. Jenkins, 2008: 131).

As comunidades de conhecimento representam, para Pierre Lévy, uma nova forma de poder, uma alternativa de poder que opera junto ao dos Estados-Nação, ao do capitalismo mercantil e ao das migrações nômades.

A participação para a transformação do ambiente

Se antes se falou que as prestações das novas tecnologias e das novas práticas comunicativas contribuem para tornar realidade o conceito de *emerec* desenvolvido por Jean Cloutier, agora se teria de acrescentar que também facilitam o cumprimento dos postulados da pedagogia de Paulo Freire: a educação como conscientização e como compromisso na transformação da realidade social.

Para conseguir este objetivo, basta que a possibilidade de criar comunidades virtuais e de potencializar o trabalho em equipe seja colocada a serviço de uma causa potente de ordem social, política ou cultural.

As mobilizações sociais promovidas na Espanha, a partir dos atentados de 11 de março em Madri, e de sua consequente manipulação, se transformaram em paradigma da capacidade mobilizadora das telas. Nesse caso foi uma iniciativa popular, canalizada através das mensagens dos celulares.

O terremoto de 8,8 graus na escala Richter, sofrido pelo Chile em fevereiro de 2010, serviu – como muitas outras catástrofes naturais semelhantes – para evidenciar a capacidade das redes sociais para liderar, igualmente ou melhor que a mídia tradicional, a produção de informação e os processos de colaboração, com a finalidade de localizar feridos e de salvar vidas.

As ONGs têm encontrado nas redes uma extraordinária oportunidade para despertar as consciências e para aglutinar esforços, mobilizando a opinião pública e canalizando sua energia para algumas causas que – frequentemente – a mídia tradicional não prestava suficiente atenção.

À suposta manipulação das mensagens das telas tradicionais que as instituições políticas e econômicas têm feito, haveria que opor as enormes possibilidades mobilizadoras do uso pessoal e grupal das telas no novo ambiente comunicativo – algumas possibilidades que, em boa medida, estão ainda por serem inventadas.

Questionamento dos graus de valor da participação

Em busca de maior complexidade

Dizer que, nas experiências de interação com as telas há graus diferenciados de participação, não comporta que os níveis superiores sejam incompatíveis com os mais elementares. Não só são compatíveis, mas se condicionam mutuamente, embora muitas vezes os primeiros sejam vividos de maneira intencional e consciente, enquanto os segundos podem ser experimentados de maneira involuntária e inconsciente.

Do traçado deste mapa sobre os graus ou níveis de participação propiciados pelas telas, parece que, consequentemente, as tecnologias tradicionais correspondiam a formas elementares de participação, enquanto as novas garantem níveis superiores. Assim entende o coordenador de campanhas políticas estadunidense, Joe Trippi: "Enquanto a televisão era um meio que nos fazia estúpidos, distantes e desconectados, a internet nos faz mais inteligentes, mais engajados e melhor informados" (citado por H. Jenkins, 2008: 213). Lamentavelmente, as coisas não são assim. São muito mais complexas.

Se estão falando de níveis *aparentemente* primários ou elementares e de outros *supostamente* superiores, é porque no ecossistema das comunicações entram em jogo uma série de variáveis que questionam deduções tão simplistas.

De entrada, hoje se sabe através da neurobiologia que é preciso prestar muito mais atenção nos níveis de participação emocional e inconsciente. A marginalização e até mesmo o menosprezo que a cultura ocidental tem demonstrado para com as faculdades mentais consideradas inferiores, como as emoções e o inconsciente, têm sido questionados pelos estudos sobre o cérebro humano, realizados pela neurociência. Antonio Damasio, um dos máximos expoentes desta linha de pesquisa, é contundente: "O sentimento é um componente integral da maquinaria da razão. (...) Determinados aspectos do processo da emoção e do sentimento são indispensáveis para a racionalidade" (A. Damasio, 1996: 9-10). O desdobramento efetivo das estratégias de raciocínio depende, em boa parte, da capacidade contínua de experimentar sentimentos.

Agora se sabe, portanto, que as formas de participação que tinham sido ignoradas ou marginalizadas, porque implicavam as faculdades inferiores, resultam imprescindíveis para o correto funcionamento das faculdades superiores.

No extremo oposto, algumas das formas de participação consideradas superiores podem estar mais perto da esfera banal, inclusive da alienação ou da manipulação, do que poderia parecer à primeira vista. Basta pensar em algumas comunidades de marca, ou em determinados grupos de fãs, ou em comunidades de conhecimento que põem seu esforço participativo a serviço de causas triviais, quando não mesquinhas ou aviltantes.

Para incrementar a complexidade e as contradições ou paradoxos, é preciso indicar que até mesmo nos casos negativos se produzem aprendizados, na medida em que se reforça o trabalho em equipe, em ambientes participativos, e se aprende a colocar a imaginação e o raciocínio a serviço da resolução coletiva de problemas.

Os limites da interatividade

Foi mencionada antes a sensação de controle sobre a realidade que propicia a interatividade, mas não se pode perder de vista os limites deste controle. Seria importante perguntar-se sempre quem controla a quem crê exercer o controle e, sobretudo, como e por que controla.

Basta um exemplo, o da convergência entre o Pentágono e Hollywood. Trata-se de uma colaboração iniciada nos anos 1990 para colocar o entretenimento a serviço dos interesses do exército estadunidense, sobretudo a serviço do recrutamento e do treinamento.

Como resultado desta colaboração, em julho de 2002, se lançava gratuitamente na internet o videogame America's Army, que se transformaria em um dos cinco videogames *on-line* mais populares do mundo. Mike Zyda, seu desenhista, não deixava dúvidas sobre suas intenções: "Armas de distração em massa – America's Army recruta para a guerra real" (C. Salmon, 2008: 173).

Em agosto de 2004, dois anos depois do surgimento do jogo, uma empresa de marketing fez uma enquete com estudantes estadunidenses de primeiro e segundo graus, além de universitários. Os estudantes se manifestaram, em maioria esmagadora, partidários do exército. Ao serem perguntados sobre a causa de sua impressão favorável, 40% se referiram às recentes operações de combate no Afeganistão e no

Iraque, enquanto 30% citaram suas experiências com o America's Army (H. Jenkins, 2008: 85). O número dos que foram convencidos através da ficção era, portanto, muito semelhante ao dos que foram convencidos mediante o discurso sobre a realidade. Os noticiários e o entretenimento contribuíram juntos, com resultados altamente satisfatórios.

Pois bem, no America's Army (como em todos os videogames) a interatividade está limitada. O jogador não pode matar a quem quiser. Mesmo se tentasse, não poderia matar nunca um soldado norte-americano. A interatividade, estruturada de antemão pelo desenhista do videogame, é expressão e suporte dos condicionamentos ideológicos do produto. A limitação da interatividade é expressão da limitação do controle sobre o jogo.

O exemplo também serve para evidenciar a correlação entre os diferentes níveis de participação. Limitando a interatividade, condiciona-se o tipo de participação emocional e inconsciente, e é a partir desta gestão das emoções que se consegue manipular ideologicamente.

Com relação ao uso que o exército estadunidense tem feito tradicionalmente do cinema de Hollywood, no videogame se incrementa a participação e, através dela, a implicação emocional, contudo, mediante o controle do suposto controlador do jogo, a energia emocional é canalizada para a potencialização de uma ideologia e de determinados valores.

Os limites da transparência

Ao contrário da mídia tradicional, o novo ambiente comunicativo oferece ao usuário uma aparência de liberdade, um presumível controle pessoal da experiência, a sensação de que uma pessoa se move em um ambiente transparente, não contaminado por interesses ou por manipulações.

Nada está mais longe da realidade. Atrás dos encontros virtuais propiciados pelas redes sociais entre pessoas ou entre instituições não está o vazio. Está o sistema, o assédio, controlando para tirar benefícios, rentabilizando o investimento.

A inscrição em uma rede social é gratuita. Por que então o investidor de risco, Peter Thiel, destinou ao projeto Facebook quinhentos mil dólares? Por que uma das maiores fortunas do mundo, Lee Ka-Shing, comprou logo 0,4% das ações por um valor de sessenta milhões de dólares? Por que a Microsoft comprou 1,6% das ações por um valor de duzentos e quarenta milhões de dólares?

Os serviços de rede social se convertem em proprietários de informações que têm um valor incalculável: interesses, gostos, relacionamentos entre os membros da rede. As empresas compram bases de dados a preços exorbitantes. O jornalista Tom Hodgkinson afirmava, em um artigo publicado no *The Guardian*, em 14 de janeiro de 2008, que empresas tão potentes como a Coca-Cola, Blockbuster ou Sony investiam cifras milionárias no Facebook, em troca da obtenção de informação privada sobre os membros da rede.

Pouca transparência, escassa privacidade. Porque a exploração de dados se produz também em outros níveis. Segundo um estudo realizado em 2009 e publicado no *Daily Telegraph*, em 27 de fevereiro, 8% das empresas dos Estados Unidos reconheciam ter demitido trabalhadores por mau comportamento nas redes sociais. E são muitas as empresas que condicionam a aceitação de um sujeito para um novo posto de trabalho a uma análise minuciosa de seus movimentos na rede: amizades, passatempos, costumes, rotinas, webs que visita etc.

As redes não são, portanto, um espaço privado no qual se pode participar de maneira livre e sem risco algum. Participar implica riscos. Aos controles citados, é preciso acrescentar o risco de transformar-se automaticamente em objeto de estudo do mercado.

Novos desafios para a educomunicação

De todas as considerações apresentadas até agora, surge uma série de conclusões que apresentamos como desafios que a educomunicação deveria contemplar se quiser dar resposta às possibilidades e às limitações do novo ambiente comunicativo.

Prestar atenção na participação emocional e inconsciente

Hoje sabemos, através da neurociência, que os mecanismos inconscientes não só precedem os conscientes, como também os condicionam, o que comporta que sem conhecer a atividade inconsciente da mente não se pode compreender o funcionamento da mente consciente.

O que dizem os especialistas em neurociência questiona implicitamente as aproximações das telas que vêm sendo feitas tradicionalmente desde a educomunicação, com abordagens baseadas somente na esfera reflexiva e consciente: "A consciência somente poderá ser entendida estudando os processos do inconsciente que a tornam possível" (J. Ledoux, 1999: 38). Desprezar o inconsciente comporta, portanto, condenar-se a não poder entender a consciência.

O mesmo é preciso dizer a respeito da participação emocional. Humberto Maturana afirma: "Não é a razão o que nos leva à ação, e sim a emoção" (H. Maturana, 1999: 23), disso deriva que somente analisando nossa experiência emocional diante das telas podemos descobrir como nos afetam, e que somente recorrendo à experiência emocional dos interlocutores podemos provocar mudanças neles.

Quem se beneficia?

A locução latina *qui prodest*? ("quem se beneficia?"), utilizada no Direito Romano, deveria ser recuperada pela educomunicação para a otimização das experiências de interação com as telas.

Não se pode ser um interlocutor lúcido das telas sem conhecer e assumir as implicações que comportam estes processos de participação. Já se falou da exploração econômica que as redes sociais fazem das informações privadas de seus membros. Nesse sentido, paradoxalmente, as velhas e as novas telas acabam confluindo. Se, até agora, as instituições haviam exercido seu poder utilizando as telas de entretenimento para gerenciar em benefício próprio as emoções dos receptores, hoje utilizam as telas modernas para conhecer as emoções dos interlocutores e canalizá-las na direção adequada a seus interesses.

As comunidades de marca são uma das demonstrações mais significativas deste jogo paradoxal. Segundo Robert Kozinets, as comunidades de marca são grupos sociais que compartilham vínculos com determinadas marcas ou produtos. A rede lhes oferece a oportunidade de estabelecer vínculos com pessoas que compartilham sua paixão. A partir daí se transformam em consumidores que, além de pagar ao anunciante pelo produto que desejam, o ajudam a vendê-lo. Fazem uma propaganda gratuita. Investem tempo e dinheiro não só em consumir, como também em conseguir que quem se beneficia de sua compra obtenha benefícios suplementares.

A capacidade de detectar quem se beneficia da satisfação das minhas necessidades e desejos deveria ir acompanhada da capacidade de detectar que tipo de necessidades e desejos satisfaço com minha participação. Só assim a experiência de interação com as telas pode ser plenamente satisfatória.

A mobilização social

Os cidadãos e cidadãs socialmente comprometidos deveriam ser capazes de tirar partido das possibilidades que a rede oferece, para sensibilizar e engajar o resto da cidadania em torno de causas humanitárias, sociais ou culturais.

Assumir as estratégias dos profissionais da publicidade e do marketing para vender todo tipo de produtos e de serviços pode ajudar a alcançar esta meta. Estes profissionais aproveitam as informações que extraem das redes sociais para segmentar a população em função das sensibilidades, dos gostos, centros de interesse, passatempos. Esta segmentação do público permite dirigir-se a cada *target*, apelando àqueles recursos que possam ser mais úteis para mobilizá-lo.

A educomunicação como educação emocional

É ingênuo pensar que o simples surgimento de um ambiente tecnológico participativo pode transformar os cidadãos em pessoas socialmente engajadas. O fato de dispor de ferramentas que propiciam a colaboração nunca será suficiente para engajar os cidadãos em uma problemática social ou cultural diante da qual adotam uma atitude indiferente.

O educador, preocupado com a enorme distância existente entre as extraordinárias possibilidades dos novos ambientes participativos e os usos superficiais ou rotineiros que os cidadãos fazem deles, deveria deixar-se interpelar pelas palavras do neurobiólogo chileno Humberto Maturana: "Cada vez que afirmamos ter uma dificuldade no fazer, de fato temos uma dificuldade no querer, que fica oculta por uma argumentação sobre o fazer" (H. Maturana, 1998: 24). Como educomunicadores, teríamos que parafraseá-lo: "Cada vez que afirmamos que temos uma dificuldade em conseguir que façam, na verdade estamos tendo uma dificuldade em conseguir que queiram".

Daí resulta que não pode haver uma educomunicação eficaz sem uma educação emocional. A educação emocional deveria servir para descobrir que, se as telas servem às instituições como instrumento de poder, é porque, através delas, conseguem gerenciar nossas emoções. A educação emocional deve servir também para aprender a incentivar os cidadãos, para motivá-los, para mobilizá-los. Eles somente podem ser levados a níveis superiores de participação no uso das telas, falando em termos quantitativos e qualitativos, se formos capazes de incidir em seu querer, se formos capazes de canalizar seu capital emocional para um compromisso social cada vez mais sólido.

Bibliografia

APARICI, R. *Comunicación educativa en la sociedad de la información*. Madrid, Universidad Nacional de Educación a Distancia, 2008.

CLOUTIER, J. *L'ere d'Emerec: Ou, La communication audio-scripto-visuelle a l'heure des self-media*. Montreal, Presses de l'Universite de Montreal, 1975.

DAMASIO, A. *El error de Descartes*. Barcelona, Critica, 1996.

_____. *En busca de Spinoza. Neurobiologia de la emoción y los sentimientos*. Barcelona, Critica, 2005.

DE KERSCHKOVE, D. *La piel de la cultura. Investigando la nueva realidad electrónica*. Barcelona, Gedisa, 1999.

ERDELYI, M. H. *Psicoanálisis. La psicologia cognitiva de Freud*. Barcelona, Labor, 1990.

FERRÉS, J. *Educar en una cultura del espectáculo*. Barcelona, Paidós, 2000.

_____. *La educación como industria del deseo. Un nuevo estilo comunicativo*. Barcelona, Gedisa, 2008.

GARCIA MATILLA, A. *Una televisión para la educación. La utopia posible*. Barcelona, Gedisa, 2003.

GONZÁLEZ, J. L. *Persuasión subliminal y sus técnicas*. Madrid, Biblioteca Nueva, 1988.

GUTIÉRREZ MARTÍN, A. *Alfabetizaaón digital Algo más que ratones y teclas*. Barcelona, Gedisa, 2003.

JENKINS, H. *Convergence cultura. Una cultura de la convergência*. Barcelona, Paidós, 2008.

_____. *Fans, blogueros y videojuegos. La cultura de la colaboración*. Barcelona, Paidós, 2009.

LEDOUX, J. *El cerebro emocional*. Barcelona, Ariel y Planeta, 1999.

LÉVY, P. *Collective Intelligence: Mankind's Emerging World in Cyberspace*. Cambridge, Perseus Books, 1997.

_____. *La cibercultura, el segon diluvi?* Barcelona, Universitat Oberta de Catalunya y Proa, 1998. (Col. Biblioteca Oberta.)

MANOVICH, L. *El lenguaje de los nuevos medios de comunicación. La imagen en la era digital*. Barcelona, Paidós, 2005.

MIATURANA, H.; BLOCH, S. *Biologia del emocionar y alba emoting. Respiración y emoción*. Santiago do Chile, Dolmen, 1998.

SALMON, Ch. *Storytelling. La máquina de fabricar historias y formatear las mentes*. Barcelona, Peninsula, 2008.

SCOLARI, C. *Hipermediaciones. Elementos para una teoría de la comunicación digital interactiva*. Barcelona, Gedisa, 2009.

13

Entre telas: novos papéis comunicativos e educativos dos cidadãos

GUILLERMO OROZCO GÓMEZ*

Há várias décadas, uma das utopias dos comunicadores interessados na educação dos cidadãos tem sido a de contribuir para formar um público participativo, não somente crítico, diante e a partir dos diferentes meios de comunicação e de seus conteúdos. Essa utopia parece possível de atingir agora, sem que afirmar isso signifique somente um bom desejo, ou um mero desplante idealista, produto de um otimismo tecnológico.

Atualmente, há vários motivos e condições distintas para pensar que a utopia de um novo público, receptor e produtor ao mesmo tempo, começa a ser realidade. Todavia, supõe um longo processo em que os desafios educativos e comunicativos adquirem maior complexidade. Exige-se, entre outras muitas coisas, chegar a um consenso sobre "novos motivos" para educar, "novas abordagens pedagógicas", "novos estilos comunicativos" e diferentes habilidades que devem ser desenvolvidas, tanto nos educadores quanto, sobretudo, entre os sujeitos que conformam o público contemporâneo, inclusos, com certeza, os próprios educadores nesse papel. Além disso, exige-se a definição e a concertação de políticas públicas e a implementação de estratégias socioculturais e políticas que permitam construir os cenários em que se torne propício um tipo distinto de interação entre diversos componentes tecnológicos, comunicacionais, educativos e estratégicos, e sujeitos interessados em desenvolver-se como cidadãos.

Nessa perspectiva, o objetivo destas páginas é discutir algumas ideias e propostas que permitam precisamente ir transformando em realidade essa utopia. Para isso, destaco – em primeiro lugar – o que

---

* Guillermo Orozco Gómez, Universidade de Gauadalajara, México. Agradecemos ao Observatório Europeu de Televisão Infantil (OETI) pela publicação deste artigo apresentado no Fórum 2009 dos anais do OETI de 2009. As atividades do OETI podem ser consultadas em: <www.oeti.org>.

considero a "condição comunicacional" de nosso tempo, que permite pensar em que se transformou o novo desafio que temos por diante, ao ser modificada a dimensão comunicacional, isto é, a condição do público de ser predominantemente receptivo ou receptor, para ser um público essencialmente produtor, emissor. É esta "condição comunicacional" que permite que os participantes dos processos comunicativos mediados por telas desconstruam de uma maneira real ou material, e não só reinterpretarem simbolicamente os objetos e referências de seu intercâmbio. Sendo também a que modifica as possibilidades de intervenção pedagógica, de diálogo e de geração de conhecimentos.

A condição comunicacional contemporânea

A convergência tecnológica que atualmente multiplica as combinações de formatos, linguagens e estéticas nas diversas telas e a interatividade possível entre estas e seus públicos, assumida aqui como a condição comunicacional, abre novos cenários e opções educativas, que, por sua vez, contribuem para facilitar outros modos de produção, intercâmbio e criação comunicativa a seus públicos. A mudança de papel ou status do público, que já pode ser notada entre setores sociais tecnologicamente avançados, se manifesta em uma transição em que o público agrupado em função da recepção vai cada vez mais sendo definido em função de sua emissão e de sua capacidade crescente para a produção comunicativa. Mudança pela qual o público vai se tornando usuário, já que a interatividade permitida pelas novas telas transcende a mera interação simbólica com ele.

Em teoria, essa transição possível e, certamente, desejável de receptores a emissores, que não é automática, como mencionou Castells (1996), é talvez uma das mudanças sociais mais significativas atualmente, e na medida em que se concretize, cada vez mais será também o epicentro de outras mudanças no "estar como público" e especialmente no "ser o público", na conformação e negociação de identidades e, finalmente, no próprio consumo informativo e cultural.

Esta transição de um público receptivo, embora não passivo, a um público produtor, embora não necessariamente criativo ou crítico, não é a mesma coisa que esse outro processo de "migração digital", que alguns colegas têm abordado (Vilches, 2005). Ser "migrantes digitais" (em lugar de "nativos digitais"), segundo a categorização feita por Prensky (2001), tem como referência a dimensão digital como detonante da mudança, mas exclui o status anterior da dimensão analógica. A transição a usuário, pelo contrário, implica também como referente a dimensão analógica e daí parte sua transformação, o que permite aproveitar e capitalizar as compreensões sobre as interações entre agências e telas antes do ambiente digital. Esta transição repercute em outros âmbitos, como o da geração de conhecimentos e saberes, o da assimilação e circulação de informação e o da construção de aprendizados (Piscitelli, 2009) e, de maneira particular, nas formas de entretenimento, divertimento e geração de emoções e sensações (Gitlin, 2004).

Tudo isso devido ao fato de que os referentes comunicativos que entram em circulação nas telas, a partir de diferentes fontes de emissão, tantas quanto forem os usuários participantes, povoam também o mundo material audiovisual, como visualidades e sonoridades dos intercâmbios comunicativos; isto é, como referentes objeto da interação social em geral (Orozco, 2006).

Contudo, como estas novas opções de estar e ser público repercutem nos modos de conhecer, aprender e produzir conhecimento, isso acaba sendo outra das grandes interrogações para a educação e a pesquisa da comunicação do presente e do futuro.

A educação, muito mais que aprendizagens formais e ensinamentos

Conforme enfatizou Martín-Barbero (2003), estamos transitando de uma sociedade com sistema educativo a uma sociedade da educação, entendendo que o fator educativo permeia muitas das interações significativas de todos como sujeitos sociais com a informação e o conhecimento. A educação já não é só produto de um ensino, nem tampouco só o resultado de uma escolarização. A educação também resulta de outras interações e encontros, sobretudo de descobrimentos e explorações dos próprios educandos.

Viver em um ecossistema comunicativo, em que o intercâmbio com as diferentes telas e plataformas requer uma exploração criativa e descobertas, faz com que estejamos sempre em condições de educar-nos e de aprender. O paradigma que estamos abandonando é aquele da imitação através da memorização, das repetições ou da cópia de modelos. O paradigma ao qual estamos transitando supõe a própria direção do educando, uma exploração criativa, ensaio e erro, e, finalmente, um descobrimento. Esta lógica de aprender através de uma exploração criativa é a lógica própria das tecnologias contemporâneas.

A crescente interação com as telas implica e exige que nos situemos no novo paradigma educativo e que aprendamos permanentemente, embora sem ser sempre totalmente conscientes de nossos aprendizados, nem que forçosamente consigamos aproveitar todo o potencial digital a nosso alcance. Em parte porque não pensamos que o que "adquirimos" de nossas interações seja precisamente isso: aprendizagens. Em parte porque ainda domina a tradicional ideia de que a educação é assunto da escola e do sistema educacional e que a televisão e outras telas não educam, somente divertem. E em parte porque a aprendizagem não é monolítica. O que resulta de processos formais é só um tipo de aprendizado, mas existem muitos outros que são resultado de processos não formais e informais. Estes são os produzidos pela maioria das diversas interações do público e dos usuários com as telas.

Embora se possa dizer que, mais que nunca, sempre estamos aprendendo, nem tudo o que conseguimos vale a pena. Não porque as aprendizagens extraescolares sejam de menor qualidade em si, mas porque estão determinadas por diferentes elementos que perseguem diferentes objetivos: não necessariamente oferecer um serviço, nem muito menos educar. Muito do que se aprende de maneira não formal não foi sancionado coletiva, científica ou academicamente. Nem tudo o que se aprende de maneira informal teria de ser aprendido, não é preciso. Nem tudo o que se aprende nas telas está livre de problemas. Por isso, um dos principais esforços da educação deveria ser problematizar e, se for o caso, afinar, situar e completar ou reorientar os aprendizados dos educandos enquanto usuários de múltiplas telas.

O múltiplo desafio comunicativo para a educação entre telas

Problematizar conhecimentos entre os usuários não é algo novo na educação, mas é importante seguir fazendo assim. Os novos desafios são muitos. Por novos desafios, haveria que entender não só aqueles estritamente pedagógicos, como também novos objetivos a serem trabalhados pedagogicamente, assim como novas relações entre esses objetivos e os usuários. O termo "novos" também não implica pretensões exageradas de novidade e inovação, quer somente chamar a atenção do leitor para a urgência de incluir tanto outros objetivos, como processos, outras "inteligências" – para usar o termo de Gardner (2004) – a serem desenvolvidas com a ajuda de intervenções pedagógicas e apropriadas, que justamente apontem para os desafios educativos que são enfrentados com esta mudança de status dos sujeitos participantes dos processos midiáticos. Por exemplo, o desenvolvimento da capacidade de selecionar informação a partir das telas, nos níveis instrumental, semântico e pragmático e, ao mesmo tempo, de forma eficiente e confiável. Um objetivo que anteriormente não era tão necessário saber nem ensinar, porque a informação-alvo da educação já estava selecionada no livro didático. Ou o fortalecimento do pensamento prospectivo que enfatiza a construção de vários cenários possíveis e desejáveis e requer dos pensadores o cálculo e o desenho dos passos e as rotas para atingi-los ou evitá-los, avaliando – por sua vez – as consequências de uma decisão ou de outra. Meta que antes não era tão necessária, uma vez que o futuro, em boa medida, ficava predefinido pelas gerações adultas para os mais jovens (Martín-Barbero, 2008).

O esforço educativo, em geral, deve assumir que este âmbito educativo ao redor das telas implica um alto índice de "ludicidade", como ressaltou Ferrés (2008) e Piscitelli (2009), e que é, até certo ponto, novo pelo potencial digital manifestado na interatividade e na convergência. Já não se trataria somente de procurar elevar o nível crítico do público, como tradicionalmente foi postulado em esforços de "recepção ou leitura crítica" dos meios, mas de, mais do que qualquer coisa, elevar a capacidade produtiva, criativa e de qualidade da expressão dos sujeitos nos produtos que são intercambiados ao redor das telas. Aqui é preciso enfatizar que, a partir das possibilidades da interatividade e da convergência, desde a educação se abre um campo de oportunidade incalculável para reforçar, ampliar, orientar ou aprofundar a produção cultural, bem como para estimular a geração de conhecimentos e aprendizados.

"Estar" como público e "ser" o público

Em plena época de interatividades e convergências, sempre no plural (Dorcé, 2009), se o "estar" como público mudou de maneira importante, então o "ser" o público também pode mudar, embora não resulte automaticamente das modificações do estar como público. É preciso considerar que o estar como público foi ampliado territorialmente, devido – sobretudo – à possibilidade de mobilidade e portabilidade das telas mais recentes, como a do celular e a do iPod e, no fundo, devido à alta convergência em múltiplos sentidos. Já não é preciso estar sob um teto para assistir à televisão nem, obviamente, para distrair-se com um videogame ou fazer ligações, escutar música, enviar e-mails ou usar o *chat*.

Para além desta espécie de ubiquidade do público contemporâneo com suas telas, que incide diretamente na possibilidade de estar em contato sempre, ou conectados, como participantes de uma ou de várias redes ao mesmo tempo, o estar como público adquire possibilidades inéditas diversas. Por exemplo, a possibilidade do contato permanente multicanal, já que se diversifica entre a comunicação oral, visual, audiovisual e escrita. Canais comunicativos que – embora como tais já existissem antes, mas nunca como agora –, com a convergência das múltiplas telas, estavam sendo usuais na conectividade entre os usuários destas telas. Desse modo, a comunicação "monocanal" vai sendo superada por uma comunicação multicanal, ou multimidiática, que também implica ser multilinguística, independentemente de outras mudanças no referente ou no conteúdo que é intercambiado (Jensen, 2007).

Aqui está a pergunta-chave para a educação: Além de somar canais e linguagens, e de usar novas tecnologias de maneira instrumental, ou novas telas, há uma mudança cultural propriamente dita ao estar com esta multiplicidade em uma permanente conexão pluridirecional? Talvez a chave esteja em que "o total não é igual à soma de suas partes". Então, na medida em que o uso das novas telas ultrapassar a mera soma de possibilidades, poderemos pensar que haverá um produto com uma qualidade diferente. E o que seria produzido na interação com as telas seria identidade. Uma identidade, se quisermos, "amalgamadora", não tão essencialista, como mencionou Martín-Barbero (2004), mas identidade, por fim. Perdurável o suficiente, como para ser reconhecida, e flexível para ser uma e outra vez reproduzida e modificada, trocada ou negociada.

Atualmente, a produção de identidades passa necessariamente pelas telas. Leva a elas e, ao mesmo tempo, é o resultado delas. Porque estas telas não são uma opção esporádica de procura de informação ou entretenimento, como pode ter sido ir ao cinema num fim de semana há quarenta anos ou ler um livro ou jornal. Hoje, a interação com as telas por esse setor que está em interação com elas é "um dado", é um ponto de partida e também de chegada, é uma condição da cotidianidade e do intercâmbio social em seu conjunto. Para subsistir no mundo contemporâneo, as telas, talvez umas mais que outras, se tornaram imprescindíveis. Evitá-las implica o enorme risco de ficar de fora, excluído, precisamente porque se excluir do intercâmbio com as telas é excluir-se da cultura contemporânea (Winocur, 2009).

A conformação de identidades, como produto cultural de intercâmbio convergente com as telas, se possibilita tanto pelo próprio uso das telas como pelo consumo e produção pelos usuários. Segundo Jensen (2005), é a interatividade a dimensão que modifica o estar como público, já que justamente o público na interatividade volta a se transformar em usuário. E ser usuário, insisto, implica uma diferença qualitativa com relação a ser somente público. Ser usuário implica a capacidade de agir (agência) do público. E capacidade de agir, conforme pensa Giddens (1996), supõe reflexão, não só ação. É precisamente esta dimensão de elaboração cognitiva consciente e de decisão que o distingue da mera reação a um estímulo ou de qualquer modificação somente comportamental.

Desde a dimensão da interatividade é preciso entender que a convergência não ocorre em um só sentido; ou seja, a convergência não é só tecnológica, é também cultural, cognoscitiva, linguística, situacional e estética, que se dá não só na confluência dos dispositivos materiais, tecnológicos ou digitais, nem só desde a emissão inicial, e sim desde a recepção e, a seguir, desde as diferentes emissões-recepções entre os diferentes usuários e também desde os dispositivos perceptivos e mentais dos sujeitos envolvidos (Dorcé, 2009).

As habilidades para formar bases de dados e registros múltiplos, em conexão com abrir *sites* e *blogs* e outras opções, não só para armazenar adequadamente informação e conhecimentos, como também para intercambiá-los e para seguir produzindo-os, devem ser desenvolvidas dentro de esforços educativos concretos.

Os modos de ser público, no entanto, variarão diante da diversidade das telas e da própria interatividade, ou seja, não serão resultados automáticos do estar como público. Além disso, variarão também segundo a diversidade das culturas e das posições específicas dos sujeitos sociais dentro delas, embora cada vez mais se encontrem semelhanças maiores devido à globalização e à mercantilização vigentes atualmente. Há diferenças culturais que são persistentes e delimitam o desenvolvimento de certas habilidades e práticas, que podem incidir de maneira negativa em uma produção cultural amplificada ou simplesmente diante das telas.

Rumo a uma conectividade ilimitada?

Martín-Barbero (2003) tem enfatizado como nesta área da convergência – em que já não se lê como antes, nem se escreve como antes, nem se vê e escuta como antes – não se conhece, nem se aprende como antes. É importante sublinhar que, em conjunto, também não se comunica como antes.

Com base numa perspectiva tradicionalista, em que o dever ser dos adultos e dos educadores (sustentado em uma lógica linear ou aristotélica, por exemplo) serve de critério para pensar, legitimar e avaliar a juventude e suas relações, a "conectividade", entendida como esse fenômeno pelo qual, sobretudo os jovens, tendem a se manter sempre conectados, não se entenderia como uma autêntica comunicação ou como uma comunicação em um sentido pleno. Também não se avaliaria devidamente o "multi tasking", que é o fenômeno pelo qual um jovem, particularmente, pode interagir simultaneamente com diversas telas e produzir coisas em e a partir delas, na medida em que suporia meras reações ao fluxo intermitente de informação.

Este ponto é importante como contra-argumento das transformações culturais que a convergência facilita, mas finalmente é insustentável, na medida em que, com base numa posição mais liberal, tanto a conectividade como o "multi tasking" seriam a nova forma ou uma forma privilegiada de "estar sendo" público com relação às telas, com os outros e com o outro na vida cotidiana. Esta seria uma nova forma de interação comunicativa. Desde essa interconectividade, então, são criados os novos significantes e se consomem, intercambiam e produzem os novos significados. Estar em rede é uma maneira de estar, mas, sobretudo, implica uma maneira de ser, distinguível de outras, com um potencial diferente a outros modos de estar e de ser ao mesmo tempo.

Ser público e, sobretudo, usuário, implica possibilidades e demandas. Não se nasce público (Orozco, 1998). Nem se é um usuário automaticamente. O público vai sendo conformado, em grande parte, devido à própria atividade, e agora interatividade com as telas. Isto supõe processos, aquisição de habilidades, desenvolvimento de "competências" e criatividade. Supõe também renúncias e explorações diversas. Renúncia a rotinas e a expectativas de outro tipo de interações e outras formas de estar e de ser público para poder aproximar-se desse novo status de usuário na produção cultural atual. Este é especialmente o caso dos que não são nativos digitais, que devem tomar uma decisão e aprender e, ao mesmo tempo, desaprender muito para levá-la a cabo.

Nos novos esforços da educação para a comunicação, então, há um campo de ação propício diante desta transição específica do estar sendo público de outras maneiras, especialmente porque essas outras maneiras envolvem critérios, motivos, fórmulas e expectativas, pelo menos questionáveis, que exigem serem problematizadas em processos de reflexão crítica, como parte de processos maiores de formação dos sujeitos usuários implicados. Contudo, ao mesmo tempo, envolvem dimensões e competências comunicativas que devem ser reforçadas.

A "condição mercantil" na convergência de telas

Cada vez mais, a cultura das telas está determinada pelo mercado (Orozco, Hernández e Huizar, 2009). Isto se manifesta não só na obsolescência permanente dos modelos, pacotes e marcas em que se concretizam as tecnologias, como também nas próprias possibilidades do registro e da produção audiovisual. Os formatos industriais dependem, cada vez mais, das determinações mercantis, acentuando-se tal dependência em certos gêneros e formatos programáticos, como o da ficção. O desenvolvimento tecnológico não avança de acordo com os descobrimentos científicos que o possibilitam, mas de acordo, principalmente, com as rentabilidades que adquirem no mercado elementos ou aspectos concretos da tecnologia (Martín-Barbero, 2008). A velha afirmação de R.Williams, de que uma tecnologia só chega a ser tal até ser rentável no mercado, está mais vigente do que nunca.

Nas telas com as quais nos comunicamos, parece que não bastaria, então, ter algo a dizer, é preciso "dizer" algo que "venda", ou que, ao ser dito, convoque, seduza. Cada vez mais, gostemos ou não, construir uma história não é suficiente, é preciso fazer algo mais, acrescentar elementos para que tenha algo ao menos de espetáculo e aí, sim, possa ser consumida por mais público; para que consiga detonar emoções e sensações. Esta é a condição mercantil que domina o intercâmbio e a produção cultural atual ao redor das telas, na maior parte do mundo ocidental.

O caso da ficção televisiva é paradigmático da globalização em tempos de mercantilização exacerbada. Se há uma década o que se comprava, vendia e exportava eram as produções televisivas completas, ou seja, exportava-se uma telenovela produzida em seu país de origem para outros países, hoje em dia, o que se exporta é somente seu roteiro, com as indicações a serem seguidas para sua (re)produção. O que a globalização permite é o "modelo de franquia", não os produtos culturais em si mesmos. Os formatos se globalizam, os temas e seus tratamentos também, mas não a mercadoria terminada. A mercadoria é refeita com as características próprias do lugar em que será vendida; é recomposta com as características culturais que estão subordinadas ao objetivo mercantil.

Isto supõe, no mercado da televisão e do cinema, inverter o sentido da produção audiovisual. A cultura tem de vender e aquela que não o faz, dificilmente se mantém na tela. Por isso, é preciso acrescentar elementos quando fizer falta reforçar o poder de venda e compra de uma mercadoria audiovisual, elementos como violência, sensacionalismo, pornografia etc. É isso que está acontecendo com as telenovelas recentes, em que a história melodramática por si mesma parece não bastar ou não motivar seu amplo consumo, por isso, com base na perspectiva mercantil de seus produtores, é preciso "embalar" o produto com diferentes recursos "extras", em uma estratégia de marketing de grandes proporções, como o que aconteceu com a produção mexicana "ao estilo Televisa" do roteiro argentino da telenovela *Rebelde* (Orozco, 2006), em que se comercializou o grupo de atores como banda musical, fez-se propaganda de muitos produtos diretamente na narração dos capítulos, as fotos dos atores principais apareceram em produtos que iam de cereais a peças de vestuário.

Tudo isso repercute em toda a produção cultural e, com certeza, na educação, especialmente naquelas ideias ou premissas que sustentam processos educativos não formais. O que se tem como resultado dos múltiplos intercâmbios entre usuários e telas, é importante sublinhá-lo, não só contém resíduos fortes de modelos ou estéticas anteriores. Existe também, e sobretudo, elementos mercantis na nova produção cultural "caseira". Há graus de espetaculosidade maiores nas imagens e gravações feitas e intercambiadas pelos jovens (Winocur, 2009). Por exemplo, imagens que surgem a partir de uma foto do rosto, e que vão sendo recompostas com cores, mutilações, acréscimos etc., até desfigurar o referente original e produzir outro muito mais impactante, tanto pelo tratamento e pelos efeitos especiais, visuais e auditivos que são acrescentados, como porque se consegue reconhecer o referente original. Isto é, não se trata de uma simples invenção, mas de algo concretizado em um sujeito real reconhecível, mas desfigurado (Cabrera, 2009).

Agrade ou não, trata-se de uma forma popular generalizada de fazer cultura a partir das telas. É preciso acrescentar que as novas estéticas das visualidades que se produzem, intercambiam e consomem nelas, além do mais, envolvem elementos lúdicos. A "ludicidade" nos produtos culturais atuais é notável e, aos olhos de muitos, faz as produções *light* ou leves, coisa que é bastante discutível (Piscitelli, 2009).

Em síntese, enquanto antes a educação para a comunicação focava nos temas próprios da recepção no processo comunicativo, e enfatizava o desenvolvimento da criticidade ou do pensamento analítico para a apropriação e percepção dos referentes midiáticos, hoje a educação terá de enfatizar também a criticidade, mas com base na produção e na emissão. E o pensamento analítico mais como pensamento prospectivo, em que a análise antecipe, mais que continue, um produto midiático. Ambos os exemplos apontam para novos desafios da educomunicação, em um mundo habitado tanto por migrantes quanto por nativos digitais (Prensky, 2001). Mas, sobretudo, a educação deverá contribuir para fomentar a criatividade e aquelas habilidades necessárias para a exploração, o diálogo, a argumentação, a produção convergente e coletiva, ética e solidária.

Bibliografia

CABRERA, José. Convergencia: tecnologías del contacto. In: AGUILAR, Miguel; NIVÓN, Eduardo; PORTAL, Maria; WINOCUR, Rosalia (coords.). *Pensar lo contemporáneo: de la cultura situada a la convergencia tecnológica*. Barcelona, Anthropos, 2009, pp. 263-276.

CASTELLS, M. *La sociedad red. La era de la información*. Madrid, Alianza, 1996, v. 1.

DORCÉ, A. Televisión e Internet: ¿convergencia intermedial con un solo sentido? In: AGUILAR, Miguel; NIVÓN, Eduardo; PORTAL, Maria; WINOCUR, Rosalia (coords.). *Pensar lo contemporáneo: de la cultura situada a la convergencia tecnológica*. Barcelona, Anthropos, 2009, pp. 297-310.

GARCIA MATILLA, A. *Una televisión para la educación. La utopia posible*. Barcelona, Gedisa, 2003.

GARDNER, H. *Frames of mind. The theory of múltiple intelligence*, Colophon Books, 2004.

GIDDENS, A. *In defense of sociology*. Cambridge, Polity Press, 1996.

GITLIN, T. *Media unlimited*. Nova York, Owl Books, 2004.

HALL, S. Encoding/Decoding. In: MORRIS, Paul; THORNTON, Sue (eds.). *Media Studies: A Reader*. Washington Square, NK, University Press, 1980, pp. 51-61.

HOECHSMANN, M.; L., BRONWEN. *Reading youth writing*. Nova York, Peter Lang, 2007.

JENSEN, K. B. Who do you think we are? A content analvsis of websites as participatory resources for politics, business and civil society. In: JENSEN, K. B. (ed.). *Interface://Cultute*. Copennhague, NORDICOM, 2005.

_____. La política de la interactividad: potencial y problemas de los sitios web como recursos de participación. In: LOZANO, J. C. (coord.). *Diálogos*. Monterrey, *Forum Internacional de las Culturas*, 2007.

LULL, James. Los placeres activos de expresar y comunicará. *Comunicar*, v. XV, época Il, n. 30, 2008.

MARTÍN-BARBERO, J. *De los medios a las mediaciones*. Barcelona, Gustavo Gili, 1987.

_____. *La educación desde la comunicación*. Buenos Aires, Norma, 2004.

_____. Pistas para entrever los medios y mediaciones. *Anthropos*, n. 219, pp. 43-48, 2008.

OROZCO, G. *La televisión entra al aula*. México, SNTE, 1998.

_____. *Televisión, audiencias y educación*. Buenos Aires, Norma, 2001.

_____. La telenovela en México: ¿de una expresión cultural a un simple producto. para la mercadotecnia? *Comunicación y Sociedad*, n. 6, pp. 11-36, 2006.

_____. Los videojuegos más allá del entretenimiento. Su dimensión socioeducativa, palestra apresentada no I Colóquio internacional e II Nacional de Pensamiento Educativo e Comunicação, 28 de setembro. Colombia, Universidad Tecnológica de Pereira, 2008.

_____; HERNÁNDEZ, F.; HUIZAR, A. México el creciente mercado de la ficción y sus estrellas. OROZCO, G; VADALLO, M. I. (coords.). *La ficción televisiva en Iheroamérica: narrativas, formatos y publicidad*. Barcelona, OETI.

PISCITELLI, Alejandro. *Nativos digitales. Dieta cognitiva, inteligencia colectiva y arquitecturas de la participación*. Buenos Aires, Santillana, 2009.

PRENSKY, M. *Digital Natives, Digital Immigrants, The Honzon*. MCB University Press, 2001, v. 9, n. 5.

SIERRA, F. *Políticas de comunicación y educación, Crítica y desarrollo de la sociedad del conocimiento*. Barcelona, Gedisa, 2005.

UNESCO. *Currículo de formación del educador en medios y alfabetización comunicativa*. Organización de las Naciones Unidas (ONU), 2007.

VILCHES, Lorenzo. *La migración digital*. Barcelona, Gedisa, 2001.

WILLIAMS, R. *Cultura. Sociología de la comunicación y del arte*. Barcelona, Paidós, 1981.

WINOCUR, Rosalía. El móvil, artefacto ritual para controlar la incertidumbre. Revista electrônica *Alambre*, n. I, 2008. Disponível em: <http://www.revistaalambre.com>.

_____. La convergencia digital como experiencia e:ristencial en la vida de los jóvenes. Disponível em: AGUILAR, Miguel; NIVÓN, Eduardo; PORTAL, Maria; WINOCUR, Rosalia (coord.). *Pensar lo contemporáneo: de la cultura situada a la convergencia tecnológica*. Barcelona, Anthropos, 2009, pp. 249-262.

14

Cidadania e formação cidadã na sociedade da informação. Uma abordagem a partir da comunicação-educação[1]

CARLOS EDUARDO VALDERRAMA*

Introdução

Salvo algumas situações particulares, podemos dizer que, no âmbito latino-americano, tradicionalmente as propostas de formação cidadã na escola têm sofrido uma espécie de reducionismo, tanto político como pedagógico. As políticas e os programas em matéria de formação cidadã e construção de cultura política nos últimos vinte anos foram orientados fundamentalmente à transmissão-aquisição de conhecimentos cívicos e ao desenvolvimento de competências básicas no âmbito moral.[2] Para o caso específico da Colômbia,[3] as propostas de democratização da instituição escolar (governo escolar) têm privilegiado mais os modelos transmissores e lógicas clientelistas do que as dinâmicas participativas e dialógicas. Como bem demonstram alguns estudos,[4] as ações desenvolvidas pelo Estado em termos de formação cidadã não reconhecem a densidade e a complexidade das condições culturais, sociais e políticas

---

[1] Algumas ideias aqui expostas foram desenvolvidas na palestra "Cidadania e educação do sujeito político na sociedade da informação", apresentada no Seminário Internacional ¿Uno solo o varios mundos posibles?, organizado em julho de 2005 pelo Instituto de Estudios Sociales Contemporáneos de la Universidad Central.

* Docente e pesquisador do Instituto de Estudios Sociales Contemporáneos (IESCO) de la Universidad Central. Bogotá, Colômbia.

[2] Para ter uma ideia a respeito, ver San Martín (2003), Reimers (2007), Gutiérrez (2009) e os relatórios dos já vários Estudios Internacionales de Educación Cívica y Ciudadana.

[3] Embora o referente central deste artigo seja a Colômbia, acreditamos que uma boa parte do que aqui se expõe pode descrever bem e ser pertinente para a grande maioria dos países latino-americanos.

[4] Cubides e Guerrero (2001), Herrera et al. (2005), Torres e Pinilla (2005), Restrepo (2006) e Mesa (2008).

das crianças e dos jovens, os contextos das instituições educativas particulares e os sentidos e projetos de comunidade e de país dos agentes educativos. Este é o caso do processo de implementação do governo escolar, que, por "ter origem em um ato de administração estatal com pretensão universalizadora, unívoca e subordinada, talvez a democracia escolar não se ajuste totalmente a uma formação cidadã de tipo progressivo, e sim a um espírito regressivo" (Cubides e Guerrero, 2001: 262). O espírito da lei educativa que ordenou sua conformação, dizem os autores citados, "poderia não questionar e sim validar princípios e procedimentos tradicionais, como a mediação da sanção como fórmula última para resolver conflitos, o controle por disciplinamento, a participação obrigatória, ou a liderança como característica da política por concorrência". Além disso, tudo se evidencia nos enfoques da avaliação da formação cidadã, fundamentados em testes para grandes quantidades de estudantes, padronizados, com perspectivas universalizadoras (basicamente desde as propostas de Kohlberg), bem como no sistema de avaliação por competências que reduz estas últimas a sua dimensão puramente operacional (Restrepo, 2006).

No âmbito da cotidianidade escolar e das dinâmicas comunicativas e pedagógicas na sala de aula, o reducionismo se materializa na primazia de pragmáticas de comunicação unidirecionais, transmissoras e verticais dos relacionamentos pedagógicos;[5] na concepção reificada do fato comunicativo, isto é, em reduzir a complexidade desse evento a uma origem sobre-humana (natural ou divina); em conceber fundamentalmente a comunicação como transmissão de informação e na redução dos meios de comunicação de massas e das novas tecnologias da informação à lógica instrumental, ou seja, considerá-los como ferramentas para atingir a eficiência e a eficácia pedagógica, educativa e comunicativa, levando em conta esta última especialmente em sua dimensão organizacional.

Por outro lado, a formação do cidadão se dá nos limites de uma instituição escolar que, de acordo com Peralta (2009), funciona dentro da dinâmica do mercado, permite práticas discriminadoras que não respeitam as diferenças e que gerencia uma cultura escolar altamente hierarquizada e temerosa da participação. E, como mencionamos antes, a formação cidadã é entendida, neste âmbito, basicamente como formação moral e como aquisição de conhecimentos cívicos por um sujeito pedagógico considerado, na maioria das vezes, como um sujeito inacabado, em

---

[5] O que Paulo Freire chamou de "educação bancária".

risco, menor, desmoralizado e passivo (Valderrama 2004, 2004a). Por sua vez, o que foi mencionado anteriormente se inscreve em uma concepção recortada de cidadania, pois esta última é entendida, por um lado, como serviço, amor e sacrifício pela pátria, pela comunidade, pelo bairro; e, por outro, nos limites da ideia tradicional, isto é, como um conjunto de direitos e deveres, colocando ênfase nos deveres, de modo especial nos que se referem ao cumprimento da norma (Valderrama, 2007).

É evidente, então, que o descrito antes não corresponde com as profundas mudanças que a sociedade está experimentando em diversos setores e, principalmente, com a reorganização da cultura política, com as novas formas de exercer a cidadania e com o lugar da informação e da comunicação na construção do tecido social. Pensamos que é preciso dar à cidadania – e, de consequência, à formação cidadã – um novo sentido, uma nova gramática (Salvat, 1996) que contemple epistemológica e politicamente o fato de que, como afirma Maria Cristina Mata (2002: 66), desde a última década do século passado, a cidadania começou a mencionar

> um modo específico de considerar os indivíduos no espaço público, caracterizado por sua capacidade de constituir-se como sujeitos de demanda e proposição em diversos âmbitos vinculados com sua experiência: desde a nacionalidade e o gênero, até as categorias trabalhistas e as afinidades culturais.

No entanto, este novo sentido não apontaria para – como propõem alguns autores e manifestos pela cidadania digital[6] – simplesmente ampliar o conjunto dos direitos e deveres dos cidadãos, tais como o direto a dispor das novas tecnologias, o dever de ser educado e de usar adequadamente as TICs, o direito à conexão com a internet, a ter um e-mail, a estabelecer redes eletrônicas, a que o Estado as utilize para criar novos empregos, ou a estar bem informado como e-consumidor (Sa Zeichen, 2008) etc. O assunto é muito mais profundo. Não só porque o horizonte atual da cidadania, em termos de direitos e deveres, nos parece estreito, como também porque o que está em jogo são as novas formas de produção do espaço público, do espaço do exercício da cidadania e, consequentemente, as novas formas de produção do sujeito político ou cidadão, no âmbito de uma sociedade da informação e do conhecimento

---

[6] Ver, por exemplo, o Manifesto do Cidadão Digital (Argentina), a e-Citizen Charter (Holanda) ou o pensamento de autores como Finquelievich (2000), Schiavo (2000) e Sa Zeichen (2008), entre outros.

em grande parte agenciado pelos poderes hegemônicos e pela própria dinâmica do mercado.

Com a finalidade de desenvolver nossas ideias, dividimos esta exposição em três partes. Na primeira, queremos esboçar um marco da relação entre a comunicação e a cidadania, necessariamente de caráter esquemático, que, porém, consideramos fundamental para estabelecer e aclarar certos pontos de partida. Em um segundo momento, focaremos algumas tensões características do exercício cidadão na sociedade da informação e do conhecimento, que pensamos ser as que hoje, em boa parte, redefinem o conceito e a prática cidadãos. Finalmente, estabeleceremos algumas ideias que podem ajudar a pensar, com base na instituição escolar, a formação do sujeito político.[7]

Dimensão comunicativa da cidadania

Para nosso propósito e de maneira deliberadamente esquemática, podemos dizer que, em geral, são quatro os componentes-chave da relação entre a comunicação e a cidadania: o diálogo, a narração, a hermenêutica, e a dimensão tecnológica e midiática.

Com efeito, desde diversas vertentes e posturas filosóficas e políticas, o diálogo é considerado um dos eixos fundamentais do exercício cidadão e da convivência em uma sociedade democrática. Adela Cortina (1955), por exemplo, afirma que nos processos de construção normativa intersubjetiva – na procura de interesses universalizáveis – supõe da parte do sujeito uma atitude dialógica que reconhece os demais como interlocutores válidos, com direito a exprimir seus interesses e a defendê-los, e, naturalmente, como alguém disposto a expressar e argumentar seu ponto de vista. Com base em outro aspecto, Touraine (1997: 286) afirma que a comunicação é fundamental para a convivência, posto que o outro é percebido e entendido "pela compreensão do que diz, pensa e sente, e pela capacidade de conversar com ele". Com base na perspectiva freireana, o diálogo não é só uma condição e uma exigência existencial, mas é também o encontro solidário de reflexão e ação dos sujeitos que pronunciam o mundo e o transformam. O diálogo, para Freire (1999: 101ss), "não pode ser reduzido a um mero ato de depositar ideias de um sujeito em outro, nem se transformar tampouco em uma simples troca de

---

[7] Com conhecimento e plena consciência de que a formação do cidadão não se limita exclusivamente à instituição escolar.

ideias consumadas por seus permutadores"; é, antes de mais nada, um ato criador, é a "conquista do mundo para a libertação dos homens", é encontro "para a tarefa comum de saber e de agir".

Na medida em que uma das perguntas fundamentais para o exercício cidadão crítico na sociedade contemporânea é como conseguir e manter a coesão política com um tecido social cada vez mais fragmentado, multicultural e diverso, de tal maneira que se superem as desigualdades e injustiças estruturais, a comunicação intercultural poderia ser a chave para compreender tanto as "convergências e divergências entre as interpretações que pessoas de culturas diferentes dão dos mesmos documentos ou dos mesmos acontecimentos" (Touraine, 1997: 288), como, a partir deste mesmo fato, construir projetos e utopias comuns na perspectiva de humanização do mundo. Argumentar e contra-argumentar mediante a análise e a compreensão do que diz o outro é uma condição ineludível para uma vida em comum.

Nesse sentido, podemos dizer que uma comunidade política é tal na medida em que os sujeitos compartilhem códigos e símbolos que lhes permitem criar as utopias necessárias para viver em comum, em que universos simbólicos compartilhados permitam tanto dinâmicas argumentativas e contra-argumentativas como intercâmbios sensíveis, empáticos, entre sujeitos individuais e coletivos. Ou seja, uma comunidade política é tal se se constitui em comunidade de comunicação (se o último não for uma redundância).

Finalmente, Bárcena (1997: 150ss) ressalta a importância das interpretações dos próprios cidadãos sobre os princípios legais, as práticas sociais e a diversidade de interesses que caracterizam as modernas sociedades. Assim, é preciso repensar a cidadania como um espaço "em que os cidadãos decodificam determinadas linguagens e práticas, um espaço de memória dotado de determinados símbolos (como a Constituição), signos (tradições de direitos), ritos (comemorações nacionais), mitos (unidade nacional) e instâncias de rememoração. Vista assim, a cidadania é um empreendimento hermenêutico, a prática de uma realidade textual e narrativa, uma forma de discurso e tradição e, por isso, de memória e rememoração crítica". Desde qualquer perspectiva, a narração é fundamental para a construção de identidades – individuais e coletivas – e, por esta via, uma peça-chave do exercício cidadão. Não somente como aquela narração excludente-inclusiva das gestas agonísticas das representações hegemônicas da construção de nação e de cidadania, pelas quais ficaram de fora da história oficial as imensas maiorias de nosso país, mas – sobretudo – como narração cotidiana, como narração da vida em comum dos fatos individuais e coletivos (passados e presentes), e como a narração do futuro (narração das utopias políticas), em que são construídas e reconstruídas as identidades e os sentidos de pertença e lealdade político-culturais. Martín-Barbero (2001:32) afirmou que:

> O novo imaginário relaciona identidade muito menos com mesmices e essências e muito mais com narrações, com relatos, para os quais a polissemia em castelhano do verbo contar é amplamente significativa. Contar é tanto narrar histórias como ser levado em conta pelo outros, o que significa que – para ser reconhecidos – precisamos contar nosso relato, pois não existe identidade sem narração, já que esta última não é só expressiva, como também constitutiva do que somos. Tanto individual como coletivamente, mas sobretudo no coletivo, muitas das possibilidades de sermos reconhecidos, levados em conta, contar nas decisões que nos afetam, dependem da veracidade e da legitimidade dos relatos em que contamos a tensão entre o que somos e o que queremos ser.

Assim, para pertencer radicalmente a uma comunidade política, é preciso saber – e poder – narrar-se.

Contudo, a relação do que é comunicativo com a cidadania não se restringe a estas três dimensões. Os processos dialógicos, a compreensão da própria cultura e das outras culturas, e a narração compartilhada, em boa parte, aparecem hoje atravessados pelas mídias tradicionais e pelas denominadas novas tecnologias da informação e da comunicação (NTICs). Estas tecnologias têm sido fatores-chave tanto nas dinâmicas da política tradicional como na configuração das novas formas de fazer política e de exercer a cidadania. A presença delas no âmbito público não se reduz – nem se tem reduzido – ao meramente instrumental, isto é, não se reduz a ser somente cenário da ação política, a ser exclusivamente portadora de opiniões individuais e coletivas ou a ser unicamente distribuidora de informação. Além de tudo isso, a mídia – nova ou antiga – é também: a) agente político; b) configuradora de novos espaços da vida pública e c) geradora de horizontes de sentido ético-político.

Dimensões estas da mídia e das NTICs que se sobrepõem e emergem no seio de várias tensões (Valderrama, 2004b): a tensão que se gera entre os meios considerados e usados como mero cenário ou instrumentos burdos da esfera pública e uma ideia muito mais complexa deles, com a qual são considerados, simultaneamente, como agentes políticos e como mediadores de matrizes simbólicas das dinâmicas políticas e do exercício do poder. Isto é, considerados e usados como cenário e como instrumentos, com os meios são construídos públicos para o espetáculo a que foi reduzida a política tradicional, e se geram e reforçam dinâmicas de exclusão política e socioeconômica e, por outro lado, dependendo das correlações de força, das fissuras, dos jogos de interesses de ordens diversas, dos espaços midiáticos – especialmente os que se geram a partir dos meios locais e das redes e comunidades virtuais –, podem-se transformar em condições e ambientes comunicativos da atuação pública e do exercício político, da visibilização de agentes, temas e processos relativamente contra-hegemônicos, ou seja, na dimensão verdadeiramente comunicativa da esfera pública.

Há também a tensão entre a construção da opinião pública e o posicionamento crítico, individual ou coletivo. Por um lado, temos a criação, pelos mídia, de certos horizontes de compreensão da esfera política, através de sua capacidade de "fabricar" informações com fins políticos[8] e gerar opinião pública com sondagens e enquetes nas quais "a sociedade civil perde sua heterogeneidade e sua espessura conflituosa para reduzir-se a uma existência estatística"[9] e, por outro, as dinâmicas de desconstrução discursiva desses mesmos horizontes de compreensão que as práticas cotidianas de movimentos, redes cidadãs e demais processos de resistência civil possibilitam.

Finalmente, a última tensão se dá entre o simulacro e a participação cidadã. Por um lado, a "participação" vazia de sentido que se propicia através das linhas telefônicas de emissoras e espaços para comentários – na maioria das vezes superficiais e sem sentido – na versão digital dos jornais, e-mails e *chats* abertos de canais televisivos etc., e, do outro, no meio dos lances dos interesses econômicos e privados, aqueles espaços de canais, emissoras ou impressos – às vezes, se não comunitários, com uma filosofia parecida – que geram certas dinâmicas de participação, reivindicação, exigência e resistência, em que se configuram algumas das novas formas de fazer política.

---

[8] O que Chomsky (2004) chama de a "fabricação do consenso" realizada pela mídia, em clara alusão às propostas de Walter Lippman sobre o papel que a mídia deve cumprir, assim como a elite política acadêmica, diante do "rebanho desconcertado" que representa a grande massa da população.
[9] Martín-Barbero (2000: 76).

Tensões do exercício cidadão na sociedade da informação

Esfera pública

Há alguns anos, John Keane (1997: 57 e ss) nos chamou a atenção para o fato de que hoje já não existe uma esfera pública nem unificada, nem atada à mídia do Estado. A mídia estatal entrou em crise na maioria dos países e foi absorvida, aliás, substituída pela mídia privada nessa função de construção do espaço comunicativo público. De acordo com esse autor, hoje não existe uma esfera pública unificada, e sim "um complexo mosaico de esferas públicas de diversos tamanhos, que se sobrepõem e interconectam e que nos obrigam a reconsiderar radicalmente nossos conceitos sobre a vida pública (...)".[10]

Por agora, só queremos ressaltar especialmente o fato de que a nova condição da comunicação global e, especialmente, a presença da internet, tem gerado uma esfera pública caracterizada por vários aspectos: global e autônoma, na qual se reconfigura a informação política e se exerce certa soberania na medida em que não obedece diretamente às regulações estatais, à existência de uma série de condições tecnossimbólicas para o surgimento de esferas públicas radicalmente mais independentes do referente territorial e nacional e ao fornecimento de informação política entre as partes mais distantes do planeta. No entanto, o mais importante a ressaltar é o fato do surgimento de uma série de interstícios da esfera público-comunicativa, desde os quais não só se podem expressar as novas formas de fazer política, como também eles mesmos se constituem em práticas políticas desinstitucionalizadas e com alto potencial contra-hegemônico.

Estes interstícios são espaços como os chamados *weblogs*, as listas de discussão, os fóruns temáticos na internet etc. Os *weblogs*, por exemplo, são lugares virtuais em que as pessoas, ainda sem nenhum conhecimento de informática, podem criar *sites* pessoais ou coletivos, nos quais podem exprimir suas opiniões, seus sentimentos, suas utopias etc. E neles encontramos desde intimidades sexuais e fantasias eróticas, até expressões artísticas ou com intenção artística, expressões humorísticas

---

[10] Com efeito, para o autor, existem três níveis de esfera pública que, embora ideais, na prática se sobrepõem: a micro, a média e a macroesfera pública.

e, certamente, opiniões, análises, propaganda, informação jornalística e debate sério – e não tão sério – de caráter político.

O que se registra, em nível mundial, é uma tendência à criação desses espaços digitais absolutamente desbordada. Uma possível explicação disso é que são espaços reais de expressão do sujeito, com grande potencialidade para estruturar-se em redes de intercâmbio, nas quais os sujeitos individuais e coletivos podem verdadeiramente narrar-se, narrar sua relação com o mundo e exprimir sua opinião, praticamente sem nenhuma censura.[11] Jornalistas independentes, imprensa independente e coletivos de comunicação, políticos de uma ampla gama de partidos, e, sobretudo, gente comum, são os criadores-usuários-gestores desses cenários em que se dilui a linha entre público e privado, e em que é criada uma série de comunidades virtuais, naturalmente, muitas delas de caráter marcadamente político.

Assim, o que aqui temos é a presença de uma esfera pública absolutamente nova, que convive conflituosamente com outras de caráter mais tradicional, gerenciadas principalmente em e por mídias de caráter privado.

Territorialidade-desterritorialidade

Uma segunda tensão das condições atuais do exercício da cidadania é aquela que resulta da dinâmica territorialidade-desterritorialidade. Em muita literatura recente sobre a cidadania, muitas vezes se encontra a afirmação sobre o fato de que o território já não é uma condição da cidadania, ou que esta última já não está atada ao primeiro. No entanto, devemos estudar este fenômeno mais detalhadamente, porque é claro que, embora os referentes espaciais (as marcas geográficas, os sentidos de fronteira, o local) dos processos socioeconômicos, políticos e culturais tenham se transformados e estejam se tornando cada vez mais interferidos e confrontados por atores transnacionais, por matrizes culturais de outra ordem e dinâmicas sociopolíticas transfronteiriças, isso não necessariamente implica, como diz Mato (2007: 38), que estes processos resultem "desespacializados" e desterritorializados, e sim reterritorializados, transterritorializados ou multilocalizados, de acordo com o caso.

---

[11] No entanto, devemos reconhecer que cada vez mais se desenvolvem estratégias de controle, tecnológico e normativo, que apontam para a defesa dos direitos de autor e para o combate ao terrorismo e à pornografia.

É nesse sentido, então, como reconhecemos que hoje o território, enquanto resultado e ao mesmo tempo referente dos processos sociais simbólicos e políticos, se transformou de maneira significativa e, consequentemente, gerou outras condições de possibilidade nos processos de construção dos sentidos de pertença, identificação individual e grupal, construção da alteridade e participação na esfera coletiva. Muitos são os fatores que contribuíram para isso: o fluxo de capitais, o mercado, as novas dinâmicas de trabalho, a crescente mediação das tecnologias da informação e da comunicação etc.

Por agora, só queremos nos deter em dois fatores que nos parecem de grande importância para o tema da cidadania: as migrações e o novo significado da comunicação internacional.

Com relação ao primeiro, o fenômeno migratório,[12] praticamente generalizado nos âmbitos internacional, nacional e subnacional,[13] traz junto vários fenômenos de tipo político: muitas das migrações geram disputas territoriais, econômicas e culturais (em nível local e municipal e, também, em nível internacional, segundo a dimensão geográfica do deslocamento) com os vizinhos previamente assentados (geralmente também marginalizados), disputas com donos de terrenos baldios, disputas com o governo municipal pelo espaço público etc. Traz consigo igualmente novos sentidos do espaço e do território: mudanças de referente espacial/temporal, mudanças de perspectiva do significado do espaço territorial original, que entram em tensão com os significados do novo território que se pretende ocupar (física e simbolicamente) e, finalmente, um redesenho do limite ou da fronteira produzido pela tensão entre o significado de uma linha imaginária ou de um acidente geográfico sustentado por imaginários, ritos, mitos, documentos legais ou pela força bruta, e uma linha virtual, uma configuração de diáspora e um fluxo de

---

[12] Seja qual for sua origem: a guerra (política, religiosa, étnica, econômica), a fome, as novas condições de trabalho (flexibilidade, preeminência do trabalho do setor de serviços etc.), a miragem de uma melhor qualidade de vida ou a indústria do turismo.

[13] Sobre a desterritorialização (reterritorialização, diríamos nós), Arjun Appadurai (2001: 64) afirma que "este termo não se aplica só a exemplos óbvios, caso das corporações transnacionais e dos mercados de capitais, mas também aos grupos étnicos, movimentos sectários e às formações políticas que cada dia mais funcionam de uma maneira que transcende as fronteiras territoriais específicas e as identidades". Segundo o relatório de 2009, do PNUD, existem 740 milhões de migrantes internos (dentro das fronteiras do mesmo país) no mundo, e 214 milhões de migrantes internacionais (destes últimos, 37% vão de países em desenvolvimento para países desenvolvidos, 60% para países da mesma categoria de desenvolvimento e os restantes 3% se movem de países desenvolvidos a países em desenvolvimento).

comunicações e intercâmbios de diversa índole com os demais migrantes e com todos aqueles que ainda não abandonaram o território original.[14]

No entanto, as dinâmicas migratórias entram em tensão com os esforços dos Estados pela manutenção das fronteiras: por uma parte, a globalização cria condições para a migração (indústria do turismo, flexibilização do trabalho, as guerras e invasões sob pretexto de combater o terrorismo, desenvolvimento das TICs e dos meios de transporte etc.), e simultaneamente ressurge um esforço por fechar e controlar as fronteiras: é o caso de todas as medidas tomadas pelos países da União Europeia para controlar a migração desde o norte da África, os Bálcãs ou a Ásia, ou as disposições federais e ações da sociedade civil implementadas com relação à fronteira mexicana e aos migrantes latinos que se dirigem aos Estados Unidos.[15]

Um segundo componente importante da transformação da ideia de território nacional, do sentido de pertença e construção de cidadania são as novas formas da chamada comunicação internacional. Hamid Mowlana (1996), a esse respeito, nos indica que houve uma mudança em considerar a comunicação internacional em sentido clássico e concebê-la como comunicação global. Ou seja, a comunicação internacional já não só se dá entre os Estados, mas agora surgiu uma série de agentes, tanto governamentais como não governamentais, que criaram campos de comunicação (tanto subestatais como supraestatais) de caráter global. Todas as cúpulas significativas globalmente (as do Meio Ambiente, o Fórum Social Mundial, a Cúpula da Cultura em Barcelona, a da Sociedade da Informação etc.) são um exemplo de que os principais agentes não são os Estados (ou não são os que possuem o protagonismo exclusivo), pois também as organizações econômicas transnacionais, as ONGs (grandes e, em algumas ocasiões, pequenas) e os líderes de novos movimentos sociais (e, inclusive, líderes comunitários) têm a possibilidade de participar ativamente. São os "tempos de globalização" que, nas palavras de Mato, (2007: 41) significam

---

[14] Pensemos, por um momento, no que tem significado para a América Latina a migração para os Estados Unidos e para a Europa em termos não só econômicos, pela remessa de dinheiro (categoria que ocupa um lugar destacado na economia de países como Equador, Colômbia e México), como também de intercâmbio cultural.

[15] Um caso patético é o dos Minuteman: trata-se de um programa de vigilância da fronteira mexicana com os EUA, estritamente vinculado e financiado por grupos anti-imigrantes e xenófobos. Fundamenta-se na conformação de grupos paramilitares, armados (pelo menos no início), que prendem e, em muitas ocasiões, literalmente caçam os imigrantes. Igualmente se pode pensar no recente conflito com a Lei de Migração do estado do Arizona.

a crescente importância cultural, econômica e política dessas inter-relações mundiais e, em particular, das práticas transnacionais de certas classes de agentes, assim como a crescente importância de formas de consciência da globalização, que vem aumentando desde o final da chamada Segunda Guerra "Mundial" e se acentuou ainda mais desde o aparente e inacabado final da chamada "Guerra Fria". Estas formas de consciência (não importa aqui se "falsas" ou "verdadeiras") informam e dão sentido às práticas de agentes significativos para a esfera social e política.

No entanto, é claro que o poder de decisão desses agentes continua sendo diferenciado e inequitativo. Por isso, o fato de o fluxo de informação potencialmente ser de caráter global não significa que a comunicação seja universal, porque os fluxos de informação são controlados e centralizados em poucas pessoas, companhias, organizações ou nações; afinal o acesso aos cenários de comunicação global são restritos, porque nem todo mundo tem as competências comunicativas para fazê-lo e, além do mais, as estruturas de diferenciação socioeconômica existentes não o permitem.

Tudo isso (migrações e reconfiguração da comunicação internacional, entre outros fatores) leva a uma reconstrução ou, pelo menos, à existência de condições de possibilidade para uma reconstrução, da parte dos cidadãos, dos espaços da vida pública (e também da vida privada) e, consequentemente, ao surgimento de novas formas de entender a soberania, o sentido de pertença, a adscrição ética e moral, em relação aos limites territoriais. Este é um dos elementos que mudaram na produção do espaço público político e na produção ou subjetivação política do cidadão.

O problema da representação política

A crise da representação política atual se caracteriza, *grosso modo*, pela deslegitimação generalizada das instituições tradicionais do exercício político. Segundo Martínez (2004), "os indicadores xque são utilizados para documentar a existência dessa crise da representação são a perda de legitimidade dos partidos políticos, a diminuição dos níveis de identificação partidária, a crescente volatilidade eleitoral e a diminuição na participação política". A ineficácia, deslegitimação e perda de poder político dos partidos e das instâncias parlamentares de representação estão relacionadas com o avanço neoliberal da empresa privada, com o fortalecimento da dimensão administrativa (embora o Estado tenda a diminuir de tamanho), do poder executivo – império administrativo como o chama Kriegel (1995) – e com o aparecimento de outras instâncias de participação cidadã e de ação política, contudo, como comentamos, próximas da esfera da cultura. Recordemos, precisamente, com relação a isso, a redefinição da relação entre a cultura e a política, no que se refere à constatação – na sociedade contemporânea – de processos de politização da cultura, isto é, assim como estabelece Escobar (1999: 135), a existência, cada vez mais significativa, de processos através dos quais a esfera cultural transforma-se em fatos políticos.

No entanto, das múltiplas possibilidades de abordagem ao problema da representação política, unicamente queremos chamar a atenção para o fato de que um dos fatores aos quais se atribui a crise da representação é o surgimento ou o lugar protagonista dos meios de comunicação nas dinâmicas políticas. Afirma-se: na medida em que a mídia permite aos partidos a emissão de mensagens diretamente ao eleitorado, acontece também um distanciamento entre os partidos e seus eleitores e, concomitantemente, os primeiros vão ter dificuldade para integrar e manter a lealdade dos segundos (Martínez, 2004). Explicação demasiado simples, porque se trata da convergência de duas crises (que bem podem ser duas dimensões do mesmo fenômeno): a do empobrecimento das propostas no terreno político das elites que tradicionalmente dirigiram os partidos políticos e se apoderaram das instâncias de decisão, e a crise da representação simbólica da esfera política.

A respeito da primeira, a esfera política em mãos das elites, foi reduzida à criação, em diversos âmbitos e instâncias institucionais, das condições de possibilidade para o avanço do projeto neoliberal, especificamente para a consolidação das redes de mercados transnacionais (especialmente financeiros). O exercício político praticamente se equipara ao exercício administrativo de garantir as condições normativas, sociais e ambientais nacionais para a implementação e o desenvolvimento de políticas financeiras e comerciais de caráter transnacional, seja através de pactos para o livre-comércio, desmontando as políticas do estado de bem-estar, ou criando um "clima político" propício – por exemplo, através de lutas contra supostos movimentos terroristas – para o investimento de capitais estrangeiros.

Com relação à segunda, isto é, com relação à crise da representação simbólica da esfera política, queremos assinalar brevemente dois aspectos da perspectiva da comunicação: a) assumindo premeditadamente um ponto de vista formal e intuitivo da comunicação, podemos dizer que a relação entre os representantes e os representados sofre um distanciamento crescente em termos de intercâmbio de informação: os representados não têm a possibilidade real de revelar profundamente seus interesses e opiniões (superando a farsa da opinião pública fabricada pela mídia através das enquetes), e a comunicação dos conteúdos programáticos (se houver) dos representantes, cada vez mais se vê reduzida a um tratamento icônico publicitário, de mercado de uma imagem que pretende representar algumas práticas e interesses coletivos, mas que não vai além de uma imagem da esfera política degradada a partir de práticas cosmetológicas; b) superando esta ideia de comunicação reduzida, podemos afirmar igualmente que a representação midiática, do que é público e do público, fica presa nas agendas temáticas que a mídia e a elite política consideram, desde seus interesses, como importantes, como dignas de serem visibilizadas, de tal maneira que, por sua vez, se silenciam e invisibilizam – ou são distorcidas, no melhor dos casos – aquelas práticas políticas que surgem à maneira de resistência contra-hegemônica. No entanto, e assim como mencionamos anteriormente, hoje existem espaços comunicativos emergentes de visibilização e confrontação política que não só nos obrigam a entender o comunicativo na política de outro modo (como conflito sociocultural permanente e não como mera transmissão de informação), e sim que nos indicam sérias possibilidades de articulação política entre os diferentes interesses culturais contra-hegemônicos.

Novas formas de organização sociopolítica

Dificilmente, podemos negar que hoje uma boa parte do tecido social e da ação dos sujeitos em diferentes âmbitos é estruturada a partir de uma organização em rede.[16] A organização do trabalho, certas dinâmicas da educação dos sujeitos e, obviamente, a ação política têm experimentado transformações significativas em termos de sua organização. A respeito do trabalho, por exemplo, uma das características de sua transformação é justamente o estabelecimento de redes, entre firmas e no interior delas (Carnoy, 2000: 56), o que provoca tensões com o modelo organizativo baseado em burocracias racionais verticais das grandes empresas estruturadas na produção em série e padronizada (Castells, 1999: 195). Esta nova lógica organizadora faz com que a dinâmica do trabalho cotidiano mude, que o trabalho individual mecânico, repetitivo, sequencial, heterônomo, isolado, não tenha espaço nessa

---

[16] Castells (1999), Held et al. (1999) e Carnoy (2000), entre outros.

nova organização e que, em troca, o sujeito se dobre funcionalmente e agregue sua criatividade – sob a premissa de uma falsa, ou pelo menos reduzida autonomia – à estrutura da produção em rede e aos ritmos do mercado. Este fato, junto com dinâmicas de flexibilização do trabalho, implica para os trabalhadores, especialmente para os do terceiro mundo e para a mão de obra semiqualificada e não qualificada, algumas relações trabalhistas marcadas paradoxalmente pelo isolamento e pela competitividade individual. Com efeito, a flexibilização do trabalho envolve uma dinâmica de isolamento e destruição de comunidade trabalhista e de comunidade política. Quando as empresas reduzem os laços com seus trabalhadores (Carnoy, 2000: 56) e quando os trabalhadores perdem o sentido de pertença (trabalham para mais de uma empresa, trabalhos temporários etc.), o trabalhador como indivíduo e o trabalhador como categoria se tornam vulneráveis e ficam à mercê dos jogos do capital e das dinâmicas da globalização econômica.

Com relação ao âmbito educativo, seguindo Rueda e Quintana (2004: 72-73), destacamos que o surgimento da internet gerou um ambiente para a transformação dos sistemas de armazenamento e acesso à informação, além de propiciar um espaço comunicativo altamente interconectado, que afeta a esfera educativa, entre muitas outras. Em particular, afirmam, "fenômenos como a desterritorialização, a destemporalização e o interjogo de sincronia e assincronia dos processos comunicativos e educativos, geram um cenário que confronta o modelo educativo tradicional". As redes de informação, e as tecnologias associadas a elas, são mais que ferramentas e se constituem em parte de um complexo "processo cultural que propicia formas organizacionais, reconfigura as instituições, as funções e as práticas do saber e do poder, que transformam e produzem categorias sociais".

No terreno político, dizíamos anteriormente que uma das características das esferas públicas virtuais é sua organização em forma de rede. Um caso ilustrativo é o dos *weblogs*, com os quais se configuram redes de diverso tema, teor e alcance. A partir deles, surgiram organizações agrupadas ao redor de um tema ou problema político, social, ambiental etc. (algumas organizações muito famosas são as que giram ao redor dos movimentos pelo *software* livre), embora também emerjam "organizações sociais" mais ou menos espontâneas possibilitadas pela base tecnológica: os *links*, através dos hipervínculos, multimídia e, claro, a possibilidade de escrever hipertextualmente criam uma espécie de redes, de páginas web com mútuas referências que se transformam em nós ou *sites* obrigatórios de pequenas ou de grandes comunidades. Vale a pena destacar que algumas destas redes são exclusivamente virtuais, mas outras são uma mistura entre o virtual e o presencial, pois muitas vezes se organizam encontros presenciais de socialização ou de ação coletiva.

Por outro lado, a organização em rede é também uma dimensão fundamental dos chamados novos movimentos sociais. Pense-se em um dos exemplos paradigmáticos como o das ações coletivas de protesto contra a globalização anticorporativa (Juris, 2008; Rodríguez e López, 2008). Embora possuam algumas características que os distinguem dos movimentos sociais clássicos (por exemplo, não têm em seu horizonte a luta de classes, sua estrutura é flexível, mais horizontal que hierárquica, mais espontâneos, mais emocionais etc.), o que queremos destacar é o lugar que neles ocupa o conceito de rede. Com efeito, a rede é uma das formas em que, tanto do ponto de vista organizativo como comunicativo, se estruturam a maioria desses movimentos. Nós locais que, ao estarem conectados e apoiados pelas TICs, adquirem dimensões regionais, nacionais e globais.[17]

Assim, portanto, parece que a tendência geral da organização da sociedade contemporânea são as redes, as quais emergem com interesses muito diversos e diferentes alcances e propósitos. As mais decididamente políticas se configuram ou como espaços de resistência radical – ou de resistência moderada – ou então como defensoras decididas do *status quo* ou de causas inequivocamente de tipo fascista.

No entanto, vale a pena ressaltar duas coisas: primeiro, que as redes eletrônicas, especialmente as de caráter comunitário, começam a constituir-se em uma esfera pública qualitativamente diferente, pois, como dizem Jara e Baumann (2001), "os cidadãos podem participar ativamente da difusão de suas opiniões, debates e questões de interesse e poderíamos dizer que se trata de opinião pública sem mediações, embora não por isso menos socialmente elaborada"; e segundo, que estas formas de organização, que também são de comunicação, convergem com as formas tradicionais de organização política, pois os partidos não desapareceram completamente. Muitas dessas redes têm que entrar forçosamente em contato com organizações de caráter político, e alguns partidos utilizam as redes comunitárias para seus propósitos proselitistas.

---

[17] Diz Castells: "Estas redes, que surgem das resistências de sociedades locais, se propõem vencer o poder das redes globais, para assim reconstruir o mundo de baixo para cima. A internet proporciona a base material que permite a mobilização desses movimentos para a construção de uma nova sociedade" (Castells, 2001: 165).

Um cidadão pode estar inscrito ou vinculado a estes dois tipos de organização de maneira simultânea. O que queremos ressaltar, finalmente, é que não são excludentes, que ambos os tipos de organização convergem, às vezes de modo conflituoso e outras nem tanto, mas sempre estando o sujeito político no meio dessa tensão.

Por uma formação do cidadão na escola[18]

Levando em conta, portanto, essas considerações em torno de certas dimensões e condições comunicativas do exercício cidadão,[19] é preciso, para concluir, que nos perguntemos também especificamente pela maneira com se poderia entender a formação cidadã no cenário da sociedade da informação e do conhecimento, desde a perspectiva da comunicação-educação que estamos desenvolvendo.

Pensamos, em primeiro lugar, que a formação cívica não pode ser esse conhecimento "de cor", cheio de datas, fatos, organogramas e até mesmo leis, parágrafos e incisos, nem pode ser reduzida à aprendizagem e desenvolvimento de habilidades para um exercício procedimental da cidadania e da democracia. Não se trata, de modo algum, desse conhecimento que periodicamente examinam os avaliadores do Estado ou os estudos de padrões internacionais. Também não falamos da formação moral em torno de códigos éticos abstratos, de aquisição progressiva e que têm falsas pretensões universalistas. Em segundo lugar, pensamos que essa formação cidadã deve ir além da tradicional formação cívica e da formação exclusivamente moral, assim como, até agora, tem sido entendida pelo Estado colombiano.

Acreditamos que se trata de um conhecimento cívico e de uma formação ética e moral que permitam compreender os processos políticos, identificar os agentes e os cenários públicos, identificar os problemas da convivência, assumir a perspectiva social na resolução dos conflitos, desenvolver a autonomia e a autorregulação por contraposição à autarquia, permitir relacionar a conjuntura política com os processos históricos, com os contextos de diversos níveis, com os marcos legais, jurídicos e institucionais e com os projetos de futuro, tanto individual

---

[18] Insistimos em que a formação do cidadão não se restringe unicamente ao âmbito escolar, só que, por razões de limitação de espaço, nossa reflexão privilegiou este âmbito.

[19] Com certeza, são muitos mais os aspectos pertencentes à cidadania que, por razões de espaço, não podemos analisar. Por exemplo, o surgimento de comunidades virtuais, o controle e a normatividade, e o exercício do poder, entre outros.

como coletivo, bem como libertar, enfim, a criatividade e a ação transformadora do entorno.

Sabemos que o conhecimento cívico e a formação ética são fundamentais para o exercício cidadão; no entanto, não são os únicos componentes da educação do sujeito político nem podem ser assumidos de maneira reduzida, assim como descrevemos no começo deste texto. Pensar a educação do cidadão no âmbito em que estamos refletindo significa pensar também em uma formação cidadã inscrita no conjunto de tensões do ambiente comunicativo e infocomunicacional da sociedade contemporânea que, conforme afirmamos, é um híbrido de formas tradicionais e de novas formas de produção do espaço público político e de produção do sujeito político. Queremos, a seguir, expor alguns eixos e sentidos dessa formação do cidadão, sem que sua ordem signifique algum grau de prioridade:

1. Se aceitarmos o pressuposto formulado por Castells (1999: 58), no sentido de que o verdadeiramente importante não é o lugar central que a informação e o conhecimento ocupam hoje na sociedade, "e sim a aplicação desse conhecimento e dessa informação a aparatos de geração de conhecimento e processamento da informação/comunicação, em um círculo de retroalimentação acumulativo entre a inovação e seus usos", isto é, se estamos de acordo que tanto a informação como a própria mente humana são a matéria-prima sobre a qual age uma série de tecnologias e que, dado o lugar que a informação ocupa no desenvolvimento da vida cotidiana das pessoas, esta cotidianidade resulta altamente condicionada pelas tecnologias da comunicação e da informação, devemos aceitar, de igual maneira, que o cidadão que se requer formar é aquele que possa não só ter acesso e consumir informação através das TICs, mas que possa e saiba processar, gerar e transformar a informação em saber significativo social e politicamente. Não se trata, então, de formar um cidadão que possua habilidades procedimentais para acessar uma informação de caráter instrumental (como fazer determinados trâmites, como encontrar uma informação política etc.), assim como são fundamentadas algumas propostas de participação cidadã em *e-goberment*, mas sim que possua as condições cognoscitivas, afetivas e comunicativas (compreensivas, narrativas e dialógicas) adequadas para constituir-se como sujeito crítico e propositivo.

2. Nessa direção, poderíamos considerar que precisamos de um cidadão que, através da obtenção de informação e da produção de saberes específicos, seja capaz de reconhecer os contextos culturais e

sociopolíticos dentro dos quais constrói sua significação e atuação política. Isto é, que saiba reconhecer, compreender e visibilizar os universos simbólicos das culturas, incluindo a própria, que dão sentido e legitimam as ações políticas concretas, situadas no tempo e no espaço, mesmo que sejam virtuais. Se não se reconhecerem, ou se reconhecerem de maneira reduzida, a densidade da comunicação e a competência interpretativa serão também reduzidas. E isso incide, com certeza, na argumentação em primeira instância, mas também na capacidade de julgamento moral e na capacidade para identificar o que permitiria a vida coletiva, como dois elementos fundamentais do exercício cidadão. Por isso afirmamos no começo que a hermenêutica é uma dimensão-chave da cidadania.

3. Foi indicado, em algumas seções anteriores, que uma das características das novas formas da política é a atuação, através da conformação de redes. Os novos movimentos sociais, as comunidades políticas virtuais, as redes de cidadãos que lutam por reivindicações muito pontuais e concretas, têm o trabalho em rede como sua principal forma organizativa e de ação política. No entanto, os processos de integração a uma rede e de conformação da mesma, a adoção de um sentido crítico de participação dentro dela, a dinâmica comunicativa (entendida como construção de sentidos diversos) dentro da rede e a capacidade desta última para a interlocução no diálogo público e em tornar efetivas as demandas e objetivos, requerem que seus integrantes saibam trabalhar em equipe. Na América Latina, encontramos ricas tradições de trabalho colaborativo de setores também tradicionalmente marginalizados, mas que hoje, em muitas das lutas anti-hegemônicas, se ressignificam e renovam criativamente. Infelizmente, apesar disso tudo e de algumas propostas pedagógicas que se fundamentam no trabalho em equipe para o desenvolvimento dos processos de aprendizagem, a escola tem privilegiado a competência individual como um dos pivôs da formação subjetiva e do desenvolvimento de habilidades tanto cognoscitivas como instrumentais.

4. A cidadania ativa não se fundamenta precisamente no cumprimento dócil e acrítico dos deveres cidadãos. O cidadão ativo é aquele que é capaz de propor alternativas à convivência, capaz de propor alternativas políticas de mudança e transformação dos ambientes que, a seu critério, permitem a desigualdade e a injustiça. Contudo, para tal, deve saber defender os produtos de sua criatividade política, argumentando e contra-argumentando no espaço público político. Não em vão, a capacidade argumentativa tem sido apontada por muitos como um

aspecto-chave do exercício cidadão, porque na participação da pessoa na esfera pública não basta somente sua presença, mas que seja uma presença apropriada, ou seja, propositiva e criativa, ao mesmo tempo em que justifique as razões e os conteúdos de sua participação. A pergunta que então surge, para a sociedade em geral e para a instituição educativa em particular, é se realmente estamos formando – no dia a dia da sala de aula, do pátio de recreio ou das avenidas e dos parques, para o caso da chamada cidade educadora – cidadãos capazes de dialogar e argumentar sem desqualificar o adversário, sem eliminar simbólica ou fisicamente o opositor político.

5. Outro aspecto está relacionado, certamente, com os meios de comunicação e as novas tecnologias da informação e da comunicação. Desde a perspectiva com a qual estamos trabalhando, é evidente que, para formar cidadãos com competência comunicativa e tecnológica, não basta introduzir por introduzir nem os meios, nem as novas tecnologias, nem as linguagens audiovisuais ou hipertextuais na educação em geral, nem na educação política em particular. Isto é, não se trata de uma incorporação mecânica e instrumental nos processos pedagógicos formais ou não formais da educação do sujeito político. Precisamente, Rueda e Quintana (2004: 66) afirmam, para o caso colombiano, que o que hoje se faz em muitas das instituições educativas em matéria de educação em tecnologia "caracteriza-se por ser um apêndice das aulas de ciências ou o treinamento em algumas disciplinas técnicas, incluindo as aulas de informática, entre outras, nas quais se privilegia, justamente, a ênfase instrumental e se equipara a tecnologia com a expressão prática da ciência ou com a posse de computadores de última geração". Ao contrário, a ideia é que, através da educação política, possamos ter cidadãos capazes de exprimir no contexto tecnológico da sociedade atual as múltiplas formas de ser sujeitos políticos. Que possam expressar a maneira, ou maneiras, de como veem o mundo, seu mundo. Que possam ter outros recursos, outros sistemas de expressão, outras linguagens diferentes, além da escrita e da verbalização, e que possam combiná-las. Além disso, os cidadãos devem compreender os limites da mídia (nova ou antiga) como mediadora da sociedade e como geradora de horizontes de sentido ético político. Os cidadãos da sociedade da informação e da comunicação devem ser capazes de reconhecer a mídia como um agente político e como configuradora de espaços públicos, e ao mesmo tempo devem reconhecer e tirar proveito do potencial que representam,

enquanto esfera pública, os cenários virtuais de comunicação propiciados pelas tecnologias da comunicação e da informação.

6. Finalmente, cremos que é de vital importância para o exercício cidadão reconhecer a relação que estabelecemos, seja individual ou coletivamente, com o ambiente, com o contexto dentro do qual nos movemos. Como mostramos em páginas anteriores, os sentidos do espaço e da territorialidade na sociedade atual se tornaram complexos, e, nessa medida, o exercício cidadão se move simultaneamente em escalas que oscilam entre a esfera global, a regional e a local. Talvez, a formação dos sujeitos na adoção de uma postura reflexiva não só permita pensar em abstrato sobre os códigos cognoscitivos, éticos e políticos que regem sua ação política, mas especialmente sobre os processos de reterritorialização e transterritorialização que precisamente permitem a construção desses códigos e a constituição de suas subjetividades. Se é, então, evidente que o cidadão deve reconhecer-se a si mesmo, política e culturalmente, como membro de diversas categorias inscritas em contextos particulares de diversa ordem e nível, é preciso também que se reconheça como adscrito a diversas comunidades de sentido, o que quer dizer, por sua vez, que como sujeito é capaz de comunicar-se com outros membros dessas coletividades através de certas competências comunicativas historicamente situadas, que é capaz de discernir com os outros um futuro, que é capaz de administrar dialogicamente com os outros um projeto coletivo, sabendo discernir seu lugar em contextos de caráter global, os quais abrangem problemáticas vinculadas às cidadanias universais, e também em contextos de problemáticas inscritas em territorialidades locais relacionadas com sua vida pública e privada.

Bibliografia

APPADURAJ, A. *La modernidad desbordada. Dimensiones culturales de la globalización*. Buenos Aires, Trilce, 2001.

BÁRCENA, F. *El oficio de la ciudadanía. Introducción a la educación política*. Barcelona, Paidós, 1997.

BAUMANN, P.; JARA, A. E-goberment y redes electrónicas comunitarias. Entre la mercantilización y la politización de las relaciones sociales. In: FINQUELIEVICH, S.; BAUMANN, P.; JARA, A. Nuevos paradigmas de participación ciudadana a través de las tecnologías de información y comunicación. *Documentos de Trabajo*, n. 23 (2001). Buenos Aires, Instituto de Investigaciones Gino Germani/Universidad de Buenos Aires.

BERGER, P.; LUCKMANN, T. *La construcción social de la realidad*. Buenos Aires, Amorrortu, 1968.

CASTELLS, M. *La era de la información. Economia, sociedad y cultura. La sociedad red*. México, Siglo XXI, 1999, v. I.

_____. *La galaxia Internet*. Barcelona, Plaza y Janés, 2001.

CHOMSKV, N. El control de los medios de comunicación, Razón y Palabra, Disponível em: <http://www.razonypalabra. org. mx/publicado/chomsky. html> Acesso em: jun. 2010.

CORTINA, A. La educación del hombre y del ciudadano. *Revista Iberoamericana de Educación*, n. 7 (1995). Versão eletrônica em: <http://www.campus-oei.org/oeivirt rieO7aO2.htm>.

CUBIDES, H.; GUERRERO, P. Dilemas de la formación ciudadana escolar desde el ejercicio del gobierno escolar. In: HERRERA, Martha; DÍAZ, Carlos. *Educación y cultura política. Una mirada multidisciplinaria*. Bogotá, Plaza y Janés/Universidad Pedagógica Nacional, 2001, pp. 261-279.

ESCOBAR, A. *El final del salvaje. Naturaleza, cultura y política en la antropología contemporânea*. Bogotá, Instituto Colombiano de Antropología--Cerec, 1999.

FINQUELIEVICH, S. Derechos ciudadanos en la era de Internet: una propuesta tentativa. *Sala de Prensa* (2000), web para profesionales de la comunicación iberoamericanos, año III, v. 2, nov. Disponível em: <http://www.quadernsdigitals.net/datos_web/hemeroteca/r_ I inr_8/a_5752/5752.html>. Consulta em: jun. 2010.

FREIRE, P. *Pedagogía del oprimido*. México, Siglo XXI, 1999.

GUTIÉRREZ, Alberto. Educación y formación ciudadana. Reflexiones para el debate latinoamericano. *Uni-pluri/versidad*, Universidad de Antioquia, v. 9, n. 3 (2009). Versão digital em: <http://aprendeenlinea.udea.edu.co/revistas /i ndex.p hp/un ip /article/viewA rtic I e 52 89>.

HERRERA, M. C. et al. *La construcción de cultura política en Colombia: proyectos hegemónicos y resistencias culturales*. Bogotá, Universidad Pedagógica Nacional, 2005.

JURIS, J. Performing politics. Image, embodiment, and affective solidarity during anti-corporate globalization protests. *Ethnography*, v. 9 (2008), pp. 61-97. Versão eletrônica em: <http://eth.sagepub.com/cgi/content/short/9/l/61>.

KEANE, J. Transformaciones estructurales de la esfera pública. *Revista de Estudios Sociológicos*, México, v. XV, n. 43 (jan.-abr. 1997).

KRIEGEL, B. Democracia y representación. *Revista de Ocadente*, n. 67 (1995), pp. 37-56.

MARTÍN-BARBERO, J. Transformaciones comunicativas y tecnológicas de lo público. Palestra no V Encuentro Iberoamericano del Tercer Sector, sobre Una pregunta desde la sociedad civil. Bogotá, 2000.

_____. Colombia: entre la retórica política y el silencio de los guerreros. Políticas culturales de nación en tiempos de globalización. *Número*, n. 31 (2001), pp. 28-37.

MARTÍNEZ, Maria Antonia. La representación política y la calidad de la democracia. *Revista mexicana de sociología*, México, ano 66, n. 4 (out.--dez. 2004), pp. 661-710. Disponível em: <http://www.ejournal.unam.mx/rms/2004-4/RMS04403.pdf>.

MATA, María Cristina. Comunicación, ciudadanía y poder. Pistas para pensar su articulación. *Diálogos de la Comunicación*, n. 64 (nov. 2002), pp. 64-76.

MATO, Daniel. Importancia de los referentes territoriales en los procesos transnacionales. Una critica de la idea de "desterritorialización" basada en estudios de casos. *Estudios de Sociologia*, Araraquara, v. 12, n. 23 (2007), pp. 35-63.

MESA, A. La formación ciudadana en Colombia. *Uni-pluri/versidad*, Medellin, v. 8, n. 3 (2008), suplemento.

MOWLANA, H. Shapes of the future: International Communication in che 21st Century. In: MOWLANA, H. *Global Communications In Transition : The end of diversity*. Londres, Sage,1996, pp. 193-214.

RODRIGUEZ, I.; LÓPEZ, D. Activismo y tecnología: la política en red. *Metrópolis. Revista de pensamiento urbano*, Barcelona, 2008. Disponível em: <http://www.barcelonametropolis.cat/es/page.asp?id=21¿$~ui=37#>. Consulta em: jun. 2010.

PERALTA, B., La formación ciudadana en el sistema educativo de Colombia: ¿una mirada reactiva o transformadora? *Eleutheria*, v. 3 (enero-diciembre 2009), pp. 165-178.

PNUD. *Informe sobre desarrollo humano. Superando barreras Movilidad y desarrollo humanos* (2009). Nova York. Versão eletrônica em: <http://hdr.undp.org/en/media/HDR_2009_ES_Complete.pdf>.

REIMERS, F. Educación para la ciudadanía democrática en Aménca Latina, 2007. Disponível em: <http://www.oei.es/noticias/spip.php?articlel363>. Consulta em: maio 2010.

RESTREPO, Juan. Estándares básicos en competencias ciudadanas: una aproximación al problema de la formación ciudadana en Colombia. Bogotá, *Papel Político*, v. 11, n. 1 (jan.-jun. 2006), pp. 137.175.

RUEDA, R.; QUINTANA, A. *Ellos vienen con el chip incorporado. Aproximación a la cultura informática escolar*. Bogotá, IDEP-Universidad Distriral Francisco José de Caldas-Universidad Central, 2004.

SA ZEICHEN, G. El derecho del consumidor y del ciudadano a la información: construyendo ciudadania digital a partir del derecho a la información. Palestra apresentada no XIII Congresso Internacional do CLAD sobre Reforma do Estado e da Administração Pública. Buenos Aires, Argentina, 4-7 de nov. 2008. Disponível em: <http://www mp.gov.br/hotsites/ seges/ clad/documentos/sazeiche.pdf>. Consulta em: maio 2010.

SALVAR, Pablo. Una nueva gramática ciudadana. *Tahlero*, Bogotá, n. 52 (1996).

SAN MARTIN, V. Educación y ciudadanía en América Latina: sugerencias para el análisis y comprensión. *Revista de Educación* (2003), Madrid, Ministerio de Educación, Cultura y Deporte.

SCHIAVO, E. Los ciudadanos de la sociedad de la información: entre los "señores del aire" y el pueblo natal, em Finquelievich, S. *¡Ciudadanos a la red! Los vínculos sociales en el ciberespacio*. Buenos Aires, Ciccus-La Crujia, 2000, pp. 58-70.

TORRES, J.; PINILLA, A. Las vías de la educación ciudadana en Colombia. *Folios*, Bogotá, n. 21 (primeiro semestre 2005), pp. 47-64.

TOURAINE, A. *¿Podremos vivir juntos iguales y diferentes?* Buenos Aires, Fondo de Cultura Económica, 1997.

VALDERRAMA, C. E. Ciudadania: saberes y opiniones de actores escolares. *Educació i Cultura*, Palma de Mallorca, n. 17 (2004), pp. 57-68.

_____. Densidad comunicativa y formación ciudadana en la escuela. *Virtual Nodos*, Universidad de La Plata, n. 3 (junio 2004a). Disponível em: <http://perio.unlp.edu. ar/nodos/>. Acesso em: jun. 2010.

_____. Medios de comunicación v globalización: tensiones de la política, las identidades y la educación. *Nómadas*, Bogotá, n. 21 (20046), pp. 12-22.

_____. *Ciudadanía y comunicación. Saberes, opiniones y haceres escolares*. Bogotá, Siglo del Hombre Universidad Central, 2007.

Webgrafia

http://www.bitacoras.com/

http ://www . blogscolombia. co m/

http ://vrww.minutemanhq. com/hq/

http://vrww.indymedia.org

http ://colombia.indymedia.org/

15

Educomunicação e cultura digital

Roberto Aparici e Sara Osuna*

Introdução

O professor canadense Jean Cloutier, na década de 1970, antecipou a possibilidade de que os usuários sejam emissores e produtores no uso dos meios de comunicação. A web, sobretudo com a 2.0, evidenciou que o uso das tecnologias podem reforçar os modelos transmissores no ensino e na comunicação. As mudanças tecnológicas produzidas nos últimos vinte anos exigem novas abordagens metodológicas, pedagógicas e comunicativas na educação, que vão além do uso de uma ferramenta.

O que aprendemos em todos estes anos? As instituições educativas adotaram, em linhas gerais, uma prática tecnicista ao incorporar o computador à sala de aula. Foi usado como uma ferramenta sem se considerar, ao mesmo tempo, que era uma tecnologia da comunicação, e que exigia ser analisado, também, como objeto de estudo e de construção do conhecimento, como o foram – em outras fases do desenvolvimento da educomunicação – o cinema, os gibis, o rádio, a imprensa ou a televisão.

J. Burgess e G. Green (2009: 169) afirmam, com razão, que a "infraestrutura em TIC que vem sendo desenvolvida desde a década de 1990 para a conectividade no mundo empresarial, cidadã etc., não é a adequada para investimentos destinados ao campo da educação, seja ela pública ou privada, que promovam o domínio criativo sobre seu uso".

A informática removeu, de alguma maneira, as práticas de educomunicação das salas de aula, que, desde meados da década de 1990 até o final da primeira década deste século, foram assumidas em muitas ocasiões por associações, ONGs, grupos de educação informal etc.

As mudanças tecnológicas que aconteceram nos últimos anos tornam obsoletas a concepção de aulas de informáticas e, também, as

---

* Roberto Aparici e Sara Osuna são professores da UNED e dirigem o programa modular "Tecnologias digitais e sociedade do conhecimento".

práticas educomunicativas focadas no estudo isolado dos meios de comunicação que se realizavam no século passado. Nessa fase de desenvolvimento da educomunicação, o contexto é o da cultura digital e móvel, caracterizada, sobretudo, pela convergência de tecnologias e linguagens, interatividade, participação e redes sociais. As tecnologias da comunicação digital vão conviver com as analógicas durante bastante tempo, mas o futuro será digital, para além da web 1.0, web 2.0, web 3.0 etc.

Os muros digitais da internet

As enormes possibilidades de acesso à informação também podem construir muros entre as pessoas e o mundo dos significados e do conhecimento, se a cidadania não tiver as competências necessárias para acessar as fontes de informação, de modo crítico, e ser ao mesmo tempo criadora de conteúdos virtuais. Apesar das enormes possibilidades que os jovens têm na internet, muitos deles podem ficar excluídos se não se adaptarem ao ritmo de mudanças e adaptações constantes que caracterizam as tecnologias digitais colaborativas. A brecha digital não é só não ter acesso à rede, mas também não conseguir se adaptar às modalidades participativas que vão sendo desenhadas dinamicamente em sua arquitetura.

Assim como o analfabetismo na lectoescrita excluiu muitos indivíduos da sociedade industrial, o analfabetismo digital excluirá muitas pessoas que não responderem aos cânones que estão sendo elaborados ao redor da sociedade da informação. Os modelos de alfabetização dos séculos XIX e XX foram desenhados para integrar os indivíduos no contexto da sociedade industrial. No século XXI, é preciso revisar o conceito de alfabetização em si mesmo, de maneira holística, mais que pensar em novas alfabetizações. Devemos nos perguntar o que significa estar alfabetizado no contexto da cultura digital.

É importante destacar a observação feita por Hartley ao referir-se à alfabetização digital. Diz que, apesar dos esforços democratizantes de universalizar o ensino, a cultura da alfabetização impressa determinou uma divisão real do trabalho entre aqueles que usam a impressão como meio de comunicação autônoma e aqueles que a usam para consumo pessoal, e explicita que

> a maioria das pessoas pode ler um texto escrito, mas são poucos os que podem publicá-lo. A contribuição ativa para diferentes áreas do conhecimento e do entretenimento tende a restringir-se a elites especializadas porque tem de

contentar-se com os usos limitados e comercializados da "alfabetização", que geram uma divisão entre os que vão ler, escrever e publicar e aqueles que só vão ler. A internet não faz distinção entre alfabetização e publicação, então, como é possível imaginar uma alfabetização que alcança toda a população, na qual todos tenham a possibilidade de contribuir como consumidores e produtores de informação? (apud Burgess e Green, 2009: 171).

Assim como Harthey chama a atenção para um dos mitos criados sobre a web 2.0, é importante destacar as palavras de Wilhelm em *Digital Nation* (2004), que considera o analfabetismo digital como um novo formato de discriminação que pode ser letal em grupos sociais marginalizados; nesse sentido, Silva (2005) também associa analfabetismo digital à "infoexclusão".

Uma das grandes façanhas da web atual é a facilidade com que os indivíduos podem acessar qualquer tipo de informação e compartilhá-la. Por outro lado, produz-se o fenômeno da desinformação por supersaturação informativa, aspecto que se conforma como elemento-chave para uma correta alfabetização digital, já que supõe um muro digital que deve ser superado para a construção coletiva do conhecimento.

Os ambientes virtuais devem conformar-se e constituir-se em espaços que não estejam pensados para sua impressão em papel, e sim para serem trabalhados desde a internet, implicando principalmente o trabalho em equipe dos indivíduos conectados. A participação na internet se afasta muito da cultura livresca, associando seus elementos (textos, imagens e sons) de forma distinta de como se realiza nos meios impressos que têm um significado linear, fixo e imutável.

A aula fora da aula

Fora da instituição educativa, os jovens vivem à margem da letra impressa. Manuel Área afirma que um dos grupos da população

(...) mais afetados diretamente pela onipresença tecnológica são as crianças, adolescentes e jovens. Esta geração é a mais genuína representante das novas formas de comportamento cultural e social da sociedade contemporânea, baseadas no uso habitual de distintas tecnologias digitais (...) Para a infância e juventude do tempo atual, as tecnologias da informação e comunicação não somente se transformaram em objetos normais de sua paisagem vital e experiência cotidiana, como também em sinais de identidade geracional que os distingue do mundo dos adultos (Área, 2005: 157-158).

Uma boa parte da desmotivação nas salas de aula provém da desconexão existente entre o que os jovens fazem dentro dos muros do centro educativo e o que fazem fora deles. Uma enquete realizada em escolas de Madri nos informa que um grupo de entrevistados afirma enfadar-se nas aulas e que estas não se revelam úteis para sua vida social; muitos deles só aspiram a obter o diploma necessário para entrar no mundo do trabalho. Em geral, os adolescentes consideram que sua vida na escola é muito pouco gratificante, mas que devem frequentar as aulas porque a "legislação assim o impõe e suas famílias assim o exigem".

Fora das aulas, observamos três fatos importantes:

1. No ambiente digital que a internet proporciona, os jovens fazem parte de um "intelecto coletivo", com muitos outros indivíduos que se conectam também à rede. Fazem parte de uma cidadania global com a qual interagem através da contribuição de seus conhecimentos, ideias, conversações, capacidade de aprender e ensinar etc. A soma de inteligências compartilhadas cria uma espécie de cérebro comum, que Lévy já antecipou quando afirma que "a web do futuro expressará a inteligência coletiva de uma humanidade globalizada e interconectada através do ciberespaço" (Lévy, 2003).

2. Nos cenários virtuais, e sem uma organização social explícita, os jovens agem coletivamente através de redes sociais e comunidades virtuais, construindo coletivamente seu conhecimento. A interatividade dos indivíduos no espaço digital vai criar um saber coletivo, que os transformará em multidões inteligentes, termo criado por Howard Rheingold (2004). Para este autor, "a internet é o exemplo de bem público artificial com melhores resultados nos últimos tempos. Os microprocessadores e as redes de telecomunicações são somente a parte física da fórmula que explica o sucesso da internet; em sua arquitetura básica se incluem também contratos sociais cooperativos. A internet não é só o resultado final, e sim a infraestrutura que facilita novos modos de organizar a ação coletiva através das tecnologias da comunicação" (Rheingold, 2004:74). Graças à internet, a cidadania pode colaborar nos âmbitos local, regional, nacional, internacional e planetário, de uma forma nunca antes possível. Da mesma maneira, e reafirmando a ideia de Rheingold, James Surowiecki (2004) incide na formação de um saber coletivo que supera o dos especialistas convencionais.

3. A arquitetura de participação no ciberespaço, enunciada por Tim O'Reilly (2005), proporciona aos jovens um dos elementos mais importantes para sua expressão virtual. Isto quer dizer que a estrutura reticular

da web atual se constrói em torno de indivíduos e não de tecnologias que conformam o ciberespaço. Tim Berners-Lee define o termo intercriatividade no ciberespaço como a capacidade dos indivíduos de expressar e criar suas ideias, conhecimentos etc., de uma forma original e inédita, através dos ambientes digitais e gerando conhecimento coletivo. Nesse sentido, Casacuberta afirma que "o centro da cultura está deixando de ser o autor, o artista, para passar a ser o espectador. As obras culturais da cultura digital já não se constroem de forma individual, solipsista, e sim de forma coletiva, organizada" (Casacuberta, 2003: 60).

Para Tim O'Reilly (2005), uma das maiores qualidades da web atual é a provisão de muitos instrumentos tecnológicos facilitadores da colaboração e das relações sociais dos usuários da rede, eliminando as barreiras do espaço e do tempo analógicos. Esta nova arquitetura de participação promove nos jovens uma nova gestão do conhecimento, mais democrática.

Educomunicação digital

No final da década de 1980, a Association for Media Literacy de Toronto definiu os seguintes conceitos básicos para o estudante da educomunicação:

1. Todos os meios de comunicação são construções.

2. Os meios constroem a realidade.

3. O público negocia significados em seu relacionamento com os meios.

4. Todos os meios têm implicações comerciais ou econômicas.

5. Todos os meios transmitem valores e ideologia em suas mensagens.

6. Os meios de comunicação têm implicações sociais e políticas.

7. Forma e conteúdo estão estritamente relacionados nos meios de comunicação.

8. Cada meio tem uma linguagem e uma estética específica.

Alguns destes conceitos essenciais ainda continuam vigentes, mas outros mudaram completamente, por exemplo:

• Os meios de comunicação não só realizam construções e representações da realidade, como também as interpretam.

- As audiências agora são públicos que também podem se transformar em meios de comunicação através de seus *blogs*, YouTube etc.
- A convergência tecnológica e a integração de linguagens criaram formas híbridas de produção.

Também nesta segunda década do século XXI é preciso introduzir conceitos novos vinculados a estes novos paradigmas:

- A concentração e a globalização implicam uma homogeneização da informação e o controle do público nos meios analógicos e digitais.
- O público da rede se organiza solidariamente como comunidade inteligente.
- A convergência de tecnologias e a integração de linguagens requerem novos procedimentos de produção, análises e interpretação.
- A narrativa digital está baseada em estruturas de relatos abertos. Existe uma hibridação de gêneros e formatos em que uns se sobrepõem a outros.
- O tratamento étnico e de gênero permite a autorrepresentação em massa e a visibilidade do "outro" na web.
- A interação social começa a ser predominantemente virtual.
- As tecnologias digitais favorecem os que têm acesso e participação nos meios e excluem os demais.

Além destes conceitos essenciais, Jordi Torrent considera imprescindível, nesta nova década, desenvolver um pensamento crítico diante das mensagens dos meios de comunicação de massas: "Ajudar a esclarecer que a visão do mundo que interiorizamos como verdadeira é, em boa medida, o resultado das mensagens midiáticas que absorvemos diariamente (do jornal à internet, do *outdoor* publicitário ao videogame)".

O contexto digital que estamos vivendo é, ainda, muito primitivo. Se o comparássemos com o cinema, diríamos que estamos nos inícios da construção de sua linguagem e de sua gramática. A televisão, em suas origens, era o rádio com imagens, ou seja, bustos que falavam. A invenção do vídeo abriu múltiplas possibilidades à linguagem televisiva. Os videogames incorporaram as técnicas da linguagem audiovisual, ao mesmo tempo que acrescentaram elementos-chave como a imersão e a interatividade.

No caso da web, devemos dizer que ainda não temos uma linguagem, gramática e narrativas específicas para este meio. Com a web está acontecendo o que fizeram outros meios: basear-se em linguagens midiáticas anteriores e, neste caso, ainda continua sendo um meio, desproporcionalmente gutenberguiano. Alves (2010) reclama atenção sobre este período de transição informacional que estamos vivendo, em que os jornais, por exemplo, replicam a lógica do papel e a linguagem da internet ainda está por ser criada. Nesse sentido, afirma que

> a linguagem da internet ainda está por ser descoberta; ou está por juntar tudo o que foi descoberto. Mas não são os jornalistas os que vão descobrir a linguagem da internet, são os usuários. No sistema midiacêntrico do passado, as descobertas eram feitas pela mídia, que criava produtos e os provava para ver se funcionavam ou não. Agora é a rede que tem o poder da inovação. As empresas de comunicação estão seguindo as pessoas, não o contrário. O que é criado nas redes sociais, a produção dos amadores, os *blogs*, determinam o que está por vir. A principal diferença entre o Google e a mídia convencional é que o Google trabalha a partir da perspectiva do usuário; e as empresas de meios de comunicação trabalham desde a perspectiva dos produtos.

O contexto digital permite pensar em estruturas não lineares, em múltiplas telas, em participação e interação nos conteúdos. Além de questões específicas de narrativa, de convergência tecnológica e integração de linguagens, devemos pensar em dimensões éticas sobre as formas de censura que serão levadas a cabo e nos sistemas de vigilância e de controle que serão lançados diante de situações críticas ou conflituosas, vinculadas com a educomunicação...

Desde a segunda metade do século XX, estamos vivendo grandes transformações tecnológicas e cognitivas que estão afetando todos os setores sociais, econômicos e políticos. Ainda não se sabe como agir neste novo e, ainda primitivo, ecossistema digital. O motor que impulsiona a "nova economia" não são os combustíveis ou a eletricidade, e sim a informação. A respeito, Alves (2010) declara:

> Na era industrial não é que não houvesse informação, mas ela estava muito centralizada. (Nas últimas décadas) houve um dilúvio digital muito forte que está inundando e criando um caos, desorganizando tudo, mas também criando a base biológica do novo ecossistema, em que estão nascendo enormes quantidades de novos organismos. Estamos passando dos meios de massas às massas dos meios. Passamos do sistema midiacêntrico ao eucêntrico, em que o indivíduo se transforma em um micro-organismo ao ter o poder de comunicar-se, de intercambiar informação, de redistribuir, de misturar coisas, de fazer seus próprios vídeos e postá-los na rede, para que sejam vistos por milhares de pessoas.

No ensino há sérias resistências para o acesso e a formação das capacidades que a sociedade digital exige. O sistema educativo – especialmente no primário e secundário – proíbe nas escolas o acesso a ambientes virtuais que não tenham sido controlados rigidamente ou, previamente, censurados. Muitos autores, entre os quais se destacam Hartley, J. Burgess e G. Green (2009: 169) denunciam que "os garotos e garotas aprendem que a prioridade principal do ensino não é alfabetizá-los no campo digital, mas sim protegê-los de conteúdos inapropriados, assim como dos depredadores digitais".

As velhas e novas formas de abordar a educomunicação convivem em um contexto social cada vez mais digital e com um sistema educacional em crise. Como resposta a esta situação, a educomunicação digital deve tender, em primeiro lugar, à formação de hiperleitores que, segundo Burbules (2008: 141), "é ler para além das intenções do criador, e não ficar nos limites destas intenções" e, também, deve promover novas relações de participação e criação na rede:

> Assim como quem produz textos em outros campos (poéticos, teatrais, políticos...) são os melhores críticos de seus colegas porque conhecem as convenções, armadilhas e recursos provocados por determinados efeitos em um certo público, os hiperleitores (quer desenhem e elaborem material para a internet, ou não) deveriam conhecer quais as consequências da seleção do material, da criação de *links*, da organização de um grupo de páginas separadas em um *website* com muitos *links* etc. (Burbules, 2008: 150).

A alfabetização digital requer não só competências para este ambiente, como também uma série de capacidades que envolva todas as linguagens utilizadas na múltiplas telas. Sem sermos exaustivos, as competências mínimas exigidas são:

• Capacidade de ler e analisar conteúdos *on-line*.
• Capacidade para orientar-se entre muita informação hipervinculada até o infinito.
• Capacidade para analisar e conformar um sentido à informação, em função da escolha de um itinerário de navegação.
• Capacidade de realizar uma pesquisa com critério definido.
• Capacidade de interpretar e dar sentido à informação multimídia que integra texto escrito, imagens e sons.
• Capacidade de criar e analisar conteúdos multimídia.

- Capacidade de analisar as formas narrativas oferecidas pelas tecnologias digitais.
- Capacidade para compreender as implicações da convergência de tecnologias e linguagens.
- Capacidade de analisar as técnicas de imersão.
- Capacidade de descobrir a arquitetura da informação e as possibilidades de participação dos interagentes.
- Capacidade de compreender e de analisar o sentido da participação na web e na telefonia móvel.
- Capacidade de analisar identidades de pessoas, lugares e plataformas.
- Capacidade de distinguir a informação importante da supérflua.
- Capacidade para localizar a origem e o desenvolvimento da informação, em função das distintas interpretações que tenha sofrido.
- Capacidade de avaliar a confiabilidade e a qualidade da informação.
- Capacidade para detectar os interesses implícitos e as intenções ocultas de quem elaborou a informação.
- Capacidade de descobrir quem está representado e quem não, no que se refere à informação.
- Capacidade para analisar as redes e comunidades virtuais.
- Capacidade para analisar o modelo comunicativo e pedagógico dos ambientes virtuais.

Educação para toda a vida

A partir da década de 1970, teve início um processo de análise e produção de meios de comunicação em ambientes educativos e foram estabelecidos normas e estilos que continuam sendo reproduzidos. Nestes momentos, é preciso uma reflexão crítica sobre os meios digitais e nada deve ser interpretado como definitivo, assim como se acreditou na anterior onda midiática. Tudo é produto de uma transformação contínua e por isso é imprescindível uma nova perspectiva e um novo tratamento dentro dos contextos educativos, comunicativos e tecnológicos, na hora de abordar a educomunicação. Atualmente, os meios em estudo não são só os analógicos, como também os videogames, os celulares, as redes sociais, as produções do YouTube, sem perder de vista que todos estes são meios em transição e transformação.

A paisagem midiática é um ambiente caracterizado por múltiplas telas, onde convergem meios e linguagens e, também, antigas e novas tecnologias. Estas questões estão associadas à ideia de uma mudança constante e exige que os indivíduos se transformem em estudantes durante toda sua vida, para utilizar de modo efetivo os diferentes sistemas de representação e comunicação do conhecimento.

A "educação para toda a vida" implica um conceito de formação como um processo inacabado e contínuo, em que a construção do conhecimento é uma versão beta permanente. Nesse sentido, a formação não se limita somente a crianças e jovens, como também implica toda a cidadania.

O conhecimento não é eterno, fechado e imóvel, mas sim passageiro, aberto e mutável. O conhecimento é sempre um processo em transformação contínua, em que a incerteza e a complexidade são duas de suas características principais.

Os princípios que devem reger a educação para além do 2.0 têm de partir da predisposição ou motivação dos sujeitos para aprender, todos com todos, com uma atitude aberta durante toda sua existência. Para Ramón Ignacio Correa (2001), isto exige uma reinterpretação crítica e reflexiva da realidade proporcionada pelas tecnologias da informação e da comunicação, além de um uso das TICs que seja inteligente e libertador.

Bibliografia

APARICI, R. (coord.). *Conectados en el ciberespacio*. Madrid, UNED, 2010.

_____. *La construcción de la realidad en los medios de comunicación*. Madrid, UNED.

_____. GARCIA MATILLA, A.; FERNÁNDEZ, J.; OSUNA, S. *La imagen. Análisis y representación de la realidad*. Barcelona, Gedisa, 2009.

ÁREA, M. *La educación en el laberinto tecnológico. De la escritura a las máquinas digitales*. Barcelona, Octaedro, 2009.

AUBERT, A.; FLECHA, A.; GARCÍA, C.; FLECHA, R.; RACIONERO, S. *Aprendizaje dialógico en la sociedad de la información*. Barcelona, Hipatia, 2008.

BERNERS-LEE, T. *Tejiendo la red. El inventor del World Wide Weh nos descubre su ongen*. Madrid, Siglo XXI, 2008.

BUCKINGHAN, D. *Más allá de la tecnología. Aprendizaje infantil en la era de la cibercultura*. Buenos Aires, Ediciones Manantial, 2008.

BURBULES, N. C.; CALLISTER, T. A. *Educación: riesgos y promesas de las nuevas tecnologías de la información*. Buenos Aires, Granica, 2008.

BURGESS J.; GREEN, G. *YouTube e a revolução digital*. São Paulo, Aleph, 2009.

CASACUBERTA, D. *Creación Colectiva. En Internet el Creador es el público*. Barcelona, Gedisa, 2003.

CASTELLS, M.; FERNÁNDEZ-ARDEVOL, M.; LINCHUAN QIU, J.; SEY, A. *Comunicación móvil y sociedad. Una perspectiva global*. Barcelona, Ariel.

CORREA, R. I. *Nuevas tecnologías aplicadas a la educación y medios audiovisuales de comunicación como recursos didácticos*. Huelva, Universidad de Huelva, 2004.

FUEYO, A.; RODRÍGUEZ, C. A la búsqueda de enfoques pedagógicos críticos en las experiências de teleformación. XVI Jornadas Universitarias de Tecnologia Educativa. Madrid, 2008.

HARGREAVES, A. *Enseñar en la sociedad del conocimiento (La educación en la era de la inventiva)*. Barcelona, Ediciones Octaedro, 2003.

JENKINS, H. *Convergence Culture. La cultura de la convergencia de los medios de comunicación*. Barcelona, Paidós, 2003.

LÉVY, P. *Inteligencia colectiva. Por una antropología del ciberespacio*. Organización Panamericana de la Salud. Washington, D. C., Unidad de Promoción y Desarrollo de la Investigación y el Centro Latinoamericano y del Caribe de Información en Ciencias de la Salud, 2004.

MANOVICH, L. *El lenguaje de los nuevos medios de comunicación*. Barcelona, Paidós, 2005.

OSUNA ACEDO, S.; BUSÓN BUESA, C. *Convergencia de medios. La integración tecnológica en la era digital*. Barcelona, Icaria, 2007.

PISANI, F.; PIOTET, D. *La alquimia de las multitudes. Cómo la web está cambiando el mundo*. Barcelona, Paidós, 2009.

RHEINGOLD, H. *Multitudes inteligentes. La próxima revolución social*. Barcelona, Gedisa, 2004.

SILVA, M. *Educación interactiva. Enseñanze y aprendizaje presencial y online*. Barcelona, Gedisa, 2005.

SUROWIECKI, J. *Cien mejor que uno: la sabiduría de la multitud o por qué la mayoría es siempre más inteligente que la minoria*. Barcelona, Urano Tendencias, 2004.

TAPSCOTT, D. *A hora da geração digital*. Rio de Janeiro, Nova Fronteira, 2010.

Webgrafia

LÉVY, Pierre. *Lefutur Web exprimera l'intelligence collective de l'humanité*, Journal du Net, (2003). Disponível em: <http://www.journaldunet.com/itws/it_plevy.shtml>.

O'REILLY, Tim. *What Is Web 2.08 Design Patterns and Business Modelsfor the Next Generation of Software* (2005). Disponível em: <http://www.oreillynet.com/pub/a/ oreilly/tim/news/2005 /09/30/what-is-web-20.html>.

PISANI, Francis. *Muchedumbres inteligentes (y peligrosas)* (2002). Disponível em: <http://francis. blogs.com/francispisani/2002/11/muchedumbres in.html>.

PRENSKY, Marc. *The Emerging Online Life Of The Digital Native* (2004). Disponível em: <http ://www.marcprensky.com/writing/Prensky-The Emerging_Online_ Life_of_the_Digital_Native-03.pdf>.

TORRENT, J.; APARICI, R. *Educomunicación: participación ciudadana y creatividad*. Disponível em: <http://www.unr.edu.ar/noticia/2489/educomunicacion-participacion-ciudadana-y-creatividad>.

Entrevistas

A Rosental C. Alves. Disponível em: <http://www. elpais. com/articulo/reportajes/medios/deben/aparcar/arrogancia/ elpepusocdmg/20100905elpdm grep_5/Tes>.

A Arianna Huffington. Disponível em: <http://www.elpais.com/articulo/reporta jes/comandante/blog/elpepusocdmg/ 20100711elpdmgrep_1/Tes>.